丛书编写委员会

主　　任　张金清

编　　委（按姓名笔画排序）

　　　　　　李心丹　杨　青　杨玉成

　　　　　　周光友　刘红忠　束金龙

　　　　　　沈红波　刘莉亚　陈学彬

　　　　　　张宗新

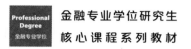
金融专业学位研究生
核心课程系列教材

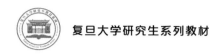
复旦大学研究生系列教材

上海市金融专业学位研究生教育指导委员会推荐教材

TECHNICAL ANALYSIS OF FIXED INCOME SECURITIES

固定收益证券的技术分析

许友传 编著

复旦大学出版社

内容提要

本书总结了常见的债项特征及其结构设计方式，阐释了利率债、公司债、信用债和部分利率相关的衍生品（含国债期货、债券期权、利率期权）的估值方法，详细推演了有关产品的定价过程及其基本原理。鉴于利率债和国债期货的现实流行性和重要性，本书还介绍了利率债的风险管理策略和估值相关的基础知识，以及国债期货的报价与清算规则、交易策略和套保策略。

结合国内结构化产品的实际情况，本书还阐释了结构化产品的结构设计模式、基本特征和内在本质，推演了部分简单结构化产品和简单结构性存款的定价原理和较为"普适性"的风险管理策略。同时，以部分有代表性的复杂结构性产品（如内嵌自动赎回结构的结构化产品、内嵌向上或向下敲出结构的结构化产品、同时内嵌敲入和敲出结构的结构化产品）的结构设计模式、状态划分方式、显示定价过程、保本和风控策略，以及相关的技术性问题。

总 序

强大的金融人才队伍,是金融强国必须具备的五大关键核心金融要素之一,也是实现 2023 年 10 月中央金融工作会议首次提出的"金融强国"建设目标的基础性保证,更是中国高校必须承担和完成的历史使命。自 2010 年教育部批准设立金融专业硕士学位(以下简称"金融专硕")以来,全国金融专业学位研究生教育指导委员会、上海市金融专业学位研究生教育指导委员会以及各高校金融专硕教学团队一直积极探索金融专硕教学与人才培养模式,将扎根本土金融、强调案例教学作为金融专硕人才培养的目标与教学导向,取得了许多重要进展。但是,近年来在金融专硕的教学实践和人才培养过程中,在教材体系建设、教学内容设计、教学方法选用、学位论文审核等一些关键环节,仍存在着偏重学术、理论与实务关系难以把握、实务与实践不足等诸多问题,从而导致金融专硕人才培养的实际效果与"金专四技能"目标(即具备卓越金融实践问题解决能力、金融案例分析能力、金融交易策略构建能力、金融创新产品方案设计能力)存在着相当的差距。尤其是近年来,在大数据技术、AI 与数字技术全面赋能金融业的新形势下,如何立足于本土现实去构建中国金融自主知识体系,培养符合时代需要、引领思想潮流的金融高素质人才是当前金融专硕教学面临的严峻挑战。

复旦大学经济学院的金融专业教学团队一直注重金融专硕人才教学改革与创新实践、金融专硕案例教学和案例型教材建设。自 2017 年开始,复旦大学金融专硕教学团队陆续出版了 12 本核心教材和 4 本案例集,对金融专硕案例型教学进行了积极的创新和改革,围绕教材、教学内容、教学方法和学位论文四个维度逐步形成了较为成熟的金融专硕"四维"培养模式,并取得了一些重要的教改成果:张金清教授主持的教改项目"基于案例型教材的金融专硕'四维'培养模式的创新与探索"获得上海市优秀教学成果一等奖(2022),教改项目"案例型金融专硕教材的创新与探索"获得复旦大学研究生教学成果特等奖(2021)。

在金融强国建设的新时代目标下,为了持续培养兼具国际视野、专业基础和实务应对能力的金融人才,复旦大学经济学院在"经管类专业学位研究生核心课程系列教材"(2016—2019)建设的基础上,针对金融科技、量化投资、大数据金融、绿色金融等领域的新进展、新形态和新趋势,计划在2024—2026年推出"金融专业学位研究生核心课程系列教材",包括:《金融风险管理实务》《投资学》《金融理论与政策》《公司金融》《财务报表分析与估值》《金融科技》《数字金融》《量化投资》《金融衍生工具》《碳金融理论与实务》《固定收益证券的技术分析》《金融市场与机构》《证券投资分析》等。张金清教授担任本系列教材编委会主任,负责教材的总体筹划、设计与组织出版工作。

本系列教材得以顺利出版,要感谢复旦大学陈学彬教授、南京大学李心丹教授、上海市学位办原主任束金龙教授、上海财经大学刘莉亚教授、复旦大学出版社徐惠平副总编辑对本系列教材提出的宝贵意见和建议。2024年4月,由上海市金融专业学位研究生教育指导委员会、复旦大学经济学院、复旦大学出版社联合举办"金融教材建设与金融强国"专题研讨会,以上海市金融专业学位研究生教育指导委员会委员为主形成的专家组,强调了金融强国背景下金融专硕案例教材建设的必要性,特别对本系列教材建设进行了高度评价,并提供了建设性指导意见。上海市学位办、复旦大学研究生院、复旦大学经济学院、复旦大学出版社等部门都对此套教材的出版给予了大力支持和帮助。此外,本系列教材还获得了2022年度复旦大学研究生院研究生教材专项资助支持,以及2023年度上海市研究生教育改革项目"'三位一体'金融专硕人才培养模式探索与创新实践"的项目支持。在此,教材编委会向上述专家和单位,以及其他关心、支持、帮助本系列教材出版的老师和单位表示最衷心的感谢!

最后,敬请读者和同人不吝指正,共同推进金融专硕案例型教材的建设和金融专硕人才的培养!

金融专业学位研究生核心课程系列教材编委会
2024年7月

序　言

　　由于一些金融工程类教材包含了部分固定收益证券（或固定收益产品或工具）相关的知识或内容，以至于不少人认为固定收益证券只是金融工程学科的分支或延伸，其实不尽然！不妨以股票期权和债券期权为例，简要审视金融工程和固定收益证券对两类期权的定价差异。从标的资产及其动态随机运动规律来看，股票期权的标的是股票，且通常令其服从几何布朗运动，则股票价格是时变、随机且倾向于发散。然而，债券期权的标的相当于债券远期，在未来特定时点或时期，多头是否行权取决于债券远期价格是否大于执行价格。就债券期权的定价而言，当假设瞬时即期利率随机运动时，首先对债券远期价格的动态随机运动规律进行形式化描述，在此基础上再对债券期权进行定价，相当于进行了两次"衍生"的定价。那么，能否直接假设债券远期价格服从几何布朗运动，对债券期权进行"一次"衍生的定价呢？理论上不可行，因为当逼近到期时点，债券远期价格呈收敛态势，而几何布朗运动的发散倾向与之相背。

　　在股票期权的定价过程中，通常假设风险中性测度下的无风险利率是常数。然而，相当部分的固定收益证券的价格由利率驱动，不可能常态性地将其视为常数。从时间序列的变动趋势来看，利率通常是平稳过程，且能够刻画其平稳特征的随机过程众多，进而导致利率衍生品定价形式的多样性。另外，利率有即期利率和远期利率之分，有普通复利、连续复利和单利三种表现形式，且不同利率表示在特定条件下还能相互转化。因此，利率驱动的固定收益证券的估值模型更为丰富，定价形式更加复杂与多样，且不同定价模型之间隐藏着"曲径通幽"之妙。

　　固定收益产品包括但不限于各型债券、利率衍生品和固收类的理财产品（如结构化产品）。债券可分为利率债和信用债，其中公司债和资产支持类债券是信用债的特殊品种。利率债有国家信用的隐性支持,通常认为其信用风险极低或无信用风险,且市场利率是其唯一的风险驱动因子,可基于即期利率或远期利率对之进行多样化的估值。信用债包括但不限于公司债、企业债、各型融资券、金融债券、集合资金融资工具、资产支持融资工具、定向债务融资工具,以及各种债务融资计划。信用债的发行人通常是公司或企业等法人主体,结构化信用风险模型假设债项主体之资产价值的随机运动是其信用风险的驱动因子,当债项主体的资产价值低于待偿债务价值时,其将对债权人违约,在此意义上能对信用债的风险要素及其债务价值进行"隐性"的结构化建模。当然,在简约式模型框架内,还能对信用债的违约过程进行动态刻画,进而对其债务价值进行定价解析和估计。在我国信用债体系中,公司债有其特殊指向,其发行主体一般是上市公司,监管主体是证监会,发行场所是交易所市场(企业债的发行主体通常是中央政府部门所属机构、国有独资或控股企业,基于公共投融资需要等在银行间市场发行债券,由国家发改委核准)。与其他信用债不同,公司债的债项主体通常是上市公司,其拥有经过鉴证的报表信息和盯市的股权交易信息。可基于可观测的股权价值及其波动性估计或推断不可观测的资产价值及其波动性,进而对公司债的信用风险要素及其债务价值进行"显性"的结构化估值。资产支持类债券(含集合资金融资工具、资产支持融资工具、定向债务融资工具、各种债务融资计划)通常在证券交易所、银行间市场交易商协会或其认可的交易平台注册发行,特殊目的载体、资产管理或服务机构通常对交易结构进行特殊设计,试图锁定交易项下基础资产或底层资产的现金回路,并确保将之用于债务自偿。在此类场景中,债券信用风险主要由债项风险主导,其风险识别、风险评估、定价机制等与债项主体风险有明显差异。

根据挂钩标的之不同,利率衍生品似乎可分为债券(或债券远期)为标的衍生品,以及利率、汇率等为标的衍生品。前者如国债期货、债券期权,后者如利率期权(现实场景将其视为结构设计工具和场外交易工具)、利率互换、货币互换、人民币掉期等。结构化产品是指固定收益证券与衍生工具或合约合成的产品,兼具固定收益证券和金融衍生品的特点。从发行主体来看,国内流行的结构化产品主要有银行系的结构性存款和券商系的收益凭证。结构化产品的固定收益部分投资于债券、银行存款,衍生品部分挂钩于股票、外汇、商品等标的。结构化产品的发行人将绝大部分所募资金投资于固定收益工具,从而使之具有"保本"或"托底"的属性,浮动收益则来自衍生品投资。根据内嵌期权之不同,可将结构化产品的结构设计分为障碍设计和非障碍设计。其中,流行的非障碍设计是内嵌数字期权、普通期权、价差期权等状态或支付特征;障碍设计包括向上敲出设计(含单点敲出和多点敲出)、向下敲出(或敲入)设计、离散敲出和连续敲入设计(如雪球产品)。内嵌障碍期权在国内券商理财产品和资管产品的结构设计中甚为流行,其现实应用是基于其分析价值,而非交易和投资工具。在现实场景下,障碍期权是一种场外交易工具、结构设计工具和参与收益分配的工具。

鉴于固定收益产品众多,资产定价形式复杂与多样,本书不可能完整覆盖所有产品或细节。作者希望尽可能涵盖常见的固定收益证券或产品,且保留固定收益产品估值与风险管理的核心要素。从内容占比来看,债券和固定收益的衍生品(含结构化产品)大约各占一半。从内容安排来看,主要包括以下四个方面。

第一,相关基础知识。第一章介绍了一些常见的随机过程、伊藤展开的基本原理、简单过程的伊藤积分及其基本性质。对每位读者而言,伊藤展开的基本原理是最低的"普适性"要求,这是资产定价最基础的知识要求,也是阅读本书的必备知识。结合我国债券市场的实际情况,第二章阐述了债项特征设计的基本情况及其特点,有关债项特征设计包括债券报价与结算规则设计、票面利率设计、清偿结构设计、权利结构设计、交易结构设计、产品结构设计。第三章阐释了连续复利、普通复利和单利下的即期利率和远期利率表现,特别是与零息债券价格之间的等价或转换关系,并推演了普通复利和单利在极限状态下的表现。同时,简要介绍了随机视角下的即期利率和远期利率的刻画方式、常见的收益率评价指标,以及如何对债券收益来源及其结构进行分解。

第二,债券估值及其风险管理。本书以利率债估值及其风险管理为主,同时阐释了公司债和信用债估值的基本原理。第四章分别从非随机视角和随机视角推演了常见的利率债估值方式及其原理。在随机状态下,重点阐释了基于瞬时即期利率的零息债券估值方法和基于瞬时远期利率的零息债券估值方法。第五章介绍了三种经典的基于瞬时即期利率的零息债券估值模型——Merton 模型、Vasicek 模型和 CIR 模型,其假设瞬时即期利率是时间齐次的,可能不能充分拟合瞬时即期利率的动态随机运动规律,致使债券估值结果与市场观测价格非一致。为了提高债券估值的拟合优度,第六章放宽了瞬时即期利率动态随机结构中有关参数的时间齐次性假设,根据债券观测价格(或其隐含的利率期限结构信息)对有关参数进行了校准,以确保债券估值结果与其观测价格相匹配。第七章是基于瞬时远期利率的债券估值,当瞬时远期利率随机驱动债券价格时,只需刻画瞬时远期利率随机过程的波动性,就能在风险中性测度下识别其漂移项,从而完整刻画瞬时远期利率的动态随机运动规律。当瞬时远期利率的波动项为特定形态时,相关模型能与第六章的模型相互映射和等价。第八章是利率期限结构模型与估计。利率期限结构是固定收益证券定价的基础,对其形态、结构和趋势的预测或判断是固收策略研究的核心。从技术上审视,可将利率期限结构模型分为传统拟合方法、时变趋势模型和随机模型。在利率期限结构的时变趋势模型中,本章重点阐释了 NS(Nelson 和 Siegel)模型的基本原理、特征和估计方法。由于随机模型的技术推导较为烦琐,本章仅推演了 Merton 模型和 Vasicek 模型框架下的利率期限结构的分离方法及其原理。第九章是利率债的风险管理,详细推演了麦考雷利久期(含修正的麦考雷利久期)的计算公式及其特征、隐性假设和改进方式,以及如何对冲利率债多头的价格风险。第十章和第十一章分别是信用债估值和公司债估值的基本原理。在债项主体违约过程的动态刻画中,第十章阐释了信用风险调整因子(含信用风险溢价)和信用债价格的决定机制,并直观展示了信用债的估值过程。第十一章在结构化信用风险模型的框架内阐释了公司债务价值及其信用风险要素的"内生"机制,并讨论了其流行的数值或计量估计方法。

第三,利率衍生品估值和相关策略设计。本书重点阐释了国债期货(特别是中国国债期货)的报价与交割规则、交易策略、套保策略及其理论估值范式,以及债券期权和利率期权的定价问题。第十二章是国债期货的报价与交割规则,基于买入并持有策略,讨论了国债期货的估值或报价问题、交割方式和交割时机及其在中国现实场景下的表现。第十三章推演了国债期货基差交易策略和跨期套利策略的信号识别或条件,以及可能的盈利空间。第十四章推演了风险免疫策略和风险最小化策略在国债期货套保策略设计中的应用原理及其逻辑差异,其中风险免疫策略包括久期中性策略和基点价值策略,风险最小化策略包括套保组合价值风险最小化策略和套保组合收益风险最小化策略。第十五章是国债期货的估值理论。在瞬时即期利率随机运动的状态下,本章推演了零息国债期货(或国债期货)价格满足的随机微分方程,且在仿射模型框架内讨论了其估值方式及解的形式。鉴于利率随机状态下的国债期货估值较为复杂,这一章仅以最简单的 Merton 模型为例,详细展示了零息国债期货的求解与定价过程。第十六章在刻画债券远期价格随机运动规律的基础上,详细推演了债券期权的估值原理与过程,同时讨论了其隐性假设或适用条件。第十七章在阐释远期利率动态随机运动规律的基础上,推演了利率期权特别是利率上限的估值方法。

第四,结构化产品的估值与风险管理。结合国内结构化产品的实际情况,本书阐释了结构化产品的结构设计模式、基本特征和内在本质,推演了部分简单结构化产品和结构性存款的定价原理,以及较为"普适性"的风险管理策略。同时,推演了部分有代表性的复杂结构性产品的结构设计模式、状态划分方式、显示定价过程、保本和风控策略,以及相关的技术性问题。第十八章是结构化产品及其结构设计,第十九章和第二十章分别是简单结构化产品和简单结构性存款的定价原理及其风险管理策略等。在复杂结构化产品中,第二十一章是内嵌自动赎回结构(多个时点观测是否敲出)的结构化产品,第二十二章和第二十三章分别是内嵌向下敲出结构和向上敲出结构的结构化产品,第二十四章是离散观察是否敲出、连续观测是否敲入的雪球产品。

不可否认,固定收益证券是相对"复杂"的学科。在本书写作的过程中,作者已尽可能降低基础知识的储备要求[①],且力求为不同层次读者的"选择性"阅读提供便利。就此而言,本书布局有以下特点。

第一,尽可能降低基础知识的储备要求。固定收益证券或产品的定价与风险管理涉及更高阶的专业知识,特别是随机分析的基础知识。在多年的教学实践中,作者发现相当部分同学未学过随机过程相关的基础知识(或与没学无甚差异)。基础知识缺乏是横亘在教学和学习面前的巨大障碍。为了便于阅读和学习,本书尽可能降低对基础知识的储备要求,尽量将随机分析相关的基础知识控制在伊藤展开原理之内,仅少量内容与简单过程的随机积分有关[②]。对于复杂产品的高阶知识要求,则放在相应章节专门阐释,供学有余力的读者研读。对绝大多数读者而言,只需掌握伊藤展开的基本原理即可。

第二,尽可能详细推演每个公式或结论。在写作的过程中,作者尽可能详细推导书中涉及的每个公式、性质或结论,希望能给阅读和理解有关问题提供便利。作者不希望灌输式地告知或陈述有关结论或结果,而是推导和呈现其背后的数理或经济逻辑,让读者知其所以然,从而为相关知识的迁移和应用奠定基础。在多年的教学实践中,作者发现很多同学能够结合课堂讲授的知识,做出较好甚至创造性的论文、案例或报告。在指导学生毕业论文的写作过程中,作者提供概念和技术框架,学生寻找相关产品或数据实施有关想法,往往都能做出较好的成果。作者相信只要理解了有关知识的来龙去脉,将其迁移或应用于现实问题或场景是完全可能的。

第三,尽可能随机和非随机地对比阐释。对利率表示及其关系、利率债估值及其风险管理、利率期限结构、国债期货估值、远期价格的运动规律、简单结构化产品的风险管理等问题,本书都在随机状态和非随机状态(后者包括时变非随机情景)下进行对比阐释,读者能从中感受到不同的观察或理解。特别说明的是,在随机状态下的利率债估值中,本书通常以最简单的 Merton 模型为例,详细展示其不同视角的定价原理、过程与应用。

第四,尽可能为读者阅读提供选择机会。每章均提供了思考与练习,以及研究与探索,前者是对本章内容的总结与运用,后者提供了一些延伸性或方向性的问题,以满足部分读者探索性研究的需要(作者指导的硕士研究生已就绝大部分的研究与探索问题做过前期预研)。同时,对章节内容进行了难度分级,带双星号的章节(包括第六章"债券估值模型的校准"、第七章"基于瞬时远期利率的债券估值"、第十五章"国债期货的估值理论"、第十七章"利率期权"、第二十二章"内嵌向下敲出结构的结构化产品"、第二十三章"内嵌向上敲出结构的结构化产品")仅供参考,不作为硕士生的教学内容或要求。对高年级本科生而言,带单星号的章节(包括第十章"信用债估值"、第十一章"公司债估值"、第二十一

[①] 为了降低阅读难度,作者在校稿过程中斟酌删除了部分较为复杂的模型内容或推导。
[②] 基于方便理解考虑,甚至未对部分基础知识进行严谨的数学表达。

章"内嵌自动赎回结构的结构化产品")属了解性内容。

尽管曾给不同层次的同学或学员讲授过固定收益证券及其衍生品相关的课程,且在多年的教学实践中撰写了较多的课件,积累了丰富的素材和案例,也形成了部分独特的观察和理解,但久久不能下定决心写本相关的教材。从本意来讲,作者不想成为资料和素材的"搬运工",而是期望能将理论知识与中国实践相结合,且能充分体现自己的逻辑与理解,以确保本书与既有相关教材有显著差异。为了将差错或笔误控制在较低的范围之内,作者校稿花费的时间远大于写作时间,且反复推导了书中涉及的所有公式或结论。遗憾的是,由于自身水平的局限,疏漏或不可避免,希望读者不吝指正(ycxu@fudan.edu.cn),以便再版修订和完善。

许友传

目 录

符号说明 ·· 1

第一章 随机分析基础 ·· 1
  一、常见随机过程 ·· 1
    （一）维纳过程 ·· 1
    （二）扩散过程 ·· 2
  二、伊藤展开 ··· 3
    （一）随机过程函数的伊藤展开 ··· 3
    （二）伊藤展开的应用 ·· 4
  三、随机积分 ··· 6
    （一）简单过程的伊藤积分 ··· 6
    （二）布朗运动的伊藤公式 ··· 7
    （三）伊藤过程的积分 ··· 8
  思考与练习 ·· 8
  研究与探索 ·· 9
  本章附录 ·· 9

第二章 债项特征及其结构设计 ·· 12
  一、债券报价与结算 ·· 12
    （一）全价与净价 ·· 12
    （二）应计利息 ··· 13
    （三）报价与结算规则 ··· 13
  二、票面利率设计 ·· 13
    （一）是否浮动设计 ·· 13
    （二）浮动方式设计 ·· 14
    （三）浮动幅度设计 ·· 15
    （四）挂钩标的设计 ·· 15

三、清偿结构设计 ··· 16
　（一）清偿顺序 ··· 16
　（二）清偿方式 ··· 17
四、权利结构设计 ··· 17
　（一）发行人的权利 ··· 17
　（二）投资者的权利 ··· 18
五、交易结构设计 ··· 18
　（一）典型交易结构 ··· 19
　（二）关键角色 ··· 19
　（三）问题解决机制 ··· 20
　（四）创新机制与衍生问题 ······································· 21
六、产品结构设计 ··· 22
　（一）内嵌数字期权 ··· 22
　（二）内嵌看涨期权 ··· 23
　（三）内嵌组合期权 ··· 23
　（四）内嵌障碍期权 ··· 24
七、典型案例 ··· 24
思考与练习 ··· 25
研究与探索 ··· 25

第三章　利率表现形式及其关系　26

一、利率表现形式 ··· 26
　（一）连续复利 ··· 26
　（二）普通复利 ··· 28
　（三）单利 ··· 28
二、利率表示的极限关系 ··· 29
　（一）普通复利与连续复利 ······································· 29
　（二）单利和连续复利 ··· 29
三、随机视角下的即期利率和远期利率 ······························· 30
四、利率表示的使用原则 ··· 31
五、债券收益评价 ··· 31
　（一）常见的收益率评价指标 ····································· 31
　（二）债券收益来源与结构分解 ··································· 32
思考与练习 ··· 32
研究与探索 ··· 33
本章附录 ··· 33

第四章 利率债估值的基本原理 ········ 34
一、非随机视角的债券估值 ········ 34
（一）固定利率债券 ········ 34
（二）浮动利率债券 ········ 36
二、随机视角的债券估值 ········ 37
（一）基于瞬时即期利率的债券估值 ········ 37
（二）基于瞬时远期利率的债券估值 ········ 39
三、债券价格变动及其特征 ········ 40
（一）债券价格与 YTM 的关系 ········ 40
（二）债券价格波动 ········ 40

思考与练习 ········ 41
研究与探索 ········ 42
本章附录 ········ 42

第五章 基于瞬时即期利率的债券估值 ········ 43
一、Merton 模型的债券估值 ········ 43
（一）即期利率的动态特征 ········ 43
（二）零息债券价格 ········ 44
二、Vasicek 模型的债券估值 ········ 45
（一）即期利率的动态特征 ········ 45
（二）零息债券价格 ········ 46
三、CIR 模型的债券估值 ········ 47
（一）即期利率的动态特征 ········ 47
（二）CIR 模型与零息债券价格 ········ 48
四、仿射模型与零息债券价格 ········ 48
（一）零息债券价格的通式 ········ 48
（二）零息债券的估值示意 ········ 49

思考与练习 ········ 49
研究与探索 ········ 50
本章附录 ········ 50

第六章 债券估值模型的校准[**] ········ 53
一、时间非齐次模型与债券估值 ········ 53
二、Ho-Lee 模型 ········ 55
（一）未校准零息债券价格 ········ 55

（二）校准过程及原理 ··· 56
　　　（三）校准的零息债券价格 ·· 57
　三、Hull-White 模型 ··· 58
　　　（一）未校准零息债券价格 ·· 58
　　　（二）校准的零息债券价格 ·· 58
思考与练习 ··· 59
研究与探索 ··· 59
本章附录 ·· 59

第七章　基于瞬时远期利率的债券估值**　　　62
　一、HJM 模型的基本思想 ··· 62
　　　（一）瞬时远期利率的积分过程 ··· 62
　　　（二）零息债券价格的随机过程 ··· 63
　　　（三）瞬时远期利率的漂移项 ·· 64
　二、HJM 模型与 Ho-Lee 模型 ··· 64
　三、HJM 模型与 Hull-White 模型 ·· 65
　四、债券价格的波动性 ··· 67
思考与练习 ··· 67
研究与探索 ··· 67
本章附录 ·· 68

第八章　利率期限结构模型与估计　　　70
　一、传统拟合方法 ·· 70
　　　（一）函数估计法 ·· 70
　　　（二）多项式样条法 ··· 70
　　　（三）息票剥离法 ·· 72
　二、时变的利率期限结构模型 ··· 74
　　　（一）NS 模型 ··· 74
　　　（二）NS 模型的估计 ··· 76
　　　（三）NS 模型的拓展 ··· 76
　三、随机视角的利率期限结构 ··· 77
　　　（一）Merton 模型与利率期限结构 ·· 77
　　　（二）Vasicek 模型与利率期限结构 ··· 78
思考与练习 ··· 80
研究与探索 ··· 80

本章附录 ··· 80

第九章　利率债的风险管理 ································· 82

　一、麦考雷利久期 ··· 82
　　（一）修正的麦考雷利久期 ··· 82
　　（二）麦考雷利久期 ··· 83
　　（三）麦考雷利久期的性质 ··· 83
　　（四）麦考雷利久期的隐性假设 ·· 84
　二、麦考雷利久期的改进 ·· 84
　　（一）凸性 ··· 84
　　（二）有效久期与有效凸性 ··· 85
　　（三）久期的一般性方法 ··· 86
　　（四）非平行移动视角的久期 ··· 86
　　（五）随机视角的久期 ·· 87
　三、债券风险的对冲策略 ·· 87
　　（一）Delta 对冲 ·· 87
　　（二）Gamma 对冲 ·· 88
　思考与练习 ··· 89
　研究与探索 ··· 89
　本章附录 ·· 89

第十章　信用债估值* ·· 91

　一、信用债的违约行为 ··· 91
　　（一）危险比率函数 ··· 91
　　（二）边际违约概率 ··· 92
　二、信用债估值的基本原理 ··· 93
　　（一）信用贴现因子与信用债价格 ·· 93
　　（二）信用风险溢价 ··· 94
　三、信用债的估值过程 ··· 95
　　（一）估计危险比率 ··· 95
　　（二）估计边际违约概率 ··· 95
　　（三）刻画状态概率与状态价值 ··· 95
　　（四）估计信用债的当前价值 ·· 97
　思考与练习 ··· 97

研究与探索 ··· 97
　　本章附录 ··· 98

第十一章　公司债估值* ·· 101
　一、公司信用风险要素 ··· 101
　　（一）公司资产价值 ··· 101
　　（二）公司违约概率 ··· 101
　　（三）公司违约损失率 ·· 102
　二、简单期限结构的债务估值 ··· 102
　　（一）公司股权价值 ··· 102
　　（二）公司债务估值 ··· 103
　　（三）公司信用风险溢价 ··· 103
　　（四）模型估计 ·· 104
　三、典型案例 ·· 105
　　（一）银行次级债的风险刻画 ······································· 105
　　（二）次级债发行时的风险状态 ···································· 106
　　思考与练习 ·· 109
　　研究与探索 ··· 110
　　本章附录 ·· 111

第十二章　国债期货的报价与交割规则 ··························· 115
　一、国债期货的报价规则 ·· 115
　　（一）国债期货的理论价格 ··· 115
　　（二）公平的国债期货价格 ··· 116
　二、国债期货的交割 ·· 117
　　（一）国债期货的标的 ·· 117
　　（二）可交割券 ··· 117
　　（三）转换因子 ··· 117
　三、国债期货的交割策略 ·· 118
　　（一）CTD 券 ··· 118
　　（二）简易识别可交割券 ··· 119
　　（三）交割品种与交割时机 ·· 120
　　思考与练习 ·· 121
　　研究与探索 ·· 121
　　本章附录 ··· 121

第十三章　国债期货的交易策略 ··· 123
一、交易策略的信号指标 ··· 123
（一）国债期货的基差 ·· 123
（二）国债期货的净基差 ·· 125
（三）隐含回购利率 ·· 125
二、基差交易策略 ··· 126
（一）基于基差水平识别基差策略 ·································· 126
（二）基于 IRR 识别基差策略 ····································· 126
三、跨期交易策略 ··· 126
（一）买入近月合约、卖出远月合约 ································ 127
（二）卖出近月合约、买入远月合约 ································ 128
思考与练习 ··· 128
研究与探索 ··· 128
本章附录 ··· 129

第十四章　国债期货的套保策略 ··· 131
一、期货套保策略设计 ··· 131
（一）期货是双向风险对冲工具 ···································· 131
（二）决策规则与最优套保比率 ···································· 131
二、组合价值风险免疫策略 ··· 132
三、久期中性套保策略 ··· 133
（一）期货久期表示的最优套保比率 ································ 133
（二）CTD 券表示的最优套保比率 ································· 134
四、基点价值套保策略 ··· 135
（一）国债期货的基点价值 ·· 135
（二）基点价值法的最优套保比率 ·································· 135
五、组合价值风险最小化套保策略 ··································· 136
（一）期现特征参数表示的最优套保比率 ···························· 136
（二）基点价值表示的最优套保比率 ································ 137
六、组合收益风险最小化套保策略 ··································· 138
思考与练习 ··· 139
研究与探索 ··· 139
本章附录 ··· 139

第十五章 国债期货的估值理论** …… 141
一、国债期货价格 …… 141
（一）期货价格 …… 141
（二）零息国债的期货价格 …… 143
（三）附息国债的期货价值 …… 143
二、国债期货价格的动态随机规律 …… 143
（一）内嵌连续支付条款的证券价格 …… 143
（二）国债期货价格的随机微分方程 …… 144
三、仿射模型与国债期货价格 …… 145
（一）零息国债期货价格的通式 …… 145
（二）Merton 模型的定价示意 …… 146
思考与练习 …… 147
研究与探索 …… 147
本章附录 …… 148

第十六章 债券期权 …… 150
一、本章基础知识 …… 150
二、债券期权的标的及其特征 …… 151
（一）股票期权的标的及其特征 …… 151
（二）债券期权的标的及其特征 …… 152
三、债券远期的随机运动规律 …… 153
（一）常数利率情景 …… 153
（二）时变利率情景 …… 153
（三）随机利率情景 …… 153
四、债券期权的 Black 模型 …… 154
（一）零息债券期权的估值 …… 154
（二）附息债券期权 …… 156
五、基于利率波动的债券期权估值 …… 157
（一）债券远期价格的波动性 …… 157
（二）Merton 模型与零息债券期权 …… 157
六、关键参数的估计 …… 157
思考与练习 …… 158
研究与探索 …… 158
本章附录 …… 158

第十七章　利率期权**　…… 161

一、利率期权的存在形态　…… 161
　　（一）结构设计工具　…… 161
　　（二）场外交易工具　…… 161

二、远期利率的动态规律　…… 162

三、利率上限　…… 163
　　（一）支付结构　…… 163
　　（二）单期利率上限的估值　…… 164
　　（三）多期利率上限的组合价值　…… 165

四、利率下限　…… 165
　　（一）利率下限的支付结构　…… 165
　　（二）利率下限的估值　…… 166

五、远期利率常数波动　…… 166

思考与练习　…… 166
研究与探索　…… 167
本章附录　…… 167

第十八章　结构化产品及其结构设计　…… 169

一、结构化产品　…… 169

二、内嵌数字期权设计　…… 170
　　（一）两层看涨数字期权　…… 170
　　（二）三层看涨数字期权　…… 170

三、内嵌普通期权设计　…… 171
　　（一）看涨期权　…… 171
　　（二）看跌期权　…… 172

四、内嵌价差期权设计　…… 173
　　（一）牛市价差期权　…… 173
　　（二）熊市价差期权　…… 174

五、内嵌障碍期权设计　…… 176
　　（一）向上敲出看涨期权　…… 176
　　（二）向下敲出看跌期权　…… 177

思考与练习　…… 177
研究与探索　…… 177
本章附录　…… 178

第十九章　简单结构化产品 · 179

一、内嵌数字期权的结构化产品 · 179
　（一）产品结构 · 179
　（二）投资者视角的估值 · 180
　（三）发行人视角的风险管理 · 180
　（四）其他相关技术问题 · 183

二、内嵌价差期权的结构化产品 · 184
　（一）产品结构 · 184
　（二）投资者视角的估值 · 184
　（三）发行人视角的风险管理 · 185

思考与练习 · 186
研究与探索 · 186
本章附录 · 186

第二十章　简单结构性存款 · 190

一、汇率的随机运动规律 · 190
　（一）直接标价汇率 · 190
　（二）套算汇率 · 190
　（三）汇率的统一表示 · 191

二、等价鞅测度变换 · 191

三、内嵌数字期权设计 · 192
　（一）两层看涨数字期权 · 192
　（二）三层看涨数字期权 · 193

四、内嵌价差期权设计 · 195
　（一）支付结构 · 195
　（二）预期收益 · 195

五、相关风险管理 · 196

思考与练习 · 197
研究与探索 · 197
本章附录 · 198

第二十一章　内嵌自动赎回结构的结构化产品* · 201

一、产品结构 · 201
二、投资者视角的估值 · 202

（一）理财产品的解析解 …………………………………………………… 202
　　　（二）理财产品的数值解 …………………………………………………… 204
　三、发行人的风险管理 …………………………………………………………… 205
　　　（一）总体对冲 ……………………………………………………………… 205
　　　（二）阶段性对冲 …………………………………………………………… 205
　　　（三）两种策略的倾向性 …………………………………………………… 206
　　　（四）其他相关技术问题 …………………………………………………… 206
　四、典型案例 ……………………………………………………………………… 207
　　　（一）招行"焦点联动系列" ………………………………………………… 207
　　　（二）招银理财"招睿自动触发策略" ……………………………………… 208
　思考与练习 ………………………………………………………………………… 208
　研究与探索 ………………………………………………………………………… 209
　本章附录 …………………………………………………………………………… 209

第二十二章　内嵌向下敲出结构的结构化产品** …………………………… 212
　一、挂钩标的的随机运动规律 …………………………………………………… 212
　　　（一）挂钩直接标价汇率 …………………………………………………… 213
　　　（二）挂钩套算汇率 ………………………………………………………… 213
　　　（三）挂钩股票或商品 ……………………………………………………… 213
　　　（四）挂钩标的最小值及其概率分布 ……………………………………… 214
　二、产品结构及预期支付 ………………………………………………………… 215
　　　（一）支付结构 ……………………………………………………………… 215
　　　（二）预期支付 ……………………………………………………………… 216
　　　（三）状态概率 ……………………………………………………………… 216
　　　（四）远期价格 ……………………………………………………………… 217
　三、模型估计 ……………………………………………………………………… 217
　四、典型案例 ……………………………………………………………………… 218
　研究与探索 ………………………………………………………………………… 218
　本章附录 …………………………………………………………………………… 219

第二十三章　内嵌向上敲出结构的结构化产品** …………………………… 222
　一、挂钩标的的随机运动规律 …………………………………………………… 222
　　　（一）挂钩标的的随机过程 ………………………………………………… 222
　　　（二）挂钩标的最大值及其概率分布 ……………………………………… 223

二、产品结构及预期支付 ································· 224
　　（一）支付结构 ····································· 224
　　（二）预期支付 ····································· 225
　　（三）状态概率 ····································· 226
　　（四）远期价格 ····································· 227
三、模型估计 ··· 227
四、典型案例 ··· 227
　　（一）内嵌向上敲出结构的银行结构性存款 ··········· 227
　　（二）内嵌双边敲出结构的证券公司收益凭证 ········· 228
研究与探索 ··· 230
本章附录 ··· 230

第二十四章　雪球产品 ································· 233

一、经典结构设计 ······································· 233
　　（一）自动敲入和观察敲出 ··························· 233
　　（二）双层敲入和指数增强 ··························· 235
　　（三）结构设计的基本特征 ··························· 236
二、收益来源与支付状态 ································· 237
　　（一）投资者的收益状态 ····························· 237
　　（二）发行人的收益来源 ····························· 237
三、估值与风险管理 ····································· 238
　　（一）估值方法 ····································· 238
　　（二）风险管理 ····································· 238
　　（三）相关技术问题 ································· 239
四、典型案例 ··· 239
　　（一）理财计划要素 ································· 239
　　（二）可能状态收益 ································· 240
思考与练习 ··· 241
研究与探索 ··· 241

参考文献 ··· 243

符号说明

1. t：时点节点,通常指当前时点。有时,当前时点也用零表示。
2. T：时间节点,通常指未来特定时点;国债期货的结算或交割时点;债券、债券远期、债券期权的到期时点。在测度变换中,特指 T 远期鞅测度。
3. S：债券的自然到期日,且 $S \geqslant T > t$。
4. ΔT：时间长度。$\Delta T = T - t$,指零息债券的自然期限、投资持有期限。
5. W：维纳过程。
6. Ω：风险中性概率测度(简称风险中性测度)、随机变量的状态空间。
7. R：风险中性测度的等价鞅测度(简称 R 测度)、结构化产品的承诺或预计收益率。
8. S_t、X_t、Y_t：资产价格,其中股票价格仅用 S_t 表示。
9. μ、α：随机过程的漂移项,或特定变量收益率(或变化程度)的瞬时期望。
10. σ、β：随机过程的波动项,或特定变量收益率(或变化程度)的瞬时波动性。
11. $P(t, T)$：T 时点到期零息债券在 t 时点的价格,或 T 时点 1 元在 t 时点的现值。
12. $\bar{P}(t, T)$：零息债券的校准价格,或经信用风险调整的贴现函数。
13. P_t：t 时点的债券价格(净价)。
14. A：债券面值。
15. C：债券现金流。
16. VC_t：t 时点的现金流的现值。
17. D：麦考雷利久期。
18. D_M：修正的麦考雷利久期。

19. D_e：有效久期。

20. $D_{m,p}$：组合的修正久期，其中 m 表示"修正的"，p 表示"组合"。

21. Γ_m：修正的凸性。

22. bp：基点。bps 表示多个基点。

23. BPV：基点价值。

24. CTD：最便宜可交割券。

25. $D(t)$：连续复利表示的终值函数，或零时点1元在 t 时点的本息之和。

26. M：债券或存款的本息之和。

27. r：无风险利率，或固定利率债券的票面利率（或息票利率）。

28. y：到期收益率，特指处于该水平的一条直线型利率期限结构。

29. r_t：当前时点的瞬时即期利率。

30. $R(t,T)$：从 t 时点来看，T 时点的连续复利即期利率。

31. $F(t;T,S)$：从 t 时点来看，未来 T 到 S ($S \geq T$) 的连续复利远期利率。

32. $f(t,T)$：从 t 时点来看，T 时点的连续复利瞬时远期利率，且 $f(t,t)=r_t$。

33. $\bar{f}(0,t)$：从零时点（或当前时点）来看，t 时点瞬时远期利率的校准值。

34. $y(t,T)$：从 t 时点来看，T 时点的普通复利即期利率。

35. $f(t;T,S)$：从 t 时点来看，未来 T 到 S ($S \geq T$) 的普通复利远期利率。

36. $l(t,T)$：从 t 时点来看，T 时点的单利即期利率。

37. $L(t;T,S)$：从 t 时点来看，未来 T 到 S ($S \geq T$) 的单利远期利率。

38. $h(t)$：t 时点的危险比率函数。

39. p_t：直到 t 时未违约，在此后的 Δt 时间间隔内违约的条件概率，或称边际违约概率。

40. CDF：信用贴现因子。

41. PD：违约概率。

42. LGD：违约损失率。

43. CRP：信用风险溢价。

44. $F_{t,T}$：从 t 时点来看，T 时点的远期价格，其标的资产未有明确的自然到期时间。

45. $F_{t,T}^S$：从 t 时点来看，T 时点的债券远期价格，其中 S ($S \geq T$) 表示债券的自然到期时点。

46. $\Phi_{t,T}$：从 t 时点来看，T 时点的期货价格，其标的资产未有明确的自然到期时间。

47. $\Phi_{t,T}^S$：从 t 时点来看，T 时点的国债期货价格，其中 S ($S \geq T$) 表示国债现货（或名义券）的自然到期时点。

48. CF：可交割券的转换因子。

49. AI_t^T：t 至 T 期间的应计利息。

50. HET_t^T：在买入持有策略中，特指在 t 至 T 持有期内的债券利息收入。

51. L_t：借款成本。

52. $Basis$：国债期货的基差。

53. $BNOC$：国债期货的净基差。

54. IRR：隐含回购利率。

55. V：企业资产价值、资产组合价值。

56. E：盈利或利润、结构化产品的预期支付。

57. $f(\cdot)$：连续、可导函数。

58. $F(\cdot)$：随机变量的分布函数。

59. $\exp\{\cdot\}$：指数函数。

60. $E_t[\cdot]$：条件期望。

61. $E_t^\Omega[\cdot]$：在风险中性测度 Ω 下对中括号内变量（或变量的函数）在 t 时点求条件期望。

62. $E_t^T[\cdot]$：在 T 远期鞅测度下对中括号内变量（或变量的函数）在 t 时点求条件期望。

63. $D_t(\cdot)$：条件方差。

64. $D_t^\Omega[\cdot]$：在风险中性测度 Ω 下对中括号内变量（或变量的函数）在 t 时点求条件方差。

65. $P_t\{\cdot\}$：条件概率。

66. ρ：两个变量的相关系数。

67. $Cov(X, Y)$：变量 X 和变量 Y 的协方差。

68. $N(\cdot)$：（一维）标准正态随机变量的分布函数。

69. $n(\cdot)$：（一维）标准正态随机变量的密度函数。

70. $N(a, b; \rho)$：相关系数 ρ 的二维标准正态随机变量在空间 $\Omega = \{(x, y) \mid x \leqslant a, y \leqslant b\}$ 的概率。

71. HR：套保比率。

72. k：对冲比率。

73. F_t：结构化理财产品（含结构性存款）的当前价格（或价值）。

74. C_t：欧式看涨期权的价格（或价值）。

75. P_t：欧式看跌期权的价格（或价值）。

76. e_t：当前时点的即期汇率。

77. e_T：T（$T > t$）时点的远期汇率。

78. r_h：本国无风险利率。

79. r_f：外国无风险利率。

80. K：期权执行价格、结构化产品的观察价格或观察水平。

81. B：障碍价格、障碍水平或障碍边界。

82. B_1：向下敲出障碍价格。

83. B_2：向上敲出障碍价格。

84. Z_t：结构化产品（含结构性存款）的挂钩标的。

85. $\bar{Z}$：结构化产品（含结构性存款）挂钩标的的最大值。

86. $\underline{Z}$：结构化产品（含结构性存款）挂钩标的的最小值。

87. m_t^T：特定变量在 t 至 T 期间的最小值函数。

88. M_t^T：特定变量在 t 至 T 期间的最大值函数。

第一章

随机分析基础

本章介绍了一些常见的随机过程、伊藤展开的基本原理、简单过程的伊藤积分及其基本性质等。考虑到相当部分同学未曾修读随机过程相关的知识,本章试图以直观、可能非严谨的方式简略呈现部分知识点。特别指出的是:第一,对每位读者而言,伊藤展开的基本原理是最低的"普适性"要求。随机过程函数的伊藤展开是资产定价最基础的知识要求,也是阅读本书的必备知识。在写作的过程中,作者尽量将基础知识要求控制在伊藤展开原理的范围之内,仅少量知识点涉及简单过程的伊藤积分及其性质。第二,本书若涉及本章未有之基础知识,将放在相应章节专门介绍,以确保部分章节内容的相对独立性。

一、常见随机过程

(一) 维纳过程

如果 W_t 是维纳过程,其满足以下条件或性质。

第一,$W_0 = 0$。

第二,增量过程是正态分布,且其期望为零,方差是时间长度。即对任意时点 t 和 s,且 $t < s$,有 $W_s - W_t \sim N(0, s-t)$。

第三,非重叠增量过程相互独立。若时间节点 $t_0 < t_1 < t_2 < \cdots < t_n$,有 $W_{t_1} - W_{t_0}$,$W_{t_2} - W_{t_1}$,$\cdots$,$W_{t_n} - W_{t_{n-1}}$ 相互独立。

第四,路径连续,但处处不可导。在 $\Delta t_{i+1} = t_{i+1} - t_i (i=0, 1, \cdots, n-1)$ 时间间隔内的增量过程 $W_{t_{i+1}} - W_{t_i} \sim N(0, t_{i+1} - t_i)$,若 ε_i 服从标准正态分布,则可令 $W_{t_{i+1}} - W_{t_i} = \varepsilon_i \sqrt{t_{i+1} - t_i}$。当 $\Delta t_{i+1} \to 0$ 时,有 $\dfrac{W_{t_{i+1}} - W_{t_i}}{\Delta t_{i+1}} = \dfrac{\varepsilon_i}{\sqrt{\Delta t_{i+1}}} \to \infty$。

性质 1-1:维纳过程是鞅过程。

对随机过程 X_t,若基于 t 时点的信息集 $\mathcal{F}_t$ 对 $X_s(s > t)$ 进行预测,有 $E[X_s \mid \mathcal{F}_t] = X_t$,则称其鞅过程。

证明:不妨令 $0 \leqslant t < s$,$\mathcal{F}_t$ 表示 t 时点的信息集,则有:

$$E[W_s \mid \mathcal{F}_t] = E[(W_s - W_t) + W_t \mid \mathcal{F}_t]$$
$$= E[W_s - W_t \mid \mathcal{F}_t] + E[W_t \mid \mathcal{F}_t] \tag{1-1}$$

由于非重叠增量过程相互独立，故 $E[W_s - W_t | \mathcal{F}_t] = E[W_s - W_t] = 0$；对信息集 $\mathcal{F}_t$ 而言，W_t 是已知信息，故 $E[W_t | \mathcal{F}_t] = W_t$，从而有：

$$E[W_s | \mathcal{F}_t] = W_t \tag{1-2}$$

性质 1-2：增量维纳过程的二阶矩约等于其时间长度。

由维纳过程的定义知：

$$E[(dW_t)^2] = D[dW_t] + E^2[dW_t] = dt \tag{1-3}$$

$$\begin{aligned} D[(dW_t)^2] &= E[(dW_t)^4] - E^2[(dW_t)^2] \\ &= 3(dt)^2 - (dt)^2 = 2(dt)^2 \end{aligned} \tag{1-4}$$

可见，$(dW_t)^2$ 围绕其期望水平 dt 变动，且当时间间隔趋于零时，方差以更快的速度趋于零，则 $(dW_t)^2$ 依概率收敛于 dt（证明略）[①]。需要指出的是，随机过程的处处不可导使其二次方差变动不为零，随机分析要从均方收敛视角定义其极限（原理略）。

$$\begin{aligned} \lim_{dt \to 0} E[(dW_t)^2 - dt]^2 &= \lim_{dt \to 0} E[(dW_t)^4] - 2dt \cdot E[(dW_t)^2] + (dt)^2 \\ &= \lim_{dt \to 0} 3(dt)^2 - 2(dt)^2 + (dt)^2 = 0 \end{aligned} \tag{1-5}$$

即 $(dW_t)^2$ 均方收敛于 dt，可近似认为 $(dW_t)^2 \approx dt$。

性质 1-3：$dt\,dW_t \approx 0$；当 $n \geq 3$ 时，有 $(dW_t)^n \approx 0$。

由于：

$$\begin{aligned} \lim_{dt \to 0} E[dt\,dW_t - 0]^2 &= \lim_{dt \to 0} (dt)^2 \cdot E[(dW_t)^2] \\ &= \lim_{dt \to 0} (dt)^3 = 0 \end{aligned} \tag{1-6}$$

因此，从均方收敛视角审视，有 $dt\,dW_t \approx 0$。由于 $(dW_t)^3 = (dW_t)^2 dW_t \approx dt\,dW_t$，故 $(dW_t)^3 \approx 0$。易证，当 $n \geq 3$ 时，有 $(dW_t)^n \approx 0$。

基于表述方便，本书将在 dt 趋于无穷小时，用"等号"表示有关极限结果，如 $(dW_t)^2 = dt$；当 $n \geq 3$ 时，$(dW_t)^n = 0$；当 $n \geq 2$ 时，$(dt)^n = 0$；$dt\,dW_t = 0$。

（二）扩散过程

1. 扩散过程

若随机过程 X_t 有如下的动态结构：

$$dX_t = \mu(X_t, t)dt + \sigma(X_t, t)dW_t \tag{1-7}$$

则称其是扩散过程。

性质 1-4：$(dX_t)^2 = \sigma^2(X_t, t)dt$；当 $n \geq 3$ 时，有 $(dX_t)^n = 0$。

证明：由式(1-7)知：

$$\begin{aligned} (dX_t)^2 &= dX_t \cdot dX_t \\ &= [\mu(X_t, t)dt + \sigma(X_t, t)dW_t] \cdot [\mu(X_t, t)dt + \sigma(X_t, t)dW_t] \end{aligned}$$

[①] 上述推导使用了正态随机变量各阶矩的期望性质：若 $Y \sim N(0, \sigma^2)$，则 $E(Y^2) = \sigma^2$，$E(Y^4) = 3\sigma^4$。

$$=\mu^2(X_t, t)(\mathrm{d}t)^2 + 2\mu(X_t, t)\sigma(X_t, t)\mathrm{d}t\mathrm{d}W_t + \sigma^2(X_t, t)(\mathrm{d}W_t)^2$$
$$=\sigma^2(X_t, t)\mathrm{d}t \tag{1-8}$$

$$\begin{aligned}(\mathrm{d}X_t)^3 &= (\mathrm{d}X_t)^2(\mathrm{d}X_t)\\ &= \sigma^2(X_t, t)\mathrm{d}t \cdot \mathrm{d}X_t\\ &= \sigma^2(X_t, t)\mathrm{d}t \cdot [\mu(X_t, t)\mathrm{d}t + \sigma(X_t, t)\mathrm{d}W_t]\\ &= \sigma^2(X_t, t)\mu(X_t, t)(\mathrm{d}t)^2 + \sigma^3(X_t, t)\mathrm{d}t\mathrm{d}W_t\\ &= 0\end{aligned} \tag{1-9}$$

显然,当 $n \geqslant 3$ 时,有 $(\mathrm{d}X_t)^n = 0$。

2. 伊藤过程

当 $\mu(X_t, t) = \mu_t$,$\sigma(X_t, t) = \sigma_t$ 时,扩散过程将退化为伊藤过程(或称时变广义布朗运动)。X_t 具有如下的动态结构:

$$\mathrm{d}X_t = \mu_t \mathrm{d}t + \sigma_t \mathrm{d}W_t \tag{1-10}$$

其中,μ_t 和 σ_t 均是时变参数。对伊藤过程而言,有 $(\mathrm{d}X_t)^2 = \sigma_t^2 \mathrm{d}t$;当 $n \geqslant 3$ 时,有 $(\mathrm{d}X_t)^n = 0$。

3. 几何布朗运动

当 $\mu(X_t, t) = \mu X_t$,$\sigma(X_t, t) = \sigma X_t$ 时,扩散过程将退化为几何布朗运动。X_t 具有如下的动态结构:

$$\mathrm{d}X_t = \mu X_t \mathrm{d}t + \sigma X_t \mathrm{d}W_t \tag{1-11}$$

其中,μ 和 σ 均是常数。对几何布朗运动而言,有 $(\mathrm{d}X_t)^2 = \sigma^2 X_t^2 \mathrm{d}t$;当 $n \geqslant 3$ 时,有 $(\mathrm{d}X_t)^n = 0$。

4. 广义布朗运动

当 $\mu(X_t, t) = \mu$,$\sigma(X_t, t) = \sigma$ 时,扩散过程将退化为广义布朗运动,X_t 有如下动态结构:

$$\mathrm{d}X_t = \mu \mathrm{d}t + \sigma \mathrm{d}W_t \tag{1-12}$$

其中,μ 和 σ 均是常数。对广义布朗运动而言,有 $(\mathrm{d}X_t)^2 = \sigma^2 \mathrm{d}t$;当 $n \geqslant 3$ 时,有 $(\mathrm{d}X_t)^n = 0$。

二、伊藤展开

(一) 随机过程函数的伊藤展开

1. $f(W_t)$ 的伊藤展开

令 $f(\cdot)$ 是连续、可导函数(以下同),则维纳过程的函数 $f(W_t)$ 的伊藤展开是:

$$\begin{aligned}\mathrm{d}f(W_t) &= \frac{\partial f}{\partial W_t}\mathrm{d}W_t + \frac{1}{2}\frac{\partial^2 f}{\partial W_t^2}(\mathrm{d}W_t)^2 + \cdots\\ &= \frac{1}{2}\frac{\partial^2 f}{\partial W_t^2}\mathrm{d}t + \frac{\partial f}{\partial W_t}\mathrm{d}W_t\end{aligned} \tag{1-13}$$

由于 $n \geqslant 3$ 时,有 $(dW_t)^n = 0$,故 $f(W_t)$ 对 W_t 进行伊藤展开时,只需展开至二阶导数。

2. $f(W_t, t)$ 的伊藤展开

$f(W_t, t)$ 是维纳过程和时间的函数,将其对 W_t 和 t 进行双变量的伊藤展开有:

$$df(W_t, t) = \frac{\partial f}{\partial t} dt + \frac{1}{2} \frac{\partial^2 f}{\partial t^2} (dt)^2 + \cdots$$
$$+ \frac{\partial f}{\partial W_t} dW_t + \frac{1}{2} \frac{\partial^2 f}{\partial W_t^2} (dW_t)^2 + \cdots + \frac{\partial^2 f}{\partial W_t \partial t} dt\, dW_t + \cdots$$
$$= \frac{\partial f}{\partial t} dt + \frac{\partial f}{\partial W_t} dW_t + \frac{1}{2} \frac{\partial^2 f}{\partial W_t^2} dt$$
$$= \left(\frac{\partial f}{\partial t} + \frac{1}{2} \frac{\partial^2 f}{\partial W_t^2} \right) dt + \frac{\partial f}{\partial W_t} dW_t \tag{1-14}$$

$f(W_t, t)$ 对 W_t 伊藤展开时,只需展开至其二阶导数,因 $n \geqslant 3$ 时,有 $(dW_t)^n = 0$;对时间 t 伊藤展开时,只需展开至其一阶导数,因 $n \geqslant 2$ 时,有 $(dt)^n = 0$。由于 $dt\, dW_t = 0$,故两者的交叉项可以忽略。

3. $f(X_t)$ 的伊藤展开

当 $dX_t = \mu(X_t, t) dt + \sigma(X_t, t) dW_t$ 时, $f(X_t)$ 对 X_t 伊藤展开有:

$$df(X_t) = \frac{\partial f}{\partial X_t} dX_t + \frac{1}{2} \frac{\partial^2 f}{\partial X_t^2} (dX_t)^2$$
$$= \frac{\partial f}{\partial X_t} [\mu(X_t, t) dt + \sigma(X_t, t) dW_t] + \frac{1}{2} \frac{\partial^2 f}{\partial X_t^2} \sigma^2(X_t, t) dt$$
$$= \left[\mu(X_t, t) \frac{\partial f}{\partial X_t} + \frac{1}{2} \sigma^2(X_t, t) \frac{\partial^2 f}{\partial X_t^2} \right] dt + \left[\sigma(X_t, t) \frac{\partial f}{\partial X_t} \right] dW_t \tag{1-15}$$

由于 $n \geqslant 3$ 时,有 $(dX_t)^3 = 0$,故 $f(X_t)$ 对 X_t 伊藤展开时,只需展开至其二阶导数。

4. $f(X_t, t)$ 的伊藤展开

当 $dX_t = \mu(X_t, t) dt + \sigma(X_t, t) dW_t$ 时,将 $f(X_t, t)$ 对 X_t 和 t 进行双变量的伊藤展开有:

$$df(X_t) = \frac{\partial f}{\partial t} dt + \frac{\partial f}{\partial X_t} dX_t + \frac{1}{2} \frac{\partial^2 f}{\partial X_t^2} (dX_t)^2$$
$$= \left[\frac{\partial f}{\partial t} + \mu(X_t, t) \frac{\partial f}{\partial X_t} + \frac{1}{2} \sigma^2(X_t, t) \frac{\partial^2 f}{\partial X_t^2} \right] dt + \left[\sigma(X_t, t) \frac{\partial f}{\partial X_t} \right] dW_t \tag{1-16}$$

前述四种情景的伊藤展开式均能写成扩散过程的形式。由于 $n \geqslant 3$ 时,有 $(dW_t)^n = 0$, $(dX_t)^n = 0$,故前述情景至多展开至二阶导数。

(二)伊藤展开的应用

1. 几何布朗运动的动态随机运动规律

性质 1-5:若资产价格 X_t 服从几何布朗运动 $dX_t = \alpha X_t dt + \sigma X_t dW_t$,则 $T(T \geqslant t)$

时点资产价格的动态随机运动规律是：

$$X_T = X_t \cdot \exp\left\{\left(\alpha - \frac{1}{2}\sigma^2\right)\Delta T + \sigma \Delta W_T\right\} \tag{1-17}$$

证明：设函数 $f = \ln(X_t)$，则 $\dfrac{\partial f}{\partial X_t} = \dfrac{1}{X_t}$，$\dfrac{\partial^2 f}{\partial X_t^2} = -\dfrac{1}{X_t^2}$，且有：

$$\begin{aligned}
\mathrm{d}f &= \frac{\partial f}{\partial X_t}\mathrm{d}X_t + \frac{1}{2}\frac{\partial^2 f}{\partial X_t^2}(\mathrm{d}X_t)^2 \\
&= \frac{1}{X_t}(\alpha X_t \mathrm{d}t + \sigma X_t \mathrm{d}W_t) - \frac{1}{2X_t^2} \cdot \sigma^2 X_t^2 \mathrm{d}t \\
&= \left(\alpha - \frac{1}{2}\sigma^2\right)\mathrm{d}t + \sigma \mathrm{d}W_t
\end{aligned} \tag{1-18}$$

对上式在 t 至 T 时间间隔内离散展开有：

$$\ln(X_T) - \ln(X_t) = \left(\alpha - \frac{1}{2}\sigma^2\right)\Delta T + \sigma \Delta W_T \tag{1-19}$$

其中，$\Delta T = T - t$。对上式简单化简，易得本性质。

性质 1-5 表明，T 时点的资产价格是在当前价格基础上的趋势增长：

$$X_T = X_t \cdot \exp\left\{\left(\alpha - \frac{1}{2}\sigma^2\right)\Delta T\right\} \cdot \exp\{\sigma \Delta W_T\} \tag{1-20}$$

当 $\alpha > \dfrac{1}{2}\sigma^2$ 时，未来资产价格呈向上趋势的指数增长；当 $\alpha < \dfrac{1}{2}\sigma^2$ 时，未来资产价格呈向下趋势的指数增长，但同时受到对数正态随机项的扰动或影响。

2. 识别鞅过程

性质 1-6：若资产价格 X_t 服从随机过程 $\mathrm{d}X_t = \sigma X_t \mathrm{d}W_t$，则其是鞅过程。

证明：设函数 $f = \ln(X_t)$，则 $\dfrac{\partial f}{\partial X_t} = \dfrac{1}{X_t}$，$\dfrac{\partial^2 f}{\partial X_t^2} = -\dfrac{1}{X_t^2}$，且有：

$$\begin{aligned}
\mathrm{d}f &= \frac{\partial f}{\partial X_t}\mathrm{d}X_t + \frac{1}{2}\frac{\partial^2 f}{\partial X_t^2}(\mathrm{d}X_t)^2 \\
&= \frac{1}{X_t}(\sigma X_t \mathrm{d}W_t) - \frac{1}{2X_t^2} \cdot \sigma^2 X_t^2 \mathrm{d}t \\
&= -\frac{1}{2}\sigma^2 \mathrm{d}t + \sigma \mathrm{d}W_t
\end{aligned} \tag{1-21}$$

将式 (1-21) 在 t 至 T 上离散展开得：

$$\ln(X_T) - \ln(X_t) = -\frac{1}{2}\sigma^2 \Delta T + \sigma \Delta W_T \tag{1-22}$$

对式 (1-22) 化简得：

$$X_T = X_t \cdot \exp\left\{-\frac{1}{2}\sigma^2 \Delta T + \sigma \Delta W_T\right\} \tag{1-23}$$

X_T 在当前时点的条件期望：

$$\begin{aligned} E_t[X_T] &= X_t \cdot \exp\left\{-\frac{1}{2}\sigma^2 \Delta T\right\} \cdot E_t[\mathrm{e}^{\sigma \Delta W_T}] \\ &= X_t \cdot \exp\left\{-\frac{1}{2}\sigma^2 \Delta T\right\} \cdot \exp\left\{\frac{1}{2}\sigma^2 \Delta T\right\} \\ &= X_t \end{aligned} \tag{1-24}$$

即 $E_t[X_T] = X_t$，说明 X_t 是鞅过程。上述推导使用了正态随机变量指数函数的期望性质：对正态随机变量 Y 而言，$E(\mathrm{e}^{aY}) = \exp\left\{a \cdot E(Y) + \frac{a^2}{2} \cdot D(Y)\right\}$，其中 a 为常数。

3. 零息债券价格是扩散过程

若瞬时即期利率 r_t 服从随机过程 $\mathrm{d}r_t = \mu(r_t, t)\mathrm{d}t + \sigma(r_t, t)\mathrm{d}W_t$，则 T 时点到期零息债券价格 $P(t, T)$ 可写成扩散过程。

证明：见附录 1-1。

三、随机积分

（一）简单过程的伊藤积分

不妨将 $[0, t]$ 分隔成 $n+1$ 个时点 $\Pi = \{t_0, t_1, t_2, \cdots, t_n\}$，且 $0 = t_0 < t_1 < t_2 < \cdots < t_n = t$，若投资者在 $t_i (i=0, 1, 2, \cdots, n-1)$ 时点持有股票数量 H_{t_i}，股票价格为 W_{t_i}，则在 $[t, T]$ 的盈余状况是：

$$\sum_{i=0}^{n-1} H_{t_i}(W_{t_{i+1}} - W_{t_i}) \xrightarrow{p} \int_o^t H_u \mathrm{d}W_u \tag{1-25}$$

当股票价格服从维纳过程时，称下式为简单过程的伊藤积分：

$$I_t = \int_o^t H_u \mathrm{d}W_u \tag{1-26}$$

特别地，当股票价格为维纳过程时，式(1-25)的概率收敛将不再成立。由于维纳过程的二次方差变动不为零，需要从均方收敛视角定义极限。当 $||\Pi|| = \max_i(t_{i+1} - t_i) \to 0$ 时，伊藤定理给出了简单过程的极限形式：

$$\lim_{||\Pi|| \to 0} \left[\sum_{i=0}^{n-1} H_{t_i}(W_{t_{i+1}} - W_{t_i}) - \int_o^t H_u \mathrm{d}W_u\right]^2 = 0 \tag{1-27}$$

性质 1-7（Itô Isometry）：$E(I_t^2) = \int_o^t H_u^2 \mathrm{d}u$。

证明：不妨对 $[0, t]$ 进行时点分割 $\Pi = \{t_0, t_1, t_2, \cdots, t_n\}$，且 $0 = t_0 < t_1 < t_2 < \cdots < t_n = t$，则简单过程的伊藤积分可写成如下的离散时间格式：

$$I_t = \sum_{i=0}^{n-2} H_{t_i}(W_{t_{i+1}} - W_{t_i}) + H_{t_{n-1}}(W_t - W_{t_{n-1}}) \tag{1-28}$$

基于此离散时间格式,附录 1-2 给出了本性质的证明。

性质 1-8:简单过程的伊藤积分是鞅。

证明:不妨令 $s > t$,则简单过程的伊藤积分在 t 时点的条件期望:

$$\begin{aligned} E_t[I_s] &= E_t\left[\int_o^s H_u \mathrm{d}W_u\right] \\ &= E_t\left[\int_o^t H_u \mathrm{d}W_u\right] + E_t\left[\int_t^s H_u \mathrm{d}W_u\right] \\ &= E_t\left[\int_o^t H_u \mathrm{d}W_u\right] \\ &= E_t[I_t] = I_t \end{aligned} \tag{1-29}$$

在离散时间格式下,$\int_t^s H_u \mathrm{d}W_u$ 可视为一系列非重叠增量维纳过程的和函数,由于增量维纳过程的期望为零,故 $E_t\left[\int_t^s H_u \mathrm{d}W_u\right] = 0$。

性质 1-9:简单过程的伊藤积分是正态分布,且其期望为零,方差是 $\int_o^t H_u^2 \mathrm{d}u$,即有:

$$I_t \sim N\left(0, \int_o^t H_u^2 \mathrm{d}u\right) \tag{1-30}$$

证明:由式(1-28)知,I_t 可视为多个正态随机变量的线性和函数,故其服从正态分布,且期望:

$$E(I_t) = \sum_{i=0}^{n-2} H_{t_i} \cdot E(W_{t_{i+1}} - W_{t_i}) + H_{t_{n-1}} \cdot E(W_t - W_{t_{n-1}}) = 0 \tag{1-31}$$

结合性质 1-7 知:

$$\begin{aligned} D(I_t) &= E(I_t^2) - E^2(I_t) \\ &= E(I_t^2) = \int_o^t H_u^2 \mathrm{d}u \end{aligned} \tag{1-32}$$

因此,$I_t \sim N\left(0, \int_o^t H_u^2 \mathrm{d}u\right)$。

(二)布朗运动的伊藤公式

设存在连续可导函数 f,且其是维纳过程 W_t 和时间 t 的函数,对 $f(t, W_t)$ 伊藤展开得:

$$\begin{aligned} f(t, W_t) &= f_t \mathrm{d}t + f_W \mathrm{d}W_t + \frac{1}{2} f_{WW} \mathrm{d}t \\ &= \left(f_t + \frac{1}{2} f_{WW}\right) \mathrm{d}t + f_W \mathrm{d}W_t \end{aligned} \tag{1-33}$$

这里,f_t 和 f_W 分别表示函数 f 对时间 t 和维纳过程 W_t 的一阶导数,f_{WW} 表示函数

f 对维纳过程的二阶导数。将式(1-33)两边在 0 到 T 上积分有：

$$f(T, W_T) = f(0, W_0) + \int_0^T \left(f_t + \frac{1}{2} f_{WW}\right) dt + \int_0^T f_W dW_t \qquad (1-34)$$

（三）伊藤过程的积分

1. 伊藤过程

若随机过程 X_t 有如下的动态结构：

$$X_t = X_0 + \int_0^t \mu_s ds + \int_0^t \sigma_s dW_s \qquad (1-35)$$

其中，X_0 为非随机项，$E\left(\int_0^t |\mu_s| ds\right) < \infty$，$\int_0^t \sigma_s^2 ds < \infty$，则称 X_t 为伊藤过程。显然，其微分形式是 $dX_t = \mu_t dt + \sigma_t dW_t$。

2. 伊藤过程的积分

伊藤过程的积分如 $\int_0^t H_t dX_t$，其中积分变量是伊藤过程，而且：

$$\int_0^t H_s dX_s = \int_0^t H_s \mu_s ds + \int_0^t H_s \sigma_s dW_s \qquad (1-36)$$

3. 伊藤过程的伊藤公式

设存在连续可导函数 f，其是伊藤过程 X_t 和时间 t 的函数，对 $f(t, X_t)$ 进行伊藤展开有：

$$\begin{aligned}
df(t, X_t) &= f_t dt + f_X dX_t + \frac{1}{2} f_{XX} (dX_t)^2 \\
&= \left(f_t + \frac{1}{2} \sigma_t^2 f_{XX}\right) dt + f_X (\mu_t dt + \sigma_t dW_t) \\
&= \left(f_t + \mu_t f_X + \frac{1}{2} \sigma_t^2 f_{XX}\right) dt + \sigma_t f_X dW_t
\end{aligned} \qquad (1-37)$$

将上式在 0 到 T 上积分有：

$$f(T, X_T) = f(0, X_0) + \int_0^T \left(f_t + \mu_t f_X + \frac{1}{2} \sigma_t^2 f_{XX}\right) dt + \int_0^T \sigma_t f_X dW_t \qquad (1-38)$$

思 考 与 练 习

1. 证明广义布朗运动不是鞅过程，讨论其在何种情景下是鞅。
2. 假设股票价格 S_t 服从如下几何布朗运动：

$$dS_t = rS_t dt + \sigma S_t dW_t^\Omega \qquad (1-39)$$

且期权价格 C_t 是股票价格 S_t 和时间 t 的函数，求期权价格满足的随机微分方程。

3. 利用 Itô Isometry 证明：

$$D\left(\int_t^T e^{-k(T-s)} dW_s\right) = \frac{1}{2k}(1 - e^{-2k\Delta T}) \tag{1-40}$$

4. 若瞬时即期利率 r_t 服从如下随机过程：

$$dr_t = \alpha dt + \beta dW_t \tag{1-41}$$

且其随机驱动了债券价格，试求债券价格的瞬时波动性（提示：债券相对收益率在时间间隔趋于无穷小时的方差）。

研 究 与 探 索

1. 观察黎曼积分和随机积分的差异性。当 W_t 是维纳过程时，附录 1-3 给出了下式的证明：

$$\int_0^T W_t dW_t = \frac{W_T^2}{2} - \frac{T}{2} \tag{1-42}$$

当 W_t 非维纳过程时，黎曼积分为：

$$\int_0^T W_t dW_t = \frac{W_T^2}{2} \tag{1-43}$$

查询随机过程或连续时间金融相关的教材或资料，阅读随机积分的初步知识，并思考黎曼积分和随机积分的本质差异。

2. 两个随机过程函数的伊藤展开。若资产价格 X_t 和 Y_t 分别服从如下的几何布朗运动：

$$dX_t = u_X X_t dt + \sigma_X X_t dW_t \tag{1-44}$$

$$dY_t = u_Y Y_t dt + \sigma_Y Y_t dW_t \tag{1-45}$$

其中，u_X，u_Y，σ_X 和 σ_Y 均为常数，试求 $X_t + Y_t$，$X_t - Y_t$，$X_t Y_t$，X_t/Y_t，$1/Y_t$ 的随机微分形式。

本 章 附 录

附录 1-1：若瞬时即期利率 r_t 服从随机过程 $dr_t = \mu(r_t, t)dt + \sigma(r_t, t)dW_t$，则 T 时点到期零息债券价格 $P(t, T)$ 可写成扩散过程形式。

证明：当零息债券价格由瞬时即期利率随机驱动时，可将其视为瞬时即期利率 r_t 和时间 t 的函数，不妨令 $P(t, T) = P(r_t, t)$，对其进行伊藤展开有：

$$\begin{aligned}
\mathrm{d}P(r_t,t) &= \frac{\partial P(r_t,t)}{\partial t}\mathrm{d}t + \frac{\partial P(r_t,t)}{\partial r_t}\mathrm{d}r_t + \frac{1}{2}\frac{\partial^2 P(r_t,t)}{\partial r_t^2}(\mathrm{d}r_t)^2 \\
&= \frac{\partial P(r_t,t)}{\partial t}\mathrm{d}t + \frac{\partial P(r_t,t)}{\partial r_t}[\mu(r_t,t)\mathrm{d}t + \sigma(r_t,t)\mathrm{d}W_t] \\
&\quad + \frac{1}{2}\frac{\partial^2 P(r_t,t)}{\partial r_t^2}\sigma^2(r_t,t)\mathrm{d}t \\
&= \left[\frac{\partial P(r_t,t)}{\partial t} + \mu(r_t,t)\frac{\partial P(r_t,t)}{\partial r_t} + \frac{1}{2}\sigma^2(r_t,t)\frac{\partial^2 P(r_t,t)}{\partial r_t^2}\right]\mathrm{d}t \\
&\quad + \left[\sigma(r_t,t)\frac{\partial P(r_t,t)}{\partial r_t}\right]\mathrm{d}W_t
\end{aligned} \quad (1\text{-}46)$$

不妨令 $\mu_p(r_t,t) = \dfrac{\partial P(r_t,t)}{\partial t} + \mu(r_t,t)\dfrac{\partial P(r_t,t)}{\partial r_t} + \dfrac{1}{2}\sigma^2(r_t,t)\dfrac{\partial^2 P(r_t,t)}{\partial r_t^2}$，

$\sigma_p(r_t,t) = \sigma(r_t,t)\dfrac{\partial P(r_t,t)}{\partial r_t}$，显然，零息债券价格是扩散过程。

附录 1-2：证明 $E(I_t^2) = \int_0^t H_u^2 \mathrm{d}u$。

证明：结合式(1-28)知：

$$\begin{aligned}
E(I_t^2) &= E\left[\sum_{i=0}^{n-2} H_{t_i}(W_{t_{i+1}} - W_{t_i}) + H_{t_{n-1}}(W_t - W_{t_{n-1}})\right]^2 \\
&= \sum_{i=0}^{n-2}\{H_{t_i}^2 E(W_{t_{i+1}} - W_{t_i})^2\} + \{H_{t_{n-1}}^2 E(W_t - W_{t_{n-1}})^2\} \\
&\quad + 2\sum_{i=0}^{n-2}\{H_{t_i}H_{t_{n-1}} E(W_{t_{i+1}} - W_{t_i})(W_t - W_{t_{n-1}})\}
\end{aligned} \quad (1\text{-}47)$$

这里，$E(W_{t_{i+1}} - W_{t_i})^2 = t_{i+1} - t_i$，$E(W_t - W_{t_{n-1}})^2 = t - t_{n-1}$，$E[(W_{t_{i+1}} - W_{t_i}) \cdot (W_t - W_{t_{n-1}})] = E(W_{t_{i+1}} - W_{t_i}) \cdot E(W_t - W_{t_{n-1}}) = 0$，其中 $i = 0, 1, \cdots, n-2$，从而有：

$$\begin{aligned}
E(I_t^2) &= \sum_{i=0}^{n-2} H_{t_i}^2(t_{i+1} - t_i) + H_{t_{n-1}}^2(t - t_{n-1}) \\
&= \int_0^t H_u^2 \mathrm{d}u
\end{aligned} \quad (1\text{-}48)$$

附录 1-3：证明 $\int_0^T W_t \mathrm{d}W_t = \dfrac{W_T^2}{2} - \dfrac{T}{2}$。

证明：不妨令 $f(W_t) = \dfrac{1}{2}W_t^2$，则 $\dfrac{\partial f}{\partial W_t} = W_t$，$\dfrac{\partial^2 f}{\partial W_t^2} = 1$，对 $f(W_t)$ 进行伊藤展开得：

$$\begin{aligned}
\mathrm{d}f(W_t) &= \frac{\partial f}{\partial W_t}\mathrm{d}W_t + \frac{1}{2}\frac{\partial^2 f}{\partial W_t^2}(\mathrm{d}W_t)^2 \\
&= \frac{1}{2}\mathrm{d}t + W_t \mathrm{d}W_t
\end{aligned} \quad (1\text{-}49)$$

对上式在 0 到 T 上积分，有：

$$\int_0^T \mathrm{d}\left(\frac{1}{2}W_t^2\right) = \int_0^T \frac{1}{2}\mathrm{d}t + \int_0^T W_t \mathrm{d}W_t \quad (1\text{-}50)$$

进而有：

$$\frac{1}{2}W_T^2 - \frac{1}{2}W_0^2 = \frac{1}{2}T + \int_0^T W_t \, dW_t \tag{1-51}$$

由于 $W_0^2 = 0$，故有：

$$\int_0^T W_t \, dW_t = \frac{W_T^2}{2} - \frac{T}{2} \tag{1-52}$$

第二章

债项特征及其结构设计

债项特征设计包括但不限于债券报价与结算规则设计、票面利率设计、清偿结构设计、权利结构设计、交易结构设计、产品结构设计。本节将结合我国债券市场的实际情况,阐述前述有关债项特征设计的基本情况及其特点。

一、债券报价与结算

(一) 全价与净价

债券面值又称债券本金,国内普遍是100元面值设计(结构化产品是1元份额设计)。债券通常以净价报价、全价结算。若当前时点处于两个相邻付息节点之间,且投资者在当前时点购买了债券,则债券所有权在当前时点转移或让渡于投资者,且债券在剩余期限内的所有现金流的现值称为债券全价。

债券全价包含了上个付息节点至当前时点的应计利息,这部分利息本应由投资者的交易对手享有,但在下个付息节点支付给了投资者。正因如此,债券全价又称为肮脏的价格。若从债券全价扣除应计利息,则称其债券净价或干净的价格。

若当前时点正好处于付息节点,则债券全价与净价相等。因为在付息节点上购买债券后,债券在上个付息区间的应计利息支付给了交易对手,而非债券投资者。

清算所的债券估价示例,如表2-1所示。

表2-1 清算所的债券估价示例　　　　　　　　　2022年6月9日

证券名称	上一付息日	下一付息日	票面利率	净价(元)	应计利息(元)	全价(元)
06国债09	2021-12-26	2022-06-26	3.7000%	104.5356	1.6670	106.2027
09国债02	2022-02-19	2022-08-19	3.8600%	106.9627	1.1623	108.1249
20附息国债05	2022-04-09	2023-04-09	1.9900%	99.0150	0.3271	99.3421
20附息国债06	2022-05-21	2022-11-21	2.6800%	98.7544	0.1311	98.8855
22贴现国债22	—	2022-08-22	1.4916%	99.6080	0.0651	99.6731
22贴现国债23	—	2022-08-29	1.4003%	99.6084	0.0344	99.6429

注:数据来自iFinD。

(二) 应计利息

在估算债券全价和净价时,需要计算应计利息,这至少涉及以下两个关键问题。

第一,债券的付息结构。绝大多数债券有明确的到期时间,且拥有定期的付息结构。然而,并非所有债券都有明确的到期时间。譬如,永续债是一类无固定到期时间的债券,只要发行人不兑付本金,债券就永远存续下去。若债券内嵌期权等权利结构的设计,则其到期时间可能非确定,因为期权触发条件状态相依于挂钩标的的随机运动,无法提前对之作出明确的预判。

第二,日计算基准。《中国人民银行关于完善全国银行间债券市场债券到期收益率计算标准有关事项的通知》(银发〔2007〕200号)规定:全国银行间债券市场到期收益率的日计数基准由"实际天数/365"调整为"实际天数/实际天数",即应计利息天数按当期的实际天数计算,付息区间天数按实际天数计算,两者均算头不算尾。譬如,某债券的上个付息日是2022年8月15日,当前或交割时点是2022年9月8日,下个付息日是2023年2月15日,则从上个付息日至当时点的天数=1+15+8=24天,当前时点至下个付息日的天数=1+30×5+3+7=161天,其中10月、12月和1月为31天,2月按29天计算。

(三) 报价与结算规则

债券以净价报价、全价结算(结算或交割价格是全价)。关于债券的净价报价问题,可追溯至2001年财政部、中国人民银行、中国证券监督管理委员会联合发布的《关于试行国债净价交易有关事宜的通知》(财库〔2001〕12号)。同年,中国人民银行发布了《关于落实债券净价交易工作有关事项的通知》(银货政〔2001〕27号),要求在全国银行间债券市场买卖的所有债券均实行净价交易,但贴现债券除外。

二、票面利率设计

(一) 是否浮动设计

债券票面利率又称息票利率,是发行人向投资者承诺支付的收益率水平。票面利率设计主要有三大成分:利率挂钩标的、利率水平及其状态、利息支付频率与结构。债券票面利率通常挂钩于基准利率或参考利率,也可能挂钩于非利率指数等,债券利息支付状态相依于挂钩标的的运动状态。特别地,当票面利率挂钩通胀时,称其通胀关联债券或防通胀债券;当挂钩标的是股票指数、原油价格指数等,且内嵌期权等结构设计时,常称其结构化产品,其中结构性存款的挂钩标的通常是汇率。

按是否内嵌票面利率条款,可将债券分为零息债券和附息债券。

1. 零息债券

零息债券无票面利率,其以贴现方式发行,到期兑付本金,本金与发行价格之差相当于投资期内的利息收入。目前,我国有贴现发行的零息国债[①],期限在1年以内,按照单利计算应计利息。

2. 附息债券

附息债券有票面利率条款,通常定期付息,到期兑付本金。理论上,附息债券可分解

---

① 又称贴现国债。

为一系列不同到期时间的零息债券的组合。假设附息债券的面值是 A，票面利率是 r，自然到期时间是 n 年，且按年付息，则附息债券在自然期限内有 $n+1$ 笔现金流，其可分解为 n 个面值为 Ar、到期时间分别是 1 年、2 年……n 年的零息债券，以及一个面值为 A，期限为 n 年的零息债券的组合。从这个意义上来看，零息债券又称为剥离债券(separate trading of registered interest and principal securities，简称 STRIPS)，即已注册登记证券的本金和利息可分离交易的债券。反之，一系列零息债券可以合成一个附息债券，各零息债券的到期时间和现金流要与附息债券的期限结构和现金流量相互匹配。

(二) 浮动方式设计

票面利率的浮动方式，可分为利率水平浮动和利差浮动，其中利率水平浮动主要有利率跳升机制和区间约束机制。

1. 利率跳升机制

利率跳升机制即所谓步高型设计。在债券存续期内，当合约约定的条件触发时，票面利率可以跳升一次或多次，前者是单次步高设计，后者是多次步高设计。在我国银行次级债的债项特征设计中，普遍规定在次级债到期前五年，发行人有权行使赎回权，若发行人届时不行使赎回权，则票面利率有较大幅度的跳升。该机制设计旨在向投资者释放特定时点赎回债券的强烈动机，因为银行可发行新债替换旧债，且能规避"次级债在到期前五年每年按递减 20% 计入附属资本"的不利影响。在可转换债券(简称可转债)的票面利率设计中，普遍内嵌了多级跳升的机制设计。

2. 区间约束机制

区间约束设定了浮动利率债券票面利率的变动区间，通常与利率上限、利率下限相互绑定。利率上限约束是指当市场利率超过利率上限时，发行人有权按照利率上限水平进行利息支付，而非那个更高的市场利率进行利息支付(见图 2-1)。利率下限保护是指当市场利率低于利率下限时，投资者有权要求发行人按照利率下限水平支付利息，而非那个更低的市场利率进行利息支付(见图 2-2)。区间约束是发行人和投资者相互博弈的结果，其同时内嵌了利率上限约束和利率下限保护，发行人的付息成本被控制在利率上限之下，投资者的收益水平被锁定在利率下限之上。

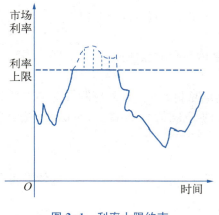

图 2-1 利率上限约束

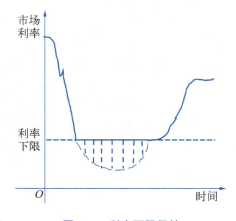

图 2-2 利率下限保护

理论上,当发行人对未来市场利率看涨时,其有动机在债项特征设计中内嵌利率上限约束,相当于内嵌了一个以利率为标的的看涨期权;当投资者对未来市场利率看跌时,其有动机要求债项特征设计包含利率下限保护,相当于内嵌一个以利率为标的的看跌期权。当债项特征设计同时包含利率上限约束和利率下限保护时,相当于内嵌了一个利率为标的的看涨期权和看跌期权的组合,又称其领子期权。

3. 利差浮动设计

利率跳升机制和区间约束机制均是针对利率水平的浮动设计,与之不同,利差浮动是在信用风险溢价(或信用利差)的基础上,加上一定的基点作为票面利率,其盯住目标是债项主体的信用风险溢价。信用风险溢价主要受债项主体信用特征的影响,信用利差反映了债项主体的信用风险成本。在违约概率和违约损失率相互独立的条件下,单位风险暴露的信用利差相当于违约概率和违约损失率的乘积。

(三) 浮动幅度设计

根据票面利率浮动幅度之不同,可将其设计模式分为非杠杆浮动和杠杆浮动。

1. 杠杆浮动利率债券

杠杆浮动利率债券的票面利率通常采取"基准利率加点法"设计,即在参考利率(或基准利率)乘数的基础上,加上一定的风险贴水,即:

$$杠杆浮动的票面利率 = 参考利率 \times 乘数 + 风险贴水 \quad (2-1)$$

当乘数为 1 时,称其非杠杆浮动利率;当乘数小于 1 时,称为降杠杆浮动利率;当乘数大于 1 时,称为杠杆浮动利率。

国内常用的参考利率主要有一年期整存整取的定期存款利率、银行间市场质押式回购利率、上海银行同业拆放利率(SHIBOR)、LIBOR 利率等。

2. 逆浮动利率债券

逆浮动利率债券的票面利率是在给定值(或固定值)的基础上扣除参考利率(或基准利率)的乘数,即:

$$逆浮动的票面利率 = 固定值 - 参考利率 \times 系数 \quad (2-2)$$

杠杆浮动利率债券、逆浮动利率债券的票面利率的波动性明显偏高,为了平衡发行人的付息成本和投资者的盈利保护诉求,其往往与利率上限、利率下限相捆绑。

(四) 挂钩标的设计

浮动利率债券的票面利率可能挂钩于利率标的或非利率标的,当挂钩利率标的时,其可能是市场化利率,也可能是非市场化利率。票面利率还可能挂钩于多重利率标的或混合标的,以及信用标的。本节将介绍四种比较特殊的票面利率挂钩设计:非市场浮动利率债券、双指数浮动利率债券、非利率指数浮动债券、信用挂钩债券。

1. 非市场浮动利率债券

非市场浮动利率债券挂钩于非市场化利率,其票面利率的浮动时机、幅度和范围不由市场决定,而是取决于特定非市场因素。在早期发行的银行次级债中,票面利率普遍挂钩于一年期整存整取的定期存款利率。在利率市场化之前,该挂钩标的是非市场化利率,其调整时机和调整幅度由中央银行等决定。

2. 双指数浮动利率债券

双指数浮动利率债券可能挂钩于两种及以上的参考利率。譬如,债券票面利率＝10年期国债收益率－3个月 SHIBOR＋120 bps,其取决于长期利率和短期利率之间的利差。当预期利率期限结构向下弯曲时(如长端利率下行),发行人有动机发行类似票面利率结构的浮动利率债券;当预期利率期限结构向上弯曲时[①],发行人倾向于发行具有如下逆浮动特征票面利率的债券,如票面利率＝460 bps－(10年期国债收益率－3个月SHIBOR)。

3. 非利率指数浮动债券

非利率指数浮动债券的票面利率挂钩于非利率标的或指数,如股价指数、商品价格指数、原油价格指数等,债券在未来付息节点的付息状况取决于挂钩标的随机运动特征。在非利率指数浮动债券中,若票面利率挂钩于通胀指数,称其为财政防通胀证券或通胀关联债券。譬如,J. P. 摩根曾在1997年发行了15年期的通胀关联债券,其根据季节调整的城市消费者物价指数调整票面利率。

4. 信用挂钩债券

信用挂钩债券不同于通常意义上的信用债,其挂钩信用标的并非债项主体的信用状态。譬如,某银行发行了一种信用挂钩的浮动利率债券,其挂钩信用标的是与其有业务关联的贷款企业的信用状态。债券发行合约约定:当挂钩信用标的发生信用事件后,发行人承担的贷款企业的信用风险将转嫁给债券投资者。所谓信用事件是指挂钩信用标的被破产清算、发生了债务违约事件、债务重组或债务重构事件(如债务减免、债务展期)。在债券存续期内,若挂钩信用标的未发生信用事件,则投资者正常获得债券本息;当挂钩信用标的发生信用事件时,投资者只能获得债券的剩余价值或清算价值[②]。从本质上来看,发行人向投资者卖出了一个浮动利率债券,同时向其购买了一份信用违约互换(credit default swap,简称CDS),其实现方式是债券以折价方式发行,债券面值与发行价格之差相当于CDS的购买成本。当债券挂钩的信用标的发生信用事件时,发行人承担的相关信用风险将转嫁给CDS的出售者——投资者,这是一种市场化的信用风险转移或管理方式。

三、清偿结构设计

(一) 清偿顺序

清偿顺序提前约定了债务清偿的优先次序,这在次级债务和资产支持证券中相当流行。银行次级债约定,当银行破产清算时,次级债债权人的清偿顺序严格低于储户(视为高级债债权人),仅高于银行股东。具体而言,当银行破产清算时,银行清算资产首先偿付高级债债权人,然后是次级债债权人,最后是银行股东。另外,混合资本债券债权人的清

[①] 如长端利率上行。

[②] 譬如,发行人将其持有的等额面值的债券资产交付投资者,或根据相似风险债券的市场价格估算其剩余价值,以现金交割。

偿顺序严格低于高级债债权人和次级债债权人,仅优先于银行股东。

在资产支持证券的清偿结构设计中,通常根据基础资产的风险收益状态将资产支持证券的清偿顺序划分为优先级、中间级和劣后级(或优先层、中间层和劣后层),其中优先级的清偿顺序高于中间级,中间级的清偿顺序高于劣后级。

(二)清偿方式

与清偿方式有关的条款包括但不限于延迟或递延、提前清偿、不可再融资赎回。

1. 延迟或递延

延迟或递延是指当合约约定的事件触发时,发行人有权暂时中止或延迟债券的还款义务,进而产生了累息债券和递延债券。

累息债券是指在特定持有期或自然期限内暂不付息,到特定时点后再支付前面的累积利息,或到期时连本带利一次性付清。对风险投资或科创型企业而言,若初始投资规模较大,但现金流的回收期限较长,可考虑发行内嵌累息支付条款的债券,以确保项目现金流的期限结构与债务偿付的期限结构尽可能匹配,这有助于降低即期财务压力。

递延债券是指具有暂停付息条款的债券。当发生合约约定的触发事件时,发行人有权利暂时中止利息支付,待其恢复生机和具有偿债能力后,再偿付暂未支付的利息。我国混合资本债券就内嵌相似的条款。《人民银行就商业银行发行混合资本债券事宜发公告》(中国人民银行公告〔2006〕第11号)规定,发行人在以下情境下有权暂时中止利息支付:第一,在混合资本债券到期前,如果发行人的核心资本充足率低于4%,可以延期支付利息;第二,若最近一期经审计的资产负债表中盈余公积与未分配利润之和为负,且最近12个月内未向普通股股东支付现金红利,则发行人必须延期支付利息。同时,该文规定"在不满足延期支付利息的条件时,发行人应立即支付欠息及欠息产生的复利",可见暂时中止利息支付并非债务豁免。

2. 提前偿还

提前偿还是指发行人有权利提前偿还债务。对投资者而言,发行人的提前还款行为对其构成"违约",其要承担可能的再投资风险。当市场利率下行时,发行人有动机提前偿还债务,从而以更低的成本发行新债替换旧债,这有助于降低其财务成本。

3. 不可再融资赎回

不可再融资赎回是指发行人不能以发行新债的方式借入资金并偿还旧债,以限制其在市场利率下行时滥用赎回权和过度套利,进而损害投资者的利益。特别指出的是,不可再融资赎回并非不可赎回,若发行人以其盈利(如税后利润)行使赎回权通常不受限。

四、权利结构设计

(一)发行人的权利

针对发行人的权利设计如回购条款、提前偿还、利率上限。回购条款是指当合约约定的条件触发时,发行人有权利按照约定赎回债券,当发行人行使赎回权时,投资者必须将其回卖给发行人。回购条款是赋予发行人的单方面权利,其倾向于降低债券价值[①]。理

---

① 债券估值是从投资者视角观察的。

论上,发行人在以下情景有动机行使赎回权:第一,当发行人对公司基本面持续看好时,其倾向于赎回债券,从而向市场释放公司强劲的有利信号;第二,当市场利率下行时,发行人有更强动机行使赎回权,并以更低利率发行新债替换旧债。关于提前偿还和利率上限约束前文已有阐释,这里不再赘述。

(二) 投资者的权利

针对投资者的权利设计种类更为丰富,包括但不限于回卖权利、可延期权利、可转换权利、可交换权利、利率下限保护等。

1. 回卖权利

回卖权利是指当合约约定的条件触发时,投资者有权按照约定价格将债券回卖给发行人,当投资者行使回卖权时,发行人必须回购,其是赋予投资者的单方面权利。在可转债的债项特征设计中,通常都内嵌回购条款和回卖条款,以限制发行人和投资者双方的盈利空间,且与转股价格的上修权或下修权相互绑定(有关细节略)。

2. 可延期权利

可延期权利是指只要投资者愿意继续持有债券,发行人就按照事前约定条款支付利息,这是无固定期限债券的常见情形。

3. 可转换权利

可转换权利的最常见形态是可转债的"债转股"权利。近年来,国内市场出现了一种可分离交易的可转债,其是附认股权证的公司债券。认股权证持有人可以在将来约定时间和特定条件下按照约定价格认购公司股票。与可转债不同的是,投资者在行使可分离交易可转债的认股权后,债券依然存续,即转股权利与债券可分离交易。

4. 可交换权利

最近 10 年来,中国资本市场还出现了一些具有可转债相似特征的新型债券——可交换债券。宝钢集团曾在 2014 年发行了一笔可交换公司债券"14 宝钢 EB"。在该债券的交易结构中,宝钢集团将其持有的宝钢股份(后者是上市公司)的股票质押给投资者,在资本市场发债融资,在未来特定时期内,债券投资者能按照约定条件将债券换作发行人已抵押的上市公司股票。这里,可交换债券的发行人为控股母公司,而转股标的是发行人的上市子公司,其交换标的并非发行人自身的股权,而是与其有关联的其他公司的股票,因此可交换债券又称为"可交换他公司股票的债券"。

对发行人而言,发行可交换债券有助于拓宽融资途径和降低融资成本。当发行人持有上市公司的限售流通股时,其能通过发行可交换债券的方式获得增量融资,且在解除已设押股票的限售流通后,允许投资者将债券转换为设押标的。对抵押股权的子公司而言,母公司发行可交换债券融资设押和投资者换股后,仅调整了公司股权结构,并不增加公司总股本。从技术上来看,可交换债券给质押限售流通股提供了一种"时空转换"的变现途径。

五、交易结构设计

债项特征设计越来越重视交易结构的设计,其旨在引入更多的交易对手,揭示和甄别交易及过程,以降低信息不对称性;通过交易结构设计锁定交易项下基础资产的现金回路,并确保将其用作债券还本付息的来源或保障,这是资产支持证券控制信用风险的流行做法。

(一) 典型交易结构

不妨以我国最早的信贷资产证券化为例,阐释其典型交易结构及特点。假设银行A是信贷资产证券化的发行人或发起人,又称其原始权益人。信贷资产证券化的交易结构大体如下。

第一,发起银行A将其持有的大量个人住房抵押贷款打包,形成基础资产池,并将其转移给特殊目的载体(special purpose vehicles,简称SPV)。

第二,特殊目的载体以基础资产的未来现金流为偿债保证或保障,向投资者发行资产支持证券。

第三,投资者向特殊目的载体支付资产支持证券的购买对价,特殊目的载体再向发起银行支付基础资产的购买对价(见图2-3)。

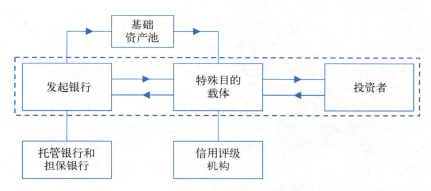

图2-3 信贷资产证券化的交易结构

通过信贷资产证券化操作,发起银行将其持有的期限较长、流动性较低,但未来能够产生稳定、可预期现金流的信贷资产转换为现金资产,从而实现了流动性转换。另外,若当前市场利率上行,发起银行还能将转换资金以更高的市场利率借贷或投资,从而获得相对更高的收益,此属信贷资产证券化的套利动机。

(二) 关键角色

1. 特殊目的载体的主要功能

在信贷资产证券化的交易结构中,核心构件似乎是特殊目的载体。特殊目的载体的主要功能在于以下两个方面。

第一,风险隔离或破产隔离。当基础资产受让或转移给特殊目的载体后,基础资产与发起银行的自有资产相分离,且与特殊目的载体的固有资产相分离。也就是说,若发起银行或特殊目的载体破产清算,基础资产不属于两者的清算资产,从而实现了破产隔离或风险隔离。

第二,充当资产管理人角色。特殊目的载体以基础资产的现金流为偿债保证向投资者发行资产支持证券,且代表投资者向发起银行购买基础资产,同时代表投资者积极管理基础资产,尽可能确保其保值、增值。

2. 投资者的主要疑虑

在资产证券化业务的交易结构中,交易主体主要包括:第一,发起银行,其是资金需求方;第二,特殊目的载体,其是资产管理人;第三,投资者,其是资金供给方。特殊目的载体是否有资产证券化业务可做,以及发起银行能否实现流动性转换,在某种程度上取决于投资者是否愿意购买相关产品。因此,交易结构设计应围绕投资者展开,且尽可能降低投资者与有关各方的信息不对称程度。从投资者视角来看,其对信贷资产证券化可能有以下疑虑。

第一,基础资产能否实现项目自偿。对投资者而言,购买信贷资产支持证券看重的是基础资产的现金流创造能力及其偿债能力,而非发起银行的总体还款能力。

第二,特殊目的载体如何锁定基础资产的未来现金流,并确保将之用于项目自偿。

第三,替代性清偿和保险方案。当基础资产的未来现金流不足以清偿债务时,如何解决剩余债务的还款资金来源问题。有关各方的责任和义务边界需要提前约定或明确。

(三) 问题解决机制

为了促成信贷资产证券化业务,特殊目的载体必须创造或设计一种适当的交易结构,以打消投资者的疑虑。可能采取的问题解决机制不外乎:降低投资者与有关各方的信息不对称程度;提高债项的信用等级;尽可能实现破产隔离或风险隔离。

1. 信息甄别与揭示

对投资者而言,其在购买资产支持证券后,相当于购买了基础资产的未来现金流或受益权,然而,基础资产由众多个人住房抵押贷款打包而成,投资者不可能对基础资产进行解包,并逐笔分析每笔个贷业务的风险状态,以及测算其可能的预期现金流等。为了让投资者对基础资产及债项风险有轮廓性认知,债项结构设计要引入更多交易对手,如聘请信用评级机构对债项风险进行评级。

2. 信用增级措施

即便有信用评级机构的债项评级,其也只能粗略揭示基础资产的相对风险状态,投资者仍可能对其偿债能力持犹疑态度。为了缓解或解决信息不对称问题,发行银行可通过信用增级方式提高债项评级。常见的信用增级手段是提供信用风险缓释工具、明确证券化产品的风险等级。

发行人对基础资产的未偿责任进行兜底承诺或提供信用担保是一种简单、有效的信用增级手段。具体而言,当基础资产的未来现金流不足以偿还债券本息时,发起人无条件、不可撤销地承诺补足差额部分。

明确证券化产品的风险等级是根据基础资产的风险和收益状态对资产支持证券的清偿结构和清偿顺序进行分级,分别发行优先级、中间级、劣后级的资产支持证券,且发行人自持劣后级债券。

3. 资金托管与风险隔离

前文假设发起银行将有关基础资产真实转移或受让给特殊目的载体,从而实现了法律意义上的破产隔离或风险隔离。然而,在现实场景下,当发起银行将信贷资产转移或受让于特殊目的载体时,要缴纳高昂的营业税及附加,这极大地提高了流动性转换成本。若没有针对性的"免税"支持,基础资产是不可能被转移或受让给特殊目的载体,无法实现真正意义上的破产隔离。

那么,特殊目的载体如何锁定基础资产的未来现金流呢?解决问题的可能方式是寻求银行 B 作为资金托管行,基础资产的未来现金流在托管银行归集和分配,从而让基础资产与发起银行的自有资产相分离,似能实现形式上的风险隔离。

(四) 创新机制与衍生问题

为了解决基础资产真实转移或受让的高额税负问题,特殊目的载体等创造了系列新型资产证券化业务模式。

1. 创新机制

证券公司为计划管理人的专项资产管理计划(简称专项资管计划)业务是其典型代表,其又称为企业资产证券化业务。该业务有以下两大显著特征。

第一,计划管理人仅以协议方式购买基础资产的未来受益权,基础资产无须出让、转移或受让给特殊目的载体,基础资产仍处于原始权益人的管理与控制之下。

第二,计划管理人要设立专门的团队和专门的账户管理和锁定交易项下基础资产的现金回路,并确保将之用于债券自偿。

不妨以某市污水处理收费资产支持收益专项资产管理计划为例,阐释专项计划型企业资产证券化业务的基本特点和典型特征。某市城建集团拟在市内建设一座污水处理厂①,测算认为其未来 3 年约能创造 18 亿元的现金流,城建集团希望通过资产证券化方式将该预期现金流部分地转换为现金资产,其准备发行 15 亿元的资产支持受益凭证(asset-backed beneficial certificate)。城建集团与某证券公司(简称券商)构建如下交易:首先,券商在资本市场向投资者发行资产支持受益凭证,投资者向券商支付证券的购买对价;然后,券商设立专项资管计划,代表投资者向城建集团(或其附属城建公司)购买其污水处理厂未来 3 年的污水处理费的受益权;最后,通过账户方式归集和锁定污水处理费,并将其用作证券本息的偿付资金来源或偿债保障(见图 2-4)。在此交易结构中,券商是计划管理人或特殊目的载体,其仅购买了污水处理厂在未来特定时期内的污水处理费的受益权,而非购买污水处理厂。污水处理厂仍处于原始权益人的管理与控制之下,根本无须出让或转移给计划管理人,从而实现了"税收中性"目标。

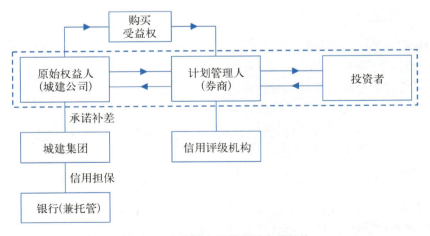

图 2-4 企业资产证券化的交易结构

---

① 在发行资产支持受益凭证之前,作者不清楚该污水处理厂是否已建设完成。

对计划管理人而言,其通过引入信用评级机构和信用增级设计来降低投资者与有关各方(特别是原始权益人)的信息不对称性。城建集团承诺对基础资产可能未偿部分补足差额,且某 AAA 级银行对之提供了无条件的、不可撤销的信用担保,从而将债项评级提高至 AAA 级,这不仅让城建集团能够在资本市场发债融资,还极大地降低了其融资成本。

计划管理人通过账户管控的方式锁定基础资产的现金回路。账户锁定现金流的过程大体是:计划管理人在托管银行开立专项计划专用账户,城建集团在托管银行开立某市城建污水处理费收益账户;污水处理费由某市自来水总公司收取后先缴入财政,市财政局在权益登记日 15 个工作日前向某市城建污水处理费收益账户划转资金,托管银行在收到资金的下一工作日将其划至专项计划专用账户;在收到计划管理人的还本付息指令后,托管银行向投资者支付债券本息。

2. 衍生问题

在此交易结构中,托管银行同时是担保银行,其为基础资产未能偿债或城建集团未能履责提供了信用兜底。问题是:银行为何愿意为之兜底,而非向城建集团直接提供授信安排呢?这或出于监管规避的需要。城建集团属于地方政府融资平台企业,在 2009 年后的融资平台债务摸排、清查与整改运动中,监管机构一度禁止向非"名单制"内的融资平台提供增量的信贷资金支持或对其存量债务进行展期操作,致使部分融资平台的银行贷款无法持续滚动,有可能导致银行表内信贷资产的风险暴露。在此背景下,银行不得不为借款企业的市场化融资提供担保便利。

基于前述逻辑推断,原始权益人的融入资金最终大概率被银行"占有",以维持其表内贷款的持续滚动。对于此种现象,难道资本市场投资者观察不到?那其为何还要购买所谓资产支持受益凭证呢?这可能取决于产品的低风险本质和资本市场的资金富余程度。特别地,当资本市场对相关资管计划的投资热情较低时,银行可用其表外理财资金对接有关业务,从而解决资管计划的投资资金来源问题。若果真如此,则资管计划的发起人或主导者是银行,其透过表外影子银行操作(具体模式略)从事类信贷活动,且可能将之用于管理表内资产的信用风险。

六、产品结构设计

结构化产品是指固定收益证券与衍生工具或合约合成的产品。结构化产品的产品结构设计通常挂钩于单一或多重标的(或组合标的),且产品支付状态相依于挂钩标的的随机运动。基于表述简洁考虑,本节拟假设结构化产品挂钩于股票指数,并根据其内嵌期权特征,简要介绍其常见的产品结构设计模式,更为详尽的理论推演后续将逐一呈现。

(一)内嵌数字期权

在未来特定时点,当股票指数大于观察价格(或观察水平)K 时,发行人"承诺"支付较高收益;当股票指数低于 K 时,发行人"承诺"支付较低收益(见图 2-5)。从结构化产品的支付结

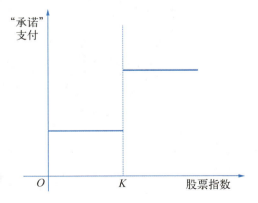

图 2-5 内嵌数字期权的支付结构

构来看,可将其分解为固定收益产品和看涨型数字期权的组合(或看涨型数字期权与看跌型数字期权的组合)。对看涨型数字期权而言,发行人"承诺"支付的状态收益是给定的,但状态概率相依于股票指数的随机运动。在国内银行系的结构性存款中,内嵌数字期权的结构设计具有较高的普遍性。

(二)内嵌看涨期权

在结构化产品中内嵌看涨期权有三种常见设计模式:普通设计、参与设计、多点观测设计。

第一,普通设计。当股票指数低于 K(相当于执行价格)时,发行人"承诺"支付较低收益;当股票指数高于 K 时,发行人"承诺"支付股票指数上涨的成分(见图 2-6)。这种结构设计确保投资者能获得保底收益,但上涨收益无边界。

第二,参与设计。当股票指数低于 K 时,发行人"承诺"支付较低收益;当股票指数高于 K 时,发行人"承诺"支付股票指数上涨成分的部分收益,其中分配给投资者的那部分收益称为参与比率(见图 2-6)。当投资者对挂钩股票标的看涨时,其有动机投资类似结构化产品。

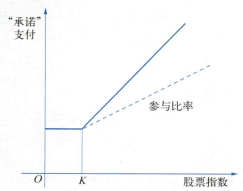

图 2-6 内嵌看涨期权的支付结构

第三,多点观测设计。譬如,某结构化理财产品的原始期限是 6 个月,每个月观测一次。在每个观测时点,若股票指数超过期初指数的特定比例(该比例通常大于1),则"承诺"支付较高收益,但同时触发自动赎回和清算机制;在理财产品存续期内,若任意观测时点的股票指数均未超过期初指数的特定比例,则产品自动到期且"承诺"支付较低收益。理论上来讲,该结构化产品可视为固定收益产品和 6 个不同期限的看涨期权的组合[①]。

(三)内嵌组合期权

结构化产品内嵌组合期权的设计丰富与复杂。最简单和常见的设计模式是:在未来特定时点,若股票指数低于 K_1,发行人"承诺"支付低收益;若股票指数高于 $K_2(K_2 > K_1)$,发行人"承诺"支付高收益;当股票指数介于 K_1 和 K_2 之间时,股票指数的上涨收益全部(或部分地)支付给投资者(见图 2-7)。

理论上,若投资者购买该型结构化产品,相当其对挂钩标的是看涨的,但只看涨到 K_2 为止。若基于结构化产品的预期支付对其进行分解,则其可视为固定收益产品和牛市价差期权的组合,其中牛市价差期权是执行价格为 K_1 的看涨期权与执行价格为 K_2 的看涨期权之差。

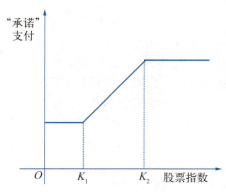

图 2-7 内嵌牛市价差期权的支付结构

---

① 属有条件的看涨期权。

(四) 内嵌障碍期权

内嵌障碍期权相关设计甚为复杂,不妨以内嵌向上敲出的障碍期权为例,简要阐释其产品结构和支付特征。假设向上敲出障碍价格和执行价格分别为 B_2 和 K,且 $B_2 > K$。内嵌向上敲出障碍期权结构化产品的支付结构是:在观察窗口(计划或预计的投资期)内,若挂钩标的价格未触及向上敲出障碍价格,且 T 时点(计划或预计的到期时点)的标的价格小于或等于执行价格,则看涨期权未敲出、未生效,发行人"承诺"支付保底收益;在观察窗口内,只要挂钩标的价格触及(大于或等于)向上敲出障碍价格,则看涨期权敲出或提前失效,发行人"承诺"支付敲出收益率(通常高于保底收益率);在观察窗口内,若挂钩标的价格未曾触及向上敲出障碍价格,且 T 时点的标的价格大于执行价格,则看涨期权生效,且发行人将挂钩标的的上涨成分全部或部分地支付给投资者(见图 2-8)。

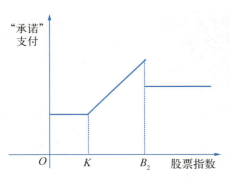

图 2-8 内嵌障碍期权的支付结构

该结构设计旨在确保:当挂钩标的价格小于执行价格时,投资者获得保底收益率;当挂钩标的价格在合理区间运动时,能够获得正常的波动收益;当挂钩标的价格上涨越过障碍价格时,预期获得敲出收益率,且发行人可能参与收益分配过程。

七、典型案例

前几年,苏宁云商的竞争对手——京东、阿里等陆续赴美上市,走上了加速发展的道路,国美、大润发等线下零售商也向线上销售转型。在此背景下,苏宁云商认为有必要淘汰过时的旧店面,按照线上销售模式改造和升级部分存量店面,以及开发新的店面,努力向互联网线上运营方向转型。为此,苏宁云商需要开辟增量的融资渠道和扩大再投资。

苏宁云商房地产证券化的结构设计较为复杂,且分两个阶段进行。在第一个阶段,苏宁云商将其分布在全国多个城市的多家门店出售给中信金石,但后者并未向苏宁云商支付现金购置款,而是向苏宁云商发行"中信苏宁云创私募投资基金",并将其作为受让门店的支付手段,即"中信苏宁云创私募投资基金"的投资标的是中信金石受让的门店。在第一阶段交易中,苏宁云商将其门店从资产负债表剥离,且将固定资产置换为金融资产——"中信苏宁云创私募投资基金",但未有增量现金流入。在第二阶段,华夏资本在资本市场发行资产支持受益凭证,投资者向华夏资本支付债券的购买对价,华夏资本再设立专项资产管理计划,并代表投资者向苏宁云商购买"中信苏宁云创私募投资基金"的未来受益权。在第二阶段交易中,苏宁云商成功将金融资产转换为现金资产,从而助其扩大再投资。

在此交易结构中,资产证券化的基础资产是"中信苏宁云创私募投资基金",底层资产似乎是中信金石受让的门店。问题是,这些门店如何创造现金流呢?难道由中信金石自营这些门店?显然,这是不可能的。为了解决受让门店的现金流创造问题,苏宁云创和中信金石约定再从后者返租门店,以这些门店未来可预期的、稳定的租金收益作为资产支持受益凭证的还款来源或偿债保障。从这个意义上审视,资产证券化的底层资产并非苏宁云商转让出去的门店,而是这些门店的租金收益。本案例的另一特色是通过引入资产管理人——中信金石,实现了基础资产和底层资产的分离,以及底层资产法律意义上的破产隔离。从法律意义上来讲,苏宁云商已将其门店协议出让于中信金石,并确保转让门店与自有资产相分离。

思考与练习

1. 什么是债券全价与净价,如何估算非付息日的债券全价与净价?
2. 浮动利率债券常见的票面利率设计方式有哪些?
3. 债券内嵌期权的设计方式主要有哪些?
4. 简述交易结构设计的特点和目标。
5. 从特殊目的载体视角出发,简述企业资产证券化与传统意义上的资产证券化的本质区别。
6. 简述结构化产品内嵌看涨期权的常见设计模式。

研究与探索

1. 苏宁云商房地产证券化如何通过交易结构设计来管控交易项下基础资产或底层资产的风险?在此交易结构中,中信金石肩负了特殊使命,其发挥作用和盈利模式是什么?对苏宁云商而言,该资产证券化业务对其资产负债表和市值有何影响?
2. 苏宁云商房地产证券化业务的底层资产本质上是房地产相关的租金收益,其结构设计对商业地产租金收益、保障房租金收益等资产证券化业务有何启示?

第三章
利率表现形式及其关系

利率分为即期利率和远期利率,且均有普通复利、连续复利和单利三种表现形式。本章阐释了普通复利、连续复利和单利下的即期利率和远期利率表现,特别是与零息债券价格之间的等价或转换关系,并推演了普通复利和单利在极限状态下的表现[①]。同时,简要介绍了随机状态下的即期利率和远期利率的刻画方式、常见的收益率评价指标,以及如何对债券收益来源及其结构进行分解。

一、利率表现形式

鉴于利率表现形式众多,本书约定连续复利表示的即期利率为 R(当前时点的瞬时即期利率为 r_t),普通复利表示的即期利率为 y,单利表示的即期利率为 l。当前时点的 1 元,T 时点以连续复利表示的本息之和 $M_T = e^{R \Delta T}$,以普通复利表示的本息之和 $M_T = (1+y)^{\Delta T}$,以单利表示的本息之和 $M_T = (1+l \Delta T)$。

(一) 连续复利

1. 连续复利即期利率

记 $R(t, T)$ 是以连续复利表示的 T 时点的即期利率,或称 T 时点的连续复利即期利率,则 T 时点到期零息债券的当前价格:

$$P(t, T) = e^{-R(t, T) \Delta T} \tag{3-1}$$

对上式简单变换得:

$$R(t, T) = -\frac{\ln P(t, T)}{\Delta T} \tag{3-2}$$

2. 连续复利远期利率

性质 3-1:从当前时点来看,未来 T 到 S 期间的连续复利远期利率 $F(t; T, S)$ 与 T 时点、S 时点到期的零息债券价格有如下关系:

$$F(t; T, S) = \frac{1}{S-T} \ln \left[\frac{P(t, T)}{P(t, S)} \right] \tag{3-3}$$

---

① 当付息频率趋于无穷时,普通复利和单利均收敛至连续复利。

这里，$t < T \leqslant S$。

证明：假设 T 时点有 1 元，其在当前时点的价值有两种估值思路。第一，直接将其贴现至当前时点，其当前价值为 $P(t, T)$；第二，将 T 时点的 1 元按照连续复利远期利率复利计算至 S 时点，再贴现回当前时点，其当前价值是 $e^{F(t; T, S)(S-T)} \cdot P(t, S)$，由市场无套利原则知：

$$e^{F(t; T, S)(S-T)} \cdot P(t, S) = P(t, T) \tag{3-4}$$

这里，零息债券价格 $P(t, T)$ 和 $P(t, S)$ 均应以连续复利表示。对上式简单化简，易得本性质（见图 3-1）。

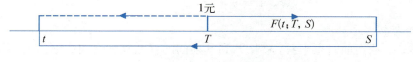

图 3-1　无套利原理示意

3. 连续复利瞬时远期利率

记 $f(t, T)$ 表示从当前时点来看，T 时点的连续复利瞬时远期利率。瞬时远期利率表示从 T 时点开始的一个很短时间间隔内的远期利率，即 $f(t, T) = \lim\limits_{S \to T} F(t; T, S)$，其中 $t \leqslant T \leqslant S$。特别地，$f(t, t)$ 表示当前时点的瞬时即期利率。

性质 3-2： 连续复利瞬时远期利率与零息债券价格有如下关系：

$$f(t, T) = -\frac{\partial \ln P(t, T)}{\partial T} \tag{3-5}$$

证明：结合式 (3-3) 知，连续复利瞬时远期利率：

$$f(t, T) = \lim_{S \to T} \frac{1}{S - T} [\ln P(t, T) - \ln P(t, S)] \tag{3-6}$$

不妨令 $\delta = S - T$，当 $S \to T$（或 $\delta \to 0$）时，则有：

$$f(t, T) = -\lim_{\delta \to 0} \frac{\ln P(t, T+\delta) - \ln P(t, T)}{\delta}$$

$$= -\frac{\partial \ln P(t, T)}{\partial T} \tag{3-7}$$

4. 利率期限结构

式 (3-2) 给出了即期利率和零息债券价格的函数关系，式 (3-5) 给出的是瞬时远期利率与零息债券价格的函数关系。通常，当零息债券价格是时间长度的函数时，即期利率和瞬时远期利率均是时间长度的函数，则即期利率与时间长度的函数关系称为即期利率的期限结构，瞬时远期利率与时间长度的函数关系称为远期利率的期限结构。

由于即期利率和瞬时远期利率均是零息债券价格的函数，故能从零息债券的市场价格（或观测价格）剥离即期利率和瞬时远期利率，或从不同到期时点的系列零息债券价格中剥离即期利率或远期利率的期限结构,此即利率期限结构息票剥离法的原始想法。

(二) 普通复利

1. 普通复利即期利率

记 $y(t, T)$ 是以普通复利方式表示的 T 时点的即期利率,或称 T 时点的普通复利即期利率,则 T 时点到期零息债券的当前价格:

$$P(t, T) = \frac{1}{[1 + y(t, T)]^{\Delta T}} \tag{3-8}$$

对上式简单变换得:

$$y(t, T) = [P(t, T)]^{-\frac{1}{\Delta T}} - 1 \tag{3-9}$$

2. 普通复利远期利率

性质 3-3:从当前时点来看,未来 T 到 S 期间的普通复利远期利率 $f(t; T, S)$ 与 T 时点、S 时点到期的零息债券价格有如下关系:

$$f(t; T, S) = \left[\frac{P(t, T)}{P(t, S)}\right]^{\frac{1}{S-T}} - 1 \tag{3-10}$$

证明:假设 T 时点有 1 元,其在当前时点的价值有两种估值思路。第一,直接将其贴现至当前时点,其当前价值为 $P(t, T)$;第二,将 T 时点的 1 元按照普通复利方式复利计算至 S 时点,再贴现回当前时点,其价值为 $[1 + f(t; T, S)]^{(S-T)} \cdot P(t, S)$,基于市场无套利原则知:

$$[1 + f(t; T, S)]^{(S-T)} \cdot P(t, S) = P(t, T) \tag{3-11}$$

这里,$P(t, T)$ 和 $P(t, S)$ 均应以普通复利表示。对上式简单化简,易得本性质。

(三) 单利

1. 单利即期利率

记 $l(t, T)$ 是以单利表示的 T 时点的即期利率,或称 T 时点的单利即期利率,则 T 时点到期零息债券的当前价格:

$$P(t, T) = \frac{1}{1 + l(t, T)\Delta T} \tag{3-12}$$

对上式简单变换得:

$$l(t, T) = \left[\frac{1 - P(t, T)}{P(t, T)}\right] / \Delta T \tag{3-13}$$

由于 $P(T, T) = 1$,故 $\frac{1 - P(t, T)}{P(t, T)} = \frac{P(T, T) - P(t, T)}{P(t, T)}$,表示 T 时点到期零息债券在 T 时点价格和 t 时点价格的相对变化率,即 ΔT 时间间隔内的零息债券收益率,故单利利率相当于 t 至 T 的零息债券价格的平均收益率。

2. 单利远期利率

性质 3-4:从当前时点来看,未来 T 到 S 期间的单利远期利率 $L(t; T, S)$ 与 T 时点、S 时点到期的零息债券价格有如下关系：

$$L(t;T,S)=\frac{1}{S-T}\left[\frac{P(t,T)}{P(t,S)}-1\right] \tag{3-14}$$

证明：假设 T 时点有 1 元，其在当前时点的价值有两种估值思路。第一，直接将其贴现至当前时点，其当前价值为 $P(t,T)$；第二，将 T 时点的 1 元按照单利方式复利计算至 S 时点，再贴现回当前时点，其当前价值为 $[1+L(t;T,S)(S-T)]\cdot P(t,S)$，基于市场无套利原则知：

$$[1+L(t;T,S)(S-T)]\cdot P(t,S)=P(t,T) \tag{3-15}$$

这里，$P(t,T)$ 和 $P(t,S)$ 均应以单利表示。对上式简单化简，易得本性质。

二、利率表示的极限关系

（一）普通复利与连续复利

性质 3-5：当付息频率趋于无穷大时，普通复利表示的本息之和收敛于连续复利表示的本息之和。

证明：假设固定利率债券的面值是 A，票面利率是 r，自然期限是 n 年，按年付息。若将债券在一年内的付息频率改为 m 次，则每个付息频率的等价收益率为 r/m，共付息 mn 次。当付息频率趋向无穷大时，以普通复利表示的到期本息之和是：

$$M_T=A\cdot\lim_{m\to\infty}\left(1+\frac{r}{m}\right)^{mn} \tag{3-16}$$

不妨令 $t=\frac{m}{r}$，则上式转换为：

$$\begin{aligned}M_T&=A\cdot\lim_{t\to\infty}\left(1+\frac{1}{t}\right)^{t\cdot rn}\\&=A\cdot e^{rn}\end{aligned} \tag{3-17}$$

当付息频率趋于无穷时，普通复利与连续复利表示的到期本息之和渐进等价。

（二）单利和连续复利

1. 即期利率之间关系

性质 3-6：当付息频率趋于无穷大时，单利表示的本息之和收敛于连续复利表示的本息之和。

证明：假设当前时点有资产 D_t，其在 t 到 $t+h$ 期间获得按单利利率 l_t 计算的利息，则 $t+h$ 时点的本息之和 $D_{t+h}=D_t(1+l_t h)$，对其简单化简得：

$$\frac{D_{t+h}-D_t}{h}=l_t D_t \tag{3-18}$$

当付息频率趋向无穷大时，相当在无穷小时间间隔内（$h\to 0$）付息一次。当 $h\to 0$ 时，上式等价于 $dD_t=l_t D_t$，对 $\frac{dD_t}{D_t}=l_t$ 两边分别在 t 至 $t+h$ 上积分得：

$$\ln D_{t+h} - \ln D_t = \int_t^{t+h} l_s \mathrm{d}s \tag{3-19}$$

不妨令当前资产价值 $D_t = 1$，则 $t+h$ 时点的本息之和为：

$$D_{t+h} = \exp\left\{\int_t^{t+h} l_s \mathrm{d}s\right\} \tag{3-20}$$

其左端是以单利表示的本息之和，右端是以连续复利表示的本息之和。可见，在极限状态下，单利表示的本息之和收敛至连续复利表示的本息之和。

2. 瞬时远期利率之间的关系

性质 3-7：单利表示的瞬时远期利率与连续复利表示的瞬时远期利率渐进等价。

证明：见附录 3-1。

三、随机视角下的即期利率和远期利率

随机视角下的即期利率和远期利率的刻画方式是：第一，假设当前时点的瞬时即期利率（当前可观测的期限很短的即期利率，如银行间市场的隔夜利率）服从特定随机过程，给出未来 T 时点即期利率的动态随机运动规律，进而对零息债券价格进行定价解析。第二，根据式(3-2)和(3-5)分别求解即期利率和瞬时远期利率。

不妨以瞬时即期利率的 Merton 模型为例，简要展示随机视角的即期利率和瞬时远期利率的刻画方式。假设瞬时即期利率 r_t 服从如下随机过程：

$$\mathrm{d}r_t = \alpha \mathrm{d}t + \sigma \mathrm{d}W_t^\Omega \tag{3-21}$$

其中，α 和 σ 均为常数，$\mathrm{d}W_t^\Omega$ 表示风险中性测度 Ω 下的增量维纳过程，则 $T(T \geqslant t)$ 时点即期利率的动态随机运动规律是：

$$r_T = r_t + \alpha \Delta T + \sigma(W_T^\Omega - W_t^\Omega) \tag{3-22}$$

显然，T 时点的即期利率是正态随机变量，其条件期望 $E_t^\Omega[r_T] = r_t + \alpha \Delta T$，条件方差 $D_t^\Omega[r_T] = \sigma^2 \Delta T$，且 T 时点到期零息债券价格（求解过程详见第五章）：

$$P(t, T) = \exp\left\{-r_t \Delta T - \frac{1}{2}\alpha \Delta T^2 + \frac{1}{6}\sigma^2 \Delta T^3\right\} \tag{3-23}$$

由式(3-2)知，T 时点的连续复利即期利率：

$$R(t, T) = r_t + \frac{1}{2}\alpha \Delta T - \frac{1}{6}\sigma^2 \Delta T^2 \tag{3-24}$$

由式(3-5)知，T 时点的连续复利瞬时远期利率：

$$f(t, T) = r_t + \alpha \Delta T - \frac{1}{2}\sigma^2 \Delta T^2 \tag{3-25}$$

$R(t, T)$ 和 ΔT 之间的函数关系称为即期利率的期限结构，$f(t, T)$ 和 ΔT 之间的函数关系是远期利率的期限结构。关于即期利率、瞬时远期利率与时间跨度之间的具体

关系或特征,将在第八章详细讨论。

四、利率表示的使用原则

除非特别说明,本书利率均指年化利率。以下利率表示的使用原则是作者对相关问题的观察或理解,可能非普适性原则。在特定场景下,利率表示方式取决于交易双方的约定。

第一,现实场景中的债券估值通常用普通复利,随机场景下的债券估值(债券价格由利率随机驱动)用连续复利。

第二,货币市场工具及其衍生品通常使用单利表示。在一个付息区间内的利息计算通常用单利。

第三,利率确定性变化或时变非随机情景下的期限结构是指普通复利方式表示的即期利率(远期)期限结构,利率随机状态下的期限结构是指连续复利方式表示的即期利率(远期)期限结构。

第四,在处理同一问题时,尽可能使用相同的利率表示方式。切勿在不同利率表示方式之间随意切换。

五、债券收益评价

(一) 常见的收益率评价指标

1. 到期收益率

假设某固定利率债券的面值是 A,票面利率为 r,债券定期付息,若当前时点 t 处于两个相邻付息节点 t_1 和 t_2 之间($t_1 < t < t_2$),且剩余期限内有 $n+1$ 个付息节点。假设利率期限结构是处于 y 水平的一条直线,则当前时点的债券价格:

$$P_t = \frac{1}{(1+y)^{\frac{t_2-t}{t_2-t_1}}} \left[\sum_{t=0}^{n} \frac{C_t}{(1+y)^t} \right] \tag{3-26}$$

当 $t=n$ 时,$C_n = A(1+r)$;当 $t<n$ 时,$C_t = Ar$,其中 C_0 表示 t_2 付息节点的利息。在上式中,y 是当前债券价格隐含的到期收益率(yield-to-maturity,简称 YTM),或称市场利率、贴现利率、投资者要求的平均收益率等。

到期收益率与债券价格之间是一一对应的关系,其是债券价格的另一种简洁的表达形式。理论上,特定期间的到期收益率是该期间各时点即期利率的复杂平均。譬如,在等间距离散时间格式下,特定期间的到期收益率可视为各个时点即期利率的简单平均[①]。

2. 当期收益率

当期收益率(或当前收益率)是当前付息区间的利息收入占债券当前价格的比率。假设当前时点 t 处于两个相邻付息节点 t_1 和 t_2 之间($t_1 < t < t_2$),投资者在下个付息节点 t_2 处的利息收入是 Ar,则当期收益率是 $Ar/P_t \times 100\%$。

---

① 证明略。

3. 等价收益率

假设按年付息,且年化收益率是 y,则在一个付息区间内的特定时间间隔的收益率按单利估算,且称其为等价收益率。譬如,年收益率是 4%,则季度的等价收益率是 1%。

(二) 债券收益来源与结构分解

1. 债券收益结构

债券投资收益主要来源于两个部分:利息收入和资本利得。其中,利息收入包括利息和利息的利息(利滚利部分)。

假设某固定利率债券的面值为 A,息票利率为 r,剩余期限为 n 年,按年付息,且当前时点正好在付息节点上,每个付息节点的利息为 C,其中 $C=Ar$。假设利率期限结构是处于 y 水平的一条直线,将债券在剩余期限内的利息按照市场利率贴现至到期时点,则利息总收入是:

$$\begin{aligned}TC &= C(1+y)^n + C(1+y)^{n-1} + \cdots + C(1+y) + C \\ &= C \cdot \frac{1-(1+y)^n}{1-(1+y)} \\ &= C \cdot \left[\frac{(1+y)^n - 1}{y}\right]\end{aligned} \quad (3-27)$$

在利息总收入中,利息是 nC,利息的利息是 $C \cdot \left[\dfrac{(1+y)^n - 1}{y}\right] - nC$。若当前时点的债券价格为 P_t,到期价值 $P_n = A$,则资本利得为 $P_n - P_t$。债券投资的总收益:

$$TI = nC + \left\{C \cdot \left[\frac{(1+y)^n - 1}{y}\right] - nC\right\} + (P_n - P_t) \quad (3-28)$$

其中,第一成分是利息,第二成分是利息的利息,第三成分是资本利得。

2. 投资期内的实际收益率

特别地,若债券剩余到期时间是 n 年,但投资者仅打算持有债券 m 年,其中 $m < n$,则投资者在投资期内的实际收益取决于债券在投资期末的总价值与当前价格之间的比较。

债券在投资期末的总价值由两部分构成:第一,投资期内的利息总收入,即将投资期内的利息收入按照市场利率复利计算至投资期末时点的价值;第二,债券在投资期末的价值,即将债券在剩余期限内的现金流按照市场利率(或远期利率)贴现至投资期末时点的价值。不妨令债券在投资期末的总价值为 P_m,则投资期内的实际收益率是:

$$y_m = \left(\frac{P_m}{P_t}\right)^{1/m} - 1 \quad (3-29)$$

思 考 与 练 习

1. 简述连续复利即期利率、连续复利远期利率与零息债券价格的关系。

2. 当付息频率趋于无穷大时,证明单利表示的本息之和收敛于连续复利表示的本息之和。
3. 证明单利表示的瞬时远期利率和连续复利表示的瞬时远期利率渐进等价。
4. 简述利率表示的使用原则。
5. 简述固定利率债券的总收益构成及其评价方法。

研 究 与 探 索

1. 如何理解特定期间的到期收益率是此间(可能时变的)贴现利率(或市场利率)的一种复杂平均?

2. 假设某固定利率国债的面值是 100 元,期限 5 年,票面利率 3.6%,按年付息,当前时点是国债发行时点,且市场价格(或发行价格)是 99.20 元,使用本章相似的技术或原理计算其总收益,并分解其收益来源或构成。若在未来 4—5 年[①],利率期限结构在当前到期收益率水平上向上平移 10%,且投资者计划持有至 3 年末时点,求解投资期内的实际收益率。

本 章 附 录

附录 3-1:单利表示的瞬时远期利率与连续复利表示的瞬时远期利率渐进等价。

证明:以单利表示的瞬时远期利率是 $\lim_{S \to T} L(t; T, S)$,结合式(3-14)知:

$$\lim_{S \to T} L(t; T, S) = \lim_{S \to T} \frac{1}{S-T} \cdot \frac{P(t,T) - P(t,S)}{P(t,S)} \tag{3-30}$$

不妨令 $\delta = S - T$,当 $S \to T$ 时,则 $\delta \to 0$,且:

$$\begin{aligned}\lim_{S \to T} L(t; T, S) &= -\frac{1}{P(t,T)} \cdot \lim_{\delta \to 0} \frac{P(t, T+\delta) - P(t,T)}{\delta} \\ &= -\frac{1}{P(t,T)} \cdot \frac{\partial P(t,T)}{\partial T} \\ &= -\frac{\partial \ln P(t,T)}{\partial T}\end{aligned} \tag{3-31}$$

式(3-31)是以单利表示的瞬时远期利率。由式(3-5)知,连续复利表示的瞬时远期利率 $f(t,T) = -\frac{\partial \ln P(t,T)}{\partial T}$,故 $\lim_{S \to T} L(t; T, S) = f(t,T)$,即单利表示的瞬时远期利率与连续复利表示的瞬时远期利率渐进等价。

---

① 即未来第四年至第五年。

第四章

利率债估值的基本原理

根据债项主体是否存在违约风险,可将债券分为利率债和信用债。在我国,一般将国家或其主管部门发行的债券或票据、国家开发银行发行的国开债,地方政府发行的地方债等视为无信用风险的利率债,而将公司或企业发行的债券视为信用债。从估值体系来看,利率债的风险驱动因子是利率,一般只考虑市场风险,而信用债估值通常兼顾信用风险和市场风险,且可能由信用风险主导[1]。本章分别从随机视角和非随机视角推演了常见的利率债估值方式及其原理。在随机状态下,重点阐释了基于瞬时即期利率的零息债券估值方法和基于瞬时远期利率的零息债券估值方法。在债券估值的基础上,还讨论了债券价格变动的常见形式化特征[2]。

一、非随机视角的债券估值

(一) 固定利率债券

1. 简单债券

简单债券是固定利率、定期付息且未内嵌期权的债券。从估值视角来看,能够清晰识别其期限结构和现金流量结构。

假设简单债券的面值是 A,票面利率为 r,按年付息,有 n 个付息节点,且当前时点正处于发行时点($t=0$)。假设利率期限结构是一条水平的直线,则其当前价格:

$$P_0 = \sum_{t=1}^{n} \frac{C_t}{(1+y)^t} + \frac{A}{(1+y)^n} \tag{4-1}$$

这里,$C_t = Ar$,其是债券面值和票面利率的积;y 是普通复利市场利率[3],是该债券价格隐含的 YTM,其与债券价格存在一一对应的关系。

当利率期限结构非水平时,不妨设 t 时点的即期利率为 y_t,则当前时点的债券价格:

$$P_0 = \sum_{t=1}^{n} \frac{C_t}{(1+y_t)^t} + \frac{A}{(1+y_n)^n} \tag{4-2}$$

---

[1] 关于信用债和公司债的估值原理分别见第十章和第十一章。
[2] 基于简洁考虑,本书随机状态下的债券估值仅针对零息债券而言,其是附息债券估值的基本构件,因为任何附息债券均可视为一系列零息债券的线性组合。
[3] 或贴现利率。

2. 多付息频率

假设 1 年有 m 个付息频率,则每个付息区间的等价收益率是 $\frac{y}{m}$,当前时点的债券价格:

$$P_0 = \sum_{t=1}^{mn} \frac{C_t}{\left(1+\frac{y}{m}\right)^t} + \frac{A}{\left(1+\frac{y}{m}\right)^{mn}} \tag{4-3}$$

3. 零息债券

零息债券在持有期内不付息,仅在到期时收回本金,其以折价方式发行,本金与发行价格之差相当于持有期内的利息收入。当前时点的零息债券价格:

$$P_0 = \frac{A}{(1+y)^n} \tag{4-4}$$

4. 永续债

永续债是指没有明确到期时间的债券,又称为无固定期限债券。假设永续债的面值和票面利率分别为 A 和 r,则其当前价格:

$$P_0 = \sum_{t=1}^{\infty} \frac{Ar}{(1+y)^t} = A \cdot \frac{r}{y} \tag{4-5}$$

特别地,当固定利率债券的自然期限 $n \to \infty$ 时,其当前时点的极限价格:

$$P_0 = \lim_{n \to \infty} \sum_{t=1}^{n} \frac{Ar}{(1+y)^t} + \frac{A}{(1+y)^n} \tag{4-6}$$

不妨令 $a = \frac{1}{1+y}$,则 $a < 1$。显然,当 $n \to \infty$ 时,有 $a^n \to 0$。

$$P_0 = \lim_{n \to \infty} A \cdot \left[r \sum_{t=1}^{n} a^t + a^n \right]$$
$$= \lim_{n \to \infty} A \left[r \frac{a(1-a^n)}{1-a} + a^n \right] \tag{4-7}$$

由于 $\frac{a}{1-a} = \frac{1}{y}$ 和 $\lim_{n \to \infty} a^n = 0$,故有:

$$P_0 = A \cdot \frac{r}{y} \tag{4-8}$$

5. 可赎回债券

对可赎回债券估值,需要识别赎回时点的债券远期价格(或价值),并将持有期内的预期现金流贴现至当前时点。假设发行人在 n^* 时点拥有赎回权,则该时点的债券价值 M^* 是债券在剩余期限 $[n^*, n]$ 的现金流按照相应期限的远期利率贴现至赎回时点的现值,再扣除赎回权的价值(因为债券估值是从投资者视角审视,而赎回权是赋予发行人的权利)。在不考虑赎回权价值的情形下,当前时点的债券价格:

$$P_0 = \sum_{t=1}^{n^*} \frac{C_t}{(1+y)^t} + \frac{M^*}{(1+y)^{n^*}} \qquad (4-9)$$

在特殊情况下,发行人可能提前明确赎回价格。若发行合约约定按债券面值赎回,则 $M^* = A$。

(二) 浮动利率债券

1. 发行时点的浮动利率债券价格

性质 4-1:在发行时点,浮动利率债券的价格等于其面值。

证明:假设浮动利率债券的面值为 A,且按照市场利率进行利息支付,债券在自然期限内有 n 个付息节点。假设从当前时点来看,未来 $[i, i+1]$ ($i=0,1,2,\cdots,n-1$) 期间的远期利率是 $L(0; i, i+1)$,则浮动利率债券的当前价格:

$$\begin{aligned}
P_0 &= \frac{AL(0;0,1)}{1+L(0;0,1)} + \frac{AL(0;1,2)}{[1+L(0;0,1)][1+L(0;1,2)]} + \cdots \\
&\quad + \frac{AL(0;n-2,n-1)}{[1+L(0;0,1)][1+L(0;1,2)]\cdots[1+L(0;n-2,n-1)]} \\
&\quad + \frac{A[1+L(0;n-1,n)]}{[1+L(0;0,1)][1+L(0;1,2)]\cdots[1+L(0;n-2,n-1)][1+L(0;n-1,n)]} \\
&= \frac{AL(0;0,1)}{1+L(0;0,1)} + \frac{AL(0;1,2)}{[1+L(0;0,1)][1+L(0;1,2)]} + \cdots \\
&\quad + \frac{A[1+L(0;n-2,n-1)]}{[1+L(0;0,1)][1+L(0;1,2)]\cdots[1+L(0;n-2,n-1)]} \\
&= \cdots \\
&= \frac{AL(0;0,1)}{1+L(0;0,1)} + \frac{A[1+L(0;1,2)]}{[1+L(0;0,1)][1+L(0;1,2)]} \\
&= \frac{A[1+L(0;0,1)]}{1+L(0;0,1)} = A \qquad (4-10)
\end{aligned}$$

2. 付息节点上的浮动利率债券价格

性质 4-2:在任意付息节点上,浮动利率债券的价格等于其面值。

证明:基于简洁示意考虑,不妨令上述浮动利率债券剩余三个付息节点,且在 $[0,1]$、$[1,2]$、$[2,3]$ 的远期利率分别是 $L(0;0,1)$、$L(0;1,2)$ 和 $L(0;2,3)$,其中 $L(0;0,1)$ 可视为当前时点的即期利率。

债券在 2 时点的价格:

$$P_2 = \frac{A[1+L(0;2,3)]}{1+L(0;2,3)} = A \qquad (4-11)$$

债券在 1 时点的价格:

$$\begin{aligned}
P_1 &= \frac{AL(0;1,2)}{[1+L(0;1,2)]} + \frac{A[1+L(0;2,3)]}{[1+L(0;1,2)][1+L(0;2,3)]} \\
&= \frac{AL(0;1,2)}{1+L(0;1,2)} + \frac{A}{1+L(0;1,2)}
\end{aligned}$$

$$=\frac{A[1+L(0;1,2)]}{1+L(0;1,2)}=A \tag{4-12}$$

由性质 4-1 知，债券在 0 时点的价格 $P_0 = A$。

3. 相邻付息节点间的浮动利率债券价格

性质 4-3：若当前时点 t 在两个相邻付息节点 t_1 和 t_2 之间，则浮动利率债券的全价

$$P_t = \frac{1}{[1+l(t_1,t_2)]^{\frac{t_2-t}{t_2-t_1}}} A[1+l(t_1,t_2)(t_2-t_1)] \tag{4-13}$$

其中，$l(t_1,t_2)$ 表示 t_1 至 t_2 付息区间的即期利率。

证明：若在两个付息节点之间买入浮动利率债券，应按照债券全价相同的思路估值。在 t_2 付息节点上，投资者的预期现金流包括两个部分：第一，债券在剩余期限内现金流的现值。由性质 4-2 知，其在 t_2 付息节点的价值与面值 A 相等。第二，t_1 至 t_2 期间的利息 $A \cdot l(t_1,t_2)(t_2-t_1)$。因此，在 t_2 付息节点处的总价值是 $A[1+l(t_1,t_2)(t_2-t_1)]$，再按即期利率 $l(t_1,t_2)$ 将其贴现至当前时点，即得本性质。

浮动利率债券的应计利息是 $A \cdot l(t_1,t_2) \frac{t-t_1}{t_2-t_1}$，债券全价扣除应计利息的部分即债券净价。

二、随机视角的债券估值

（一）基于瞬时即期利率的债券估值

1. 贴现函数的动态规律

性质 4-4：若 t 时点的贴现函数 $D_t = e^{-\int_0^t r_u du}$，则其动态过程是

$$dD_t = -r_t D_t dt \tag{4-14}$$

其中，r_u 表示 u ($u \in [0,t]$) 时点的即期利率。

证明：D_t 可视为时间 t 的函数，且 $\frac{\partial D_t}{\partial t} = -r_t D_t$。将 D_t 对时间 t 进行伊藤展开得 $dD_t = \frac{\partial D_t}{\partial t} dt = -r_t D_t dt$。特别地，当 $D_t = e^{-rt}$ 时，对其进行微分展开亦得 $dD_t = -rD_t dt$。

2. 资产价格的贴现函数是鞅

性质 4-5：在风险中性测度下，若资产价格 S_t 服从几何布朗运动 $dS_t = r_t S_t dt + \sigma S_t dW_t^{\Omega}$，则 $D_t S_t$ 是鞅过程。

证明：基于附录 4-1 知：

$$d(D_t S_t) = D_t dS_t + S_t dD_t + dD_t dS_t \tag{4-15}$$

结合性质 4-4 知：

$$dD_t dS_t = (-r_t D_t dt)(r_t S_t dt + \sigma S_t dW_t^{\Omega}) = 0$$

且有：

$$d(D_tS_t) = D_t(r_tS_t dt + \sigma S_t dW_t^\Omega) + S_t(-r_tD_t dt)$$
$$= \sigma(D_tS_t)dW_t^\Omega \quad (4-16)$$

由性质 1-6 知，D_tS_t 是鞅过程。

3. 零息债券价格的随机过程

性质 4-6：在风险中性测度下，若 T 时点到期零息债券价格由瞬时即期利率随机驱动，则零息债券价格可写成"几何布朗运动"形式的随机过程。

证明：当瞬时即期利率服从如下的一般性扩散过程：

$$dr_t = \mu(r_t, t)dt + \sigma(r_t, t)dW_t^\Omega \quad (4-17)$$

且零息债券价格由瞬时即期利率随机驱动时，可将其视为瞬时即期利率 r_t 和时间 t 的函数。为表达简洁和直观，不妨令零息债券价格 $P(t, T) = P(r_t, t)$，对其进行伊藤展开有：

$$dP(r_t, t) = \frac{\partial P(r_t, t)}{\partial t}dt + \frac{\partial P(r_t, t)}{\partial r_t}dr_t + \frac{1}{2}\frac{\partial^2 P(r_t, t)}{\partial r_t^2}(dr_t)^2 \quad (4-18)$$

由于 $(dr_t)^2 = \sigma^2(r_t, t)dt$，将其代入上式得：

$$dP(r_t, t) = \frac{\partial P(r_t, t)}{\partial t}dt + \frac{\partial P(r_t, t)}{\partial r_t}[\mu(r_t, t)dt + \sigma(r_t, t)dW_t^\Omega]$$
$$+ \frac{1}{2}\frac{\partial^2 P(r_t, t)}{\partial r_t^2}\sigma^2(r_t, t)dt$$
$$= \left[\frac{\partial P(r_t, t)}{\partial t} + \mu(r_t, t)\frac{\partial P(r_t, t)}{\partial r_t} + \frac{1}{2}\sigma^2(r_t, t)\frac{\partial^2 P(r_t, t)}{\partial r_t^2}\right]dt$$
$$+ \sigma(r_t, t)\frac{\partial P(r_t, t)}{\partial r_t}dW_t^\Omega \quad (4-19)$$

不妨令：

$$\mu_P = \frac{\frac{\partial P(r_t, t)}{\partial t} + \mu(r_t, t)\frac{\partial P(r_t, t)}{\partial r_t} + \frac{1}{2}\sigma^2(r_t, t)\frac{\partial^2 P(r_t, t)}{\partial r_t^2}}{P(r_t, t)} \quad (4-20)$$

$$\sigma_P = \frac{\sigma(r_t, t)}{P(r_t, t)}\frac{\partial P(r_t, t)}{\partial r_t} \quad (4-21)$$

则式(4-19)转换为：

$$dP(r_t, t) = \mu_P P(r_t, t)dt + \sigma_P P(r_t, t)dW_t^\Omega \quad (4-22)$$

这里，μ_P 和 σ_P 相当于零息债券收益率的瞬时期望和瞬时波动性，但其均非常数[1]。

4. 零息债券价格与即期利率的关系

性质 4-7：当瞬时即期利率随机运动时，T 时点到期的零息债券价格：

---

[1] 即便附息债券，也可将其价格写成"几何布朗运动"相似的随机过程。

$$P(t,T) = E_t^{\Omega}\left[\exp\left(-\int_t^T r_u \mathrm{d}u\right)\right] \tag{4-23}$$

其中，$r_u(u \in [t,T])$ 表示 u 时点的即期利率。

证明：当瞬时即期利率随机运动时，性质 4-6 表明 $s(s \in [t,T])$ 时点的零息债券价格 $P(s,T)$ 可写成"几何布朗运动"相似的结构。由性质 4-5 知，$P(s,T)$ 和贴现函数 D_s 的积是鞅过程，故有：

$$E_t^{\Omega}[D_s P(s,T)] = D_t P(t,T) \tag{4-24}$$

对 t 时点而言，D_t 属已知信息，则零息债券价格：

$$P(t,T) = E_t^{\Omega}\left[\frac{D_s}{D_t} \cdot P(s,T)\right] \tag{4-25}$$

这里，$\dfrac{D_s}{D_t} = \exp\left\{-\left(\int_0^s r_u \mathrm{d}u - \int_0^t r_u \mathrm{d}u\right)\right\} = \exp\left\{-\int_t^s r_u \mathrm{d}u\right\}$，将其代入上式有：

$$P(t,T) = E_t^{\Omega}\left[\mathrm{e}^{-\int_t^s r_u \mathrm{d}u} P(s,T)\right] \tag{4-26}$$

当 s 取 T 时，有 $P(T,T) = 1$，即 T 时点到期 1 元零息债券在该时点的价值为 1，进而有 $P(t,T) = E_t^{\Omega}\left[\mathrm{e}^{-\int_t^T r_u \mathrm{d}u}\right]$。

（二）基于瞬时远期利率的债券估值

性质 4-8：若基于瞬时远期利率对零息债券进行估值，则 T 时点到期零息债券价格：

$$P(t,T) = \exp\left\{-\int_t^T f(t,u)\mathrm{d}u\right\} \tag{4-27}$$

其中，$f(t,u)$ 表示从 t 时点来看，$u(u \in [t,T])$ 时点的瞬时远期利率。

证明：由性质 3-2 知，u 时点的瞬时远期利率与该时点零息债券价格有如下关系：

$$f(t,u) = -\frac{\partial \ln P(t,u)}{\partial u} \tag{4-28}$$

对 u 在 $[t,T]$ 空间上积分，有：

$$\int_t^T f(t,u)\mathrm{d}u = -\int_t^T \mathrm{d}\ln P(t,u) = \ln P(t,t) - \ln P(t,T) \tag{4-29}$$

其中，$P(t,t) = 1$。对上式简单变换，易得本性质。

需要强调的是，性质 4-8 中的瞬时远期利率是基于无套利原则和连续复利表示推导而得，并未明确假设远期利率是否是确定性变量、时变随机变量或随机过程。与基于瞬时即期利率的零息债券估值公式不同，性质 4-8 的零息债券定价公式中未有期望符号[①]。

[①] 对瞬时远期利率的刻画方式通常有两种：第一，假设瞬时远期利率是时变的随机变量。譬如，令其是时间或时间跨度的函数，进而确保零息债券价格也是时间或时间跨度的函数。第二，假设瞬时远期利率是随机过程。在风险中性测度下，瞬时远期利率的漂移项和波动项之间有明确的函数关系。此时，只需刻画瞬时远期利率随机过程的波动性，就能"自动"识别其漂移项，从而完整刻画瞬时远期利率的动态随机运动规律，进而对零息债券进行估值，有关原理详见第七章。

三、债券价格变动及其特征

(一) 债券价格与 YTM 的关系

1. 债券价格与 YTM

性质 4-9：债券价格是 YTM 的减函数，且对其有非对称反应。

证明：当利率期限结构水平时，简单债券的定价公式 $P_0 = \sum_{t=1}^{n} \frac{C_t}{(1+y)^t}$，当 $t < n$ 时，有 $C_t = Ar$；$t = n$ 时，有 $C_t = A(1+r)$，则有：

$$\frac{\partial P_0}{\partial y} = -\frac{1}{1+y} \sum_{t=1}^{n} t \cdot \frac{C_t}{(1+y)^t} \tag{4-30}$$

$$\frac{\partial^2 P_0}{\partial y^2} = \frac{1}{(1+y)^2} \sum_{t=1}^{n} t(t+1) \cdot \frac{C_t}{(1+y)^t} \tag{4-31}$$

显然，$\frac{\partial P_0}{\partial y} < 0$，$\frac{\partial^2 P_0}{\partial y^2} > 0$，前者表示债券价格是到期收益率的减函数，后者意味债券价格对到期收益率的涨跌变化呈不对称反应。在同等涨跌幅度内，债券价格对市场利率下跌的反应程度大于市场利率上涨的反应程度（见图 4-1）。

2. 债券发行价格与 YTM

性质 4-10：对固定利率永续债（或到期时间较长的利率债）而言，当票面利率与市场利率相等时，债券平价发行；当票面利率大于市场利率时，债券溢价发行；当票面利率小于市场利率时，债券折价发行。

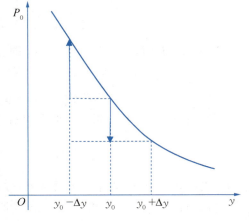

图 4-1 债券价格对 YTM 的非对称反应

证明：式 (4-5) 和 (4-8) 分别给出了永续债和自然期限无穷大固定利率债券的极限价格，均有 $P_0 = A \cdot \frac{r}{y}$，其中 r 是债券票面利率，其是发行人承诺支付的收益率水平；y 是市场贴现利率或投资者期望的收益率，显然：

第一，当 $r = y$ 时，有 $P_0 = A$。当发行人承诺的收益率与投资者期望的收益率相等时，债券价格等于其面值。

第二，当 $r > y$ 时，有 $P_0 > A$。当发行人承诺的收益率高于投资者期望的收益率时，投资者对债券溢价估值。

第三，当 $r < y$ 时，有 $P_0 < A$。当发行人承诺的收益率低于投资者期望的收益率时，投资者对债券折价估值。

(二) 债券价格波动

1. 非随机视角的债券价格波动

性质 4-11：随着到期日的临近，债券价格的波动性倾向于越来越小，且在到期时点收敛至面值。

证明：当利率期限结构水平时，简单债券的价格 $P_0 = \sum_{t=1}^{n} \frac{C_t}{(1+y)^t}$，当 $t < n$ 时，有 $C_t = Ar$；$t = n$ 时，有 $C_t = A(1+r)$。当市场利率发生微小变动时，有 $\Delta P_0 / P_0 \approx -D_m \Delta y$，其中 D_m 表示债券的久期[①]，对前式两边求方差有 $D(\Delta P_0 / P_0) \approx D_m^2 \cdot D(\Delta y)$，即债券收益率（债券价格变化率）的波动性是债券久期和利率波动性的函数，且与两者正相关。显然，当 $D_m \to 0$ 时，有 $D(\Delta P_0 / P_0) \to 0$。具体而言，随着债券到期日的临近，债券久期趋于零，债券收益率的波动性也趋于零，债券价格将收敛至面值。

2. 随机视角的债券价格波动

性质 4-12： 当瞬时即期利率 $dr_t = \mu(r_t, t)dt + \sigma(r_t, t)dW_t^{\Omega}$ 时，（零息）债券收益率的瞬时波动性与（零息）债券久期和瞬时即期利率的波动性正相关。

证明：结合式(4-21)和(4-22)知，零息债券收益率有如下的随机运动规律：

$$\frac{dP(r_t, t)}{P(r_t, t)} = \mu_P dt + \frac{\sigma(r_t, t)}{P(r_t, t)} \frac{\partial P(r_t, t)}{\partial r_t} dW_t^{\Omega} \tag{4-32}$$

同理，附息债券收益率有上式相同的形式。债券收益率的条件波动性：

$$D_t^{\Omega}\left[\frac{dP(r_t, t)}{P(r_t, t)}\right] = \sigma^2(r_t, t)\left[\frac{\partial P(r_t, t)}{\partial r_t} \frac{1}{P(r_t, t)}\right]^2 dt \tag{4-33}$$

由于 $\frac{\partial P(r_t, t)}{\partial r_t} \frac{1}{P(r_t, t)} = -D_m$，故债券收益率的瞬时波动性：

$$\lim_{dt \to 0} \frac{1}{dt} D_t^{\Omega}\left[\frac{dP(r_t, t)}{P(r_t, t)}\right] = \sigma^2(r_t, t) \cdot D_m^2 \tag{4-34}$$

不妨令 $\sigma_P^2 = \lim_{dt \to 0} \frac{1}{dt} D_t^{\Omega}\left[\frac{dP(r_t, t)}{P(r_t, t)}\right]$，则有：

$$\sigma_P^2 = \sigma^2(r_t, t) \cdot D_m^2 \tag{4-35}$$

即债券收益率的瞬时波动性是债券久期和瞬时即期利率波动性的单调递增函数，故债券价格变动有以下形式化特征。

第一，随着债券到期日的临近，债券久期越来越小，则债券收益率的瞬时波动性越来越小，且到期时点的债券价格收敛至面值。

第二，瞬时即期利率的波动性越高，债券收益率的瞬时波动性越大。

思 考 与 练 习

1. 简述（零息）债券价格变动的常见形式化特征。

[①] 详见第九章。

2. 简述浮动利率债券定价的基本思想。

3. 基于永续债票面利率和市场利率的比较,判断其平价发行、溢价发行和折价发行的条件。

4. 如何基于瞬时即期利率和瞬时远期利率对零息债券进行估值,并分析两者的差异性?

5. 随机视角的零息债券定价方法能够刻画债券价格变动的哪些形式化特征?

研究与探索

1. 性质4-7给出了基于瞬时即期利率的零息债券估值公式,其在风险中性期望假设下对未来各时点的即期利率"滚动"地贴现至当前时点。理论上,当前较小时间间隔内的等价收益率可视为该时期零息债券价格的变化率(或该时期零息债券的相对收益率),即:

$$r_t \Delta t = E_t^{\Omega} \left[\frac{P(t+\Delta t, T) - P(t, T)}{P(t, T)} \right] \quad (4-36)$$

其中,$\Delta t \to 0$。从这个意义上审视,风险中性期望假设又称为局部期望假设(local expectation hypothesis)。基于条件期望的迭代法则($E[E(X|Y)] = E(X)$),尝试证明上式,并思考其应用启示。

2. 以某时点为例,搜集固定利率债券(利率债)的市场价格与其到期收益率的横截面配对数据,观察债券价格与其到期收益率之间的"散点"关系,以及对之进行线性和非线性的拟合,审视其趋势特征是否与理论预测结果相符。

本章附录

附录4-1:证明 $d(D_t S_t) = D_t dS_t + S_t dD_t + dD_t dS_t$。

证明:令函数 $f = D_t S_t$,且 D_t 和 S_t 均为扩散过程,则 $\frac{\partial f}{\partial D_t} = S_t$, $\frac{\partial^2 f}{\partial D_t^2} = 0$, $\frac{\partial f}{\partial S_t} = D_t$, $\frac{\partial^2 f}{\partial S_t^2} = 0$, $\frac{\partial^2 f}{\partial D_t \partial S_t} = 1$。将 f 对 D_t 和 S_t 进行伊藤展开有:

$$\begin{aligned}
df &= \frac{\partial f}{\partial D_t} dD_t + \frac{1}{2} \frac{\partial^2 f}{\partial D_t^2} (dD_t)^2 + \cdots + \frac{\partial f}{\partial S_t} dS_t \\
&\quad + \frac{1}{2} \frac{\partial^2 f}{\partial S_t^2} (dS_t)^2 + \cdots + \frac{\partial^2 f}{\partial D_t \partial S_t} dD_t dS_t \\
&= \frac{\partial f}{\partial D_t} dD_t + \frac{\partial f}{\partial S_t} dS_t + \frac{\partial^2 f}{\partial D_t \partial S_t} dD_t dS_t \\
&= S_t dD_t + D_t dS_t + dD_t dS_t
\end{aligned} \quad (4-37)$$

第五章

基于瞬时即期利率的债券估值

基于瞬时即期利率的债券估值思路是：假设当前时点的瞬时即期利率服从特定随机过程，求解未来 T 时点的即期利率，再基于性质 4-7，将零息债券价格表示成当前时点瞬时即期利率和时间（或时间跨度）的函数。本章将介绍三种最经典的零息债券估值模型，鉴于 CIR(Cox、Ingersoll 和 Ross)模型的技术推导较为复杂，本章省略了有关细节。由于附息债券价格可视为一系列零息债券价格的线性组合，当零息债券价格确定时，附息债券价格也就确定了。

一、Merton 模型的债券估值

Merton(1970)假设当前时点的瞬时即期利率服从如下随机过程：

$$\mathrm{d}r_t = \alpha \mathrm{d}t + \sigma \mathrm{d}W_t^\Omega \tag{5-1}$$

其中，α 和 σ 为常数，且 $\sigma > 0$，$\mathrm{d}W_t^\Omega$ 表示风险中性测度下的增量维纳过程。

（一）即期利率的动态特征

性质 5-1：在 Merton 模型框架下，未来 $T\,(T>t)$ 时点的即期利率有如下动态随机运动规律：

$$r_T = r_t + \alpha \Delta T + \sigma(W_T^\Omega - W_t^\Omega) \tag{5-2}$$

其中，$W_T^\Omega - W_t^\Omega \sim N(0, T-t)$。

证明：对 $\mathrm{d}r_t = \alpha \mathrm{d}t + \sigma \mathrm{d}W_t^\Omega$ 在 t 至 T 时间间隔上进行离散展开，即得本性质。

显然，T 时点即期利率服从正态分布，且有如下数字特征：

$$E_t^\Omega[r_T] = r_t + \alpha \Delta T \tag{5-3}$$

$$\begin{aligned} D_t^\Omega[r_T] &= E_t^\Omega[r_T - E_t^\Omega(r_T)]^2 \\ &= E_t^\Omega[\sigma(W_T^\Omega - W_t^\Omega)]^2 \\ &= \sigma^2 \cdot D_t^\Omega(W_T^\Omega - W_t^\Omega) \\ &= \sigma^2 \Delta T \end{aligned} \tag{5-4}$$

T 时点即期利率有如下特征。

第一，T 时点的即期利率是正态随机变量，且离当前时点越远，其期望和方差越大。

第二，T 时点的即期利率可能为负。由于 $r_T \sim N(r_t + \alpha\Delta T, \sigma^2\Delta T)$，故 $P_t^\Omega\{r_T < 0\} = P_t^\Omega\left\{\dfrac{r_T - (r_t + \alpha\Delta T)}{\sigma\sqrt{\Delta T}} < -\dfrac{r_t + \alpha\Delta T}{\sigma\sqrt{\Delta T}}\right\} = N\left(-\dfrac{r_t + \alpha\Delta T}{\sigma\sqrt{\Delta T}}\right) \geqslant 0$。

第三，远端的即期利率趋于发散。当 T 趋向于无穷时，即期利率的期望和方差均趋向于无穷。

（二）零息债券价格

性质 5-2：若瞬时即期利率 r_t 服从式（5-1）的随机过程，则 T 时点到期的零息债券价格：

$$P(t, T) = \exp\left\{-r_t\Delta T - \frac{1}{2}\alpha\Delta T^2 + \frac{1}{6}\sigma^2\Delta T^3\right\} \tag{5-5}$$

证明：由式（5-2）知，s（$s > t$）时点的即期利率：

$$r_s = r_t + \alpha(s - t) + \sigma(W_s^\Omega - W_t^\Omega) \tag{5-6}$$

其是正态随机变量的线性函数，也服从正态分布，且条件期望 $E_t^\Omega[r_s] = r_t + \alpha(s-t)$，条件方差 $D_t^\Omega[r_s] = \sigma^2(s-t)$。不妨令 $I(t, T) = \int_t^T r_s \, ds$，则有：

$$\begin{aligned}I(t, T) &= \int_t^T [r_t + \alpha(s-t) + \sigma(W_s^\Omega - W_t^\Omega)] \, ds \\ &= r_t\Delta T + \frac{1}{2}\alpha\Delta T^2 + \sigma\int_t^T (W_s^\Omega - W_t^\Omega) \, ds\end{aligned} \tag{5-7}$$

不妨对 $[t, T]$ 进行如下的时间分隔 $\Pi = \{t_0, t_1, t_2, \cdots, t_n\}$，且 $t = t_0 < t_1 < t_2 < \cdots < t_n = T$，当 $||\Pi|| = \max_i(t_{i+1} - t_i) \to 0$ 时，近似有：

$$\int_t^T (W_s^\Omega - W_t^\Omega) \, ds = \sum_{j=0}^{n-1} (W_{t_{j+1}}^\Omega - W_t^\Omega)(t_{j+1} - t_j) \tag{5-8}$$

$$E_t^\Omega\left[\int_t^T (W_s^\Omega - W_t^\Omega) \, ds\right] = \sum_{j=0}^{n-1} (t_{j+1} - t_j) \cdot E_t^\Omega(W_{t_{j+1}}^\Omega - W_{t_j}^\Omega) = 0 \tag{5-9}$$

故 $I(t, T)$ 的条件期望：

$$E_t^\Omega[I(t, T)] = r_t\Delta T + \frac{1}{2}\alpha\Delta T^2 \tag{5-10}$$

同理，$I(t, T)$ 的条件方差：

$$\begin{aligned}D_t^\Omega[I(t, T)] &= \sigma^2 \int_t^T (s-t)^2 [D_t^\Omega(W_s^\Omega - W_t^\Omega)] \\ &= \sigma^2 \int_t^T (s-t)^2 \, ds \\ &= \frac{1}{3}\sigma^2\Delta T^3\end{aligned} \tag{5-11}$$

由性质 4-7 知，T 时点到期的零息债券价格：

$$P(t, T) = E_t^\Omega [e^{-\int_t^T r_s ds}] = E_t^\Omega [e^{-I(t, T)}] \tag{5-12}$$

由于 $E(e^{-aX}) = \exp\{-a \cdot E(X) + a^2/2 \cdot D(X)\}$，其中 X 是正态分布，a 是非零常数，故而：

$$\begin{aligned} P(t, T) &= \exp\left\{-E_t^\Omega[I(t, T)] + \frac{1}{2} D_t^\Omega[I(t, T)]\right\} \\ &= \exp\left\{-r_t \Delta T - \frac{1}{2}\alpha \Delta T^2 + \frac{1}{6}\sigma^2 \Delta T^3\right\} \end{aligned} \tag{5-13}$$

二、Vasicek 模型的债券估值

Vasicek(1977)假设瞬时即期利率服从如下的随机过程：

$$dr_t = k(\theta - r_t)dt + \sigma dW_t^\Omega \tag{5-14}$$

其中 $k>0, \sigma>0$，且称其 Ornstein-Uhlenbeck 过程(简称 O-U 过程)。O-U 过程属均值回复过程，其中 θ 相当于瞬时即期利率的长期趋势水平，k 反映了瞬时即期利率向长期趋势的回复速度。

当瞬时即期利率小于长期趋势水平时，O-U 过程大于零的漂移项将拉动瞬时即期利率向上运动；当瞬时即期利率大于长期趋势水平时，O-U 过程小于零的漂移项将拉动瞬时即期利率向下运动，从而使之具有均值回复倾向。

（一）即期利率的动态特征

性质 5-3：当瞬时即期利率服从 O-U 过程时，则 T 时点即期利率的动态随机运动规律是：

$$r_T = \theta + (r_t - \theta)e^{-k(T-t)} + \sigma \int_t^T e^{-k(T-s)} dW_s^\Omega \tag{5-15}$$

证明：不妨令函数 $f = e^{kt} r_t$，则 $\frac{\partial f}{\partial t} = kr_t e^{kt}$，$\frac{\partial f}{\partial r_t} = e^{kt}$，$\frac{\partial^2 f}{\partial r_t^2} = 0$，对 $f(r_t, t)$ 进行伊藤展开得：

$$\begin{aligned} df &= \frac{\partial f}{\partial t}dt + \frac{\partial f}{\partial r_t}dr_t + \frac{1}{2}\frac{\partial^2 f}{\partial r_t^2}(dr_t)^2 \\ &= (kr_t e^{kt})dt + e^{kt}[k(\theta - r_t)dt + \sigma dW_t^\Omega] \\ &= k\theta e^{kt} dt + \sigma e^{kt} dW_t^\Omega \end{aligned} \tag{5-16}$$

对上式在 t 至 T 上积分有：

$$\begin{aligned} f_T &= f_t + k\theta \int_t^T e^{ks} ds + \sigma \int_t^T e^{ks} dW_s^\Omega \\ &= f_t + \theta(e^{kT} - e^{kt}) + \sigma \int_t^T e^{ks} dW_s^\Omega \end{aligned} \tag{5-17}$$

结合 $f = e^{kt}r_t$ 知：

$$e^{kT}r_T = e^{kt}r_t + \theta(e^{kT} - e^{kt}) + \sigma \int_t^T e^{ks} dW_s^{\Omega}$$

$$= \theta e^{kT} + (r_t - \theta)e^{kt} + \sigma \int_t^T e^{ks} dW_s^{\Omega} \qquad (5-18)$$

上式两边同时乘以 e^{-kT}，得证本性质。

性质 5-4：当瞬时即期利率服从 O-U 过程时，则 T 时点即期利率的数字特征：

$$E_t^{\Omega}[r_T] = \theta + (r_t - \theta)e^{-k\Delta T} \qquad (5-19)$$

$$D_t^{\Omega}[r_T] = \frac{\sigma^2}{2k}(1 - e^{-2k\Delta T}) \qquad (5-20)$$

证明：由式(5-15)知，T 时点即期利率的条件期望：

$$E_t^{\Omega}[r_T] = \theta + (r_t - \theta)e^{-k(T-t)} + \sigma E_t^{\Omega}\left[\int_t^T e^{-k(T-s)} dW_s^{\Omega}\right]$$

$$= \theta + (r_t - \theta)e^{-k(T-t)} \qquad (5-21)$$

T 时点即期利率的条件方差：

$$D_t^{\Omega}[r_T] = E_t^{\Omega}\{r_T - [\theta + (r_t - \theta)e^{-k(T-t)}]\}^2$$

$$= \sigma^2 E_t^{\Omega}\left[\int_t^T e^{-k(T-s)} dW_s^{\Omega}\right]^2$$

$$= \sigma^2 \int_t^T e^{-2k(T-s)} ds$$

$$= \frac{\sigma^2}{2k}(1 - e^{-2k\Delta T}) \qquad (5-22)$$

（二）零息债券价格

性质 5-5：当瞬时即期利率服从 O-U 过程时，T 时点到期的零息债券价格：

$$P(t, T) = \exp\{-a(\Delta T) - b(\Delta T)r_t\} \qquad (5-23)$$

其中，$b(\Delta T) = \frac{1}{k}(1 - e^{-k\Delta T})$；$a(\Delta T) = -\frac{\theta}{k}(1 - e^{-k\Delta T}) + \theta \Delta T - \frac{\sigma^2}{4k^3}(4e^{-k\Delta T} - e^{-2k\Delta T} + 2k\Delta T - 3)$。

证明：由式(5-15)知：

$$r_u = \theta + (r_t - \theta)e^{-k(u-t)} + \sigma \int_t^u e^{-k(u-s)} dW_s^{\Omega} \qquad (5-24)$$

将其代入 $I(t, T) = \int_t^T r_u du$，附录 5-1 给出了其运算的化简结果：

$$I(t, T) = \theta \Delta T + \frac{1}{k}(1 - e^{-k\Delta T})(r_t - \theta) + \sigma \int_t^T \left[\int_t^u e^{-k(u-s)} dW_s^{\Omega}\right] du \qquad (5-25)$$

由附录 5-2 知：

$$\int_t^T \left[\int_t^u e^{-k(u-s)} dW_s^\Omega\right] du = \frac{1}{k}\int_t^T [1-e^{-k(T-s)}] dW_s^\Omega \tag{5-26}$$

结合式(5-25)和式(5-26)知：

$$I(t,T) = \theta \Delta T + \frac{1}{k}(1-e^{-k\Delta T})(r_t-\theta) + \frac{\sigma}{k}\int_t^T [1-e^{-k(T-s)}] dW_s^\Omega \tag{5-27}$$

显然，$I(t,T)$ 的条件期望：

$$E_t^\Omega[I(t,T)] = \theta \Delta T + \frac{1}{k}(1-e^{-k\Delta T})(r_t-\theta) \tag{5-28}$$

由附录 5-3 知：

$$D_t^\Omega[I(t,T)] = \frac{\sigma^2}{2k^3}(4e^{-k\Delta T} - e^{-2k\Delta T} + 2k\Delta T - 3) \tag{5-29}$$

由性质 4-7 知，T 时点到期的零息债券价格：

$$P(t,T) = E_t^\Omega[e^{-I(t,T)}] = e^{-E_t^\Omega[I(t,T)] + \frac{1}{2}D_t^\Omega[I(t,T)]} \tag{5-30}$$

将式(5-28)和(5-29)代入上式得：

$$\begin{aligned}
P(t,T) &= \exp\left\{-\theta \Delta T - \frac{1}{k}(1-e^{-k\Delta T})(r_t-\theta)\right.\\
&\left.\quad + \frac{\sigma^2}{4k^3}(4e^{-k\Delta T} - e^{-2k\Delta T} + 2k\Delta T - 3)\right\}\\
&= \exp\left\{-\frac{1}{k}(1-e^{-k\Delta T})r_t + \frac{\theta}{k}(1-e^{-k\Delta T}) - \theta \Delta T\right.\\
&\left.\quad + \frac{\sigma^2}{4k^3}(4e^{-k\Delta T} - e^{-2k\Delta T} + 2k\Delta T - 3)\right\}
\end{aligned} \tag{5-31}$$

若令 $a(\Delta T) = -\frac{\theta}{k}(1-e^{-k\Delta T}) + \theta \Delta T - \frac{\sigma^2}{4k^3}(4e^{-k\Delta T} - e^{-2k\Delta T} + 2k\Delta T - 3)$，$b(\Delta T) = \frac{1}{k}(1-e^{-k\Delta T})$，则有 $P(t,T) = \exp\{-a(\Delta T) - b(\Delta T)r_t\}$。

三、CIR 模型的债券估值

CIR(1985)假设瞬时即期利率服从如下的随机过程：

$$dr_t = k(\theta - r_t)dt + \sigma\sqrt{r_t} dW_t^\Omega \tag{5-32}$$

其中，$k > 0, \sigma > 0$。通过在波动项中引入 $\sqrt{r_t}$，确保 r_t 始终非负。

(一) 即期利率的动态特征

性质 5-6：当瞬时即期利率服从式(5-32)的随机过程时，则 T 时点即期利率的动态随机运动规律是：

$$r_T = e^{-k(T-t)} r_t + \theta[1 - e^{-k(T-t)}] + \sigma \int_t^T e^{-k(T-s)} \sqrt{r_s} \, dW_s^\Omega \tag{5-33}$$

证明：令函数 $f = e^{kt} r_t$，则 $\frac{\partial f}{\partial t} = k r_t e^{kt}$，$\frac{\partial f}{\partial r_t} = e^{kt}$，$\frac{\partial^2 f}{\partial r_t^2} = 0$，对 $f(r_t, t)$ 进行伊藤展开得：

$$\begin{aligned} df &= \frac{\partial f}{\partial t} dt + \frac{\partial f}{\partial r_t} dr_t + \frac{1}{2} \frac{\partial^2 f}{\partial r_t^2} (dr_t)^2 \\ &= (k r_t e^{kt}) dt + e^{kt} [k(\theta - r_t) dt + \sigma \sqrt{r_t} \, dW_t^\Omega] \\ &= k\theta e^{kt} dt + \sigma e^{kt} \sqrt{r_t} \, dW_t^\Omega \end{aligned} \tag{5-34}$$

对上式在 t 至 T 上积分有：

$$f_T - f_t = \theta k \int_t^T e^{ks} ds + \sigma \int_t^T e^{ks} \sqrt{r_s} \, dW_s^\Omega \tag{5-35}$$

对其化简得：

$$e^{kT} r_T = e^{kt} r_t + \theta (e^{kT} - e^{kt}) + \sigma \int_t^T e^{ks} \sqrt{r_s} \, dW_s^\Omega \tag{5-36}$$

上式两边同乘以 e^{-kT}，即得本性质。

性质 5-7：当瞬时即期利率服从式(5-32)的随机过程时，则 T 时点即期利率具有如下的数字特征：

$$E_t^\Omega[r_T] = e^{-k\Delta T} r_t + \theta[1 - e^{-k\Delta T}] \tag{5-37}$$

$$D_t^\Omega[r_T] = \frac{\sigma^2}{k} (e^{-k\Delta T} - e^{-2k\Delta T}) r_t + \frac{\sigma^2 \theta}{2k} (1 - e^{-k\Delta T})^2 \tag{5-38}$$

(二) CIR 模型与零息债券价格

性质 5-8：当瞬时即期利率服从式(5-32)的随机过程时，T 时点到期的零息债券价格：

$$P(t, T) = \exp\{-a(\Delta T) - b(\Delta T) r_t\} \tag{5-39}$$

其中，$a(\Delta T) = -\frac{2k\theta}{\sigma^2} \ln\left[\frac{2\gamma \cdot e^{(k-\gamma)\Delta T/2}}{2\gamma + (k-\gamma)(1 - e^{-\gamma\Delta T})}\right]$；$b(\Delta T) = \frac{2(1 - e^{-\gamma\Delta T})}{2\gamma + (k-\gamma)(1 - e^{-\gamma\Delta T})}$；$\gamma = \sqrt{k^2 + 2\sigma^2}$（证明略）。

四、仿射模型与零息债券价格

(一) 零息债券价格的通式

性质 5-9：若瞬时即期利率服从如下的仿射模型：

$$dr_t = (\phi - k r_t) dt + \sqrt{\delta_0 + \delta_1 r_t} \, dW_t^\Omega \tag{5-40}$$

其中，$k>0, \delta_0+\delta_1 r_t>0$，则 T 时点到期的零息债券价格是：
$$P(t,T)=\exp\{-a(\Delta T)-b(\Delta T)r_t\} \tag{5-41}$$

其中，$a(t), b(t)$ 是下列微分方程组的解：
$$\begin{cases} \dfrac{1}{2}\delta_1 b^2(t)+kb(t)+b'(t)-1=0 \\ \dfrac{1}{2}\delta_0 b^2(t)-\phi b(t)+a'(t)=0 \end{cases} \tag{5-42}$$

且终值条件是 $a(0)=0, b(0)=0$ (Duffie & Kan, 1996)。

在仿射模型中，瞬时即期利率的漂移项和波动项均是其自身的线性函数，当参数 ϕ，k, δ_0, δ_1 取不同值时，其将退化为众多常见的利率随机过程。因此，性质5-9给出的是相当一般性的基于瞬时即期利率的零息债券定价范式。

(二) 零息债券的估值示意

不妨运用性质5-9，重新推导 Merton 模型框架下的零息债券价格。比较 Merton 模型和仿射模型关于瞬时即期利率的模型结构，有 $\phi=\alpha, k=0, \delta_0=\sigma^2, \delta_1=0$，将有关参数代入式(5-42)，有如下的微分方程组：
$$\begin{cases} b'(t)-1=0 \\ \dfrac{1}{2}\sigma^2 b^2(t)-\alpha b(t)+a'(t)=0 \end{cases} \tag{5-43}$$

由 $b'(s)-1=0$ 知，$b(t)=b(0)+t$。由于 $b(0)=0$，故 $b(t)=t$。将 $b(t)=t$ 代入式(5-43)的第二个微分方程得：
$$a'(t)=\alpha t-\dfrac{1}{2}\sigma^2 t^2 \tag{5-44}$$

对其在 $[0,t]$ 上积分，且结合 $a(0)=0$ 得：
$$a(t)=\dfrac{1}{2}\alpha t^2-\dfrac{1}{6}\sigma^2 t^3 \tag{5-45}$$

因此，T 时点到期零息债券的价格：
$$\begin{aligned} P(t,T) &= \exp\{-a(\Delta T)-b(\Delta T)r_t\} \\ &= \exp\left\{-\left(\dfrac{1}{2}\alpha\Delta T^2-\dfrac{1}{6}\sigma^2\Delta T^3\right)-\Delta T\cdot r_t\right\} \\ &= \exp\left\{-r_t\Delta T-\dfrac{1}{2}\alpha\Delta T^2+\dfrac{1}{6}\sigma^2\Delta T^3\right\} \end{aligned} \tag{5-46}$$

其中，$a(\Delta T)=\dfrac{1}{2}\alpha\Delta T^2-\dfrac{1}{6}\sigma^2\Delta T^3, b(\Delta T)=\Delta T$。

思 考 与 练 习

1. 在 Merton 模型框架下，T 时点的即期利率有何特征及其可能的局限性。

2. 运用 Itô Isometry 证明：

$$D_t^\Omega\left[\int_t^T e^{-k(T-s)}dW_s^\Omega\right]=\int_t^T e^{-2k(T-s)}ds \qquad (5\text{-}47)$$

3. 什么是仿射模型？简述其基本特点。

4. 讨论 Merton 模型框架下的零息债券价格与当前时点瞬时即期利率的关系。

5. 若瞬时即期利率服从如下的仿射模型：

$$dr_t = 0.03dt + 0.02dW_t^\Omega \qquad (5\text{-}48)$$

试求 T 时点到期零息债券的当前价格。

研 究 与 探 索

1. 在仿射模型中，当 $\phi=k\theta$，$\delta_0=\sigma^2$，$\delta_1=0$ 时，其将退化为 Vasicek 模型；当 $\phi=k\theta$，$\delta_0=0$，$\delta_1=\sigma^2$ 时，其将退化为 CIR 模型。在前述两种特例中，可通过解式(5-42)的微分方程组，分别获得 Vasicek 模型和 CIR 模型的零息债券价格的定价公式。试阅读相关文献或其他更专业的固定收益证券教材或讲义，了解其求解过程及原理。

2. 在 Vasicek 模型中，假设瞬时即期利率服从 O-U 过程，式(5-15)给出了 T 时点即期利率的动态随机运动规律。当 $T=t+1$ 时，可将相邻时点的即期利率写成 AR(1)的自回归结构，进而能对 O-U 过程的结构参数 θ，k 和 σ 进行计量估计。

$$r_{t+1}=\beta_1+\beta_2\cdot r_t+\varepsilon_t \qquad (5\text{-}49)$$

其中，$\beta_1=\theta(1-e^{-k})$，$\beta_2=e^{-k}$，$\varepsilon=\sigma\int_t^{t+1}e^{-k(t+1-u)}dW_u$，且 $\varepsilon_t\sim N(0,\sigma_\varepsilon^2)$，$\sigma_\varepsilon^2=\dfrac{\sigma^2}{2k}(1-e^{-2k})$。不妨将银行同业拆借市场的隔夜利率作为瞬时即期利率的测度安排，对之进行如上的计量估计，再基于有关参数之间的结构关系，获得 O-U 过程参数 θ，k 和 σ 的估计，且对未来不同到期时点之零息债券价格进行估值[①]。

本 章 附 录

附录 5-1： 证明 $I(t,T)=\theta\Delta T+\dfrac{1}{k}(1-e^{-k\Delta T})(r_t-\theta)+\sigma\int_t^T\left[\int_t^u e^{-k(u-s)}dW_s^\Omega\right]du$。

证明： 将式(5-24)代入 $I(t,T)=\int_t^T r_u du$ 有

---

① 公式见性质 5-5。

$$I(t, T) = \int_t^T [\theta + (r_t - \theta)e^{-k(u-t)} + \sigma \int_t^u e^{-k(u-s)} dW_s^\Omega] du$$

$$= \int_t^T [\theta + (r_t - \theta)e^{-k(u-t)}] du + \sigma \int_t^T [\int_t^u e^{-k(u-s)} dW_s^\Omega] du$$

$$= \theta \Delta T + (r_t - \theta)\left[-\frac{1}{k}e^{-k(u-t)}\Big|_t^T\right] + \sigma \int_t^T [\int_t^u e^{-k(u-s)} dW_s^\Omega] du$$

$$= \theta \Delta T + \frac{1}{k}(1 - e^{-k\Delta T})(r_t - \theta) + \sigma \int_t^T [\int_t^u e^{-k(u-s)} dW_s^\Omega] du \quad (5\text{-}50)$$

附录 5-2：证明 $\int_t^T [\int_t^u e^{-k(u-s)} dW_s^\Omega] du = \frac{1}{k} \int_t^T [1 - e^{-k(T-s)}] dW_s^\Omega$。

证明：$\int_t^T [\int_t^u e^{-k(u-s)} dW_s^\Omega] du$ 的积分空间 $\Omega = \{(u, s) \mid u \in [t, T], s \in [t, u]\}$，由图 5-1 的积分空间变换知，$\Omega = \{(s, u) \mid s \in [t, T], u \in [s, T]\}$，则二重积分等价于：

$$\int_t^T [\int_t^u e^{-k(u-s)} dW_s^\Omega] du = \int_t^T [\int_s^T e^{-k(u-s)} du] dW_s^\Omega$$

$$= \int_t^T e^{ks} [\int_s^T e^{-ku} du] dW_s^\Omega$$

$$= \int_t^T e^{ks} \left[-\frac{1}{k}e^{-ku}\Big|_s^T\right] dW_s^\Omega$$

$$= \int_t^T e^{ks} \left[-\frac{1}{k}(e^{-kT} - e^{-ks})\right] dW_s^\Omega$$

$$= -\frac{1}{k} \int_t^T [e^{-k(T-s)} - 1] dW_s^\Omega$$

$$= \frac{1}{k} \int_t^T [1 - e^{-k(T-s)}] dW_s^\Omega \quad (5\text{-}51)$$

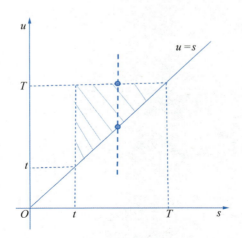

图 5-1 积分空间

附录 5-3：证明 $D_t^\Omega[I(t,T)] = \dfrac{\sigma^2}{2k^3}(4e^{-k\Delta T} - e^{-2k\Delta T} + 2k\Delta T - 3)$。

证明：结合式(5-25)和式(5-28)知：

$$\begin{aligned}
D_t^\Omega[I(t,T)] &= E_t^\Omega[I(t,T) - E_t^\Omega I(t,T)]^2 \\
&= E_t^\Omega\left\{\sigma\int_t^T\left[\int_t^u e^{-k(u-s)}dW_s^\Omega\right]du\right\}^2 \\
&= \sigma^2 E_t^\Omega\left\{\int_t^T\left[\int_t^u e^{-k(u-s)}dW_s^\Omega\right]du\right\}^2
\end{aligned} \tag{5-52}$$

结合附录 5-2 知：

$$\begin{aligned}
D_t^\Omega[I(t,T)] &= \sigma^2 E_t^\Omega\left\{\frac{1}{k}\int_t^T[1-e^{-k(T-s)}]dW_s^\Omega\right\}^2 \\
&= \frac{\sigma^2}{k^2}\int_t^T[1-e^{-k(T-s)}]^2 ds \\
&= \frac{\sigma^2}{k^2}\int_t^T[1-2e^{-k(T-s)}+e^{-2k(T-s)}]ds \\
&= \frac{\sigma^2}{k^2}\left[\Delta T - \frac{2}{k}(1-e^{-k\Delta T}) + \frac{1}{2k}(1-e^{-2k\Delta T})\right] \\
&= \frac{\sigma^2}{2k^3}[2k\Delta T - 4(1-e^{-k\Delta T}) + (1-e^{-2k\Delta T})] \\
&= \frac{\sigma^2}{2k^3}(4e^{-k\Delta T} - e^{-2k\Delta T} + 2k\Delta T - 3)
\end{aligned} \tag{5-53}$$

第六章
债券估值模型的校准^{∗∗}

第五章的模型假设瞬时即期利率是时间齐次的，可能不能充分拟合瞬时即期利率的动态随机运动规律，致使债券估值结果与市场观测价格非一致。为了提高债券估值的拟合优度，有必要放宽瞬时即期利率动态随机结构中有关参数的时间齐次假设，并根据债券观测价格（或其隐含的利率期限结构信息）对有关参数进行校准，以确保债券估值结果与其观测价格相匹配。

本章内容主要由两部分构成：第一，当瞬时即期利率服从非时间齐次仿射模型时，如何对零息债券价格进行估值；第二，在两种特殊的非时间齐次仿射模型框架下，如何根据债券观测价格对时变参数进行校准。鉴于相关模型的技术推演较为复杂，本章将重点阐释相对简单的 Ho-Lee 模型对瞬时即期利率漂移项的校准过程及其原理，较为复杂的 Hull-White 模型将作简略处理[①]。

一、时间非齐次模型与债券估值

在风险中性测度下，若瞬时即期利率服从如下的随机过程：

$$\mathrm{d}r_t = (\phi_t - k_t r_t)\mathrm{d}t + \sqrt{\delta_{0t} + \delta_{1t} r_t}\,\mathrm{d}W_t^{\Omega} \tag{6-1}$$

其中，ϕ_t，k_t，δ_{0t}，δ_{1t} 均是时变参数，且 $k_t > 0$，$\delta_{0t} + \delta_{1t} r_t > 0$，则称其非时间齐次仿射模型。

在非时间齐次仿射模型中，瞬时即期利率的漂移项和波动项分别是 $(\phi_t - k_t r_t)$ 和 $(\delta_{0t} + \delta_{1t} r_t)$，两者均是关于其自身的线性函数。当四个时变参数分别取不同值时，非时间齐次仿射模型将退化为一系列的常见模型。

当 $\phi_t = \alpha$，$k_t = 0$，$\delta_{0t} = \sigma^2$，$\delta_{1t} = 0$ 时，非时间齐次仿射模型将退化为 Merton 模型：

$$\mathrm{d}r_t = \alpha \mathrm{d}t + \sigma \mathrm{d}W_t^{\Omega} \tag{6-2}$$

当 $\phi_t = k\theta$，$k_t = k$，$\delta_{0t} = \sigma^2$，$\delta_{1t} = 0$ 时，非时间齐次仿射模型将退化为 Vasicek 模型：

$$\mathrm{d}r_t = k(\theta - r_t)\mathrm{d}t + \sigma \mathrm{d}W_t^{\Omega} \tag{6-3}$$

当 $\phi_t = k\theta$，$k_t = k$，$\delta_{0t} = 0$，$\delta_{1t} = \sigma^2$ 时，非时间齐次仿射模型将退化为 CIR 模型：

[①] 其他更为复杂的校准模型略去。

$$\mathrm{d}r_t = k(\theta - r_t)\mathrm{d}t + \sigma\sqrt{r_t}\,\mathrm{d}W_t^\Omega \tag{6-4}$$

性质 6-1：当瞬时即期利率服从式(6-1)的非时间齐次仿射模型时，T 时点到期的零息债券价格 $P(t, T)$ 服从如下随机微分方程：

$$\frac{\partial P}{\partial t} + (\phi_t - k_t r_t)\frac{\partial P}{\partial r_t} + \frac{1}{2}(\delta_{0t} + \delta_{1t}r_t)\frac{\partial^2 P}{\partial r_t^2} = r_t P \tag{6-5}$$

证明：由于零息债券价格是瞬时即期利率 r_t 和时间 t 的函数，不妨令 $P(t,T) = P(r_t, t)$（缩写 P），对其进行伊藤展开有：

$$\begin{aligned}\mathrm{d}P &= \frac{\partial P}{\partial t}\mathrm{d}t + \frac{\partial P}{\partial r_t}\mathrm{d}r_t + \frac{1}{2}\frac{\partial^2 P}{\partial r_t^2}(\mathrm{d}r_t)^2 \\ &= \frac{\partial P}{\partial t}\mathrm{d}t + \frac{\partial P}{\partial r_t}\left[(\phi_t - k_t r_t)\mathrm{d}t + \sqrt{\delta_{0t} + \delta_{1t}r_t}\,\mathrm{d}W_t^\Omega\right] + \frac{1}{2}\frac{\partial^2 P}{\partial r_t^2}(\delta_{0t} + \delta_{1t}r_t)\mathrm{d}t \\ &= \left[\frac{\partial P}{\partial t} + (\phi_t - k_t r_t)\frac{\partial P}{\partial r_t} + \frac{1}{2}(\delta_{0t} + \delta_{1t}r_t)\frac{\partial^2 P}{\partial r_t^2}\right]\mathrm{d}t + \sqrt{\delta_{0t} + \delta_{1t}r_t}\,\frac{\partial P}{\partial r_t}\mathrm{d}W_t^\Omega\end{aligned} \tag{6-6}$$

不妨令：

$$\mu_P = \left[\frac{\partial P}{\partial t} + (\phi_t - k_t r_t)\frac{\partial P}{\partial r_t} + \frac{1}{2}(\delta_{0t} + \delta_{1t}r_t)\frac{\partial^2 P}{\partial r_t^2}\right]\bigg/P \tag{6-7}$$

$$\sigma_P = \sqrt{\delta_{0t} + \delta_{1t}r_t}\,\frac{\partial P}{\partial r_t}\bigg/P \tag{6-8}$$

则有：

$$\mathrm{d}P = \mu_P P\mathrm{d}t + \sigma_P P\mathrm{d}W_t^\Omega \tag{6-9}$$

这里，μ_P 和 σ_P 分别是零息债券收益率的瞬时期望及其波动性。在风险中性测度下，债券的瞬时收益率与无风险利率相等，进而有：

$$\left[\frac{\partial P}{\partial t} + (\phi_t - k_t r_t)\frac{\partial P}{\partial r_t} + \frac{1}{2}(\delta_{0t} + \delta_{1t}r_t)\frac{\partial^2 P}{\partial r_t^2}\right]\bigg/P = r_t \tag{6-10}$$

上式两边同乘以 P，即得本性质。

性质 6-2：当瞬时即期利率服从式(6-1)的非时间齐次仿射模型时，T 时点到期的零息债券价格：

$$P(t,T) = \exp\{-a(t,T) - b(t,T)r_t\} \tag{6-11}$$

其中，$a(t,T)$ 和 $b(t,T)$ 是下列微分方程组的解：

$$\begin{cases}\dfrac{1}{2}\delta_{1t}b^2(t,T) + k_t b(t,T) - \dfrac{\partial b(t,T)}{\partial t} - 1 = 0 \\ \dfrac{1}{2}\delta_{0t}b^2(t,T) - \phi_t b(t,T) - \dfrac{\partial a(t,T)}{\partial t} = 0\end{cases} \tag{6-12}$$

且终值条件是 $a(T,T) = b(T,T) = 0$。

证明：见附录 6-1。

二、Ho-Lee 模型

Ho 和 Lee(1986)假设当前时点的瞬时即期利率服从如下随机过程：

$$\mathrm{d}r_t = \phi_t \mathrm{d}t + \beta \mathrm{d}W_t^\Omega \tag{6-13}$$

其中，$\beta > 0$。与 Merton 模型不同的是，参数 ϕ 是时变的。Ho-Lee 模型又称为扩展的 Merton 模型。

（一）未校准零息债券价格

性质 6-3：当瞬时即期利率服从式(6-13)的随机过程时，T 时点到期的零息债券价格：

$$P(t, T) = \exp\{-a(t, T) - b(t, T)r_t\} \tag{6-14}$$

其中，$a(t, T) = \int_t^T \phi_u(T-u)\mathrm{d}u - \frac{1}{6}\beta^2 \Delta T^3$；$b(t, T) = \Delta T$。

证明：比较式(6-1)和(6-13)，有 $\phi_t = \phi_t$，$k_t = 0$，$\delta_{0t} = \beta^2$，$\delta_{1t} = 0$，将其代入式(6-12)有：

$$\begin{cases} -\dfrac{\partial b(t, T)}{\partial t} - 1 = 0 \\ \dfrac{1}{2}\beta^2 b^2(t, T) - \phi_t b(t, T) - \dfrac{\partial a(t, T)}{\partial t} = 0 \end{cases} \tag{6-15}$$

由 $-\dfrac{\partial b(t, T)}{\partial t} - 1 = 0$ 知，$\dfrac{\partial b(t, T)}{\partial t} = -1$，故 $b(t, T) = (T-t) + C$，其中 C 为常数。由于 $b(T, T) = 0$，故 $C = 0$，且 $b(t, T) = \Delta T$。

将 $b(t, T) = \Delta T$ 代入式(6-15)的第二个微分方程有：

$$\frac{\partial a(t, T)}{\partial t} = -\phi_t \Delta T + \frac{1}{2}\beta^2 \Delta T^2 \tag{6-16}$$

将上式中的 t 替换为 u，则有：

$$\frac{\partial a(u, T)}{\partial u} = -\phi_u(T-u) + \frac{1}{2}\beta^2 (T-u)^2 \tag{6-17}$$

对 u 在 t 至 T 上积分，得：

$$\int_t^T \frac{\partial a(u, T)}{\partial u}\mathrm{d}u = -\int_t^T \phi_u(T-u)\mathrm{d}u + \frac{1}{2}\beta^2 \int_t^T (T-u)^2 \mathrm{d}u \tag{6-18}$$

$$a(T, T) - a(t, T) = -\int_t^T \phi_u(T-u)\mathrm{d}u + \frac{1}{6}\beta^2 \Delta T^3 \tag{6-19}$$

由于 $a(T, T) = 0$，故有：

$$a(t, T) = \int_t^T \phi_u(T-u)\mathrm{d}u - \frac{1}{6}\beta^2 \Delta T^3 \tag{6-20}$$

(二) 校准过程及原理

由性质 6-3 知,零息债券价格是关于当前瞬时即期利率线性函数的指数函数,且线性函数的截距项和斜率项分别是 $-a(t, T)$ 和 $-b(t, T)$,其中 $b(t, T) = \Delta T$,与时变参数 ϕ_t 无关;$a(t, T)$ 是时变参数 ϕ_t 的复杂函数,即待校准参数 ϕ_t 仅与 $a(t, T)$ 有关。参数校准的思路如下。

第一,基于假设的瞬时即期利率随机过程,给出校准参数 ϕ_t 与 $a(0, t)$ 的理论关系(或假想关系)。

第二,将 $a(0, t)$ 表示成债券观测价格(或市场观测的利率期限结构)的函数[①]。

第三,将校准参数表示成债券观测价格(或市场观测的利率期限结构)的函数,达到根据后者校准前者的目的,这能确保零息债券的理论估值与其市场观测价格完全一致。

性质 6-4:记 $\overline{P}(0, t)$ 是 t 时点到期零息债券在当前时点的观测价格,则市场观测的瞬时远期利率 $\overline{f}(0, t) = -\dfrac{\partial \ln \overline{P}(0, t)}{\partial t}$,且校准后的时变参数:

$$\overline{\phi}_t = \frac{\partial \overline{f}(0, t)}{\partial t} + \beta^2 t \tag{6-21}$$

1. 参数 ϕ_T 与 $a(0, T)$ 的假想关系

为简化表述,不妨将式(6-20)改写为:

$$a(0, T) = \int_0^T \phi_u (T-u) \mathrm{d}u - \frac{1}{6} \beta^2 T^3 \tag{6-22}$$

基于如下随机积分的莱布尼茨规则(证明略):

$$\frac{\partial}{\partial T} \int_0^T h(t, T) \mathrm{d}t = h(T, T) + \int_0^T \frac{\partial h(t, T)}{\partial T} \mathrm{d}t \tag{6-23}$$

将 $a(0, T)$ 对 T 求导:

$$\begin{aligned}
\frac{\partial a(0, T)}{\partial T} &= \left[\phi_T (T-T) + \int_0^T \phi_u \frac{\partial (T-u)}{\partial T} \mathrm{d}u \right] - \frac{1}{2} \beta^2 T^2 \\
&= \int_0^T \phi_u \mathrm{d}u - \frac{1}{2} \beta^2 T^2
\end{aligned} \tag{6-24}$$

再次使用随机积分的莱布尼茨规则,有:

$$\begin{aligned}
\frac{\partial^2 a(0, T)}{\partial T^2} &= \left[\phi_T + \int_0^T \frac{\partial \phi_u}{\partial T} \mathrm{d}u \right] - \beta^2 T \\
&= \phi_T - \beta^2 T
\end{aligned} \tag{6-25}$$

之所以将 $a(0, T)$ 对 T 求导至二阶导数,是为了将校准参数 ϕ_T 表示成 $a(0, T)$ 的显性函数:

[①] 市场观测的利率期限结构是指债券观测价格隐含的利率期限结构。

$$\phi_T = \frac{\partial^2 a(0, T)}{\partial T^2} + \beta^2 T \tag{6-26}$$

2. 将 $a(0, T)$ 表示成债券观测价格的函数

记 T 时点到期零息债券在当前时点的观测价格为 $\overline{P}(0, T)$,可基于其推断 T 时点的瞬时远期利率(见性质 3-2):

$$\overline{f}(0, T) = -\frac{\partial \ln \overline{P}(0, T)}{\partial T} = -\frac{1}{\overline{P}(0, T)} \frac{\partial \overline{P}(0, T)}{\partial T} \tag{6-27}$$

其是债券观测价格隐含的远期利率期限结构,或称市场观测的远期利率期限结构,与债券观测价格存在一一映射的关系。

由性质 6-3 知,$b(0, T) = T$,且零息债券价格 $\overline{P}(0, T) = \exp\{-a(0, T) - T r_0\}$,对其简单变换有:

$$a(0, T) = -\ln \overline{P}(0, T) - T r_0 \tag{6-28}$$

将 $a(0, T)$ 对 T 求导有:

$$\begin{aligned}\frac{\partial a(0, T)}{\partial T} &= -\frac{\partial \ln \overline{P}(0, T)}{\partial T} - r_0 \\ &= \overline{f}(0, T) - r_0\end{aligned} \tag{6-29}$$

再次对 T 求导有:

$$\frac{\partial^2 a(0, T)}{\partial T^2} = \frac{\partial \overline{f}(0, T)}{\partial T} \tag{6-30}$$

3. 将 ϕ_T 表示成债券观测价格的函数

将式(6-30)代入式(6-26),有 $\phi_T = \frac{\partial \overline{f}(0, T)}{\partial T} + \beta^2 T$,这将确保假想的利率期限结构与市场观测的利率期限结构完全匹配,从而确保零息债券的理论估值与其市场观测价格完全一致。

4. 参数校准结果

在 $\phi_T = \frac{\partial \overline{f}(0, T)}{\partial T} + \beta^2 T$ 中,不妨将 T 替换为 t,即得经债券观测价格校准的时变参数 $\overline{\phi}_t = \frac{\partial \overline{f}(0, t)}{\partial t} + \beta^2 t$。

(三) 校准的零息债券价格

性质 6-5:在对时变参数 ϕ_t 进行式(6-21)的参数校准后,T 时点到期的零息债券价格:

$$P(t, T) = \exp\{-\overline{a}(t, T) - b(t, T) r_t\} \tag{6-31}$$

其中,$\overline{a}(t, T) = -\ln\left[\frac{\overline{P}(0, T)}{\overline{P}(0, t)}\right] - \overline{f}(0, t)\Delta T + \frac{1}{2}\beta^2 t \Delta T^2$;$b(t, T) = \Delta T$。

证明：由性质 6-3 知，零息债券估值公式的形式不变，但需对 $a(t,T)$ 进行校准。将式(6-21)代入 $a(t,T)=\int_t^T \phi_u(T-u)\mathrm{d}u - \frac{1}{6}\beta^2 \Delta T^3$ 得：

$$a(t,T)=\int_t^T \left[\frac{\partial \overline{f}(0,u)}{\partial u}+\beta^2 u\right](T-u)\mathrm{d}u - \frac{1}{6}\beta^2 \Delta T^3 \qquad (6\text{-}32)$$

由附录 6-2 知，校准后的 $a(t,T)$ 是：

$$\overline{a}(t,T) = -\ln\left[\frac{\overline{P}(0,T)}{\overline{P}(0,t)}\right] - \overline{f}(0,t)\Delta T + \frac{1}{2}\beta^2 t \Delta T^2 \qquad (6\text{-}33)$$

三、Hull-White 模型

Hull 和 White(1990)假设当前瞬时即期利率服从如下随机过程：

$$\mathrm{d}r_t = k(\theta_t - r_t)\mathrm{d}t + \sigma \mathrm{d}W_t^\Omega \qquad (6\text{-}34)$$

其中，$k>0,\sigma>0$。与 Vasicek 模型不同的是，参数 θ 是时变的。Hull-White 模型又称为扩展的 Vasicek 模型。

（一）未校准零息债券价格

性质 6-6：当瞬时即期利率服从式(6-34)的随机过程时，T 时点到期的零息债券价格：

$$P(t,T) = \exp\{-a(t,T) - b(t,T)r_t\} \qquad (6\text{-}35)$$

其中，$a(t,T) = k\int_t^T \theta_u b(T-u)\mathrm{d}u + \frac{\sigma^2}{2k^2}[b(\Delta T) - \Delta T] + \frac{\sigma^2}{4k}b^2(\Delta T)$；$b(t,T) = \frac{1-\mathrm{e}^{-k\Delta T}}{k}$。

证明：比较式(6-34)和(6-1)，有 $\phi_t = k\theta_t$，$k_t = k$，$\delta_{0t} = \sigma^2$，$\delta_{1t} = 0$，将其代入式(6-12)有：

$$\begin{cases} kb(t,T) - \dfrac{\partial b(t,T)}{\partial t} - 1 = 0 \\ \dfrac{1}{2}\sigma^2 b^2(t,T) - k\theta_t b(t,T) - \dfrac{\partial a(t,T)}{\partial t} = 0 \end{cases} \qquad (6\text{-}36)$$

解上述微分方程组得（推导过程略）：

$$b(t,T) = b(\Delta T) = \frac{1-\mathrm{e}^{-k\Delta T}}{k} \qquad (6\text{-}37)$$

$$a(t,T) = k\int_t^T \theta_u b(T-u)\mathrm{d}u + \frac{\sigma^2}{2k^2}[b(\Delta T) - \Delta T] + \frac{\sigma^2}{4k}b^2(\Delta T) \qquad (6\text{-}38)$$

（二）校准的零息债券价格

可基于零息债券的观测价格对时变参数 θ_t 进行如下的校准：

$$\bar{\theta}_t = \bar{f}(0,t) + \frac{1}{k}\frac{\partial \bar{f}(0,t)}{\partial t} + \frac{\sigma^2}{2k^2}(1-e^{-2kt}) \tag{6-39}$$

则校准后的零息债券价格：

$$P(t,T) = \exp\{-\bar{a}(t,T) - b(t,T)r_t\} \tag{6-40}$$

其中：

$$\bar{a}(t,T) = -\ln\left[\frac{\bar{P}(0,T)}{\bar{P}(0,t)}\right] - \bar{f}(0,t)b(\Delta T) + \frac{\sigma^2}{4k}b(\Delta T)(1-e^{-2kt}) \tag{6-41}$$

证明：略。

思 考 与 练 习

1. 什么是时间非齐次仿射模型？在何种情景下，其退化为 Merton 模型、Vasicek 模型和 CIR 模型？

2. 当瞬时即期利率服从时间非齐次仿射模型时，推导零息债券价格满足的随机微分方程。

3. 简述时间非齐次仿射模型参数校准的基本思路。

4. 试求微分方程 $kb(t,T) - \dfrac{\partial b(t,T)}{\partial t} - 1 = 0$ 的解（提示：使用一阶微分方程的通解）。

研 究 与 探 索

若瞬时即期利率服从如下的随机过程：

$$dr_t = (\phi - k_t r_t)dt + \beta dW_t^{\Omega} \tag{6-42}$$

其中，$k_t > 0, \beta > 0$，使用本章相似的技术和原理，尝试推导 T 时点到期零息债券价格的定价公式。

本 章 附 录

附录 6-1：证明性质 6-2。

证明：不妨猜测零息债券价格 $P(t,T) = \exp\{-a(t,T) - b(t,T)r_t\}$，再结合性质 6-1 推断 $a(t,T)$ 和 $b(t,T)$ 的隐性条件。由猜想价格知：

$$\frac{\partial P}{\partial t} = [-a'(t, T) - b'(t, T)r_t]P \tag{6-43}$$

$$\frac{\partial P}{\partial r_t} = -b(t, T)P \tag{6-44}$$

$$\frac{\partial^2 P}{\partial r_t^2} = b^2(t, T)P \tag{6-45}$$

将式(6-43)—(6-45)分别代入式(6-5)有：

$$[-a'(t, T) - b'(t, T)r_t] - (\phi_t - k_t r_t)b(t, T) + \frac{1}{2}(\delta_{0t} + \delta_{1t}r_t)b^2(t, T) = r_t \tag{6-46}$$

将其写成关于r_t的一元一次方程形式：

$$\left[\frac{1}{2}\delta_{1t}b^2(t, T) + k_t b(t, T) - b'(t, T) - 1\right]r_t$$
$$+ \left[\frac{1}{2}\delta_{0t}b^2(t, T) - \phi_t b(t, T) - a'(t, T)\right] = 0 \tag{6-47}$$

由于上式对任意$r_t \geqslant 0$均成立，故有：

$$\begin{cases} \frac{1}{2}\delta_{1t}b^2(t, T) + k_t b(t, T) - \dfrac{\partial b(t, T)}{\partial t} - 1 = 0 \\ \frac{1}{2}\delta_{0t}b^2(t, T) - \phi_t b(t, T) - \dfrac{\partial a(t, T)}{\partial t} = 0 \end{cases} \tag{6-48}$$

即$a(t, T)$，$b(t, T)$是上述微分方程组的解。特别地，当$t = T$时，有$P(T, T) = \exp\{-a(T, T) - b(T, T)r_t\}$。由于$P(T, T) = 1$，故$\exp\{-a(T, T) - b(T, T)r_t\} = \exp\{0 + 0 r_t\} = 1$，故有终值条件$a(T, T) = 0$，$b(T, T) = 0$。

附录6-2：证明$\bar{a}(t, T) = -\ln\left[\dfrac{\bar{P}(0, T)}{\bar{P}(0, t)}\right] - \bar{f}(0, t)\Delta T + \dfrac{1}{2}\beta^2 t \Delta T^2$。

证明：由式(6-32)知：

$$a(t, T) = \int_t^T \left[\frac{\partial \bar{f}(0, u)}{\partial u} + \beta^2 u\right](T - u)du - \frac{1}{6}\beta^2 \Delta T^3$$

$$= \int_t^T \frac{\partial \bar{f}(0, u)}{\partial u}(T - u)du + \int_t^T \beta^2 u(T - u)du - \frac{1}{6}\beta^2 \Delta T^3$$

$$= \int_t^T (T - u)d\bar{f}(0, u) + \left[\beta^2 \int_t^T (Tu - u^2)du - \frac{1}{6}\beta^2 \Delta T^3\right] \tag{6-49}$$

由分布积分法知：

$$\int_t^T (T - u)d\bar{f}(0, u) = (T - u)\bar{f}(0, u)\Big|_t^T - \int_t^T \bar{f}(0, u)d(T - u)$$

$$= -(T - t)\bar{f}(0, t) + \int_t^T \bar{f}(0, u)du \tag{6-50}$$

由于 u 时点的瞬时远期利率 $\bar{f}(0, u) = -\dfrac{\partial \ln \bar{P}(0, u)}{\partial u}$,故而:

$$\begin{aligned}
\int_t^T (T-u)\mathrm{d}\bar{f}(0, u) &= -(T-t)\bar{f}(0, t) - \int_t^T \left[\dfrac{\partial \ln \bar{P}(0, u)}{\partial u}\right]\mathrm{d}u \\
&= -(T-t)\bar{f}(0, t) - \int_t^T \mathrm{d}\ln \bar{P}(0, u) \\
&= -(T-t)\bar{f}(0, t) - \ln\left[\dfrac{\bar{P}(0, T)}{\bar{P}(0, t)}\right]
\end{aligned} \tag{6-51}$$

另外:

$$\begin{aligned}
\beta^2 \int_t^T (Tu - u^2)\mathrm{d}u - \dfrac{1}{6}\beta^2 \Delta T^3 &= \beta^2\left(T\dfrac{\Delta T^2}{2} - \dfrac{\Delta T^3}{3}\right) - \dfrac{1}{6}\beta^2 \Delta T^3 \\
&= \dfrac{1}{2}\beta^2 T \Delta T^2 - \dfrac{1}{2}\beta^2 \Delta T^3 \\
&= \dfrac{1}{2}\beta^2 \Delta T^2 (T - \Delta T) \\
&= \dfrac{1}{2}\beta^2 \Delta T^2 t
\end{aligned} \tag{6-52}$$

将式(6-51)和式(6-52)代入式(6-49)得:

$$\begin{aligned}
a(t, T) &= -(T-t)\bar{f}(0, t) - \ln\left[\dfrac{\bar{P}(0, T)}{\bar{P}(0, t)}\right] + \dfrac{1}{2}\beta^2 t \Delta T^2 \\
&= -\ln\left[\dfrac{\bar{P}(0, T)}{\bar{P}(0, t)}\right] - \bar{f}(0, t)\Delta T + \dfrac{1}{2}\beta^2 t \Delta T^2
\end{aligned} \tag{6-53}$$

因此,经零息债券观测价格校准的 $a(t, T)$ 是:

$$\bar{a}(t, T) = -\ln\left[\dfrac{\bar{P}(0, T)}{\bar{P}(0, t)}\right] - \bar{f}(0, t)\Delta T + \dfrac{1}{2}\beta^2 t \Delta T^2 \tag{6-54}$$

第七章
基于瞬时远期利率的债券估值**

当瞬时远期利率随机驱动债券价格时,只需刻画瞬时远期利率随机过程的波动性,就能在风险中性测度下识别其漂移项,从而完整刻画瞬时远期利率的动态随机运动规律,再基于性质 4-8 对零息债券进行估值,这是 HJM 模型(Heath 等,1992)的基本思想。

当瞬时远期利率的波动项为特定形态时,HJM 模型能与瞬时即期利率随机驱动且经校准的零息债券估值方法相互映射。特别地,当瞬时远期利率的波动项为常数时,如 $\beta(t,T)=\beta$,其中 t 可视为当前时点,$\beta(t,T)$ 表示 T 时点瞬时远期利率的波动项,β 是 Merton 模型瞬时即期利率随机过程的波动项,HJM 模型将与 Ho-Lee 模型等价;当瞬时远期利率的波动项为时变衰减函数时,如 $\beta(t,T)=\sigma e^{-k(T-t)}$,其中 σ 是 Vasicek 模型瞬时即期利率随机过程的波动项,HJM 模型将与 Hull-White 模型等价。

一、HJM 模型的基本思想

(一)瞬时远期利率的积分过程

由性质 4-8 知,基于瞬时远期利率的零息债券的定价公式是:

$$P(t,T) = \exp\left\{-\int_t^T f(t,u)\mathrm{d}u\right\} \tag{7-1}$$

其中,$f(t,u)$ 表示从 t 时点来看,$u(u \in [t,T])$ 时点的瞬时远期利率。不妨令:

$$X_t = \int_t^T f(t,u)\mathrm{d}u \tag{7-2}$$

则零息债券价格 $P(t,T) = e^{-X_t}$。由随机积分的莱布尼茨规则(见第六章)知:

$$\begin{aligned}
\mathrm{d}X_t &= -f(t,t)\mathrm{d}t + \int_t^T \frac{\partial f(t,u)}{\partial t}\mathrm{d}u \\
&= -f(t,t)\mathrm{d}t + \int_t^T \mathrm{d}f(t,u)\mathrm{d}u \\
&= -r_t\mathrm{d}t + \int_t^T \mathrm{d}f(t,u)\mathrm{d}u
\end{aligned} \tag{7-3}$$

这里,$f(t,t)=r_t$,因为当前时点的瞬时远期利率与当前时点的瞬时即期利率相等。

性质 7-1:若瞬时远期利率服从如下随机过程:

$$\mathrm{d}f(t,s) = \alpha(t,s)\mathrm{d}t + \beta(t,s)\mathrm{d}W_t \tag{7-4}$$

则 X_t 的随机过程是：

$$\mathrm{d}X_t = \left[\int_t^T \alpha(t,s)\mathrm{d}s - r_t\right]\mathrm{d}t + \left[\int_t^T \beta(t,s)\mathrm{d}s\right]\mathrm{d}W_t \tag{7-5}$$

证明：将式(7-4)代入式(7-3)有：

$$\begin{aligned}
\mathrm{d}X_t &= -r_t\mathrm{d}t + \int_t^T [\alpha(t,s)\mathrm{d}t + \beta(t,s)\mathrm{d}W_t]\mathrm{d}s \\
&= -r_t\mathrm{d}t + \left[\int_t^T \alpha(t,s)\mathrm{d}s\right]\mathrm{d}t + \left[\int_t^T \beta(t,s)\mathrm{d}s\right]\mathrm{d}W_t \\
&= \left[\int_t^T \alpha(t,s)\mathrm{d}s - r_t\right]\mathrm{d}t + \left[\int_t^T \beta(t,s)\mathrm{d}s\right]\mathrm{d}W_t
\end{aligned} \tag{7-6}$$

显然，有：

$$(\mathrm{d}X_t)^2 = \left[\int_t^T \beta(t,s)\mathrm{d}s\right]^2 \mathrm{d}t \tag{7-7}$$

（二）零息债券价格的随机过程

性质 7-2：若瞬时远期利率 $\mathrm{d}f(t,s) = \alpha(t,s)\mathrm{d}t + \beta(t,s)\mathrm{d}W_t$，则零息债券价格服从如下的随机过程：

$$\mathrm{d}P(t,T) = \mu_P P(t,T)\mathrm{d}t + \sigma_P P(t,T)\mathrm{d}W_t \tag{7-8}$$

其中：

$$\mu_P = r_t - \int_t^T \alpha(t,s)\mathrm{d}s + \frac{1}{2}\left[\int_t^T \beta(t,s)\mathrm{d}s\right]^2 \tag{7-9}$$

$$\sigma_P = -\int_t^T \beta(t,s)\mathrm{d}s \tag{7-10}$$

证明：由于 $P(t,T) = \mathrm{e}^{-X_t}$，且 $\frac{\partial P}{\partial X_t} = -\mathrm{e}^{-X_t}$，$\frac{\partial^2 P}{\partial X_t^2} = \mathrm{e}^{-X_t}$。将零息债券价格对 X_t 进行伊藤展开，且结合性质 7-1，有：

$$\begin{aligned}
\mathrm{d}P(t,T) &= \frac{\partial P}{\partial X_t}\mathrm{d}X_t + \frac{1}{2}\frac{\partial^2 P}{\partial X_t^2}(\mathrm{d}X_t)^2 \\
&= -\mathrm{e}^{-X_t}\left\{\left[\int_t^T \alpha(t,s)\mathrm{d}s - r_t\right]\mathrm{d}t + \left[\int_t^T \beta(t,s)\mathrm{d}s\right]\mathrm{d}W_t\right\} \\
&\quad + \frac{1}{2}\mathrm{e}^{-X_t}\left[\int_t^T \beta(t,s)\mathrm{d}s\right]^2 \mathrm{d}t \\
&= P(t,T)\left\{\left[r_t - \int_t^T \alpha(t,s)\mathrm{d}s\right]\mathrm{d}t - \left[\int_t^T \beta(t,s)\mathrm{d}s\right]\mathrm{d}W_t\right\} \\
&\quad + \frac{1}{2}P(t,T)\left[\int_t^T \beta(t,s)\mathrm{d}s\right]^2 \mathrm{d}t
\end{aligned}$$

$$= P(t, T)\left\{r_t - \int_t^T \alpha(t, s)\mathrm{d}s + \frac{1}{2}\left[\int_t^T \beta(t, s)\mathrm{d}s\right]^2\right\}\mathrm{d}t$$
$$- P(t, T)\left[\int_t^T \beta(t, s)\mathrm{d}s\right]\mathrm{d}W_t \tag{7-11}$$

当 $\mu_P = r_t - \int_t^T \alpha(t, s)\mathrm{d}s + \frac{1}{2}\left[\int_t^T \beta(t, s)\mathrm{d}s\right]^2$，$\sigma_P = -\int_t^T \beta(t, s)\mathrm{d}s$ 时，有 $\mathrm{d}P(t, T) = \mu_P P(t, T)\mathrm{d}t + \sigma_P P(t, T)\mathrm{d}W_t$。

(三) 瞬时远期利率的漂移项

性质 7-3：在风险中性测度下，瞬时远期利率的漂移项与波动项有如下关系：

$$\alpha(t, T) = \beta(t, T)\int_t^T \beta(t, s)\mathrm{d}s \tag{7-12}$$

证明：由式 (7-9) 知，μ_P 是零息债券收益率的瞬时期望，在风险中性测度下，其与无风险利率 r_t 相当，则有：

$$r_t - \int_t^T \alpha(t, s)\mathrm{d}s + \frac{1}{2}\left[\int_t^T \beta(t, s)\mathrm{d}s\right]^2 = r_t \tag{7-13}$$

$$\int_t^T \alpha(t, s)\mathrm{d}s = \frac{1}{2}\left[\int_t^T \beta(t, s)\mathrm{d}s\right]^2 \tag{7-14}$$

上式两边分别对 T 求导有：

$$\alpha(t, T) = \left[\frac{1}{2}\times 2\int_t^T \beta(t, s)\mathrm{d}s\right]\times \beta(t, T)$$
$$= \beta(t, T)\int_t^T \beta(t, s)\mathrm{d}s \tag{7-15}$$

二、HJM 模型与 Ho-Lee 模型

性质 7-4：当瞬时远期利率的波动项为常数时，HJM 模型与 Ho-Lee 模型等价。

证明：不妨令 $\beta(t, T) = \beta$，即瞬时远期利率的波动性对任意到期时点均相同，且与 t 无关。由性质 7-3 知：

$$\alpha(t, T) = \beta\int_t^T \beta \mathrm{d}s = \beta^2(T - t) \tag{7-16}$$

则瞬时远期利率的随机过程是：

$$\mathrm{d}f(t, T) = \beta^2(T - t)\mathrm{d}t + \beta\mathrm{d}W_t^\Omega \tag{7-17}$$

同理：

$$\mathrm{d}f(u, T) = \beta^2(T - u)\mathrm{d}u + \beta\mathrm{d}W_u^\Omega \tag{7-18}$$

对上式在 $\mu \in [0, t]$ 上积分得：

$$f(t,T)-f(0,T)=\beta^2\int_0^t(T-u)\mathrm{d}u+\beta\int_0^t\mathrm{d}W_u^\Omega$$
$$=\beta^2\left(Tt-\frac{t^2}{2}\right)+\beta\int_0^t\mathrm{d}W_u^\Omega \tag{7-19}$$

当 T 取 t 时,有:

$$f(t,t)-f(0,t)=\frac{1}{2}\beta^2 t^2+\beta\int_0^t\mathrm{d}W_u^\Omega \tag{7-20}$$

由于 $f(t,t)=r_t$,故而:

$$r_t=f(0,t)+\frac{1}{2}\beta^2 t^2+\beta\int_0^t\mathrm{d}W_u^\Omega \tag{7-21}$$

对上式两边求微分得:

$$\mathrm{d}r_t=\left[\frac{\partial f(0,t)}{\partial t}+\beta^2 t\right]\mathrm{d}t+\beta\mathrm{d}W_t^\Omega \tag{7-22}$$

由此可见,瞬时即期利率的漂移项是 $\frac{\partial f(0,t)}{\partial t}+\beta^2 t$,不妨令 $\phi_t=\frac{\partial f(0,t)}{\partial t}+\beta^2 t$,则瞬时即期利率的动态随机运动规律是 $\mathrm{d}r_t=\phi_t\mathrm{d}t+\beta\mathrm{d}W_t^\Omega$,其与 Ho-Lee 模型等价[①]。

三、HJM 模型与 Hull-White 模型

性质 7-5:当瞬时远期利率的波动项 $\beta(t,T)=\sigma\mathrm{e}^{-k(T-t)}$ 时,HJM 模型与 Hull-White 模型等价。

证明:由附录 7-1 知:

$$\alpha(t,T)=\frac{\sigma^2}{k}\left[\mathrm{e}^{-k(T-t)}-\mathrm{e}^{-2k(T-t)}\right] \tag{7-23}$$

则瞬时远期利率的随机过程是:

$$\mathrm{d}f(t,T)=\alpha(t,T)\mathrm{d}t+\beta(t,T)\mathrm{d}W_t^\Omega$$
$$=\frac{\sigma^2}{k}\left[\mathrm{e}^{-k(T-t)}-\mathrm{e}^{-2k(T-t)}\right]\mathrm{d}t+\left[\sigma\mathrm{e}^{-k(T-t)}\right]\mathrm{d}W_t^\Omega \tag{7-24}$$

由上式知:

$$\mathrm{d}f(u,t)=\frac{\sigma^2}{k}\left[\mathrm{e}^{-k(t-u)}-\mathrm{e}^{-2k(t-u)}\right]\mathrm{d}u+\left[\sigma\mathrm{e}^{-k(t-u)}\right]\mathrm{d}W_u^\Omega \tag{7-25}$$

将其在 $u\in[0,t]$ 上积分得:

$$f(t,t)-f(0,t)=\frac{\sigma^2}{k}\int_0^t\left[\mathrm{e}^{-k(t-u)}-\mathrm{e}^{-2k(t-u)}\right]\mathrm{d}u+\sigma\int_0^t\mathrm{e}^{-k(t-u)}\mathrm{d}W_u^\Omega \tag{7-26}$$

---

① 见性质 6-4。

由附录 7-2 知：

$$\int_0^t [e^{-k(t-u)} - e^{-2k(t-u)}] du = \frac{1}{2k}(1-e^{-kt})^2 \tag{7-27}$$

结合式(7-26)和式(7-27)有：

$$r_t = f(0, t) + \frac{\sigma^2}{2k^2}(1-e^{-kt})^2 + \sigma e^{-kt} \cdot \int_0^t e^{ku} dW_u^\Omega \tag{7-28}$$

不妨令：

$$Y_t = f(0, t) + \frac{\sigma^2}{2k^2}(1-e^{-kt})^2 \tag{7-29}$$

$$Z_t = \int_0^t e^{ku} dW_u^\Omega \tag{7-30}$$

即有：

$$r_t = Y_t + \sigma e^{-kt} \cdot Z_t \tag{7-31}$$

由附录 7-3 知：

$$dr_t = \left[\frac{\partial f(0, t)}{\partial t} + \frac{\sigma^2}{k}(e^{-kt} - e^{-2kt}) + kY_t\right]dt - kr_t dt + \sigma dW_t^\Omega \tag{7-32}$$

将之与 Hull-White 模型的瞬时即期利率的随机过程 $dr_t = k(\theta_t - r_t)dt + \sigma dW_t^\Omega = k\theta_t dt - kr_t dt + \sigma dW_t^\Omega$ 进行比较，当两者相等时，有：

$$k\theta_t = \frac{\partial f(0, t)}{\partial t} + \frac{\sigma^2}{k}(e^{-kt} - e^{-2kt}) + kY_t \tag{7-33}$$

$$\theta_t = \frac{1}{k}\frac{\partial f(0, t)}{\partial t} + \frac{\sigma^2}{k^2}(e^{-kt} - e^{-2kt}) + Y_t \tag{7-34}$$

由于 $Y_t = f(0, t) + \frac{\sigma^2}{2k^2}(1-e^{-kt})^2$，将其代入式(7-34)得：

$$\begin{aligned}\theta_t &= \frac{1}{k}\frac{\partial f(0, t)}{\partial t} + \frac{\sigma^2}{k^2}(e^{-kt} - e^{-2kt}) + f(0, t) + \frac{\sigma^2}{2k^2}(1-e^{-kt})^2 \\ &= f(0, t) + \frac{1}{k}\frac{\partial f(0, t)}{\partial t} + \left[\frac{\sigma^2}{k^2}(e^{-kt} - e^{-2kt}) + \frac{\sigma^2}{2k^2}(1-e^{-kt})^2\right]\end{aligned} \tag{7-35}$$

由附录 7-4 知：

$$\frac{\sigma^2}{k^2}(e^{-kt} - e^{-2kt}) + \frac{\sigma^2}{2k^2}(1-e^{-kt})^2 = \frac{\sigma^2}{2k^2}(1-e^{-2kt}) \tag{7-36}$$

将其代入式(7-35)得：

$$\theta_t = f(0, t) + \frac{1}{k}\frac{\partial f(0, t)}{\partial t} + \frac{\sigma^2}{2k^2}(1 - e^{-2kt}) \tag{7-37}$$

显然,其与 Hull-White 模型的时变参数 θ_t 相同,且随机过程同。因此,当瞬时远期利率的波动项 $\beta(t, T) = \sigma e^{-k(T-t)}$ 时,HJM 模型与 Hull-White 模型等价。

四、债券价格的波动性

基于瞬时远期利率的 HJM 模型能够较好刻画零息债券价格的常见形式化特征。当 $\beta(t, T) = \beta$,由式(7-10)知,零息债券价格(或零息债券收益率)的波动性:

$$\sigma_P^2 = \left[-\int_t^T \beta(t, s)\mathrm{d}s\right]^2 = \beta^2 \Delta T^2 \tag{7-38}$$

显然,当前时点离零息债券的到期时点越近,零息债券价格的波动性越低;瞬时远期利率的波动性越低,零息债券价格的波动性越低。

当 $\beta(t, T) = \sigma e^{-k(T-t)}$ 时,零息债券价格的波动性:

$$\sigma_P^2 = \left[-\int_t^T \sigma e^{-k(s-t)}\mathrm{d}s\right]^2 = \frac{\sigma^2}{k^2}(e^{-k\Delta T} - 1)^2 \tag{7-39}$$

显然,当前时点离零息债券的到期时点越近,零息债券价格的波动性越低;瞬时远期利率的波动性越低,零息债券价格的波动性越低。

思考与练习

1. 如何基于瞬时远期利率对零息债券进行估值?
2. 简述 HJM 模型的基本思想。
3. 简述瞬时远期利率随机驱动和瞬时即期利率随机驱动情形下的零息债券估值方式的差异性。
4. 简述 HJM 模型与 Ho-Lee 模型等价的条件。
5. 简述 HJM 模型与 Hull-White 模型等价的条件。

研究与探索

1. 查询有关双因子 HJM 模型和多因子 HJM 模型的文献,了解其瞬时远期利率的漂移项与波动项之间的关系,以及零息债券价格的表现形式。
2. 适当设计与估计瞬时远期利率的波动性是成功应用 HJM 模型的前提,这涉及较为复杂的统计、计量、数值计算知识及其应用设计。试查询有关文献,了解瞬时远期利率波动性的常用估计方法,思考如何将其迁移或应用于现实问题。

本 章 附 录

附录 7-1: 证明 $\alpha(t, T) = \dfrac{\sigma^2}{k}[e^{-k(T-t)} - e^{-2k(T-t)}]$。

证明: 当 $\beta(t, T) = \sigma e^{-k(T-t)}$ 时,由性质 7-3 知:

$$\begin{aligned}
\alpha(t, T) &= \beta(t, T)\int_t^T \beta(t, s)\mathrm{d}s \\
&= \sigma^2 e^{-k(T-t)}\int_t^T e^{-k(s-t)}\mathrm{d}s \\
&= -\dfrac{\sigma^2}{k} e^{-k(T-t)}\int_t^T \mathrm{d}e^{-k(s-t)} \\
&= -\dfrac{\sigma^2}{k} e^{-k(T-t)}[e^{-k(T-t)} - 1] \\
&= \dfrac{\sigma^2}{k}[e^{-k(T-t)} - e^{-2k(T-t)}]
\end{aligned} \tag{7-40}$$

附录 7-2: 证明 $\int_0^t [e^{-k(t-u)} - e^{-2k(t-u)}]\mathrm{d}u = \dfrac{1}{2k}(1-e^{-kt})^2$。

证明:

$$\begin{aligned}
&\int_0^t [e^{-k(t-u)} - e^{-2k(t-u)}]\mathrm{d}u \\
&= \int_0^t e^{-k(t-u)}\mathrm{d}u - \int_0^t e^{-2k(t-u)}\mathrm{d}u \\
&= \dfrac{1}{k}\int_0^t \mathrm{d}e^{-k(t-u)} - \dfrac{1}{2k}\int_0^t \mathrm{d}e^{-2k(t-u)} \\
&= \dfrac{1}{k}(1-e^{-kt}) - \dfrac{1}{2k}(1-e^{-2kt}) \\
&= \dfrac{1}{2k}(2 - 2e^{-kt} - 1 + e^{-2kt}) \\
&= \dfrac{1}{2k}(1 - 2e^{-kt} + e^{-2kt}) \\
&= \dfrac{1}{2k}(1-e^{-kt})^2
\end{aligned} \tag{7-41}$$

附录 7-3: $\mathrm{d}r_t = \left[\dfrac{\partial f(0, t)}{\partial t} + \dfrac{\sigma^2}{k}(e^{-kt} - e^{-2kt}) + kY_t\right]\mathrm{d}t - kr_t\mathrm{d}t + \sigma\mathrm{d}W_t^\Omega$。

证明: 由 $Y_t = f(0, t) + \dfrac{\sigma^2}{2k^2}(1-e^{-kt})^2$ 知:

$$\mathrm{d}Y_t = \left[\dfrac{\partial f(0, t)}{\partial t} + \dfrac{\sigma^2}{k}(e^{-kt} - e^{-2kt})\right]\mathrm{d}t \tag{7-42}$$

由于 $Z_t = \int_0^t e^{ku} dW_u^\Omega$，故有：

$$dZ_t = e^{kt} dW_t^\Omega \tag{7-43}$$

对 $r_t = Y_t + \sigma e^{-kt} \cdot Z_t$ 进行微分展开得：

$$dr_t = dY_t + (-\sigma k e^{-kt} dt \cdot Z_t + \sigma e^{-kt} \cdot dZ_t) \tag{7-44}$$

将式(7-42)和式(7-43)分别代入上式得：

$$dr_t = \left[\frac{\partial f(0,t)}{\partial t} + \frac{\sigma^2}{k}(e^{-kt} - e^{-2kt})\right]dt - k(\sigma e^{-kt} Z_t)dt + \sigma e^{-kt} \cdot e^{kt} dW_t^\Omega \tag{7-45}$$

由 $r_t = Y_t + \sigma e^{-kt} Z_t$ 知，$\sigma e^{-kt} Z_t = r_t - Y_t$，将其代入上式得：

$$dr_t = \left[\frac{\partial f(0,t)}{\partial t} + \frac{\sigma^2}{k}(e^{-kt} - e^{-2kt})\right]dt - k(r_t - Y_t)dt + \sigma dW_t^\Omega$$

$$= \left[\frac{\partial f(0,t)}{\partial t} + \frac{\sigma^2}{k}(e^{-kt} - e^{-2kt}) + kY_t\right]dt - kr_t dt + \sigma dW_t^\Omega \tag{7-46}$$

附录 7-4： 证明 $\frac{\sigma^2}{k^2}(e^{-kt} - e^{-2kt}) + \frac{\sigma^2}{2k^2}(1 - e^{-kt})^2 = \frac{\sigma^2}{2k^2}(1 - e^{-2kt})$。

证明：

$$\frac{\sigma^2}{k^2}(e^{-kt} - e^{-2kt}) + \frac{\sigma^2}{2k^2}(1 - e^{-kt})^2$$

$$= \frac{\sigma^2}{2k^2}\left[(2e^{-kt} - 2e^{-2kt}) + (1 - e^{-kt})^2\right]$$

$$= \frac{\sigma^2}{2k^2}(2e^{-kt} - 2e^{-2kt} + 1 - 2e^{-kt} + e^{-2kt})$$

$$= \frac{\sigma^2}{2k^2}(1 - e^{-2kt}) \tag{7-47}$$

第八章

利率期限结构模型与估计

利率期限结构是固定收益证券定价的基础，对其形态、结构和趋势的预测或判断是固收策略研究的核心。从技术上审视，可将利率期限结构模型分为三类：传统拟合方法、时变趋势模型和随机模型。在利率期限结构的传统拟合方法中，三次样条法和息票剥离法是两种较为流行的方法，其中息票剥离法是根据不同到期时间的零息债券的市场观测价格分离其到期收益率。然而，市场能够观测到的有代表性的零息债券样本稀少，附息债券的息票剥离法或更有意义。在利率期限结构的时变趋势模型中，本章重点阐释了 NS (Nelson 和 Siegel) 模型的基本原理、特征和估计方法。由于随机模型的技术推导较为烦琐，本章仅推演了 Merton 模型和 Vasicek 模型框架下利率期限结构的分离方法及其原理。

一、传统拟合方法

（一）函数估计法

基于到期收益率与其到期时间关系的经验观察，可用多项式函数拟合其常见分布形态：

$$y_t = \alpha + \beta t + \gamma t^2 + \delta t^3 \tag{8-1}$$

这里，y_t 表示 t 时点的到期收益率（或即期利率），α，β，γ 和 δ 是待估参数。

假设某时点存在以下关键时点 $t_1, t_2, \cdots, t_n$ ($t_1 < t_2 < \cdots < t_n$) 的到期收益率 $y_1, y_2, \cdots, y_n$，可基于配对观测数据 $(t_1, y_1), (t_2, y_2), \cdots, (t_n, y_n)$ 对上式进行 OLS 等估计（见图 8-1）。

（二）多项式样条法

假设市场上有 n 个债券，其到期时间分别是 $T_1, T_2, \cdots, T_n$，且 $T_1 < T_2 < \cdots < T_n$。不妨将 $[0, T_n]$ 分隔成 $k+1$ 个时间节点 $\Pi[0, T_n] = \{t_0, t_1, \cdots, t_k\}$，且 $0 = t_0 < t_1 < \cdots < t_k = T_n$。

1. 使用基函数逼近贴现函数

由于到期收益率曲线通常具有抛物线形态，故相应时点的贴现函数具有相似形态。McCulloch

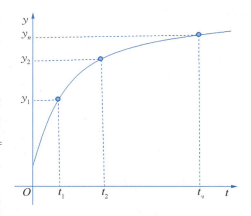

图 8-1 即期利率的期限结构

(1971)主张使用多项式基函数(basis function)逼近贴现函数,若基函数是如下的三次函数,则称其三次样条法。

$$G_j(t) = \alpha_j + \beta_j(t-t_j) + \gamma_j(t-t_j)^2 + \delta_j(t-t_j)^3 \tag{8-2}$$

不妨令 t 时点的贴现函数为 $D(t)$,且将其视为小于 t 的所有时点的基函数的和。譬如,当 $t \in [t_j, t_{j+1})$ 时,则小于 t 的时点有 $t_0, t_1, \cdots, t_j$,故 $D(t)$ 包含 $j+1$ 个基函数 $G_0(t), G_1(t), \cdots, G_j(t)$,即 $D(t) = \sum_{i=0}^{j} G_i(t)$,从而有:

$$D(t) = \sum_{i=0}^{j} [\alpha_i + \beta_i(t-t_i) + \gamma_i(t-t_i)^2 + \delta_i(t-t_i)^3] \tag{8-3}$$

待估参数集 $\bar{\omega} = \{\alpha_0, \alpha_1, \cdots, \alpha_j; \beta_0, \beta_1, \cdots, \beta_j; \gamma_0, \gamma_1, \cdots, \gamma_j; \delta_0, \delta_1, \cdots, \delta_j\}$,共有 $4(j+1)$ 个参数。

2. 平滑性条件

为了减少待估参数个数,不妨假设各时点的贴现函数满足平滑性条件:各时点贴现函数及其前两阶导数均连续[①]。

由于 $t_i(0 < i \leqslant j)$ 时点的贴现函数及其前二阶导数的连续性条件确保 $\alpha_i = 0$,$\beta_i = 0$ 和 $\gamma_i = 0$[②],故施加约束之贴现函数是:

$$D(t) = \alpha_0 + \beta_0 t + \gamma_0 t^2 + \delta_0 t^3 + \sum_{i=0}^{j} \delta_i (t-t_i)^3 I_i(t) \tag{8-4}$$

其中,$I_i(t)$ 为示性函数,当 $t_i \leqslant t$ 时,$I_i(t) = 1$;当 $t_i > t$ 时,$I_i(t) = 0$,且待估参数集 $\bar{\omega} = \{\alpha_0, \beta_0, \gamma_0, \delta_0, \delta_1, \cdots, \delta_j\}$,待估参数从 $4(j+1)$ 个降至 $(j+4)$ 个。

3. 参数估计

假设有 n 个债券,债券 i $(i=1, 2, \cdots, n)$ 有 n_i 个付息节点,且在 $t_{i,j}(j=1, 2, \cdots, n_i)$ 付息节点上的现金流为 $C_{i,j}$,则债券 i 的理论价格 $P_i = \sum_{j=1}^{n_i} C_{i,j} \cdot D(t_{i,j})$。

若债券 i 的市场观测价格是 $\bar{P}_i$,则可根据理论价格与观测价格的离差平方和最小原则对有关参数进行估计:

$$\operatorname*{argmin}_{\bar{\omega}} \sum_{i=1}^{n} (P_i - \bar{P}_i)^2 \tag{8-5}$$

将有关参数的估计结果代入式(8-4),即得 t 时点贴现函数的估值:

$$\widehat{D}(t) = \widehat{\alpha_0} + \widehat{\beta_0} t + \widehat{\gamma_0} t^2 + \widehat{\delta_0} t^3 + \sum_{i=0}^{j} \widehat{\delta_i} (t-t_i)^3 I_i(t) \tag{8-6}$$

则即期利率的期限结构为:

$$y_t = [\widehat{D}(t)]^{-1/t} - 1 \tag{8-7}$$

4. 指数样条

当使用三次样条函数逼近贴现函数时,可能出现负的拟合值。为了避免此情况,可对式(8-3)左侧的贴现函数取对数,以确保其取值始终大于零,此为指数样条函数法。

[①] 对三次函数而言,三次以上(含三次)导数为常数或零。
[②] 在校稿过程中,作者删除了有关的技术性推导。

(三) 息票剥离法

1. 零息债券剥离法

在特定观测时点，假设市场上存在 n 个到期时间分别是 $t_1, t_2, \cdots, t_n$ 的零息债券，其中 $t_1 < t_2 < \cdots < t_n$，其当前价格分别是 $P_1, P_2, \cdots, P_n$，且到期时点的现金流分别是 $C_1, C_2, \cdots, C_n$（见表 8-1）。

表 8-1 零息债券的期限结构和现金流量结构

债券/时点		t_1	t_2	t_3	$\cdots$	t_n
债券 1	P_1	C_1	0	0	$\cdots$	0
债券 2	P_2	0	C_2	0	$\cdots$	0
债券 3	P_3	0	0	C_3	$\cdots$	0
$\cdots$	$\cdots$	0	0	0	$\cdots$	0
债券 n	P_n	0	0	0	$\cdots$	C_n

若不考虑净价和全价的调整问题，则可根据 n 个不同到期时间的零息债券的当前价格，分别剥离出相应期限的到期收益率 $y_1, y_2, \cdots, y_n$，则时间节点 t_i 和到期收益率 y_i（$i=1,2,\cdots,n$）之间的函数关系即是即期利率的期限结构。然而，市场通常未有前述零息债券。

2. 附息债券剥离法

第一，附息债券的期限结构与现金流量结构。在某观测时点 t（不妨令 $t=0$），假设市场上存在 n 个到期时间分别是 $t_1, t_2, \cdots, t_n$ 的附息债券，其中 $t_1 < t_2 < \cdots < t_n$，其当前价格分别是 $P_1, P_2, \cdots, P_n$，其中债券 1 有一个付息节点 t_1，且其现金流是 C_{11}；债券 2 有两个付息节点 t_1 和 t_2，且其现金流分别是 C_{21} 和 C_{22}；债券 3 有三个付息节点 t_1、t_2 和 t_3，且其现金流分别是 C_{31}、C_{32} 和 C_{33}。同理，债券 n 有 n 个付息节点 $t_1, t_2, \cdots, t_n$，且其现金流分别是 $C_{n1}, C_{n2}, \cdots, C_{nn}$（见表 8-2）。

表 8-2 附息债券的期限结构和现金流量结构

债券/时点		t_1	t_2	t_3	$\cdots$	t_n
债券 1	P_1	C_{11}	0	0	$\cdots$	0
债券 2	P_2	C_{21}	C_{22}	0	$\cdots$	0
债券 3	P_3	C_{31}	C_{32}	C_{33}	$\cdots$	0
$\cdots$	$\cdots$	$\cdots$	$\cdots$	$\cdots$	$\cdots$	0
债券 n	P_n	C_{n1}	C_{n2}	C_{n3}	$\cdots$	C_{nn}

第二,从附息债券价格剥离到期收益率。若不考虑净价和全价的调整问题,可从附息债券 1 的市场价格中剥离出 t_1 时点的到期收益率 y_1。

$$P_1 = \frac{C_{11}}{(1+y_1)^{t_1}} \tag{8-8}$$

基于式(8-9),从附息债券 2 的市场价格中剥离出 t_2 时点的到期收益率 y_2。

$$P_2 = \frac{C_{21}}{(1+y_1)^{t_1}} + \frac{C_{22}}{(1+y_2)^{t_2}} \tag{8-9}$$

同理,从附息债券 n 的市场价格中剥离出 t_n 时点的到期收益率 y_n。

$$P_n = \frac{C_{n1}}{(1+y_1)^{t_1}} + \frac{C_{n2}}{(1+y_2)^{t_2}} + \cdots + \frac{C_{nn}}{(1+y_n)^{t_n}} \tag{8-10}$$

时间节点 t_i 和到期收益率 $y_i (i=1, 2, \cdots, n)$ 之间的函数关系即是即期利率的期限结构。

第三,利率期限结构的矩阵表示。不妨设 $t_1, t_2, \cdots, t_n$ 时点的贴现函数分别是 $d_1, d_2, \cdots, d_n$,其中 $d_i = \frac{1}{(1+y_i)^{t_i}}$。基于债券现金流现值与其价格相等原则,可构建如下矩阵结构:

$$\begin{bmatrix} C_{11} & 0 & 0 & 0 & \cdots & 0 \\ C_{21} & C_{22} & 0 & 0 & \cdots & 0 \\ C_{31} & C_{32} & C_{33} & 0 & \cdots & 0 \\ C_{41} & C_{42} & C_{43} & C_{44} & \cdots & 0 \\ \cdots & \cdots & \cdots & \cdots & \cdots & \cdots \\ C_{n1} & C_{n2} & C_{n3} & C_{n4} & \cdots & C_{nn} \end{bmatrix} \begin{bmatrix} d_1 \\ d_2 \\ d_3 \\ d_4 \\ \cdots \\ d_n \end{bmatrix} = \begin{bmatrix} P_1 \\ P_2 \\ P_3 \\ P_4 \\ \cdots \\ P_n \end{bmatrix} \tag{8-11}$$

由于现金流矩阵可逆,故各时点贴现函数的列向量有如下形式的解,且能从中分别剥离出各时点的到期收益率。

$$\begin{bmatrix} d_1 \\ d_2 \\ d_3 \\ d_4 \\ \cdots \\ d_n \end{bmatrix} = \begin{bmatrix} C_{11} & 0 & 0 & 0 & \cdots & 0 \\ C_{21} & C_{22} & 0 & 0 & \cdots & 0 \\ C_{31} & C_{32} & C_{33} & 0 & \cdots & 0 \\ C_{41} & C_{42} & C_{43} & C_{44} & \cdots & 0 \\ \cdots & \cdots & \cdots & \cdots & \cdots & \cdots \\ C_{n1} & C_{n2} & C_{n3} & C_{n4} & \cdots & C_{nn} \end{bmatrix}^{-1} \begin{bmatrix} P_1 \\ P_2 \\ P_3 \\ P_4 \\ \cdots \\ P_n \end{bmatrix} \tag{8-12}$$

3. 息票剥离法的问题或挑战

第一,同时点多观测值的加权处理。对利率债而言,从当前时点来看,市场上同时存在多个相同到期时点(或相同剩余期限)债券标的的可能性较低。然而,对信用债而言,有较大可能存在多个具有相同到期时点的债券标的,若分别基于当前市场价格分离其到期收益率,则相同到期时点可能存在多个不同的到期收益率,此时需要对之进行加权处理

(如按各债券发行规模占比设计权重或进行久期调整)。

第二,稀疏观测值的线性插值处理。无论利率债或信用债,市场能够观测到的长久期债券标的稀少,能够剥离出的到期时间较长的到期收益率观测点稀少,此时可用线性插值方式估计关键时点的到期收益率。譬如,若能基于债券观测价格剥离出到期时间分别是 15 年和 25 年的到期收益率 y_{15} 和 y_{25},则可使用如下线性插值方式推断到期时间 20 年的到期收益率 y_{20}:

$$y_{20} = y_{15} + \frac{20-15}{25-15}(y_{25} - y_{15}) \tag{8-13}$$

二、时变的利率期限结构模型

(一) NS 模型

1. 瞬时远期利率的时变特征

NS 模型是 Nelson 和 Siegel(1987)模型的缩写,该模型用一个二阶微分方程描述收益率曲线的运动,其在实根、等根情形的解是如下形式的瞬时远期利率:

$$f(0, t) = \beta_1 + \beta_2 e^{-\frac{t}{\theta}} + \beta_3 \frac{t}{\theta} e^{-\frac{t}{\theta}} \tag{8-14}$$

其中,θ 表示时间长度的参数,且 $0 < \theta < t$。关键参数的因子载荷反映了以下特征。

第一,长期载荷。β_1 的载荷是 1,且当 $t \to \infty$ 时,有 $f(0, t) = \beta_1$,故 β_1 捕捉了远期利率期限结构(或远期收益率曲线)的长期趋势,不妨称其系数为长期载荷。

第二,短期载荷。β_2 的载荷是 $e^{-\frac{t}{\theta}}$,当 $t \to 0$ 时,有 $e^{-\frac{t}{\theta}} \to 1$;当 $t \to \infty$ 时,有 $e^{-\frac{t}{\theta}} \to 0$,其快速衰减倾向与远期利率期限结构斜率的变化趋势一致,不妨称之短期载荷。

第三,中期载荷。β_3 的载荷是 $\frac{t}{\theta} e^{-\frac{t}{\theta}}$,其从期初开始增长,再衰减至零,一定程度上反映了远期利率期限结构的弯曲程度,不妨称之中期载荷。特别地,θ 控制了远期利率期限结构弯曲的拐点。

图 8-2 分别给出了当 $\theta = 3$ 时,短期载荷、中期载荷和长期载荷在 1—10 年的变动趋势,可见中期载荷的拐点大约在 3 年处。

2. 瞬时即期利率的时变特征

在理性预期假设下,远期利率以市场无套利的方式运动,即期利率将是未来时期的瞬时远期利率的合理预期(证明见附录 8-1)。

$$y_t = \frac{1}{t}\int_0^t f(0, u) \mathrm{d}u \tag{8-15}$$

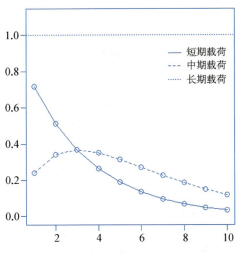

图 8-2 瞬时远期利率的因子载荷

注:长期载荷是 1,短期载荷是 $e^{-\frac{t}{\theta}}$,中期载荷是 $\frac{t}{\theta} e^{-\frac{t}{\theta}}$,其中 $\theta = 3$,$t \in [1, 10]$,Step=1。

由附录 8-2 知：

$$y_t = \beta_1 + \beta_2 \left(\frac{1-e^{-t/\theta}}{t/\theta}\right) + \beta_3 \left(\frac{1-e^{-t/\theta}}{t/\theta} - e^{-t/\theta}\right) \tag{8-16}$$

其能刻画多种形态的到期收益率曲线，包括但不限于向上倾斜、向下倾斜和（反向）驼峰形状。到期收益率曲线的具体形态由 β_1, β_2, β_3 和 θ 控制，且其拥有较为明确的经济含义。

第一，水平因子（β_1）。当 $t \to \infty$ 时，有 $y_t = \beta_1$。β_1 相当于即期利率的长期趋势水平，且其载荷与时间无关，表明其对不同到期时点的即期利率有着相同的影响，可称之水平因子（level factor）。

第二，斜率因子（β_2）。当 $t \to 0$ 时，β_2 的载荷 $\frac{1-e^{-t/\theta}}{t/\theta} \to 1$；当 $t \to \infty$ 时，β_2 的载荷 $\frac{1-e^{-t/\theta}}{t/\theta} \to 0$，其快速衰减倾向与即期利率期限结构斜率的变化趋势一致，故称其斜率因子（slope factor）。

第三，曲率因子（β_3）。β_3 的载荷 $\left(\frac{1-e^{-t/\theta}}{t/\theta} - e^{-t/\theta}\right)$ 从 0 开始上升至最高点，再衰减至零，其对即期利率期限结构的曲率有重要影响[①]，故称其曲率因子（curvature factor）。特别地，当 $\beta_3 > 0$，即期利率期限结构呈驼峰状；当 $\beta_3 < 0$ 时，即期利率期限结构呈 U 性（见图 8-3）。

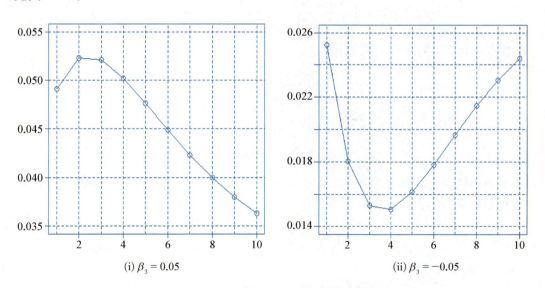

图 8-3　曲率因子与即期利率期限结构的形态

注：$\beta_1 = 0.02$，$\beta_2 = 0.01$，$\theta = 3$，当 $\beta_3 = 0.05$ 时，即期利率期限结构呈驼峰状；当 $\beta_3 = -0.05$ 时，即期利率期限结构呈 U 型。

---

① 或对中期到期收益率的影响更大。

第四，形状因子(θ)。θ在一定程度上决定了驼峰或U型即期利率期限结构的拐点位置，故称其形状因子(shape factor)。当θ较小时，适合拟合较短期限的即期利率；当θ较大时，适合拟合较长期限的即期利率。

(二) NS模型的估计

1. 基于可观测到期收益率估计

假设某观测时点，存在以下关键时点的即期利率(或到期收益率)的配对数据$(t_1, y_1), (t_2, y_2), \cdots, (t_n, y_n)$。假设形状参数可经验观察，且令$S_{t_i} = \dfrac{1-e^{-t_i/\hat{\theta}}}{t_i/\hat{\theta}}$，$C_{t_i} = \dfrac{1-e^{-t_i/\hat{\theta}}}{t_i/\hat{\theta}} - e^{-t_i/\hat{\theta}}$，其中$i = 1, 2, \cdots, n$，$\hat{\theta}$是形状参数的经验观察赋值。将$y_i$对$S_{t_i}$、$C_{t_i}$进行带截距的OLS回归：

$$y_i = \beta_1 + \beta_2 S_{t_i} + \beta_3 C_{t_i} + \varepsilon_i \tag{8-17}$$

即能获得水平因子β_1、斜率因子β_2、曲率因子β_3的估计结果[①]。R语言的Yield Curve程序包提供了NS模型的估计程序。

2. 基于可观测债券价格估计

假设某观测时点，市场上有n个债券，其中债券i($i = 1, 2, \cdots, n$)的付息节点分别是$t_{i,1}, t_{i,2}, \cdots, t_{i,n_i}$，相应付息节点的现金流分别是$C_{i,1}, C_{i,2}, \cdots, C_{i,n_i}$。由式(8-16)知，债券$i$在$t_{i,j}$($j = 1, 2, \cdots, n_i$)时点的到期收益率：

$$y_{i,j} = \beta_1 + \beta_2 \frac{1-e^{-t_{i,j}/\theta}}{t_{i,j}/\theta} + \beta_3 \left(\frac{1-e^{-t_{i,j}/\theta}}{t_{i,j}/\theta} - e^{-t_{i,j}/\theta} \right) \tag{8-18}$$

债券i在$t_{i,j}$时点的贴现函数：

$$D_{i,j} = \exp\left\{ -\beta_1 t_{i,j} - \beta_2 \frac{1-e^{-t_{i,j}/\theta}}{t_{i,j}/\theta} t_{i,j} - \beta_3 \left(\frac{1-e^{-t_{i,j}/\theta}}{t_{i,j}/\theta} - e^{-t_{i,j}/\theta} \right) t_{i,j} \right\} \tag{8-19}$$

债券i在当前时点的理论价格：

$$P_i = \sum_{j=1}^{n_i} C_{i,j} D_{i,j} \tag{8-20}$$

不妨令债券i的市场观测价格是$\bar{P}_i$，可基于理论价格与观测价格的离差平方和最小原则对参数集$\{\beta_1, \beta_2, \beta_3, \theta\}$进行估计。

$$\underset{\{\beta_1, \beta_2, \beta_3, \theta\}}{\arg\min} \sum_{i=1}^{n} (P_i - \bar{P}_i)^2 \tag{8-21}$$

(三) NS模型的拓展

1. NSS模型

在NS模型的基础上，Svensson(1994)在瞬时远期利率中增加了一个曲率因子，以刻

[①] 基于特定时期内的美国国库券的到期收益率与其到期时间的配对数据，Nelson & Siegel(1987)对有关参数进行了估计或识别，他们分别对$\theta \in [10\text{天}, 200\text{天}]$(Step=10天)，以及$\theta = 250$天、$\theta = 300$天、$\theta = 365$天进行了多次OLS拟合，发现对样本数据拟合最优的$\theta$大约为40天。

画利率期限结构更为复杂和多样的形态。

$$f(0,t) = \beta_1 + \beta_2 e^{-\frac{t}{\theta_1}} + \beta_3 \frac{t}{\theta_1} e^{-\frac{t}{\theta_1}} + \beta_4 \frac{t}{\theta_2} e^{-\frac{t}{\theta_2}} \tag{8-22}$$

其中,θ_1 和 θ_2 是时间长度,且 $\theta_1 > 0$,$\theta_2 > 0$,则有如下的即期利率期限结构(请尝试证明):

$$y_t = \beta_1 + \beta_2 \frac{1-e^{-t/\theta_1}}{t/\theta_1} + \beta_3 \left(\frac{1-e^{-t/\theta_1}}{t/\theta_1} - e^{-t/\theta_1} \right) + \beta_4 \left(\frac{1-e^{-t/\theta_2}}{t/\theta_2} - e^{-t/\theta_2} \right) \tag{8-23}$$

2. DNS 模型

在 NS 模型的基础上,Diebold 和 Li(2006)对利率期限结构的水平因子、斜率因子和曲率因子进行了如下的时变处理:

$$y_t = L_t + S_t \left(\frac{1-e^{-t/\theta}}{t/\theta} \right) + C_t \left(\frac{1-e^{-t/\theta}}{t/\theta} - e^{-t/\theta} \right) \tag{8-24}$$

这里,L_t,S_t 和 C_t 分别表示水平因子、斜率因子和曲率因子,且三者均服从 AR(1) 自回归结构。

在此模型结构内,式(8-24)给出了不同时点到期收益率的状态方程,L_t,S_t 和 C_t 的 AR(1) 自回归结构相当于转移方程,可用状态空间模型估计三个时变参数[①]。

三、随机视角的利率期限结构

非随机视角的即期利率期限结构是指时间(或时间跨度)与普通复利即期利率的函数关系,随机视角的即期利率期限结构是指时间(或时间跨度)与连续复利即期利率的函数关系。同理,随机视角的远期利率期限结构是指时间(或时间跨度)与连续复利瞬时远期利率之间的函数关系。

随机视角的即期利率或远期利率期限结构的刻画方式为:第一,在瞬时即期利率随机运动的情形下,对零息债券进行定价解析;第二,基于前述零息债券价格,求解即期利率和瞬时远期利率。T 时点的即期利率和瞬时远期利率与零息债券价格有如下关系:

$$R(t,T) = -\frac{\ln P(t,T)}{\Delta T} \tag{8-25}$$

$$f(t,T) = -\frac{\partial \ln P(t,T)}{\partial T} \tag{8-26}$$

(一) Merton 模型与利率期限结构

若当前瞬时即期利率 $dr_t = \alpha dt + \sigma dW_t^Q$,则 T ($T \geq t$) 时点到期零息债券价格:

$$P(t,T) = \exp\left\{ -r_t \Delta T - \frac{1}{2}\alpha \Delta T^2 + \frac{1}{6}\sigma^2 \Delta T^3 \right\} \tag{8-27}$$

[①] 原理及估计过程略。

1. 即期利率期限结构

结合式(8-25)和(8-27)知,连续复利即期利率:

$$R(t,T) = r_t + \frac{1}{2}\alpha\Delta T - \frac{1}{6}\sigma^2 \Delta T^2 \tag{8-28}$$

由上式知,即期利率期限结构有以下特点。

第一,当前时点瞬时即期利率变动时,T 时点即期利率将同幅变动。由 $\frac{\partial R(t,T)}{\partial r_t} = 1$ 知,若当前时点瞬时即期利率变动 1 个基点,T 时点即期利率也将变动 1 个基点。

第二,T 时点即期利率是关于时间(或时间跨度)的开口向下的抛物线。当 $\Delta T = \frac{3\alpha}{2\sigma^2}$ 时,即期利率取最大值;当 $\Delta T > \frac{3}{\sigma^2}\left(\frac{\alpha}{2} + \sqrt{\frac{\alpha^2}{4} + \frac{2\sigma^2}{3}r_t}\right)$,即期利率小于零(试证明),这与即期利率的实际变动特征不相契合。

2. 远期利率期限结构

结合式(8-26)和(8-27)知,T 时点的瞬时远期利率:

$$f(t,T) = r_t + \alpha\Delta T - \frac{1}{2}\sigma^2 \Delta T^2 \tag{8-29}$$

由上式知,远期利率期限结构有以下特点。

第一,当前时点瞬时即期利率变动时,T 时点瞬时远期利率将同幅变动 $\left(因\frac{\partial f(t,T)}{\partial r_t} = 1\right)$。

第二,T 时点的瞬时远期利率是关于时间(或时间跨度)的开口向下的抛物线,其有最大值和负值区间(试推导有关条件)。

第三,瞬时远期利率不超过相应时点瞬时即期利率的条件期望。由于 $E_t^\Omega[r_T] = r_t + \alpha\Delta T$,故 $f(t,T) = E_t^\Omega[r_T] - \frac{1}{2}\sigma^2 \Delta T^2 \leqslant E_t^\Omega[r_T]$。

(二) Vasicek 模型与利率期限结构

若当前瞬时即期利率 $r_t = k(\theta - r_t)dt + \sigma dW_t^\Omega$,则 T 时点到期零息债券价格:

$$P(t,T) = \exp\{-a(\Delta T) - b(\Delta T)r_t\} \tag{8-30}$$

其中,$b(\Delta T) = \frac{1}{k}(1 - e^{-k\Delta T})$;$a(\Delta T) = -\frac{\theta}{k}(1 - e^{-k\Delta T}) + \theta\Delta T - \frac{\sigma^2}{4k^3}(4e^{-k\Delta T} - e^{-2k\Delta T} + 2k\Delta T - 3)$。

1. 即期利率期限结构

Vasicek 模型框架下的连续复利即期利率:

$$R(t,T) = -\frac{\ln P(t,T)}{\Delta T} = \frac{a(\Delta T)}{\Delta T} + \frac{b(\Delta T)}{\Delta T}r_t \tag{8-31}$$

其中，$\dfrac{b(\Delta T)}{\Delta T} = \dfrac{1}{k} \cdot \dfrac{1-\mathrm{e}^{-k\Delta T}}{\Delta T}$；$\dfrac{a(\Delta T)}{\Delta T} = -\dfrac{\theta}{k} \cdot \dfrac{1-\mathrm{e}^{-k\Delta T}}{\Delta T} + \theta - \dfrac{\sigma^2}{4k^3} \cdot \dfrac{4\mathrm{e}^{-k\Delta T} - \mathrm{e}^{-2k\Delta T} + 2k\Delta T - 3}{\Delta T}$。

即期利率的期限结构有如下特征。

第一，当 $\Delta T \to 0$ 时，有 $R(t, T) = r_t$。当 $\Delta T \to 0$ 时，有 $\dfrac{1-\mathrm{e}^{-k\Delta T}}{\Delta T} = k$，$\dfrac{4\mathrm{e}^{-k\Delta T} - \mathrm{e}^{-2k\Delta T} + 2k\Delta T - 3}{\Delta T} = 0$，进而有 $\dfrac{b(\Delta T)}{\Delta T} = 1, \dfrac{a(\Delta T)}{\Delta T} = 0$，故而 $R(t, T) = r_t$。

第二，当 $\Delta T \to \infty$ 时，有 $R(t, T) = \theta - \dfrac{\sigma^2}{2k^2}$。当 $\Delta T \to \infty$ 时，则 $\dfrac{1-\mathrm{e}^{-k\Delta T}}{\Delta T} = 0$，$\dfrac{4\mathrm{e}^{-k\Delta T} - \mathrm{e}^{-2k\Delta T} + 2k\Delta T - 3}{\Delta T} = 2k$，进而有 $\dfrac{b(\Delta T)}{\Delta T} = 0, \dfrac{a(\Delta T)}{\Delta T} = \theta - \dfrac{\sigma^2}{2k^2}$，故而 $R(t, T) = \theta - \dfrac{\sigma^2}{2k^2}$。

第三，即期利率是关于时间(时间跨度)的开口向下的抛物线(试推导其边界条件)。特别地，当 ΔT 超过特定边界时，即期利率可能小于零。

2. 远期利率期限结构

Vasicek 模型框架下的瞬时远期利率：

$$f(t, T) = -\dfrac{\partial \ln P(t, T)}{\partial T} = a'(\Delta T) + b'(\Delta T) r_t \tag{8-32}$$

其中：

$$b'(\Delta T) = \mathrm{e}^{-k\Delta T} \tag{8-33}$$

$$a'(\Delta T) = -\theta(\mathrm{e}^{-k\Delta T} - 1) - \dfrac{\sigma^2}{2k^2}(-2\mathrm{e}^{-k\Delta T} + \mathrm{e}^{-2k\Delta T} + 1) \tag{8-34}$$

将式(8-33)和(8-34)分别代入式(8-32)有：

$$\begin{aligned}
f(t, T) &= (\mathrm{e}^{-k\Delta T}) r_t - \left[\theta(\mathrm{e}^{-k\Delta T} - 1) + \dfrac{\sigma^2}{2k^2}(-2\mathrm{e}^{-k\Delta T} + \mathrm{e}^{-2k\Delta T} + 1)\right] \\
&= \mathrm{e}^{-k\Delta T} r_t + \theta(1 - \mathrm{e}^{-k\Delta T}) - \dfrac{\sigma^2}{2k^2}(1 - \mathrm{e}^{-k\Delta T})^2 \\
&= \mathrm{e}^{-k\Delta T} r_t + (1 - \mathrm{e}^{-k\Delta T})\left[\theta - \dfrac{\sigma^2}{2k^2}(1 - \mathrm{e}^{-k\Delta T})\right]
\end{aligned} \tag{8-35}$$

由上式知，远期利率的期限结构有以下特征。

第一，当 $\Delta T \to 0$ 时，有 $f(t, t) = r_t$。因为 $\Delta T \to 0$ 时，有 $\mathrm{e}^{-k\Delta T} = 1$，进而有 $f(t, T) = f(t, t) = r_t$。

第二，当 $\Delta T \to \infty$ 时，有 $f(t, T) = \theta - \dfrac{\sigma^2}{2k^2}$。因为 $\Delta T \to \infty$ 时，有 $\mathrm{e}^{-k\Delta T} = 0$，进而有

$$f(t, T) = \theta - \frac{\sigma^2}{2k^2}。$$

第三，当 $k \to \infty$ 时，有 $f(t, T) = \theta$。因为 $k \to \infty$ 时，有 $e^{-k\Delta T} = 0$，$\frac{1}{2k^2}(1-e^{-k\Delta T}) = 0$，进而有 $f(t, T) = \theta$。具体而言，当均值回复速度趋于无穷大时，瞬时远期利率将收敛至长期趋势水平。

思 考 与 练 习

1. 简述息票剥离法的基本思想及其可能挑战。
2. 阐释 NS 模型有关参数的经济含义或特征。
3. 简述在特定观测时点，如何基于可观测到期收益率数据估计 NS 模型。
4. 简述在特定观测时点，如何基于可观测债券价格数据估计 NS 模型。
5. 简述利率随机状态下的即期利率期限结构的刻画思路。
6. 在 Merton 模型框架下，简述即期利率期限结构的特征及其可能的局限性。

研 究 与 探 索

1. 研究中债登(中央国债登记结算有限责任公司)利率债和信用债利率期限结构的估计(或构造)原则、方法与特点。
2. R 语言的 Yield Curve 程序包提供了 NS 模型和 NSS 模型的估计程序，MARSS 程序包提供了广泛的状态空间模型的估计程序。试查询各时点不同到期时间的即期利率(或到期收益率)数据，运用 R 语言相关程序对 NS 模型以及 Diebold 和 Li(2006)模型的水平因子、斜率因子和曲率因子进行估计，并对比分析其可能的差异性。

本 章 附 录

附录 8-1：证明 $y_t = \frac{1}{t}\int_0^t f(0, u)\mathrm{d}u$。

证明：不妨将 $[0, t]$ 分隔成 $n+1$ 个时间节点 $\Pi[0, t] = \{t_0, t_1, \cdots, t_n\}$，且 $0 = t_0 < t_1 < \cdots < t_n = t$。若基于各时点的瞬时远期利率，将 t(或 t_n)时点的 1 元滚动贴现至当前时点(假设当前时点是零)，则零息债券的当前价格：

$$\begin{aligned} P(0, t) &= e^{-f(0; t_{n-1}, t_n)(t_n - t_{n-1})} e^{-f(0; t_{n-2}, t_{n-1})(t_{n-1} - t_{n-2})} \cdots e^{-f(0; t_0, t_1)(t_1 - t_0)} \\ &= e^{-\sum_{i=0}^{n-1} f(0; t_i, t_{i+1})(t_{i+1} - t_i)} \end{aligned} \tag{8-36}$$

不妨令 $t_{i+1}-t_i=\Delta u$,则 $t_{i+1}=t_i+\Delta u$,其中 $i=0,1,\cdots,n-1$,$\Delta u=\dfrac{t}{n}$。当 $n\to\infty$(或 $\Delta u\to 0$)时,可将上式写成如下的连续形式:

$$P(0,t)=\mathrm{e}^{-\int_0^t f(0;u,u+\Delta u)\mathrm{d}u} \tag{8-37}$$

当 $\Delta u\to 0$ 时,有 $f(0;u,u+\mathrm{d}u)\to f(0,u)$,则上式等价于:

$$P(0,t)=\mathrm{e}^{-\int_0^t f(0,u)\mathrm{d}u} \tag{8-38}$$

设 t 时点的到期收益率为 y_t,直接将 t 时点的 1 元以连续复利方式贴现至当前时点的价值为 $P(0,t)=\mathrm{e}^{-y_t t}$,将其与式(8-38)比较得:

$$y_t=\frac{1}{t}\int_0^t f(0,u)\mathrm{d}u \tag{8-39}$$

由此可见,特定时点的到期收益率是特定时期内(当前时点至特定时点)各时点瞬时远期利率的"复杂"平均。

附录 8-2:证明 $y_t=\beta_1+\beta_2\dfrac{1-\mathrm{e}^{-t/\theta}}{t/\theta}+\beta_3\left(\dfrac{1-\mathrm{e}^{-t/\theta}}{t/\theta}-\mathrm{e}^{-t/\theta}\right)$。

证明:结合式(8-14)和(8-15)知:

$$\begin{aligned}y_t&=\frac{1}{t}\int_0^t f(0,u)\mathrm{d}u\\&=\frac{1}{t}\int_0^t\left(\beta_1+\beta_2\mathrm{e}^{-\frac{u}{\theta}}+\beta_3\frac{u}{\theta}\mathrm{e}^{-\frac{u}{\theta}}\right)\mathrm{d}u\\&=\frac{1}{t}\left[\beta_1 t+\beta_2\int_0^t\mathrm{e}^{-\frac{u}{\theta}}\mathrm{d}u+\beta_3\int_0^t\frac{u}{\theta}\mathrm{e}^{-\frac{u}{\theta}}\mathrm{d}u\right]\end{aligned} \tag{8-40}$$

不妨令 $\eta=\dfrac{u}{\theta}$,对上式进行积分变量替换得:

$$\begin{aligned}y_t&=\frac{1}{t}\left[\beta_1 t+\beta_2\theta\int_0^{t/\theta}\mathrm{e}^{-\eta}\mathrm{d}\eta+\beta_3\theta\int_0^{t/\theta}\eta\mathrm{e}^{-\eta}\mathrm{d}\eta\right]\\&=\beta_1+\frac{1}{t}\left[-\beta_2\theta\int_0^{t/\theta}\mathrm{d}(\mathrm{e}^{-\eta})-\beta_3\theta\int_0^{t/\theta}\eta\mathrm{d}(\mathrm{e}^{-\eta})\right]\\&=\beta_1+\frac{1}{t}\left[-\beta_2\theta(\mathrm{e}^{-\frac{t}{\theta}}-1)-\beta_3\theta\left(\eta\mathrm{e}^{-\eta}\big|_0^{t/\theta}-\int_0^{t/\theta}\mathrm{e}^{-\eta}\mathrm{d}\eta\right)\right]\\&=\beta_1+\left\{\beta_2\frac{1}{t/\theta}(1-\mathrm{e}^{-\frac{t}{\theta}})-\beta_3\frac{1}{t/\theta}\left[\frac{t}{\theta}\mathrm{e}^{-\frac{t}{\theta}}+(\mathrm{e}^{-\frac{t}{\theta}}-1)\right]\right\}\\&=\beta_1+\beta_2\frac{1-\mathrm{e}^{-t/\theta}}{t/\theta}+\beta_3\left(\frac{1-\mathrm{e}^{-t/\theta}}{t/\theta}-\mathrm{e}^{-t/\theta}\right)\end{aligned} \tag{8-41}$$

第九章

利率债的风险管理

普遍的观念认为利率是利率债唯一的市场风险驱动因子。特别地,当即期利率期限结构是一条水平直线时,利率期限结构的微小平移对债券或其组合价值变动的影响可用久期或凸性近似逼近。本章详细推演了麦考雷利久期(含修正的麦考雷利久期)的计算公式及其特征、隐性假设,以及改进方式。传统意义上的麦考雷利久期通常是针对结构简单的固定利率债券而言,且假设利率期限结构是一条水平的静态直线,其只发生微小的线性平移。当前述状态或条件违背时,需要对麦考雷利久期进行调整、重构或引入其他风险管理参数或指标。另外,本章还讨论了债券风险的 Delta 对冲和 Gamma 对冲问题。

一、麦考雷利久期

将债券价格对市场利率(或到期收益率)进行泰勒级数展开有:

$$\frac{\mathrm{d}P}{P} = \frac{\partial P/\partial y}{\partial P}\mathrm{d}y + \frac{1}{2}\frac{\partial^2 P/\partial y^2}{P}(\mathrm{d}y)^2 + \cdots \tag{9-1}$$

不妨令 $D_m = -\dfrac{\partial P/\partial y}{P}$,$\Gamma_m = \dfrac{\partial^2 P/\partial y^2}{P}$,显然,$D_m > 0$,$\Gamma_m > 0$。$D_m$ 刻画了债券价格对市场利率的一阶敏感性,Γ_m 刻画了债券价格对市场利率的二阶敏感性,分别称之久期和凸性。当债券久期和凸性相对稳定时,可基于这两个风险管理参数近似预测市场利率的微小变动对债券收益率的影响程度:

$$\frac{\mathrm{d}P}{P} \approx -D_m \mathrm{d}y + \frac{1}{2}\Gamma_m(\mathrm{d}y)^2 \tag{9-2}$$

(一) 修正的麦考雷利久期

假设固定利率债券的到期时间是 ΔT,在自然期限(或剩余期限)内有 n 个付息节点,其中第 t ($t=1, 2, \cdots, n$) 个付息节点的现金流为 C_t,且利率期限结构是处于 y 水平的一条直线,则当前债券价格[①]:

$$P = \sum_{t=1}^{n} \frac{C_t}{(1+y)^t} \tag{9-3}$$

---

① 忽略了当前时点的下标标识。

债券价格对市场利率的一阶导数是：

$$\frac{\partial P}{\partial y} = -\frac{1}{1+y} \sum_{t=1}^{n} \frac{C_t}{(1+y)^t} \cdot t \tag{9-4}$$

不妨令 $VC_t = \frac{C_t}{(1+y)^t}$，其是 t 时点现金流的现值，则债券价格 $P = \sum_{t=1}^{n} VC_t$。基于久期定义知：

$$\begin{aligned}
D_m &= -\frac{1}{P} \cdot \frac{\partial P}{\partial y} \\
&= \left(-\frac{1}{P}\right)\left[-\frac{1}{1+y} \sum_{t=1}^{n} VC_t \cdot t\right] \\
&= \frac{1}{1+y} \cdot \frac{\sum_{t=1}^{n} VC_t \cdot t}{\sum_{t=1}^{n} VC_t} \\
&= \frac{1}{1+y} \cdot \sum_{t=1}^{n} \left[\frac{VC_t}{\sum_{t=1}^{n} VC_t}\right] \cdot t
\end{aligned} \tag{9-5}$$

不妨令 $\omega_t = \frac{VC_t}{\sum_{t=1}^{n} VC_t}$，即 t 时点现金流现值占未来所有现金流现值的比例，显然，$\sum_{t=1}^{n} \omega_t = 1$，则有：

$$D_m = \frac{1}{1+y} \sum_{t=1}^{n} \omega_t \cdot t \tag{9-6}$$

此即修正的麦考雷利久期，其根据债券久期的原始定义推导而得，具有较为明确的数学含义，表示债券价格对市场利率的一阶敏感性。若非特别说明，本书久期均指修正的麦考雷利久期。

（二）麦考雷利久期

修正的麦考雷利久期中的"和成分"即麦考雷利久期：

$$D = \sum_{t=1}^{n} \omega_t \cdot t \tag{9-7}$$

麦考雷利久期表示收回债券未来现金流的平均时间（或期望时间），拥有较为明确的经济意义。

（三）麦考雷利久期的性质

性质 9-1：零息债券的麦考雷利久期是其到期时间。

证明：零息债券只有在到期时点有现金流，零息债券的价格 $P = VC_T$，且 $\omega_T = 1$，故零息债券的麦考雷利久期 $D = \omega_T \Delta T = \Delta T$。

性质 9-2：附息债券的久期（含麦考雷利久期和修正的麦考雷利久期）小于或等于其到期时间。

证明：由式 (9-7) 知，附息债券的麦考雷利久期 $D = \sum_{t=1}^{n} \omega_t \cdot t \leqslant \sum_{t=1}^{n} \omega_t \cdot \Delta T =$

$\Delta T \cdot \sum_{t=1}^{n} \omega_t = \Delta T$,故附息债券的麦考雷利久期小于或等于其到期时间。

同理,当利率期限结构是一条水平直线时,附息债券的修正的麦考雷利久期 $D_m = \frac{1}{1+y} \sum_{t=1}^{n} \omega_t \cdot t \leqslant \frac{1}{1+y} \sum_{t=1}^{n} \omega_t \cdot \Delta T = \frac{\Delta T}{1+y} \cdot \sum_{t=1}^{n} \omega_t < \Delta T$,即附息债券的修正的麦考雷利久期小于其到期时间。

性质 9-3:债券组合的久期是其成分债券久期的线性组合。

证明:见附录 9-1。

(四)麦考雷利久期的隐性假设

麦考雷利久期(含修正的麦考雷利久期)均基于式(9-3)的固定利率债券的定价公式推导而得,其至少隐含以下假设。

第一,固定利率债券是简单债券,要能清晰识别其期限结构,以及估算其在不同时点的现金流量结构。

第二,利率期限结构是一条水平的静态直线,且只能作线性平移,或每个时点市场利率的变动幅度相同。

第三,债券仅有唯一的市场风险驱动因子。

二、麦考雷利久期的改进

基于麦考雷利久期(含修正的麦考雷利久期)的隐性假设可知,其可能的改进方向或途径包括:第一,当市场利率发生较大变化时,需要考虑凸性对债券价格变动的影响;第二,当债券内嵌期权等复杂结构设计时,可基于市场观测价格估算有效久期;第三,当债券价格有多个风险驱动因子时,可使用久期的一般性方法描述债券价格对市场风险驱动因子的敏感性;第四,当市场利率随机运动时,久期将是债券价格对当前时点瞬时即期利率①的一阶敏感性;第五,当利率期限结构非线性或非平移时,需要对久期进行特别设计或重构。

(一)凸性

当市场利率发生非微小变动时,忽略二阶导数将低估市场利率变动对债券价格变动的影响程度,因此有必要考虑凸性对债券价格变动的潜在影响。由式(9-4)知,债券价格对市场利率的二阶导数是:

$$\frac{\partial^2 P}{\partial y^2} = \frac{1}{(1+y)^2} \sum_{t=1}^{n} \frac{C_t}{(1+y)^t} \cdot t(t+1)$$
$$= \frac{1}{(1+y)^2} \sum_{t=1}^{n} VC_t \cdot t(t+1) \tag{9-8}$$

则修正凸性:

$$\Gamma_m = \frac{1}{(1+y)^2} \sum_{t=1}^{n} \left(\frac{VC_t}{\sum_{t=1}^{n} VC_t} \right) \cdot t(t+1)$$

---

① 非即期利率期限结构变动。

$$= \frac{1}{(1+y)^2} \sum_{t=1}^{n} \omega_t \cdot t(t+1) \tag{9-9}$$

其中，$\omega_t = \dfrac{VC_t}{\sum_{t=1}^{n} VC_t}$，且 $\sum_{t=1}^{n} \omega_t = 1$。

（二）有效久期与有效凸性

如果债券内嵌期权等结构化设计，其可能无显性的定价公式，则前述麦考雷久期（含修正的麦考雷久期）的计算公式不再成立。

1. 有效久期

对于结构复杂的债券（简称复杂债券）而言，可根据市场观测的债券价格变化近似推断其久期。假设市场利率为 y 时，债券价格为 P；当市场利率下降至 $y-\Delta y$ 时，债券价格上升至 P_-；当市场利率上升至 $y+\Delta y$ 时，债券价格下降至 P_+（见图9-1），则有效久期：

$$D_e = \frac{1}{P} \cdot \frac{P_- - P_+}{2\Delta y} = \frac{P_- - P_+}{2P\Delta y} \tag{9-10}$$

其中，$\dfrac{P_- - P_+}{2\Delta y} \approx -\dfrac{\partial P}{\partial y}$，表示市场利率变化 $2\Delta y$ 单位时，债券价格的变化程度。

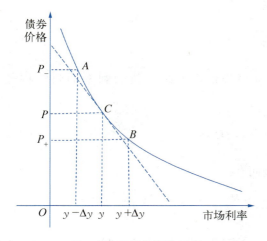

图 9-1 有效久期的示意

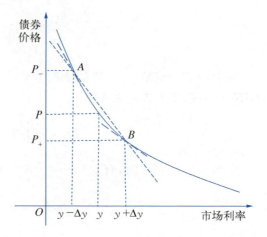

图 9-2 有效凸性的示意

2. 有效凸性

同理，当市场利率从 y 下降至 $y-\Delta y$ 时，A 点的有效久期 $D_{e,A} = \dfrac{P_- - P}{P\Delta y}$；当市场利率从 y 上升至 $y+\Delta y$ 时，B 点的有效久期 $D_{e,B} = \dfrac{P - P_+}{P\Delta y}$，则有效凸性相当于 A、B 两点的斜率（见图9-2），即有效凸性 $\Gamma_e = \dfrac{D_{e,A} - D_{e,B}}{2\Delta y} = \left(\dfrac{P_- - P}{P\Delta y} - \dfrac{P - P_+}{P\Delta y}\right) / 2\Delta y$，进而有：

$$\Gamma_e = \frac{P_- + P_+ - 2P}{2P(\Delta y)^2} \tag{9-11}$$

(三) 久期的一般性方法

麦考雷久期（含修正的麦考雷久期）假设债券价格仅有唯一的市场风险驱动因子。当债券价格有多个市场风险驱动因子 $y_1, y_2, \cdots, y_n$，且 $\Delta y_1, \Delta y_2, \cdots, \Delta y_n$ 均较小时（可以相同或不同），债券价格的变动程度是：

$$\frac{\mathrm{d}P}{P} \approx \frac{\partial P/\partial y_1}{P}\Delta y_1 + \frac{\partial P/\partial y_2}{P}\Delta y_2 + \cdots + \frac{\partial P/\partial y_n}{P}\Delta y_n \tag{9-12}$$

不妨令 $D_{m,1} = -\dfrac{\partial P/\partial y_1}{P}$，$D_{m,2} = -\dfrac{\partial P/\partial y_2}{P}$，$\cdots$，$D_{m,n} = -\dfrac{\partial P/\partial y_n}{P}$，分别表示债券价格对第 $1, 2, \cdots, n$ 个因子的因子久期，进而有：

$$\frac{\mathrm{d}P}{P} \approx -D_{m,1}\Delta y_1 - D_{m,2}\Delta y_2 - \cdots - D_{m,n}\Delta y_n \tag{9-13}$$

(四) 非平行移动视角的久期

不妨设原利率期限结构是 (t, y_t)。当任意两个相邻时点的时间间隔均趋于零时，则债券价格和麦考雷久期可写成如下的积分形式：

$$P = \int_0^T C_t \mathrm{e}^{-y_t t}\,\mathrm{d}t \tag{9-14}$$

$$D = \frac{1}{P}\int_0^T C_t \mathrm{e}^{-y_t t} \cdot t\,\mathrm{d}t \tag{9-15}$$

其中，$VC_t = C_t \mathrm{e}^{-y_t t}$，其是 t 时点的现金流现值。不妨令新的利率期限结构是 (t, R_t)，且按照下式定义久期：

$$D_b = \frac{1}{P}\int_0^T C_t \mathrm{e}^{-R_t t} \cdot tR_t\,\mathrm{d}t \tag{9-16}$$

显然，当 $D = D_b$ 时，有 $\mathrm{e}^{-y_t t} = \mathrm{e}^{-R_t t}R_t$，进而有：

$$R_t = y_t + \frac{\ln R_t}{t} \tag{9-17}$$

上式给出了原即期利率 y_t 和新即期利率 R_t 之间的映射关系。由于 $R_t < 1$，故 $\ln R_t < 0$，从而有 $R_t < y_t$。

显然，当 $t \to 0$ 时，有 $\dfrac{\ln R_t}{t} \to -\infty$，则 R_t 和 y_t 的偏离倾向于增大；当 $t \to \infty$ 时，有 $\dfrac{\ln R_t}{t} \to 0$，则 R_t 和 y_t 之间的偏离倾向于缩小（见图9-3）。可见，式(9-16)的久期定义不仅能够刻画利率期限结构的非线性平移，还能刻画"短端利率波动较大、长端利率波动较小"的形式化特征。

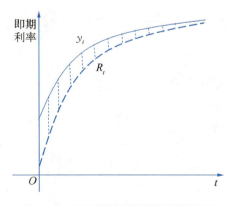

图 9-3 利率期限结构的非线性平移

（五）随机视角的久期

譬如，当瞬时即期利率 r_t 服从随机过程 $\mathrm{d}r_t = \alpha\mathrm{d}t + \sigma\mathrm{d}W_t^Q$ 时，则 T 时点到期的零息债券价格：

$$P(t, T) = \exp\left\{-r_t\Delta T - \frac{1}{2}\alpha\Delta T^2 + \frac{1}{6}\sigma^2\Delta T^3\right\} \tag{9-18}$$

故有 $\dfrac{\partial P(t, T)}{\partial r_t} = -P(t, T)\Delta T$。在此情形下，零息债券的久期：

$$D_m = -\frac{\partial P(t, T)}{\partial r_t}\frac{1}{P(t, T)} = \Delta T \tag{9-19}$$

这与直觉相符：零息债券的久期等于其到期时间。但应注意到，该久期是债券价格对当前瞬时即期利率的一阶敏感性，刻画的是瞬时即期利率的微小变动对债券价格的影响。

三、债券风险的对冲策略

（一）Delta 对冲

假设套保对象（或对冲对象）是债券（或债券组合）P_1，其久期和凸性分别是 D_1 和 Γ_1；套保工具（或对冲工具）是债券（或债券组合）P_2，其久期和凸性分别是 D_2 和 Γ_2。

基于对冲 1 个单位套保对象的利率风险考虑，不妨将套保对象和套保工具按照 $1:k$ 的比例构建套保组合，其中 k 称为套保比率（或对冲比率），则套保组合价值 $V = P_1 + kP_2$，且其价值变动：

$$\Delta V = \Delta P_1 + k \cdot \Delta P_2 \tag{9-20}$$

当利率期限结构是处于 y 水平的一条直线时，套保对象、套保工具和套保组合的价值变动均是 y 的函数。Delta 对冲策略旨在用久期逼近债券价格变动，则套保组合的价值变动：

$$\Delta V = -P_1 D_1 \Delta y - k \cdot (P_2 D_2 \Delta y) \tag{9-21}$$

$$\frac{\Delta V}{\Delta y} = -P_1 D_1 - k \cdot P_2 D_2 \tag{9-22}$$

当 $\dfrac{\Delta V}{\Delta y} = 0$ 时，套保组合价值将不受市场利率变化的影响，此时套保组合价值对利率风险免疫。因此，利率风险免疫条件下的 Delta 对冲比率为：

$$k^* = -\frac{P_1 D_1}{P_2 D_2} \tag{9-23}$$

显然，$k^* < 0$，即持有 1 个单位的套保对象时，需要卖空 k^* 个单位的套保工具。

性质 9-4：利率风险免疫条件下的 Delta 对冲比率 $k^* = -\dfrac{P_1 D_1}{P_2 D_2}$，其中 P_1 和 D_1

分别是套保对象的价格(或价值)和久期，P_2 和 D_2 分别是套保工具的价格(或价值)和久期。

特别地，若同时用久期和凸性逼近套保对象和套保工具的价格变动，则套保组合的价值变动：

$$\Delta V = \left[-P_1 D_1 \Delta y + \frac{1}{2} P_1 \Gamma_1 (\Delta y)^2\right] + k\left[-P_2 D_2 \Delta y + \frac{1}{2} P_2 \Gamma_2 (\Delta y)^2\right]$$

$$= -(P_1 D_1 + k P_2 D_2)\Delta y + \frac{1}{2}(P_1 \Gamma_1 + k P_2 \Gamma_2)(\Delta y)^2 \tag{9-24}$$

当 $P_1 D_1 + k P_2 D_2 = 0$ 和 $P_1 \Gamma_1 + k P_2 \Gamma_2 = 0$ 时，有 $\frac{\Delta V}{\Delta y} = 0$。然而，最优对冲比率未有唯一解。

(二) Gamma 对冲

假设套保对象是债券(或债券组合) P_1，其久期和凸性分别是 D_1 和 Γ_1；套保工具是两种债券(或债券组合) P_2 和 P_3，其中债券 P_2 的久期和凸性分别是 D_2 和 Γ_2，债券 P_3 的久期和凸性分别是 D_3 和 Γ_3。

基于对冲 1 个单位套保对象的利率风险考虑，假设两个套保工具的配置比例分别是 k_2 和 k_3，则套保组合价值 $V = P_1 + k_2 P_2 + k_3 P_3$，且其价值变动：

$$\Delta V = \Delta P_1 + k_2 \Delta P_2 + k_3 \Delta P_3 \tag{9-25}$$

当用久期和凸性同时逼近套保对象和套保工具的价值变动时，套保组合的价值变动：

$$\Delta V = \left[-P_1 D_1 \Delta y + \frac{1}{2} P_1 \Gamma_1 (\Delta y)^2\right] + k_2 \left[-P_2 D_2 \Delta y + \frac{1}{2} P_2 \Gamma_2 (\Delta y)^2\right]$$

$$+ k_3 \left[-P_3 D_3 \Delta y + \frac{1}{2} P_3 \Gamma_3 (\Delta y)^2\right]$$

$$= -(P_1 D_1 + k_2 P_2 D_2 + k_3 P_3 D_3)\Delta y + \frac{1}{2}(P_1 \Gamma_1 + k_2 P_2 \Gamma_2 + k_3 P_3 \Gamma_3)(\Delta y)^2$$

$$\tag{9-26}$$

当 $P_1 D_1 + k_2 P_2 D_2 + k_3 P_3 D_3 = 0$ 和 $P_1 \Gamma_1 + k_2 P_2 \Gamma_2 + k_3 P_3 \Gamma_3 = 0$ 时，有 $\frac{\Delta V}{\Delta y} = 0$，则套保组合价值对利率风险免疫。前述条件等价于解如下的矩阵方程：

$$\begin{pmatrix} P_2 D_2 & P_3 D_3 \\ P_2 \Gamma_2 & P_3 \Gamma_3 \end{pmatrix} \begin{pmatrix} k_2 \\ k_3 \end{pmatrix} = \begin{pmatrix} -P_1 D_1 \\ -P_1 \Gamma_1 \end{pmatrix} \tag{9-27}$$

当 $\begin{pmatrix} P_2 D_2 & P_3 D_3 \\ P_2 \Gamma_2 & P_3 \Gamma_3 \end{pmatrix}$ 可逆时，两种套保工具的最优套保比率 k_2^* 和 k_3^* 满足：

$$\begin{pmatrix} k_2^* \\ k_3^* \end{pmatrix} = \begin{pmatrix} P_2 D_2 & P_3 D_3 \\ P_2 \Gamma_2 & P_3 \Gamma_3 \end{pmatrix}^{-1} \begin{pmatrix} -P_1 D_1 \\ -P_1 \Gamma_1 \end{pmatrix} \tag{9-28}$$

性质 9-5：利率风险免疫条件下的 Gamma 对冲比率 $\begin{bmatrix} k_2^* \\ k_3^* \end{bmatrix} = \begin{bmatrix} P_2 D_2 & P_3 D_3 \\ P_2 \Gamma_2 & P_3 \Gamma_3 \end{bmatrix}^{-1} \begin{bmatrix} -P_1 D_1 \\ -P_1 \Gamma_1 \end{bmatrix}$，其中 P_1 和 D_1 分别是套保对象的价格（或价值）和久期，P_2 和 P_3 分别是两种套保工具的价格（或价值），D_2 和 D_3 分别是两种套保工具的久期，Γ_2 和 Γ_3 分别是两种套保工具的凸性。

思 考 与 练 习

1. 当债券价格 $P = \sum_{t=1}^{n} \dfrac{C_t}{(1+y)^t}$ 时，推导麦考雷久期和修正的麦考雷久期的计算公式，并说明其本质差异。
2. 简述麦考雷久期（含修正的麦考雷久期）的局限性及其可能的改进方向。
3. 简述有效久期和有效凸性的估算方法。
4. 简述债券风险 Delta 对冲的基本思想。
5. 简述债券风险 Gamma 对冲的基本思想。

研 究 与 探 索

1. 对债券型基金而言，如何用长久期债券和短久期债券的组合设计利率风险的对冲策略。
2. NS 模型主张用三个因子（水平因子、斜率因子和曲率因子）刻画利率期限结构，其似能捕捉利率期限结构的完整形态及其变动特征[①]。在利率债的风险对冲策略设计中，若将套保对象和套保工具的价值均视为三因子的函数，则能进行利率风险的因子对冲策略设计，其能近似对冲利率期限结构变动的总体影响。查询因子对冲的有关文献或资料，了解其策略设计的基本原理，比较其与 Delta 对冲、Gamma 对冲的差异性。

本 章 附 录

附录 9-1：债券组合的久期是其成分债券久期的线性组合。

证明：假设债券组合由 $i (i=1,2,\cdots,n)$ 个债券 $P_i(y)$ 构成，每个债券的权重是 ω_i，且 $\sum_{i=1}^{n} \omega_i = 1$，则组合价值 $P = \sum_{i=1}^{n} \omega_i P_i(y)$，组合久期：

[①] 而非微小的平行移动。

$$D_{m,p} = -\frac{1}{P}\frac{\partial P}{\partial y}$$

$$= -\sum_{i=1}^{n} \omega_i \left[\frac{1}{P}\frac{\partial P_i(y)}{\partial y}\right]$$

$$= \sum_{i=1}^{n} \frac{\omega_i P_i(y)}{P}\left[-\frac{1}{P_i(y)}\frac{\partial P_i(y)}{\partial y}\right] \tag{9-29}$$

不妨令 $D_i = -\frac{\partial P_i(y)}{\partial y}\frac{1}{P_i(y)}$，其是组合中第 i 个成分债券的修正的麦考雷利久期，则上式化简为：

$$D_{m,p} = \sum_{i=1}^{n}\left[\frac{\omega_i P_i(y)}{\sum_{i=1}^{n} \omega_i P_i(y)}\right] D_i \tag{9-30}$$

不妨令 $\eta_i = \frac{\omega_i P_i(y)}{\sum_{i=1}^{n} \omega_i P_i(y)}$，即第 i 个成分债券的价值占组合价值的比例，显然 $\sum_{i=1}^{n}\eta_i = 1$，故组合的修正的麦考雷利久期：

$$D_{m,p} = \sum_{i=1}^{n} \eta_i D_i \tag{9-31}$$

由此可见，组合的久期是组合中各成分债券久期的线性组合。

第十章

信用债估值[*]

信用债包括公司债、企业债、各型融资券[①]、金融债券[②]、集合资金融资工具、资产支持融资工具[③]、定向债务融资工具,以及各种债务融资计划等。理论上,信用债同受利率风险和信用风险驱动,但其当前价值仍可视为未来现金流的现值,只是贴现利率要在无风险利率的基础上加上债项主体的信用风险溢价[④]。在债项主体违约过程的动态刻画中,本章阐释了信用风险调整因子(含信用风险溢价)和信用债价格的决定机制,并直观展示了信用债的估值过程。

本章信用债估值的主要思想来自 Li(1998)[⑤],其具有较高的迁移或应用价值,然而,其仅考虑了债项主体的信用风险。在我国信用债体系中,集合资金融资工具、资产支持融资工具、定向债务融资工具、各种债务融资计划等通常在证券交易所、银行间市场交易商协会或其认可的交易平台注册发行,特殊目的载体、资产管理机构或服务机构通常对有关债项结构特别是交易结构进行特殊设计,试图锁定交易项下基础资产(或底层资产)的现金回路,并确保将之用于债务自偿。在此类场景中,债券信用风险主要由债项风险决定,其风险识别、风险评估、定价机制等与债项主体风险有明显差异,本书未对此作进一步阐释。

一、信用债的违约行为

(一) 危险比率函数

令 T 为债项主体首次违约的时间,且其分布函数 $F_T(t) = P(T \leqslant t)$,密度函数是 $f_T(t)$。

危险比率函数是指特定时间间隔的平均违约强度,或直到 t 时未违约的情形下,在此后 Δt 时间间隔内的平均违约强度,即:

$$h(t) = \frac{P(t < T \leqslant t + \Delta t \mid T > t)}{\Delta t} \tag{10-1}$$

[①] 如短期融资券(含证券公司短期融资券)、超短期融资券。
[②] 如商业银行债、非银行金融债、证券公司债、银行次级债、混合资本债券、内嵌减记或转股条款的创新型资本工具。
[③] 如信贷资产证券化、企业资产证券化、资产支持票据、资产支持受益凭证、项目支持票据。
[④] 在特定条件下,债项主体的信用风险溢价可视为其违约概率和违约损失率的乘积。
[⑤] 陈松男(2014c)提供了部分算例,有兴趣的读者可以参阅。

性质 10-1：危险比率函数与首次违约时间的分布有如下关系：

$$h(t) = \frac{f_T(t)}{1 - F_T(t)} \tag{10-2}$$

证明：由于 $h(t) = \dfrac{P(t < T \leqslant t+\Delta t)}{\Delta t \cdot P(T > t)} = \dfrac{[P(T \leqslant t+\Delta t) - P(T \leqslant t)]/\Delta t}{1 - P(T \leqslant t)}$，结合分布函数的定义知：

$$\begin{aligned} h(t) &= \frac{[F_T(t+\Delta t) - F_T(t)]/\Delta t}{1 - F_T(t)} \\ &= \frac{f_T(t)}{1 - F_T(t)} \end{aligned} \tag{10-3}$$

性质 10-2：首次违约时间的分布函数与危险比率函数有如下关系：

$$F_T(t) = 1 - \exp\left\{-\int_0^t h(u)\,\mathrm{d}u\right\} \tag{10-4}$$

证明：由性质 10-1 知，$h(u) = \dfrac{f_T(u)}{1 - F_T(u)}$，对其两边在 $u \in [0, t]$ 上积分，有：

$$\begin{aligned} \int_0^t h(u)\,\mathrm{d}u &= \int_0^t \frac{f_T(u)}{1 - F_T(u)}\,\mathrm{d}u \\ &= -\int_0^t \frac{1}{1 - F_T(u)}\,\mathrm{d}[1 - F_T(u)] \\ &= \ln[1 - F_T(0)] - \ln[1 - F_T(t)] \end{aligned} \tag{10-5}$$

由于 $F_T(0) = P(T \leqslant 0) = 0$，即首次违约时间小于零的概率为零，故有：

$$\int_0^t h(u)\,\mathrm{d}u = -\ln[1 - F_T(t)] \tag{10-6}$$

对上式简单变换得证本性质。

（二）边际违约概率

边际违约概率是指直到 t 时未违约的情形下，在此后的 Δt 时间间隔内违约的条件概率：

$$p_t = P(t < T \leqslant t + \Delta t \mid T > t) \tag{10-7}$$

性质 10-3：边际违约概率和危险比率函数满足如下关系：

$$p_t = 1 - \exp\left\{-\int_t^{t+\Delta t} h(u)\,\mathrm{d}u\right\} \tag{10-8}$$

证明：由式(10-7)知，$p_t = \dfrac{P(t < T \leqslant t+\Delta t)}{P(T > t)} = \dfrac{[P(T \leqslant t+\Delta t) - P(T \leqslant t)]}{1 - P(T \leqslant t)}$。

结合分布函数的定义知：

$$p_t = \frac{F_T(t+\Delta t) - F_T(t)}{1 - F_T(t)} \tag{10-9}$$

由性质 10-2 知：

$$p_t = \frac{\left[1 - \exp\left(-\int_0^{t+\Delta t} h(u)\mathrm{d}u\right)\right] - \left[1 - \exp\left(-\int_0^{t} h(u)\mathrm{d}u\right)\right]}{1 - \left[1 - \exp\left(-\int_0^{t} h(u)\mathrm{d}u\right)\right]}$$

$$= \frac{\exp\left\{-\int_0^{t} h(u)\mathrm{d}u\right\} - \exp\left\{-\int_0^{t+\Delta t} h(u)\mathrm{d}u\right\}}{\exp\left\{-\int_0^{t} h(u)\mathrm{d}u\right\}}$$

$$= \frac{\exp\left\{-\int_0^{t} h(u)\mathrm{d}u\right\}\left[1 - \exp\left\{-\int_t^{t+\Delta t} h(u)\mathrm{d}u\right\}\right]}{\exp\left\{-\int_0^{t} h(u)\mathrm{d}u\right\}}$$

$$= 1 - \exp\left\{-\int_t^{t+\Delta t} h(u)\mathrm{d}u\right\} \tag{10-10}$$

二、信用债估值的基本原理

假设当前时点是零，信用债在 $[0, t]$ 内有 i ($i=1, 2, \cdots, n$) 个付息节点，且各个付息节点的现金流分别是 $C_1, C_2, \cdots, C_n$。信用债在第 i ($i=1, 2, \cdots, n$) 付息节点的已实现收益是 C_i，在剩余期限（第 $i+1$ 节点至第 n 节点）的未实现收益的现值为 FV_i。

在相邻时间间隔 i 至 $i+1$ 时点，第 i 时点未实现收益的现值 FV_i 由两部分构成：第一，第 $i+1$ 时点的已实现收益 C_{i+1}；第二，在 $i+1$ 时点后的剩余期限内的未实现收益的现值 FV_{i+1}。从 i 时点到 $i+1$ 时点，假设债项主体的边际违约概率为 p_i，且回收率为常数 RR（recovery rate）。当债项主体违约时，债权人在第 $i+1$ 时点的现金流是 $p_i \times RR \times (C_{i+1} + FV_{i+1})$；当债项主体不违约时，债权人在第 $i+1$ 时点的现金流是 $(1-p_i) \times (C_{i+1} + FV_{i+1})$。故债权人在第 $i+1$ 时点的期望现金流是 $p_i \times RR \times (C_{i+1} + FV_{i+1}) + (1-p_i) \times (C_{i+1} + FV_{i+1})$，当市场无套利时，其在当前时点的现值与第 i 时点未实现收益的现值相等，故有：

$$P(0, i+1) \cdot [p_i \times RR \times (C_{i+1} + FV_{i+1}) + (1-p_i) \times (C_{i+1} + FV_{i+1})]$$
$$= P(0, i) \cdot FV_i \tag{10-11}$$

其中，$P(0, i)$ 表示 i 时点到期零息债券的当前价格[①]。对上式简单变换有：

$$FV_i = \frac{P(0, i+1)}{P(0, i)} [p_i \times RR + (1-p_i)](C_{i+1} + FV_{i+1}) \tag{10-12}$$

（一）信用贴现因子与信用债价格

性质 10-4：记 i 时点的信用贴现因子（credit discount factor，简称 CDF）：

[①] 或 i 时点的贴现函数。

$$CDF_i = \prod_{j=0}^{i-1}[p_j \times RR + (1-p_j)] \tag{10-13}$$

则信用债的当前价格：

$$FV_0 = \sum_{i=1}^{n} CDF_i \cdot P(0,i) \cdot C_i \tag{10-14}$$

证明：见附录 10-1。显然，$\sum_{i=1}^{n} P(0,i) \cdot C_i$ 是无信用风险状态下的债券价格。

性质 10-5：信用贴现因子可视为违约损失率（loss given default，简称 LGD）和危险比率函数（平均违约强度）的复杂函数：

$$CDF_i \approx \exp\left\{-\int_0^i LGD \cdot h(u)\mathrm{d}u\right\} \tag{10-15}$$

证明：由性质 10-3 知，第 j 时点的边际违约概率是指直到 j 时点未违约，j 至 $j+1$ 时点发生违约的条件概率，其与危险比率函数有如下关系：

$$p_j = P(j < T \leqslant j+1 \mid T > j) = 1 - \mathrm{e}^{-\int_j^{j+1} h(u)\mathrm{d}u} \tag{10-16}$$

将其代入式(10-13)得：

$$CDF_i = \prod_{j=0}^{i-1}\left\{\left[1 - \exp\left(-\int_j^{j+1} h(u)\mathrm{d}u\right)\right] \times RR + \exp\left(-\int_j^{j+1} h(u)\mathrm{d}u\right)\right\} \tag{10-17}$$

由附录 10-2 知：

$$CDF_i \approx \exp\left\{-LGD \cdot \int_0^i h(u)\mathrm{d}u\right\} \tag{10-18}$$

$\int_0^i h(u)\mathrm{d}u$ 相当于 $[0,i]$ 时间间隔内的平均违约概率（或平均违约强度），$LGD \cdot \int_0^i h(u)\mathrm{d}u$ 相当于 $[0,i]$ 时间间隔的信用风险溢价，故 $\exp\left\{-LGD \cdot \int_0^i h(u)\mathrm{d}u\right\}$ 表示"i 时点 1 元按照信用风险溢价贴现至当前时点的现值"，故称其信用贴现因子。

(二) 信用风险溢价

性质 10-6：令信用风险调整后的贴现因子 $\overline{P}(0,i) = CDF_i \cdot P(0,i)$，则信用债的当前价值 $FV_0 = \sum_{i=1}^{n} \overline{P}(0,i) \cdot C_i$，且信用债到期收益率约等于无风险利率与债项主体的信用风险溢价之和。

证明：由性质 10-4 知，信用债的当前价值 $FV_0 = \sum_{i=1}^{n} CDF_i \cdot P(0,i) \cdot C_i$，当 $\overline{P}(0,i) = CDF_i \cdot P(0,i)$，有 $FV_0 = \sum_{i=1}^{n} \overline{P}(0,i) \cdot C_i$。

不妨令无风险利率为 $r_u(u \in [0,t])$，则未经信用风险调整的贴现函数 $P(0,i) = \exp\left\{-\int_0^i r_u \mathrm{d}u\right\}$；由性质 10-5 知，信用贴现因子 $CDF_i \approx \exp\left\{-LGD \cdot \int_0^i h(u)\mathrm{d}u\right\}$，则信用风险调整后的贴现因子：

$$\overline{P}(0,i) \approx \exp\left\{-\int_0^i r_u \mathrm{d}u\right\} \cdot \exp\left\{-LGD \cdot \int_0^i h(u)\mathrm{d}u\right\}$$

$$= \exp\left\{-\int_0^i [r_u + LGD \cdot h(u)]\mathrm{d}u\right\} \tag{10-19}$$

不妨令信用债(含信用风险溢价)的到期收益率为 $\overline{y}$,则:

$$\overline{P}(0,i) = \exp\left\{-\int_0^i \overline{y}_u \mathrm{d}u\right\} \tag{10-20}$$

比较式(10-19)和式(10-20)有:

$$\overline{y}_u = r_u + LGD \cdot h(u) \tag{10-21}$$

其中,$LGD \cdot h(u)$ 相当于 u 时点的信用风险溢价(credit risk premium,简称 CRP),即 $CRP_u = LGD \cdot h(u)$。由此可见,信用债在第 u 时点的到期收益率是无风险利率与相应信用风险溢价之和,其中信用风险溢价是平均违约概率和违约损失率的乘积。

三、信用债的估值过程

必备的已知信息包括债项主体的信用评级及其在不同时点的信用风险溢价,假设债项主体在第 i ($i=1,2,\cdots,n$) 付息节点的信用风险溢价分别是 CRP_1, CRP_2, $\cdots$, CRP_n,且 LGD 是常数。假设债券在第 i ($i=1,2,\cdots,n$) 付息节点的利息为 C_i,在违约时点的预期现金流为 A (含本金和当期利息)。

(一) 估计危险比率

基于各时点的信用风险溢价估计其危险比率,附录 10-3 给出了 $\sum_{j=0}^{i-1} h(j) = \dfrac{CRP_i \cdot i}{LGD}$ 的证明。进一步推演表明,可基于第 i 时点和第 $i+1$ 时点的信用风险溢价和违约损失率,推断第 i 时点的危险比率:

$$h(i) = (i+1)\frac{CRP_{i+1}}{LGD} - i\frac{CRP_i}{LGD} \tag{10-22}$$

(二) 估计边际违约概率

对 $[j, j+1]$ 时间间隔而言,第 j 时点的边际违约概率[①]:

$$p_j = 1 - \exp\left\{-\int_j^{j+1} h(u)\mathrm{d}u\right\} \tag{10-23}$$

(三) 刻画状态概率与状态价值

可基于各时点的边际违约概率刻画债券在各时点的违约状态及其预期现金流。

第一,时点 1 的违约概率和预期现金流的现值:

$$\overline{p}_1 = p_1 \tag{10-24}$$

---

① 见性质 10-3。

$$\overline{C}_1 = A \times RR \times P(0,1) \tag{10-25}$$

第二，时点 2 的违约概率和预期现金流的现值。时点 2 违约事件隐含时点 1 未违约，且时点 2 违约，故其是时点 0 至时点 1 的未违约概率、时点 1 至时点 2 的边际违约概率之积(见表 10-1)。

$$\overline{p}_2 = (1-p_1)p_2 \tag{10-26}$$

$$\overline{C}_2 = C_1 \times P(0,1) + A \times RR \times P(0,2) \tag{10-27}$$

上式中，$C_1 \times P(0,1)$ 表示时点 1 未违约现金流的现值，$A \times RR \times P(0,2)$ 表示时点 2 违约现金流的现值。

表 10-1 信用债的违约状态

时点 1	时点 2	时点 3	时点 4	…	时点 $n-1$	时点 n
违约	-	-	-	-	-	-
未违约	违约	-	-	-	-	-
未违约	未违约	违约	-	-	-	-
未违约	未违约	未违约	违约	-	-	-
未违约	未违约	未违约	未违约	…	-	-
未违约	未违约	未违约	未违约	…	违约	-
未违约	未违约	未违约	未违约	…	未违约	违约
未违约	未违约	未违约	未违约	…	未违约	未违约

第三，时点 3 的违约概率和预期现金流的现值。时点 3 违约事件隐含时点 0 至时点 1、时点 1 至时点 2 均未违约，但时点 2 至时点 3 违约，故其是时点 0 至时点 1、时点 1 至时点 2 的未违约概率，以及时点 2 至时点 3 的边际违约概率之积。

$$\overline{p}_3 = (1-p_1)(1-p_2)p_3 \tag{10-28}$$

$$\overline{C}_3 = C_1 \times P(0,1) + C_2 \times P(0,2) + A \times RR \times P(0,3) \tag{10-29}$$

第四，第 n 时点的违约概率和预期现金流的现值：

$$\overline{p}_n = \prod_{i=1}^{n-1}(1-p_i) \cdot p_n \tag{10-30}$$

$$\overline{C}_n = \sum_{i=1}^{n-1} C_i \times P(0,i) + A \times RR \times P(0,n) \tag{10-31}$$

第五，第 n 时点未违约的概率和预期现金流的现值：

$$\overline{p}_{n0} = \prod_{i=1}^{n}(1-p_i) \tag{10-32}$$

$$\overline{C}_{n0} = \sum_{i=1}^{n} C_i \times P(0, i) \tag{10-33}$$

(四) 估计信用债的当前价值

表 10-2 简洁呈现了信用债在各时点的违约状态,以及投资期(或存续期)内未违约状态下的状态概率和状态价值,其中违约状态下的信用价值是 $\sum_{i=1}^{n} \overline{p}_i \overline{C}_i$,未违约状态下的债券价值(或无信用风险债券价值)是 $\overline{p}_{n0} \overline{C}_{n0}$。因此,信用债的当前价值:

$$FV_0 = \overline{p}_{n0} \overline{C}_{n0} + \sum_{i=1}^{n} \overline{p}_i \overline{C}_i \tag{10-34}$$

表 10-2 信用债的状态概率与状态价值

	违约状态	状态概率	状态价值
违约	状态 1	$\overline{p}_1$	$\overline{C}_1$
	状态 2	$\overline{p}_2$	$\overline{C}_2$
	状态 3	$\overline{p}_3$	$\overline{C}_3$
	...	...	...
	状态 $n-1$	$\overline{p}_{n-1}$	$\overline{C}_{n-1}$
	状态 n	$\overline{p}_n$	$\overline{C}_n$
未违约	状态 $n+1$	$\overline{p}_{n0}$	$\overline{C}_{n0}$

注:状态价值是该状态下预期现金流的现值。

思考与练习

1. 什么是危险比率?其与首次违约时间的分布有何关系?
2. 简述信用债定价和利率债定价的本质差异。
3. 什么是信用贴现因子,其关键决定因素是什么?
4. 简述信用债估值的基本思路。

研究与探索

1. 以某时点为例,查询利率债和各种信用债(含信用债总体、不同行业的信用债、不同信用等级的信用债)的期限结构数据,计算各种信用债风险溢价的期限结构(信用债的风险溢价与时间之间的函数关系),观察不同信用债风险溢价期限结构的基本形态和特征差异。

2. 以某违约债券为例,使用本章相似的技术和原理刻画其动态违约过程,并估计该违约债券的价值。

本 章 附 录

附录10-1:证明 $FV_0 = \sum_{i=1}^{n} CDF_i \cdot P(0, i) \cdot C_i$。

证明:为简洁计,不妨令 $\eta_i = p_i \times RR + (1-p_i)$。由式(10-12)知,第 i 时点的信用债价值:

$$FV_i = \frac{P(0, i+1)}{P(0, i)} \eta_i (C_{i+1} + FV_{i+1}) \tag{10-35}$$

特别地,当 $i = 0$ 时:

$$\begin{aligned} FV_0 &= \frac{P(0, 1)}{P(0, 0)} \eta_0 (C_1 + FV_1) \\ &= P(0, 1) \eta_0 (C_1 + FV_1) \end{aligned} \tag{10-36}$$

当 $i = n-1$ 时:

$$\begin{aligned} FV_{n-1} &= \frac{P(0, n)}{P(0, n-1)} \eta_{n-1} (C_n + FV_n) \\ &= \frac{P(0, n)}{P(0, n-1)} \eta_{n-1} C_n \end{aligned} \tag{10-37}$$

其中,$P(0, 0) = 1$,$FV_n = 0$,前者表示当前时点1元在当前时点的现值仍是1元,后者表示在第 n 时点(或到期时点)的未实现收益为零。基于式(10-35)—(10-37),可对债券当前价格进行如下的递推:

$$\begin{aligned} FV_0 &= P(0, 1) \eta_0 C_1 + P(0, 1) \eta_0 \cdot FV_1 \\ &= P(0, 1) \eta_0 C_1 + P(0, 1) \eta_0 \cdot \frac{P(0, 2)}{P(0, 1)} \eta_1 (C_2 + FV_2) \\ &= P(0, 1) \eta_0 C_1 + P(0, 2) \eta_0 \eta_1 C_2 + P(0, 2) \eta_0 \eta_1 \cdot FV_2 \\ &= P(0, 1) \eta_0 C_1 + P(0, 2) \eta_0 \eta_1 C_2 + P(0, 2) \eta_0 \eta_1 \cdot \frac{P(0, 3)}{P(0, 2)} \eta_2 (C_3 + FV_3) \\ &= P(0, 1) \eta_0 C_1 + P(0, 2) \eta_0 \eta_1 C_2 + P(0, 3) \eta_0 \eta_1 \eta_2 C_3 + P(0, 3) \eta_0 \eta_1 \eta_2 FV_3 \end{aligned} \tag{10-38}$$

不妨以连乘符号简略表示如下:

$$FV_0 = P(0,1)\prod_{j=0}\eta_j \cdot C_1 + P(0,2)\prod_{j=0}^{1}\eta_j \cdot C_2 + P(0,3)\prod_{j=0}^{2}\eta_j \cdot C_3$$
$$+ P(0,3)\prod_{j=0}^{2}\eta_j \cdot FV_3$$
$$= P(0,1)\prod_{j=0}\eta_j \cdot C_1 + P(0,2)\prod_{j=0}^{1}\eta_j \cdot C_2 + P(0,3)\prod_{j=0}^{2}\eta_j \cdot C_3 + \cdots$$
$$+ P(0,n)\prod_{j=0}^{n-1}\eta_j \cdot C_n + P(0,n)\prod_{j=0}^{n-1}\eta_j \cdot FV_n$$
$$= P(0,1)\prod_{j=0}\eta_j \cdot C_1 + P(0,2)\prod_{j=0}^{1}\eta_j \cdot C_2 + P(0,3)\prod_{j=0}^{2}\eta_j \cdot C_3 + \cdots$$
$$+ P(0,n)\prod_{j=0}^{n-1}\eta_j \cdot C_n$$
$$= \sum_{i=1}^{n} P(0,i)\prod_{j=0}^{i-1}\eta_j \cdot C_i$$
$$= \sum_{i=1}^{n} P(0,i)\prod_{j=0}^{i-1}[p_j \times RR + (1-p_j)]C_i$$
$$= \sum_{i=1}^{n} P(0,i) \cdot CDF_i \cdot C_i \tag{10-39}$$

其中，$CDF_i = \prod_{j=0}^{i-1}[p_j \times RR + (1-p_j)]$。

附录 10-2：证明 $CDF_i \approx \exp\left\{-LGD \cdot \int_0^i h(u)\mathrm{d}u\right\}$。

证明：由于 $\int_j^{j+1} h(u)\mathrm{d}u$ 相当于 $[j, j+1]$ 时间间隔的平均违约强度，其取值逼近于零。由指数函数的泰勒级数展开知[①]，$\exp\left\{-\int_j^{j+1} h(u)\mathrm{d}u\right\} \approx 1 - \int_j^{j+1} h(u)\mathrm{d}u$，结合式(10-17)有：

$$CDF_i = \prod_{j=0}^{i-1}\left\{\left[1 - \exp\left(-\int_j^{j+1} h(u)\mathrm{d}u\right)\right] \times RR + \exp\left(-\int_j^{j+1} h(u)\mathrm{d}u\right)\right\}$$
$$\approx \prod_{j=0}^{i-1}\left\{\left[1 - \left(1 - \int_j^{j+1} h(u)\mathrm{d}u\right)\right] \times RR + \left(1 - \int_j^{j+1} h(u)\mathrm{d}u\right)\right\}$$
$$= \prod_{j=0}^{i-1}\left\{\int_j^{j+1} h(u)\mathrm{d}u \times RR + \left[1 - \int_j^{j+1} h(u)\mathrm{d}u\right]\right\}$$
$$= \prod_{j=0}^{i-1}\left[1 - (1-RR)\int_j^{j+1} h(u)\mathrm{d}u\right] \tag{10-40}$$

由于 $(1-RR)\int_j^{j+1} h(u)\mathrm{d}u \to 0$，故 $\exp\left\{-(1-RR)\int_j^{j+1} h(u)\mathrm{d}u\right\} \approx 1 - (1-RR)\int_j^{j+1} h(u)\mathrm{d}u$，进而有：

$$CDF_i \approx \prod_{j=0}^{i-1}\exp\left\{-(1-RR)\int_j^{j+1} h(u)\mathrm{d}u\right\}$$
$$= \exp\left\{-(1-RR)\sum_{j=0}^{i-1}\int_j^{j+1} h(u)\mathrm{d}u\right\}$$
$$= \exp\left\{-(1-RR)\int_0^i h(u)\mathrm{d}u\right\}$$
$$= \exp\left\{-LGD \cdot \int_0^i h(u)\mathrm{d}u\right\} \tag{10-41}$$

[①] 当 $x \to 0$ 时，有 $e^x \approx 1 + x$。

其中，$LGD = 1 - RR$。

附录 10-3： 基于信用风险溢价估计危险比率（或平均违约强度）。

由于 $CDF_i \approx \exp\left\{-LGD \cdot \int_0^i h(u)\mathrm{d}u\right\}$，故信用风险调整后的贴现函数：

$$\begin{aligned}\overline{P}(0, i) &= P(0, i) \cdot CDF_i \\ &\approx P(0, i) \cdot \exp\left\{-\int_0^i LGD \cdot h(u)\mathrm{d}u\right\} \\ &= P(0, i) \cdot \exp\left\{-LGD \cdot \sum_{j=0}^{i-1} \int_j^{j+1} h(u)\mathrm{d}u\right\}\end{aligned} \quad (10\text{-}42)$$

这里，$P(0, i) = \exp\{-r_i i\}$。当使用年化数据刻画信用风险要素时，相邻时点的时间间隔可标准化为 1（即 $\Delta j = 1$），由积分中值定理知，$\int_j^{j+1} h(u)\mathrm{d}u \approx h(j)\Delta j = h(j)$，进而有：

$$\begin{aligned}\overline{P}(0, i) &\approx \exp\{-r_i i\} \cdot \exp\left\{-LGD \cdot \sum_{j=0}^{i-1} h(j)\right\} \\ &= \exp\left\{-\left[r_i i + LGD \cdot \sum_{j=0}^{i-1} h(j)\right]\right\}\end{aligned} \quad (10\text{-}43)$$

由于信用债的到期收益率 $\overline{y}_i = r_i + CRP_i$，这里 CRP_i 表示 i 时点的信用风险溢价，故信用风险调整后的贴现函数：

$$\overline{P}(0, i) = \exp\{-(r_i + CRP_i)i\} \quad (10\text{-}44)$$

比较式(10-43)和式(10-44)，有 $(r_i + CRP_i)i = r_i i + LGD \cdot \sum_{j=0}^{i-1} h(j)$，进而有：

$$\sum_{j=0}^{i-1} h(j) = \frac{CRP_i \cdot i}{LGD} \quad (10\text{-}45)$$

当 $i = 1$ 时：

$$h(0) = \frac{CRP_1}{LGD} \quad (10\text{-}46)$$

当 $i = 2$ 时：

$$h(1) = \frac{2\,CRP_2}{LGD} - h(0) = \frac{2\,CRP_2}{LGD} - \frac{CRP_1}{LGD} \quad (10\text{-}47)$$

当 $i = 3$ 时：

$$h(2) = \frac{3\,CRP_3}{LGD} - [h(0) + h(1)] = \frac{3\,CRP_3}{LGD} - \frac{2\,CRP_2}{LGD} \quad (10\text{-}48)$$

同理：

$$h(i) = (i+1)\frac{CRP_{i+1}}{LGD} - i\frac{CRP_i}{LGD} \quad (10\text{-}49)$$

第十一章

公司债估值*

在我国信用债体系中,公司债和企业债均有特殊指向。公司债的发行主体一般是上市公司,其监管主体是证监会,发行场所是交易所市场;企业债的发行主体通常是中央政府部门所属机构、国有独资或控股企业,基于公共投融资需要等在银行间市场发行债券,由国家发改委核准。与其他债券不同,公司债的债项主体通常是上市公司,其拥有经过鉴证的报表信息和盯市的股权交易信息,其股权价值及其波动性属于可观测信息。

结构化信用风险模型是刻画债项主体的违约行为,以及对其债务价值进行理论估值的流行范式。结构化信用风险模型假设公司资产价值以随机方式运动,且在"资不抵债"边界下显性刻画其违约行为(或信用风险要素),以及对其债务价值进行估值。特别地,可基于股权价值和资产价值之间的隐含期权关系,利用数值计算或计量方法估计不可观测的资产价值及其波动性,进而让公司债务估值及其信用风险定价变得可行。本章将在结构化信用风险模型的框架内阐释公司债务价值及其信用风险要素的"内生"机制,并讨论其流行的数值或计量估计方法。基于可读性考虑,本章仅简洁呈现了主要内容的关键信息,技术性推导放在附录中,供有兴趣的读者选择阅读。

一、公司信用风险要素

(一) 公司资产价值

性质 11-1:若公司资产价值服从如下随机过程:

$$dV_t = rV_t dt + \sigma V_t dW_t^\Omega \tag{11-1}$$

其中,r 表示无风险利率,σ 表示资产收益率的瞬时波动性,dW_t^Ω 是风险中性测度下的增量维纳过程,则 T($T \geq t$)时点资产价值的动态随机运动规律:

$$V_T = V_t \cdot \exp\left\{\left(r - \frac{\sigma^2}{2}\right)\Delta T + \sigma \Delta W_T^\Omega\right\} \tag{11-2}$$

原理同性质 1-5。

(二) 公司违约概率

性质 11-2:假设 T 时点的公司待偿债务价值为 D_T,从当前时点来看,其在 T 时点的违约概率(probability of default,简称 PD):

$$PD = P_t^\Omega\{V_T < D_T\} = N(-d_2) \tag{11-3}$$

其中，$d_2 = \dfrac{\ln\left(\dfrac{V_t}{D_T}\right) + \left(r - \dfrac{\sigma^2}{2}\right)\Delta T}{\sigma\sqrt{\Delta T}}$。

证明：见附录 11-1。

(三) 公司违约损失率

性质 11-3：在 T 时点违约的情形下，公司违约损失率：

$$LGD = N(-d_2) - \frac{V_t}{D_T}e^{r\Delta T}N(-d_1) \tag{11-4}$$

其中，$d_1 = d_2 + \sigma\sqrt{\Delta T}$。

证明：在 T 时点，若公司资产价值低于债务价值（$V_T < D_T$），其将对债权人违约，且债务损失的比例是 $\dfrac{D_T - V_T}{D_T} = 1 - \dfrac{V_T}{D_T}$，则公司违约损失率：

$$\begin{aligned}LGD &= E_t^\Omega\left[1 - \frac{V_T}{D_T} \,\bigg|\, V_T < D_T\right] \\ &= P_t^\Omega\{V_T < D_T\} - \frac{1}{D_T}E_t^\Omega[V_T \mid V_T < D_T]\end{aligned} \tag{11-5}$$

由性质 11-2 知：

$$P_t^\Omega\{V_T < D_T\} = N(-d_2) \tag{11-6}$$

由附录 11-2 知：

$$E_t^\Omega[V_T \mid V_T < D_T] = V_t e^{r\Delta T} N(-d_1) \tag{11-7}$$

将前两式分别代入式 (11-5)，得证本性质。

二、简单期限结构的债务估值

(一) 公司股权价值

性质 11-4：公司股权价值可视为其资产价值为标的，执行价格为 D_T，到期时间为 ΔT 的欧式看涨期权：

$$E_t = V_t N(d_1) - D_T e^{-r\Delta T} N(d_2) \tag{11-8}$$

证明：在 T 时点，若公司资产价值不低于其债务价值（$V_T \geqslant D_T$），则股东价值 $E_T = V_T - D_T$；若公司资产价值低于其债务价值（$V_T < D_T$），则公司被破产清算，股东价值 $E_T = 0$。因此，当前时点的股权价值：

$$\begin{aligned}E_t &= e^{-r\Delta T} \cdot E_t^\Omega[V_T - D_T \mid V_T \geqslant D_T] \\ &= e^{-r\Delta T}\{E_t^\Omega[V_T \mid V_T \geqslant D_T] - D_T P_t^\Omega[V_T \geqslant D_T]\}\end{aligned} \tag{11-9}$$

由性质 11-2 知：

$$P_t^\Omega\{V_T \geqslant D_T\} = N(d_2) \tag{11-10}$$

由附录 11-2 知：

$$E_t^\Omega[V_T \mid V_T \geqslant D_T] = V_t e^{r\Delta T} N(d_1) \tag{11-11}$$

将前两式分别代入式(11-9)得：

$$\begin{aligned} E_t &= e^{-r\Delta T}\{V_t e^{r\Delta T} N(d_1) - D_T N(d_2)\} \\ &= V_t N(d_1) - D_T e^{-r\Delta T} N(d_2) \end{aligned} \tag{11-12}$$

(二) 公司债务估值

性质 11-5：若将公司债务均视为债券融资，则公司债务价值(或公司债券价值)：

$$B_t = D_T e^{-r\Delta T} N(d_2) + V_t N(-d_1) \tag{11-13}$$

证明：在当前时点，公司债务价值是其资产价值与股权价值之差，即 $B_t = V_t - E_t$，将式(11-8)代入有：

$$\begin{aligned} B_t &= V_t - [V_t N(d_1) - D_T e^{-r\Delta T} N(d_2)] \\ &= V_t N(-d_1) + D_T e^{-r\Delta T} N(d_2) \end{aligned} \tag{11-14}$$

(三) 公司信用风险溢价

性质 11-6：公司债务(或公司债券)的信用风险溢价：

$$CRP = -\frac{1}{\Delta T} \ln\left[N(d_2) + \frac{V_t}{D_T e^{-r\Delta T}} N(-d_1)\right] \tag{11-15}$$

证明：不妨令公司债务的到期收益率为 y，其包含了无风险利率和债项主体的信用风险溢价，则公司债务在当前时点的风险价值与其到期价值经风险调整后的现值相等，故有 $B_t = D_T e^{-y\Delta T}$，进而有：

$$y = -\frac{1}{\Delta T} \ln\left(\frac{B_t}{D_T}\right) \tag{11-16}$$

将式(11-13)代入上式得：

$$\begin{aligned} y &= -\frac{1}{\Delta T} \ln\left[\frac{D_T e^{-r\Delta T} N(d_2) + V_t N(-d_1)}{D_T}\right] \\ &= -\frac{1}{\Delta T} \ln\left\{e^{-r\Delta T} \cdot \left[N(d_2) + \frac{V_t}{D_T e^{-r\Delta T}} N(-d_1)\right]\right\} \\ &= -\frac{1}{\Delta T}\left\{-r\Delta T + \ln\left[N(d_2) + \frac{V_t}{D_T e^{-r\Delta T}} N(-d_1)\right]\right\} \\ &= r - \frac{1}{\Delta T} \ln\left[N(d_2) + \frac{V_t}{D_T e^{-r\Delta T}} N(-d_1)\right] \end{aligned} \tag{11-17}$$

故公司债券的信用风险溢价：

$$CRP = y - r$$
$$= -\frac{1}{\Delta T}\ln\left[N(d_2) + \frac{V_t}{D_T e^{-r\Delta T}}N(-d_1)\right] \quad (11\text{-}18)$$

(四) 模型估计

在对公司债务价值及其信用风险溢价进行估计前,需要知道或设定的参数包括:无风险利率、资产收益率的瞬时波动性(简称资产波动性)、债务规模及其结构。若基于年度数据估计模型,可将债务期限标准化为1,债务价值即年末时点的资产负债表账面价值。在前述四个参数或变量中,资产价值及其瞬时波动性是不可观测信息,可基于股权价值和资产价值之间的期权映射关系,估计不可观测的资产价值及其瞬时波动性。

1. 联立方程优化

由附录 11-3 和附录 11-4 知:

$$\frac{\partial E_t}{\partial V_t} = N(d_1) \quad (11\text{-}19)$$

$$\sigma_E = \sigma \frac{V_t}{E_t} N(d_1) \quad (11\text{-}20)$$

上述两式给出了可观测股权价值及其波动性(E_t 和 σ_E)与不可观测资产价值及其波动性(V_t 和 σ)的函数关系,可对两个联立方程进行数值求解。

2. MLE 估计

假设某年年末时点为 T,公司在该年有 n 个可观测的日度资产价值序列 $\{V_t\}$($t=1, 2, \cdots, n$),假设相邻时间间隔 $h = \frac{T}{n}$,则任意 t($t=1, 2, \cdots, n$)时点离年末时点的距离是 $T - th$。

理论上,t 时点的股权价值可视为以"公司资产价值为标的,执行价格为 D_T,到期时间为 $T - th$ 的看涨期权",故有:

$$E_t = V_t N(d_{1t}) - D_T e^{-r(T-th)} N(d_{2t}) \quad (11\text{-}21)$$

其中,$d_{1t} = \dfrac{\ln\left(\dfrac{V_t}{D_T}\right) + \left(r + \dfrac{\sigma^2}{2}\right)(T-th)}{\sigma\sqrt{T-th}}$,$d_{2t} = d_{1t} - \sigma\sqrt{T-th}$ ①。为了估计资产价值的特征参数,Duan(1994)假设资产价值在真实风险测度下服从如下几何布朗运动:

$$dV_t = uV_t dt + \sigma V_t dW_t \quad (11\text{-}22)$$

基于性质 11-1 相似的原理知:

$$\ln V_T - \ln V_t = \left(u - \frac{1}{2}\sigma^2\right)\Delta T + \sigma\Delta W_T \quad (11\text{-}23)$$

---

① 原理同性质 11-4。

则相邻时点资产价值的对数差分是：

$$\ln V_t - \ln V_{t-1} = \left(u - \frac{1}{2}\sigma^2\right)h + \sigma(W_t - W_{t-1}) \tag{11-24}$$

其中，$W_t - W_{t-1} \sim N(0, h)$（相邻时点的时间间隔是 h），故 $\ln V_t$ 服从如下的正态分布：

$$\ln V_t \sim N\left(\ln V_{t-1} + \left(u - \frac{1}{2}\sigma^2\right)h, \sigma^2 h\right) \tag{11-25}$$

Duan(1994)给出了年内股权价值序列的对数似然函数（推导略）：

$$L(u, \sigma^2) = -\frac{n-1}{2}\ln(2\pi) - \frac{n-1}{2}\ln(\sigma^2 h) - \sum_{t=2}^{n}\frac{\left[\ln\left(\frac{V_t}{V_{t-1}}\right) - \left(u - \frac{1}{2}\sigma^2\right)h\right]^2}{2\sigma^2 h}$$
$$- \sum_{t=2}^{n}\ln(V_t) - \sum_{t=2}^{n}\ln[N(d_{1t})] \tag{11-26}$$

对上式进行 MLE 估计，可得 (u, σ^2) 以及资产价值序列的估值。

三、典型案例

（一）银行次级债的风险刻画

案例素材摘自许友传和杨骏(2012)，其基于信用风险结构化模型对银行次级债进行了定价解析，并使用 Duan(1994) 的 MLE 方法估计了银行资产价值及其波动性。[①] 假设银行违约行动由其资产价值的随机运动驱动，且其服从式(11-1)的几何布朗运动。

假设 T 时点的银行资产价值为 V_T，总负债为 D_T，其中总负债由高级债 S_T、次级债 J_T 和混合资本债 H_T 构成[②]。当银行资产价值 $V_T < S_T$ 时，银行仅能偿付部分高级债，次级债债权人将损失 J_T；当 $S_T < V_T < S_T + J_T$ 时，银行能清偿所有高级债和 $V_T - S_T$ 部分的次级债，次级债债权人损失 $S_T + J_T - V_T$；当 $V_T > S_T + J_T$ 时，银行能清偿所有高级债和次级债，次级债债权人没有损失[③]。

可见，当 $V_T < S_T$ 时，次级债债权人将不能获得任何清偿，不妨将此情形下的银行违约称为绝对违约，则在风险中性测度下，银行对次级债债权人的绝对违约概率：

$$\text{Abs}PD_T = P_t^{\Omega}\{V_T < S_T\} = N(-d_2') \tag{11-27}$$

其中，$d_2' = \dfrac{\ln(V_t/S_T) + (r - \sigma^2/2)\Delta T}{\sigma\sqrt{\Delta T}}$。在绝对违约情形下，次级债债权人的违约损失率：

$$\text{Abs}LGD_T = e^{-r\Delta T}E_t^{\Omega}\left[\frac{J_T}{J_T}\bigg| V_T < S_T\right] = e^{-r\Delta T}N(-d_2') \tag{11-28}$$

[①] 作者曾在多种场合使用该方法估计银行资产价值及其波动性（如许友传等，2012；许友传，2017a；许友传，2017b）。

[②] 即高级债 $S_T = D_T - J_T - H_T$。

[③] 无需考虑取等号情况，其不影响结果。

当 $S_T < V_T < S_T + J_T$ 时,次级债债权人将获得 $V_T - S_T$ 的清偿,其损失 $S_T + J_T - V_T$,不妨将此情形下的银行违约称为相对违约,则在风险中性测度下,银行对次级债债权人的相对违约概率:

$$RePD_T = P_t^{\Omega}\{S_T < V_T < S_T + J_T\} = N(d_2') - N(d_4') \tag{11-29}$$

其中,$d_4' = \dfrac{\ln[V_t/(S_T + J_T)] + (r - \sigma^2/2)\Delta T}{\sigma\sqrt{\Delta T}}$。同理,在相对违约情形下,次级债债权人的违约损失率:

$$\begin{aligned}
ReLGD_T &= e^{-r\Delta T} E_t^{\Omega}\left[\dfrac{S_T + J_T - V_T}{J_T} \bigg| S_T < V_T < S_T + J_T\right] \\
&= e^{-r\Delta T}\left(\dfrac{S_T}{J_T} + 1\right)[N(d_2') - N(d_4')] - \left(\dfrac{V_t}{J_T}\right)[N(d_1') - N(d_3')] \tag{11-30}
\end{aligned}$$

其中,$d_1' = d_2' + \sigma\sqrt{\Delta T}$,$d_3' = d_4' + \sigma\sqrt{\Delta T}$。由前文对银行清偿结构的分析可知,次级债债权的当前价值:

$$\begin{aligned}
D_{J,t} &= e^{-r\Delta T} E_t^{\Omega}[J_T | V_T > S_T + J_T] + e^{-r\Delta T} E_t^{\Omega}[V_T - S_T | S_T < V_T < S_T + J_T] \\
&= [V_t N(d_1') - S_T e^{-r\Delta T} N(d_2')] - [V_t N(d_3') - (S_T + J_T) e^{-r\Delta T} N(d_4')]
\end{aligned}$$
$$\tag{11-31}$$

假设 $[t, T]$ 内的次级债到期收益率为 $R(t, T)$,则有 $D_{J,t} = J_T \cdot e^{-R(t, T)\Delta T}$,故次级债的理论风险溢价:

$$R(t, T) - r = -\dfrac{1}{\Delta T}\ln\left(\dfrac{e^{r\Delta T} D_{J,t}}{J_T}\right) \tag{11-32}$$

(二)次级债发行时的风险状态

由风险测度模型知,在估计银行违约风险和次级债的风险溢价时需要明确以下信息:无风险利率、时间跨度、银行负债及其结构、银行资产价值及其波动性。这些参数的测度或估计方式分别为:第一,无风险利率是与次级债期限相匹配的银行间固定利率国债的到期收益率;第二,由于旨在估计次级债发行当年的银行违约风险指标,故时间跨度为1年;第三,基于银行股权价值和资产价值之间的期权关系,使用 Duan(1994) 方法估计银行资产价值及其波动性。上市银行次级债的样本信息如表 11-1 所示。

表 11-1 样本银行次级债

证 券 简 称	发行规模（亿元）	发行期限（年）	票面发行利率	无风险利率	债项主体信用等级
06 华夏 01	20.00	10	3.70%	2.97%	AA+
07 浦发 01	10.00	10	6.00%	4.44%	AA

续 表

证券简称	发行规模（亿元）	发行期限（年）	票面发行利率	无风险利率	债项主体信用等级
08 深发债(固)	60.00	10	6.10%	4.08%	AA
08 招行债 01	190.00	10	5.70%	4.16%	AA+
08 招行债 02	70.00	15	5.90%	4.40%	AA+
08 深发债 02	15.00	10	5.30%	3.10%	AA
08 浦发债	82.00	10	3.95%	2.73%	AA+
09 建行 011	120.00	10	3.20%	3.14%	AAA
09 建行 012	280.00	15	4.00%	3.69%	AAA
09 交行 01	115.00	10	3.28%	3.25%	AAA
09 交行 02	135.00	15	4.00%	3.83%	AAA
09 中行 01	140.00	10	3.28%	3.27%	AAA
09 中行 02	240.00	15	4.00%	3.84%	AAA
09 工行 01	105.00	10	3.28%	3.48%	AAA
09 工行 02	240.00	15	4.00%	3.92%	AAA
09 建行 021	100.00	10	3.32%	3.52%	AAA
09 建行 022	100.00	15	4.04%	3.93%	AAA
09 兴业 01	20.05	10	4.30%	3.47%	AA+
09 兴业 02	79.95	15	5.17%	3.93%	AA+
09 建行 03	200.00	15	4.80%	4.01%	AAA
10 华夏银行债	44.00	10	4.55%	3.34%	AA+
10 中行 01	249.30	15	4.68%	3.78%	AAA
10 兴业银行债	30.00	15	4.80%	3.78%	AA+
10 中信银行 01	50.00	10	4.00%	3.25%	AAA
10 中信银行 02	115.00	15	4.30%	3.69%	AAA
10 民生 01	58.00	10	4.29%	3.29%	AA+

续 表

证券简称	发行规模（亿元）	发行期限（年）	票面发行利率	无风险利率	债项主体信用等级
10 工行 01	58.00	10	3.90%	3.32%	AAA
10 工行 02	162.00	15	4.10%	3.72%	AAA
10 宁波银行债	25.00	10	5.39%	3.92%	AA—

注：① 次级债的债项特征信息来自 Wind，个别缺失数据通过查阅发行公告获得；② 无风险利率是与次级债期限相匹配的银行间固定利率国债的到期收益率，数据来自中国债券信息网（www.chinabond.com）。

表 11-2 给出了各次级债债项主体的违约风险和次级债理论风险溢价的估计结果，其中实际风险溢价是票面发行利率与相应无风险利率之差，理论发行利率是理论风险溢价和相应无风险利率之和。由表 11-2 可知，实际风险溢价低于理论风险溢价的次级债品种有 14 个，其是次级债发行时对银行违约风险定价不足的代表；实际风险溢价高于理论风险溢价的次级债品种有 15 个，其是次级债发行时对银行违约风险定价过度的代表。总体来看，国有银行次级债的风险定价似乎更为合理。

表 11-2 银行次级债相关的信用风险指标的估计结果

证券简称	票面发行利率	实际风险溢价	理论发行利率	理论风险溢价	相对违约概率	绝对违约概率	相对违约损失率	绝对违约损失率
08 深发债（固）	6.10%	2.02%	4.50%	0.42%	0.31%	0.28%	0.13%	0.27%
08 深发债 02	5.30%	2.20%	3.53%	0.43%	0.31%	0.29%	0.14%	0.28%
09 工行 01	3.28%	—0.20%	3.55%	0.08%	0.07%	0.05%	0.03%	0.04%
09 工行 02	4.00%	0.08%	3.99%	0.07%	0.06%	0.05%	0.03%	0.04%
10 工行 01	3.90%	0.58%	3.32%	0.00%	0.00%	0.00%	0.00%	0.00%
10 工行 02	4.10%	0.38%	3.72%	0.00%	0.00%	0.00%	0.00%	0.00%
06 华夏 01	3.70%	0.73%	20.15%	17.17%	1.38%	15.10%	0.66%	14.65%
10 华夏银行债	4.55%	1.21%	3.37%	0.03%	0.01%	0.03%	0.01%	0.03%
09 建行 011	3.20%	0.06%	3.67%	0.52%	0.45%	0.32%	0.19%	0.31%
09 建行 012	4.00%	0.31%	4.20%	0.51%	0.44%	0.32%	0.18%	0.30%
09 建行 021	3.32%	—0.20%	4.03%	0.51%	0.44%	0.32%	0.19%	0.31%
09 建行 022	4.04%	0.11%	4.43%	0.50%	0.43%	0.31%	0.18%	0.30%
09 建行 03	4.80%	0.79%	10.70%	6.69%	1.49%	5.75%	0.69%	5.53%

续 表

证 券 简 称	票面发行利率	实际风险溢价	理论发行利率	理论风险溢价	相对违约概率	绝对违约概率	相对违约损失率	绝对违约损失率
09 交行 01	3.28%	0.03%	5.18%	1.93%	3.25%	0.67%	1.20%	0.65%
09 交行 02	4.00%	0.17%	5.73%	1.90%	3.20%	0.66%	1.18%	0.64%
10 民生 01	4.29%	1.00%	3.29%	0.00%	0.00%	0.00%	0.00%	0.00%
10 宁波银行债	5.39%	1.47%	3.97%	0.05%	0.04%	0.04%	0.02%	0.04%
07 浦发 01	6.00%	1.56%	5.16%	0.72%	0.40%	0.53%	0.18%	0.51%
08 浦发债	3.95%	1.22%	12.11%	9.38%	4.78%	6.72%	2.17%	6.54%
09 兴业 01	4.30%	0.83%	13.60%	10.14%	2.68%	8.34%	1.25%	8.06%
09 兴业 02	5.17%	1.24%	14.01%	10.09%	2.67%	8.30%	1.24%	7.99%
10 兴业银行债	4.80%	1.02%	3.79%	0.01%	0.01%	0.01%	0.00%	0.01%
08 招行债 01	5.70%	1.54%	4.42%	0.25%	0.17%	0.17%	0.07%	0.17%
08 招行债 02	5.90%	1.50%	4.65%	0.25%	0.17%	0.17%	0.07%	0.17%
10 中信银行 01	4.00%	0.75%	3.25%	0.00%	0.00%	0.00%	0.00%	0.00%
10 中信银行 02	4.30%	0.61%	3.69%	0.00%	0.00%	0.00%	0.00%	0.00%
09 中行 01	3.28%	0.01%	3.45%	0.18%	0.21%	0.09%	0.08%	0.09%
09 中行 02	4.00%	0.16%	4.02%	0.17%	0.21%	0.09%	0.08%	0.08%
10 中行 01	4.68%	0.90%	3.78%	0.00%	0.00%	0.00%	0.00%	0.00%

注：理论发行利率＝理论风险溢价＋无风险利率；实际风险溢价＝票面发行利率－无风险利率。

思 考 与 练 习

1. 如何用结构化信用风险模型刻画公司债务的违约概率？
2. 如何用结构化信用风险模型刻画债项主体的信用风险溢价？
3. 若公司股权价值：

$$E_t = V_t N(d_1) - D_T e^{-r\Delta T} N(d_2) \tag{11-33}$$

试证明：

$$\frac{\partial E_t}{\partial t} = -D_T e^{-r\Delta T}\left[\frac{\sigma}{2\sqrt{\Delta T}} n(d_2) + r N(d_2)\right] \tag{11-34}$$

研 究 与 探 索

1. 双重期限结构的公司债务估值。前文假设公司仅存在单一期限(或特定时点)的偿债行为。若公司同时拥有短期债务和长期债务,其股权价值和债务价值的估值模式将有根本性变化。假设公司在 T_1 和 T_2 时点分别有待偿短期债务 D_1 和长期债务 D_2,其中 $t < T_1 < T_2$。在短期债务到期时点 T_1,若公司资产价值不低于其待偿债务价值 $(V_{T_1} \geqslant D_1)$,则股东价值 $E_{T_1} = V_{T_1} - D_1$;若公司资产价值小于待偿债务价值 $(V_{T_1} < D_1)$,且债权人不对公司发起破产清算程序或赋予公司持续经营权[①],则股东价值 $E_{T_1} = C(V_t, D_2, T_2 - T_1)$,其是以公司资产价值为标的,执行价格为 D_2,到期时间为 $T_2 - T_1$ 的欧式看涨期权[②],其相当于债权人等待的价值。对股东而言,其在当前时点的股权价值:

$$E_t = e^{-r(T_1-t)} \cdot \{E_t^\Omega[V_{T_1} - D_1 \mid V_{T_1} \geqslant D_1] + E_t^\Omega[C(V_t, D_2, T_2 - T_1) \mid V_{T_1} < D_1]\}$$
(11-35)

基于 Longstaff(1990) 的出票人延期期权(writer-extendible call)的定价公式知:

$$E_t = C(V_t, D_1, T_1 - t) + V_t N(d_3, -d_4, -\rho)$$
$$- D_2 e^{-r(T_2-t)} N(d_3 - \sigma\sqrt{T_2}, -d_4 + \sigma\sqrt{T_1}, -\rho) \quad (11\text{-}36)$$

其中,$d_3 = \dfrac{\ln\left(\dfrac{V_t}{D_2}\right) + \left(r + \dfrac{\sigma^2}{2}\right)(T_2 - t)}{\sigma\sqrt{T_2 - t}}$,$d_4 = \dfrac{\ln\left(\dfrac{V_t}{D_1}\right) + \left(r + \dfrac{\sigma^2}{2}\right)(T_1 - t)}{\sigma\sqrt{T_1 - t}}$,$\rho = \sqrt{\dfrac{T_1}{T_2}}$,$N(a, b, \rho)$ 表示相关系数为 ρ 的二维标准正态随机变量在 $\Omega = \{(X, Y) \mid -\infty < X \leqslant a, -\infty < Y \leqslant b\}$ 的概率[③]。试阅读相关文献,了解有关期权的估值思路和基本思想,并思考其可能的应用方向或问题。

2. 其他估值模型。关于各种成本约束下的公司债务估值、多重期限结构的公司债务估值、短期债务违约时企业资产价值发生突变(即公司违约前后的资产价值服从不同的随机过程)的债务估值[④],以及其他丰富的动态资本结构理论或模型及其估计方法略,有兴趣的读者可检索与阅读相关文献。

---

① 等待公司恢复生机及偿债能力。
② 在 T_2 时点,若 $V_{T_2} \geqslant D_2$,则股东价值 $E_{T_2} = V_{T_2} - D_2$;若 $V_{T_2} < D_2$,则股东价值 $E_{T_2} = 0$。
③ $C(V_t, D_1, T_1)$ 表示以公司资产价值为标的,执行价格为 D_1,到期时间为 $T_1 - t$ 的欧式看涨期权。
④ 多重期限结构的公司债务估值和短期债务违约时企业资产价值发生突变的债务估值均属复合期权(compound options)的估值范式,前者的经典文献如 Geske(1977),后者如 Wu(2012)。

本章附录

附录 11-1：证明 $PD = N(-d_2)$。

证明：将式(11-2)代入违约概率公式 $PD = P_t^\Omega \{V_T < D_T\}$，有：

$$\begin{aligned}
PD &= P_t^\Omega \left\{ V_t e^{\left(r-\frac{\sigma^2}{2}\right)\Delta T + \sigma \Delta W_T^\Omega} < D_T \right\} \\
&= P_t^\Omega \left\{ \sigma \Delta W_T^\Omega < \ln\left(\frac{D_T}{V_t}\right) - \left(r - \frac{\sigma^2}{2}\right)\Delta T \right\} \\
&= P_t^\Omega \left\{ -\frac{\Delta W_T^\Omega}{\sqrt{\Delta T}} > \frac{\ln\left(\frac{V_t}{D_T}\right) + \left(r - \frac{\sigma^2}{2}\right)\Delta T}{\sigma \sqrt{\Delta T}} \right\} \\
&= P_t^\Omega \left\{ -\frac{\Delta W_T^\Omega}{\sqrt{\Delta T}} > d_2 \right\} \\
&= N(-d_2)
\end{aligned} \tag{11-37}$$

其中，$d_2 = \dfrac{\ln\left(\dfrac{V_t}{D_T}\right) + \left(r - \dfrac{\sigma^2}{2}\right)\Delta T}{\sigma \sqrt{\Delta T}}$，且使用 $1 - N(d_2) = N(-d_2)$。

附录 11-2：证明 $E_t^\Omega[V_T \mid V_T < D_T] = V_t e^{r\Delta T} N(-d_1)$ 和 $E_t^\Omega[V_T \mid V_T > D_T] = V_t e^{r\Delta T} N(d_1)$。

证明：由附录 11-1 的推导知，公司资不抵债事件 $\{V_T < D_T\}$ 和事件 $\left\{-\dfrac{\Delta W_T^\Omega}{\sqrt{\Delta T}} > d_2\right\}$ 相互等价，则有：

$$E_t^\Omega[V_T \mid V_T < D_T] = E_t^\Omega \left[V_T \,\Big|\, -\frac{\Delta W_T^\Omega}{\sqrt{\Delta T}} > d_2 \right] \tag{11-38}$$

将式(11-2)代入上式，得到：

$$\begin{aligned}
E_t^\Omega[V_T \mid V_T < D_T] &= E_t^\Omega \left[V_t e^{\left(r-\frac{\sigma^2}{2}\right)\Delta T + \sigma \Delta W_T^\Omega} \,\Big|\, -\frac{\Delta W_T^\Omega}{\sqrt{\Delta T}} > d_2 \right] \\
&= V_t e^{\left(r-\frac{\sigma^2}{2}\right)\Delta T} E_t^\Omega \left[e^{\sigma \Delta W_T^\Omega} \,\Big|\, -\frac{\Delta W_T^\Omega}{\sqrt{\Delta T}} > d_2 \right]
\end{aligned} \tag{11-39}$$

不妨令 $\eta = -\dfrac{\Delta W_T^\Omega}{\sqrt{\Delta T}}$，则 $\Delta W_T^\Omega = -\eta \sqrt{\Delta T}$，且 $\eta \sim N(0,1)$，从而有：

$$E_t^\Omega[V_T \mid V_T < D_T] = V_t e^{\left(r-\frac{\sigma^2}{2}\right)\Delta T} E_t^\Omega \left[e^{-\sigma \eta \sqrt{\Delta T}} \,\Big|\, \eta > d_2 \right]$$

$$
\begin{aligned}
&= V_t e^{\left(r-\frac{\sigma^2}{2}\right)\Delta T} \cdot \int_{d_2}^{\infty} e^{-\sigma\eta\sqrt{\Delta T}} \frac{1}{\sqrt{2\pi}} e^{-\frac{1}{2}\eta^2} d\eta \\
&= V_t e^{\left(r-\frac{\sigma^2}{2}\right)\Delta T} \cdot \int_{d_2}^{\infty} \frac{1}{\sqrt{2\pi}} e^{-\frac{1}{2}(\eta+\sigma\sqrt{\Delta T})^2 + \frac{\sigma^2}{2}\Delta T} d\eta \\
&= V_t e^{r\Delta T} \cdot \int_{d_2}^{\infty} \frac{1}{\sqrt{2\pi}} e^{-\frac{1}{2}(\eta+\sigma\sqrt{\Delta T})^2} d\eta
\end{aligned}
\tag{11-40}
$$

不妨令 $\zeta = \eta + \sigma\sqrt{\Delta T}$，对上式进行积分变换得：

$$
\begin{aligned}
E_t^{\Omega}[V_T \mid V_T < D_T] &= V_t e^{r\Delta T} \cdot \int_{d_2+\sigma\sqrt{\Delta T}}^{\infty} \frac{1}{\sqrt{2\pi}} e^{-\frac{1}{2}\zeta^2} d\zeta \\
&= V_t e^{r\Delta T} \cdot \left(1 - \int_{-\infty}^{d_2+\sigma\sqrt{\Delta T}} \frac{1}{\sqrt{2\pi}} e^{-\frac{1}{2}\zeta^2} d\zeta\right) \\
&= V_t e^{r\Delta T} \cdot [1 - N(d_2 + \sigma\sqrt{\Delta T})] \\
&= V_t e^{r\Delta T} \cdot [1 - N(d_1)] \\
&= V_t e^{r\Delta T} N(-d_1)
\end{aligned}
\tag{11-41}
$$

其中，$d_1 = d_2 + \sigma\sqrt{\Delta T}$，故 $E_t^{\Omega}\{V_T \mid V_T < D_T\} = V_t e^{r\Delta T} N(-d_1)$。同理：

$$
E_t^{\Omega}[V_T \mid V_T > D_T] = V_t e^{r\Delta T} N(d_1) \tag{11-42}
$$

附录 11-3：证明 $\dfrac{\partial E_t}{\partial V_t} = N(d_1)$。

证明：由性质 11-4 知，$E_t = V_t N(d_1) - D_T e^{-r\Delta T} N(d_2)$，其中 $d_1 = \dfrac{\ln\left(\dfrac{V_t}{D_T}\right) + \left(r + \dfrac{\sigma^2}{2}\right)\Delta T}{\sigma\sqrt{\Delta T}}$，$d_2 = d_1 - \sigma\sqrt{\Delta T}$，则有：

$$
\frac{\partial E_t}{\partial V_t} = N(d_1) + V_t \cdot n(d_1) \frac{\partial d_1}{\partial V_t} - D_T e^{-r\Delta T} \cdot n(d_2) \frac{\partial d_2}{\partial V_t} \tag{11-43}
$$

这里，$n(\cdot)$ 表示标准正态随机变量的密度函数。显然，$\dfrac{\partial d_1}{\partial V_t} = \dfrac{\partial d_2}{\partial V_t}$，故而：

$$
\frac{\partial E_t}{\partial V_t} = N(d_1) + [V_t \cdot n(d_1) - D_T e^{-r\Delta T} \cdot n(d_2)] \frac{\partial d_1}{\partial V_t} \tag{11-44}
$$

由于：

$$
\begin{aligned}
V_t \cdot n(d_1) - D_T e^{-r\Delta T} \cdot n(d_2) &= V_t \cdot \frac{1}{\sqrt{2\pi}} e^{-\frac{1}{2}d_1^2} - D_T e^{-r\Delta T} \cdot \frac{1}{\sqrt{2\pi}} e^{-\frac{1}{2}d_2^2} \\
&= V_t \cdot \frac{1}{\sqrt{2\pi}} e^{-\frac{1}{2}d_1^2} - D_T e^{-r\Delta T} \cdot \frac{1}{\sqrt{2\pi}} e^{-\frac{1}{2}(d_1-\sigma\sqrt{\Delta T})^2} \\
&= V_t \cdot \frac{1}{\sqrt{2\pi}} e^{-\frac{1}{2}d_1^2} - D_T e^{-r\Delta T} \cdot \frac{1}{\sqrt{2\pi}} e^{-\frac{1}{2}d_1^2 + \sigma\sqrt{\Delta T}d_1 - \frac{1}{2}\sigma^2\Delta T}
\end{aligned}
$$

$$= \frac{1}{\sqrt{2\pi}} e^{-\frac{1}{2}d_1^2} [V_t - D_T e^{-(r+\frac{1}{2}\sigma^2)\Delta T} \cdot e^{\sigma\sqrt{\Delta T} d_1}] \tag{11-45}$$

其中，$\sigma\sqrt{\Delta T} d_1 = \ln\left(\frac{V_t}{D_T}\right) + \left(r + \frac{\sigma^2}{2}\right)\Delta T$，故 $e^{\sigma\sqrt{\Delta T} d_1} = \frac{V_t}{D_T} e^{(r+\frac{1}{2}\sigma^2)\Delta T}$，进而有 $D_T e^{-(r+\frac{1}{2}\sigma^2)\Delta T} \cdot e^{\sigma\sqrt{\Delta T} d_1} = V_t$，以及 $V_t \cdot n(d_1) - D_T e^{-r\Delta T} \cdot n(d_2) = 0$，将之代入式 (11-44)，得 $\frac{\partial E_t}{\partial V_t} = N(d_1)$。

附录 11-4：证明 $\sigma_E = \sigma \frac{V_t}{E_t} N(d_1)$。

证明：附录 11-3 证明了 $\frac{\partial E_t}{\partial V_t} = N(d_1)$，进而有 $\frac{\partial^2 E_t}{\partial V_t^2} = n(d_1)\frac{\partial d_1}{\partial V_t}$，由于 $\frac{\partial d_1}{\partial V_t} = \frac{1}{\sigma V_t \sqrt{\Delta T}}$，故有：

$$\frac{\partial^2 E_t}{\partial V_t^2} = \frac{1}{\sigma V_t \sqrt{\Delta T}} n(d_1) \tag{11-46}$$

由性质 11-4 知，$E_t = V_t N(d_1) - D_T e^{-r\Delta T} N(d_2)$，其是欧式看涨期权。基于看涨期权的 Theta 知（证明略）：

$$\frac{\partial E_t}{\partial t} = -D_T e^{-r\Delta T} \left[\frac{\sigma}{2\sqrt{\Delta T}} n(d_2) + rN(d_2)\right] \tag{11-47}$$

由于股权价值可视为资产价值和时间 t 的函数，即 $E_t = f(V_t, t)$，对其进行伊藤展开得：

$$dE_t = \frac{\partial E_t}{\partial t} dt + \frac{\partial E_t}{\partial V_t} dV_t + \frac{1}{2}\frac{\partial^2 E_t}{\partial V_t^2}(dV_t)^2$$

$$= -D_T e^{-r\Delta T}\left[\frac{\sigma}{2\sqrt{\Delta T}} n(d_2) + rN(d_2)\right]dt + N(d_1)(rV_t dt + \sigma V_t dW_t^\Omega)$$

$$\quad + \frac{1}{2\sqrt{\Delta T}} \frac{1}{\sigma V_t} n(d_1)(\sigma^2 V_t^2 dt)$$

$$= r[V_t N(d_1) - D_T e^{-r\Delta T} N(d_2)]dt - D_T e^{-r\Delta T}\left[\frac{\sigma}{2\sqrt{\Delta T}} n(d_2)\right]dt$$

$$\quad + \frac{\sigma}{2\sqrt{\Delta T}} n(d_1) V_t dt + N(d_1)(\sigma V_t dW_t^\Omega)$$

$$= rE_t dt + \frac{\sigma}{2\sqrt{\Delta T}}[n(d_1)V_t - D_T e^{-r\Delta T} n(d_2)]dt + \sigma V_t N(d_1) dW_t^\Omega \tag{11-48}$$

附录 11-3 证明了 $n(d_1)V_t - D_T e^{-r\Delta T} n(d_2) = 0$，故而：

$$dE_t = rE_t dt + \sigma V_t N(d_1) dW_t^\Omega \tag{11-49}$$

简单变换得:

$$\frac{dE_t}{E_t} = r\,dt + \sigma \frac{V_t}{E_t} N(d_1) dW_t^\Omega \tag{11-50}$$

$$\left(\frac{dE_t}{E_t}\right)^2 = \sigma^2 \frac{V_t^2}{E_t^2} N^2(d_1) dt \tag{11-51}$$

$$\frac{1}{dt}\left(\frac{dE_t}{E_t}\right)^2 = \sigma^2 \frac{V_t^2}{E_t^2} N^2(d_1) \tag{11-52}$$

不妨令 $\lim\limits_{dt \to 0} \dfrac{1}{dt}\left(\dfrac{dE_t}{E_t}\right)^2 = \sigma_E^2$，其是股权收益率的瞬时波动性，即有 $\sigma_E^2 = \sigma^2 \cdot \dfrac{V_t^2}{E_t^2} N^2(d_1)$，进而有:

$$\sigma_E = \sigma \frac{V_t}{E_t} N(d_1) \tag{11-53}$$

第十二章
国债期货的报价与交割规则

国债期货具有商品期货、股指期货相似的部分特征,如同属场内标准化合约、交易双方的权利义务对称[①]、有保证金要求、到期价格收敛至现货。但是,国债期货有其独特性。国债期货的标的通常是名义券,其是虚拟券,并无对应的国债现货用于交割。在国债期货交割时,需要从市场中选择部分与名义券特征相似的债券作为可交割券,且空头倾向于选择对己方最有利的券种和时机完成交割,这是国债期货特有的质量选择权[②]与时机选择权。本章将基于买入并持有策略讨论国债期货的估值或报价问题,同时讨论其交割方式和交割时机及其在中国现实场景下的表现。

一、国债期货的报价规则

(一) 国债期货的理论价格

假设当前时点和期货交割时点[③]分别是 t 和 T,且均处于标的现货的两个相邻的付息节点 t_1 和 t_2 之间,其中 $t_1 < t < T < t_2$。假设国债现货在当前时点的市场价格为 P_t,国债期货的结算价格是 $\Phi_{t,T}^S$,其中 S 表示国债期货标的——国债现货的自然到期时点,且 $S \geqslant T > t$(见图 12-1)。

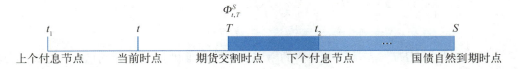

图 12-1 国债期货的时间节点示意

从当前时点来看,国债期货价格是国债现货在未来 T 到 S 期间的现金流按照远期利率贴现至交割时点的现值。基于前述逻辑,国债期货价格由其标的在期货交割后的剩余期限内的现金流和远期利率共同决定,而国债现货价格由当前时点至自然到期时点的现金流和即期利率决定。从理论上来看,国债现货和国债期货的风险驱动因子均是利率,但分别是即期利率和远期利率。

---

① 在期货交割时点,必须完成交割。
② 或品种选择权。
③ 或配对缴款日。

(二) 公平的国债期货价格

假设当前时点和期货交割时点分别是 t 和 T，且均处于标的现货的两个相邻付息节点 t_1 和 t_2 之间，国债现货价格和国债期货的结算价格分别是为 P_t 和 $\Phi^S_{t,T}$。设 $AI^T_{t_1}$ 表示国债现货在 t 到 T 期间的应计利息，HET^T_t 表示国债现货在 t 到 T 期间的利息收入，L^T_t 表示借款金额在 t 到 T 期间的借款利息。

1. 国债现货的买入与持有成本

在当前时点 t，假设国债期货的空头（或卖方）既无现金，也无国债现货。空头向第三方机构借款 $(P_t + AI^t_{t_1})$，并买入 1 个单位的国债现货①，其中 $AI^t_{t_1}$ 表示国债现货在上个付息节点至当前时点的应计利息。

在购入国债现货后，空头将其持有至期货交割时点 T，则空头的借款成本 $L^T_t = (P_t + AI^t_{t_1}) \times r \times \dfrac{T-t}{t_2-t_1}$，其中 r 表示借款利率，其在期货交割时点的总成本是 $(P_t + AI^t_{t_1}) + L^T_t$。

2. 期货发票价格

在期货交割时点 T，空头将国债现货交付给多头，多头向其支付发票价格 $(\Phi^S_{t,T} + AI^T_{t_1})$，其中 $\Phi^S_{t,T}$ 是国债期货的结算价格，$AI^T_{t_1}$ 是上个付息节点至期货交割时点的国债现货的应计利息。

3. 公平的期货价格

在期货交割时点，空头用国债现货交换国债期货的发票价格，其利润函数：

$$E = (\Phi^S_{t,T} + AI^T_{t_1}) - [(P_t + AI^t_{t_1}) + L^T_t] \tag{12-1}$$

由于 $AI^T_{t_1} - AI^t_{t_1} = HET^T_t$，其是国债现货在持有期 ΔT（$\Delta T = T - t$）内的利息收入，故空头利润等价于：

$$E = (\Phi^S_{t,T} - P_t) + (HET^T_t - L^T_t) \tag{12-2}$$

在市场无套利状态下，空头利润为零，从而有：

$$\Phi^S_{t,T} = P_t + (L^T_t - HET^T_t) \tag{12-3}$$

其中，$L^T_t - HET^T_t$ 表示持有期内的融资成本与同期国债现货的利息收入之差，相当于买入并持有策略的净成本（简称策略净成本）。因此，国债期货价格是现货净价和策略净成本之和。基于买入并持有策略对国债期货进行估值的示意如附录 12-1 所示。

4. 估值假设

第一，当前时点不在付息节点上。空头在当前时点的借款金额是债券全价，且借款利息按债券全价估算。

第二，市场存在以该国债现货为标的国债期货。当市场没有以该国债现货为标的的国债期货时，需要使用与该国债现货特征相似的债券作为可交割券，且需将可交割券按一定方式转换为国债期货的"标的"。

---

① 因国债现货按全价结算，故按全价借入款项。

二、国债期货的交割

(一) 国债期货的标的

若国债期货的标的与国债现货一致,则国债期货的交易规模受限于国债现货的规模。在现实场景中,国债期货是场内交易的标准化合约,其标的必须是"同质"券种。譬如,我国2年期国债期货(交易代码 TS)的标的是"面值200万元人民币、票面利率3%的名义中短期国债";5年期国债期货合约(交易代码 TF)的标的是"面值100万元人民币,票面利率为3%的名义中期国债";10年期国债期货合约(交易代码 T)的标的是"面值100万元人民币、票面利率3%的名义长期国债"。国债期货的标的是名义国债,其是虚拟券,又称为名义券或标准券。

(二) 可交割券

当国债期货的标的与国债现货非一致时,只能用与名义券特征相似的债券作为可交割券。我国2年期国债期货的可交割券是"发行期限不高于5年、合约到期月份首日剩余期限为1.5—2.25年的记账式附息国债";5年期国债期货的可交割券是"发行期限不高于7年、合约到期月份首日剩余期限在4—5.25年的记账式附息国债";10年期国债期货的可交割券是"发行期限不高于10年、合约到期月份首日剩余期限不低于6.5年的记账式附息国债"。

在国债期货交割的过程中,至少涉及两大技术问题:第一,当空头选择某债券作为可交割券时,需要将其转换为国债期货的标的——名义券;第二,空头需要在一篮子可交割券中选择对己方最有利的债券完成交割。前一个问题需要计算可交割券的转换因子(conversion factor,简称 CF);后一个问题则根据空头利润最大化准则选择最便宜可交割券(cheapest-to-delivery,简称 CTD 券)。

(三) 转换因子

1. 转换因子的计算规则

尽管可交割券的债项特征与名义券相似,但两者在息票利率、到期时间、支付结构等方面不完全匹配,需要将其未来现金流按照名义息票利率转换成名义券。转换因子的计算规则是:将1元可交割券的未来现金流按照名义息票利率贴现至期货交割时点的现值,再扣除可交割券的应计利息。在计算转换因子时,需要注意以下三点。

第一,假设可交割券的面值是1元,相当于将1个单位的可交割券转换为名义券的"标准"数量。

第二,可交割券的未来现金流根据其票面利率和付息结构计算,但贴现利率是名义息票利率,且当前规定是3%。

第三,转换因子是净价,需要扣除可交割券在上个付息节点至期货交割时点的应计利息。

不妨假设当前时点是 t,可交割券的息票利率是 r,国债期货的交割时点是 T,当前时点和期货交割时点均处于可交割券的两个相邻付息节点 t_1 和 t_2 之间,且在下个付息节点之后,可交割券尚有 n 个付息节点,且按年付息,则其转换因子为:

$$CF = \frac{1}{(1+3\%)^{\frac{t_2-t}{t_2-t_1}}} \left[\sum_{t=0}^{n} \frac{1 \times r}{(1+3\%)^t} + \frac{1}{(1+3\%)^n} \right] - 1 \times r \times \frac{t-t_1}{t_2-t_1} \quad (12-4)$$

2. 转换因子的特征

第一，可交割券在特定时点的转换因子是常数。可交割券是固定利率附息国债，其转换因子由自身息票利率及其付息结构，以及名义息票利率（充当贴现利率）决定。在特定时点，每个可交割券的转换因子均是常数。

第二，转换因子与可交割券的息票利率正相关。由转换因子的计算公式知，可交割券是其息票利率的单调增函数。

第三，当可交割券的息票利率大于名义息票利率时，转换因子大于1，且转换因子与到期期限正相关。

三、国债期货的交割策略

(一) CTD 券

在国债期货交割时点，空头用可交割券交换国债期货的发票价格，空头利润相当于国债期货的发票价格与国债现货价格之差。其中，国债期货发票价格是国债期货的结算价格与可交割券转换因子的乘积，再加上空头在持有期内的利息收入①；国债现货的交割成本由当前时点的现货成本和借款成本构成。

假设当前时点和国债期货的交割时点分别是 t 和 T，且均处于两个相邻付息节点 t_1 和 t_2 之间，国债现货的当前价格是 P_t，国债期货的结算价格是 $\Phi_{t,T}^S$，则国债期货空头的利润 $E = (\Phi_{t,T}^S \times CF + HET_t^T) - (P_t + L_t^T)$，从而有：

$$E = (\Phi_{t,T}^S \times CF - P_t) + (HET_t^T - L_t^T) \quad (12-5)$$

当国债现货持有收益与借款成本相等时（$HET_t^T = L_t^T$），空头利润：

$$E = \Phi_{t,T}^S \times CF - P_t \quad (12-6)$$

其中，CF 是可交割的转换因子，且可交割券价格、国债期货的结算价格和 CF 均属净价。

假设有 n 只可交割券，空头将从中选择使其利润最大化的可交割券完成期货交割：

$$\max_i E = \Phi_{t,T}^S \times CF_i - P_{i,t} \quad (12-7)$$

这里，$P_{i,t}$ 表示第 i（$i=1,2,\cdots,n$）只可交割券的价格，CF_i 表示第 i 只可交割券的转换因子。基于上述决策规则筛选的第 i 只可交割券即为最便宜可交割券。

然而，准确识别 CTD 券并非易事，需要基于一篮子可交割券进行烦冗的计算和比较。那么，是否存在较为简易的 CTD 券识别方式呢？

---

① 其是上个付息节点至期货交割时点的应计利息与上个付息节点至当前时点的应计利息之差。

(二) 简易识别可交割券

由式(12-6)知,当空头利润为零时,有 $\Phi_{i,T}^S = P_{i,t}/CF$,即公平的期货价格相当于可交割券价格与其转换因子的商。其赖以成立的前提条件是:第一,当前时点和期货交割时点均处于可交割券的两个相邻付息节点之间;第二,国债现货在持有期内的利息收入与同期借款成本相等。

1. 市场利率上行时选择长久期可交割券

性质12-1:当市场利率在名义息票利率的基础上向上变动时,空头倾向于选择长久期债券作为可交割券。

由图12-2知,当市场利率从 C 点(名义息票利率)上涨至 D 点时,短久期债券价格的下降幅度是线段 MA,长久期债券价格的下降幅度是线段 MB,且线段 MB 大于线段 MA,即长久期债券价格的下降幅度更大,空头利润上涨得更多($\Delta E = \Delta\Phi_{i,T}^S \times CF_i - \Delta P_{i,t}$),故其倾向于选长久期债券作为可交割券。逻辑推演基于以下共识。

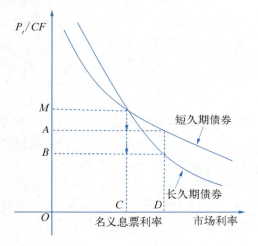

图12-2 市场利率上行与可交割券选择

第一,当市场利率与名义息票利率相等时,任意可交割券的转换因子等于1,此时国债期货价格与可交割券价格相当。

第二,债券价格变动是其久期的反函数。当市场利率在名义息票利率的基础上向上变动时,长久期债券和短久期债券的价格均将下行,但长久期债券价格下跌得更多。

第三,空头利润变动是可交割券价格变动的反函数。若长久期债券价格下跌更多,则空头利润涨得更多。因此,当市场利率在名义息票利率的基础上向上变动时,空头倾向于选择长久期债券作为可交割券。

2. 市场利率下行时选择短久期可交割券

性质12-2:当市场利率在名义息票利率的基础上向下变动时,空头倾向于选择短久期债券作为可交割券。

在图12-3的示意中,当市场利率从 C 点(名义息票利率)下跌至 D 点时,短久期债券价格的上涨幅度是线段 MA,长久期债券价格的上涨幅度是线段 MB,且线段 MA 小于线段 MB,即市场利率下行时,短久期债券价格上涨得更少,空头利润下降得更少。由此可见,当市场利率在名义息票利率的基础上向下变动时,空头倾向于选择短久期债券作为可交割券。逻辑推演基于以下共识。

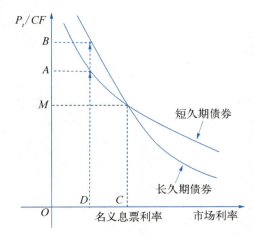

图12-3 市场利率下行与可交割券选择

第一,当市场利率与名义息票利率相等时,任意可交割券的转换因子等于1,此时国债期货价格与可交割券价格相当。

第二,债券价格变动是其久期的反函数。当市场利率在名义息票利率的基础上向下变动时,长久期债券和短久期债券的价格均将上涨,但短久期债券价格的上涨幅度更小。

第三,空头利润变动是可交割券价格变动的反函数。当选择短久期债券作为可交割券时,空头利润的下降幅度更小,故其倾向于选择短久期债券作为可交割券。

(三) 交割品种与交割时机

1. 新发国债选择权

在我国现实情景下,市场利率通常高于名义息票利率。由性质12-1知,空头倾向于选择长久期债券作为可交割券,即倾向于选择剩余期限最长的国债现货作为可交割券。对5年期国债期货而言,由于可交割券是"发行期限不高于7年、合约到期月份首日剩余期限在4—5.25年的记账式附息国债",故空头总倾向于选择剩余期限最长的刚发行国债作为可交割券。

2. 交割时机选择

我国国债期货的最后交易日是"合约到期月份的第二个星期五",最后交割日是"最后交易日后的第三个交易日"。当市场利率未有趋势性变化时,空头将根据国债现货的持有收益和融资成本的比较选择适当的交割时点。

在交割期间,多空双方倾向于选择一个对己方最有利的时机申请交割。假设国债期货空头有 $T_j(j=1,2,\cdots,m)$ 个交割时机,其将选择使其利润最大化的时机作为交割时点。

$$\max_j E = (\Phi^S_{t,T_j} \times CF - P_t) + (HET_t^{T_j} - L_t^{T_j}) \quad (12-8)$$

第一,若可交割券的息票利率高于借款成本,空头倾向于越晚交割。当可交割券的息票利率高于借款利率时,有 $HET_t^{T_j} - L_t^{T_j} > 0$,且交割时间越晚,$(HET_t^{T_j} - L_t^{T_j})$ 倾向于越大,从而空方利润越大,故其倾向于越晚交割。

第二,若可交割券的息票利率低于借款成本,空头希望越早交割。因为可交割券的息票利率低于借款利率时,有 $HET_t^{T_j} - L_t^{T_j} < 0$,且交割时间越晚,$(HET_t^{T_j} - L_t^{T_j})$ 倾向于越小,从而空方利润越小,故其倾向于越早交割。

3. 多空双方共同举手交割制度

我国国债期货采用滚动交割制度和多空双方共同举手交割制度。滚动交割制度确保交割券能够循环用于交割,这有助于提高实物券的使用效率,以及降低交割失败或逼空的风险。多空双方共同举手交割制度是指在国债期货交割月首日至交割月的第二个周五,交易双方可在每个交易日提交交割申请,根据多空双方累计交割申请量的较小值确定实际确认交割量。多空双方共同举手交割制度有助于倒逼交割时点延后。

第一,当可交割券的息票利率小于借款利率时,空头倾向于早交割,而多头希望晚交割。然而,空头的早交割意愿遭到多头的抵制,可能使其早交割申请未有足够的多头匹配,进而倒逼交割时点延后。

第二,当可交割券的息票利率大于借款利率时,空头倾向于晚交割,而多头希望早交割,多空双方博弈的结果往往是空头占据有利地位。

思 考 与 练 习

1. 简述买入并持有策略的国债期货估值的基本思想。
2. 逻辑推演国债期货空头的利润函数及其决策规则。
3. 当市场利率高于名义息票利率且向上变动时,推断空头可交割券的选择倾向性。
4. 简述可交割券转换因子的估算方法及其注意事项。
5. 简述可交割券转换因子的基本特征。

研 究 与 探 索

1. 研究中金所 2 年期、5 年期和 10 年期国债期货的交易与结算规则。不妨以 10 年期国债期货为例,对比分析其与美国长期国债期货在相关规则设计方面的差异性,并推断其可能的影响。

2. 以 5 年期国债期货为例,将其在不同时期的主力合约相串联,构建一个连续的交易合约,观察其 CTD 券的切换情况,并推断其可能的原因。

本 章 附 录

附录 12-1: 基于买入并持有策略对国债期货进行估值的示意。

假设现有 5 年期固定利率国债,面值 100 元,票面利率 4%,按年付息。假设国债现货的当前价格是 100 元,且当前时点正好处于付息节点上,某空头与交易对手签订了国债期货卖出协议(假设标的是前述国债现货),且在 3 个月后交割。假设市场融资成本是 5%。如果国债期货的市场报价是 103 元,请问该报价是否合理?公平的市场报价是多少?

假设空头在当前时点既无国债现货,也无现金。空头在银行间市场向其他机构借款 100 元,购入 1 个单位的国债现货,且持有 3 个月。在期货交割时点,空头将国债现货交付多头,空头的策略总成本 $=100+100\times 5\% \times \dfrac{1}{4}=100+1.25=101.25$ 元,其中 100 元是借款本金,1.25 元是 3 个月的借款利息;多头支付的发票价格 $=103+100\times 4\% \times \dfrac{1}{4}=103+1=104$ 元,其中 103 元是国债期货的结算价格,1 元是空头在持有期内的应计利息,则空头盈利 $=104-101.25=2.75$ 元。显然,空头能从买入并持有策略中获得无风险收益,说明国债期货的市场报价不满足无套利原则。

那么，满足市场无套利原则的国债期货报价是多少？不妨设公平的国债期货报价是 x 元，对空头而言，其在期货交割时点的策略总成本 $=100\times\left(1+5\%\times\dfrac{1}{4}\right)=101.25$ 元，其接收的发票价格 $=x+100\times 4\%\times\dfrac{1}{4}=x+1$ 元。当市场无套利时，有 $x+1=101.25$，则 $x=100.25$ 元，其是公平的期货报价。

当然，也可基于式(12-3)直接估算国债期货的价格。国债期货的价格＝现货价格＋(持有期内的借款成本－持有期内的利息收入)$=100+\left(100\times 5\%\times\dfrac{1}{4}-100\times 4\%\times\dfrac{1}{4}\right)=100.25$ 元。

第十三章
国债期货的交易策略

何时买入国债现货、卖出国债期货？什么情景下买入近月合约、卖出远月合约？此即国债期货的基差交易策略和跨期套利策略。国债期货的基差交易策略包括买入基差策略和卖出基差策略：买入基差策略是买入国债现货、卖出国债期货，相当于买入并持有策略中空头的交易行为；卖出基差策略是卖出国债现货、买入国债期货，相当于买入并持有策略中多头的交易行为。跨期套利是利用不同季月的国债期货合约的定价"偏差"进行套利策略设计，常见的做法是在不同季月的国债期货合约中构建数量相等、方向相反的交易头寸，其有两种典型交易模式：买入近月合约和卖出远月合约，买入远月合约和卖出近月合约。本章将推演国债期货基差交易策略和跨期套利策略的信号识别或条件，以及可能的盈利空间。

一、交易策略的信号指标

(一) 国债期货的基差

1. 基差

基差是指现货价格与期货价格之差，衡量现货价格与期货价格之间的偏离程度。对国债期货而言，由于其标的是名义券，基差是相对可交割券（通常是 CTD 券）而言。在估算可交割券的基差时，需要将其转换为国债期货的标的——名义券，且每只可交割券均有其对应的基差：

$$国债期货的基差 = 可交割券价格 - 国债期货的结算价格 \times 可交割券的转换因子 \qquad (13-1)$$

同理，当用 CTD 券作为可交割券时，国债期货的基差：

$$国债期货的基差 = CTD 券价格 - 国债期货的结算价格 \times CTD 券的转换因子 \qquad (13-2)$$

假设当前时点和期货交割时点分别是 t 和 T，且均处于可交割券的两个相邻付息节点 t_1 和 t_2 ($t_1 < t < T < t_2$) 之间，可交割券的当前价格及其转换因子分别是 P_t 和 CF，国债期货的结算价格是 $\Phi_{t,T}^S$（见图 13-1）。假设 AI_t^T 表示可交割券在 t 到 T 期间的应计利息，HE_t^T 表示可交割券在 t 到 T 持有期的利息收入，L_t^T 表示借款金额在 t 到 T 期间的

借款利息,则国债期货的基差:

$$Basis_t = P_t - \Phi_{t,T}^S \times CF \tag{13-3}$$

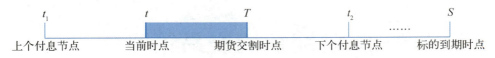

图 13-1 国债期货的时间节点示意

2. 基差相当于空头的交割净成本

性质 13-1:当可交割券在持有期的利息收入与融资成本相等时,基差相当于空头的交割净成本。

证明:空头的交割成本是买入并持有策略的总成本,包括现货建仓成本和持有成本,交割收入是国债期货的发票价格,交割净成本是交割成本与交割收入之差。

在国债期货交割时点,交割成本是 $(P_t + AI_{t_1}^t) + L_t^T$,其中 $(P_t + AI_{t_1}^t)$ 是现货建仓成本,即当前时点购入现货的全价;L_t^T 是持有成本,即可交割券在持有期内的融资成本。多头支付的发票价格是 $\Phi_{t,T}^S \times CF + AI_{t_1}^T$,其中 $\Phi_{t,T}^S \times CF$ 表示 1 个单位交割券相当于 CF 个单位的国债期货结算价格,$AI_{t_1}^T$ 表示上个付息节点至国债期货交割时点的应计利息,则空头的交割净成本:

$$\begin{aligned} Ncost &= [(P_t + AI_{t_1}^t) + L_t^T] - (\Phi_{t,T}^S \times CF + AI_{t_1}^T) \\ &= (P_t - \Phi_{t,T}^S \times CF) + [L_t^T - (AI_{t_1}^T - AI_{t_1}^t)] \\ &= Basis_t + (L_t^T - HET_t^T) \end{aligned} \tag{13-4}$$

这里,$HET_t^T = AI_{t_1}^T - AI_{t_1}^t$。显然,当 $HET_t^T = L_t^T$ 时,有 $Ncost = Basis_t$。具体而言,当可交割券在持有期的利息收入与融资成本相等时,基差与空头的交割净成本相等。

3. 负基差相当于空头的期现套利空间

性质 13-2:当可交割券在持有期的利息收入与融资成本相等时,空头的期现套利空间相当于负基差。

证明:若当前时点和期货交割时点均处于可交割券的两个相邻付息节点之间,则空头利润是国债期货的发票价格与可交割券的现货成本之差,即有:

$$\begin{aligned} E &= (\Phi_{t,T}^S \times CF + AI_{t_1}^T) - [(P_t + AI_{t_1}^t) + L_t^T] \\ &= (\Phi_{t,T}^S \times CF - P_t) + (HET_t^T - L_t^T) \\ &= -Basis_t + (HET_t^T - L_t^T) \end{aligned} \tag{13-5}$$

这里,$HET_t^T = AI_{t_1}^T - AI_{t_1}^t$。显然,当 $HET_t^T = L_t^T$ 时,有 $E = -Basis_t$。具体而言,若当前时点和期货交割时点均处于可交割券的两个相邻付息节点之间,且可交割券在持有期内的利息收入与融资成本相等时,空头利润将等于负的基差。

显然,当基差小于零时,空头能获得正利润,其倾向于实施"买入现货、卖空期货"策略。

4. 对情景假设的相依性

上述情景假设是现实中的常见状态,适用于投资者在年内买卖和交割国债期货[①]。若国债期货买卖时点和交割时点跨年,则前述结论有变。附录13-1证明了:当国债期货的买卖时点和交割时点不在可交割券的两个相邻付息节点之间,且可交割券在持有期内的利息收入与融资成本相等时,空头的期现套利空间将小于负的基差。

(二) 国债期货的净基差

净基差(basis net of carry,简称BNOC)是在基差的基础上扣除了持有期内的利息收入:

$$BNOC_t = Basis_t - HET_t^T \tag{13-6}$$

净基差是跨期套利策略的信号指标。当近月合约的净基差大于远月合约的净基差时,"买入近月合约、卖出远月合约"将有利可图;当远月合约的净基差大于近月合约的净基差时,"卖出近月合约、买入远月合约"将有利可图。

(三) 隐含回购利率

在买入并持有策略中,假设空头在当前时点没有可交割券,其要从他处借款并买入可交割券,且持有 $T-t$ 时间,以在 T 时点完成期货交割。

在当前时点,假设空头按可交割券的全价借款,买入1个单位的可交割券,若借款利率为 r,则其借款成本:

$$L_t^T = (P_t + AI_{t_1}^t) \times r \times \frac{T-t}{t_2 - t_1} \tag{13-7}$$

由式(13-5)知,空头利润是:

$$E = (\Phi_{t,T}^S \times CF - P_t) + HET_t^T - (P_t + AI_{t_1}^t) \times r \times \frac{T-t}{t_2 - t_1} \tag{13-8}$$

这里,可交割券价格及其转换因子,以及可交割券在持有期内的利息收入均与借款利率无关,则空头利润是借款利率的单调递减函数。当空头利润为零时,相应的借款利率称为隐含回购利率(implied repo rate,简称IRR),即有:

$$IRR = \frac{(\Phi_{t,T}^S \times CF - P_t) + HET_t^T}{P_t + AI_{t_1}^t} \times \frac{t_2 - t_1}{T-t} \tag{13-9}$$

由于空头利润是借款利率的单调递减函数,故当借款利率小于隐含回购利率时,空头利润为正;当借款利率大于隐含回购利率时,空头利润为负(见图13-2)。特别地,当借款利率等于隐含回购利率时,空头利润为零。

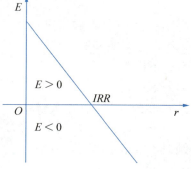

图13-2 空头利润与借款利率

[①] 国债现货通常按年付息。

1. 隐含回购利率与基差

由于 $Basis_t = P_t - \Phi_{t,T}^S \times CF$,故隐含回购利率等价于:

$$IRR = \frac{-Basis_t + HET_t^T}{P_t + AI_{t_1}^t} \times \frac{t_2 - t_1}{T - t} \quad (13-10)$$

则 $IRR \times \frac{T-t}{t_2 - t_1} = \frac{-Basis_t + HET_t^T}{P_t + AI_{t_1}^t}$。进而言之,以隐含回购利率表示的持有期内的等价收益率是期现套利空间与可交割券在持有期内的利息收入之和与策略总成本的比率。

2. 隐含回购利率与净基差

由于净基差 $BNOC_t = Basis_t - HET_t^T$,故以隐含回购利率表示的持有期内的等价收益率是负的净基差与策略总成本的比率,即有:

$$IRR \times \frac{T-t}{t_2 - t_1} = \frac{-BNOC_t}{P_t + AI_{t_1}^t} \quad (13-11)$$

二、基差交易策略

(一) 基于基差水平识别基差策略

性质 13-3: 当基差小于零时,实施买入基差策略;当基差大于零时,实施卖出基差策略。

由性质 13-2 知,若当前时点和期货交割时点均处于可交割券的两个相邻付息节点之间,且可交割券在持有期内的利息收入与融资成本相等时,空头利润等于负的基差。因此,当基差小于零时,空头获得正利润,其倾向于实施买入基差策略;当基差大于零时,空头获得负利润,其倾向于实施卖出基差策略。其策略意义在于以下两点。

第一,当预期基差小于零且持续扩大时,空头有更强的动机实施买入基差策略。

第二,当预期基差大于零且持续扩大时,空头有更强的动机实施卖出基差策略。

(二) 基于 IRR 识别基差策略

性质 13-4: 当借款利率小于隐含回购利率时,实施买入基差策略;当借款利率大于隐含回购利率时,实施卖出基差策略。

由于空头利润是其借款利率的反函数,且当借款利率等于 IRR 时,空头利润为零,故有如下推断。

第一,当 $r < IRR$ 时,有 $E > 0$。即借款利率小于隐含回购利率时,空头利润为正,其倾向于实施买入基差策略。

第二,当 $r > IRR$ 时,有 $E < 0$。即借款利率大于隐含回购利率时,空头利润为负,其倾向于实施卖出基差策略。

三、跨期交易策略

假设构建"买入近月合约、卖出远月合约"的跨期套利策略,其交易机制是:投资者在近月合约到期时点进行交割,获得交割券且持有至远月合约交割时点,再将之用于远月合约的交割,以对近月合约的多头进行平仓。

(一) 买入近月合约、卖出远月合约

1. 跨期套利的盈利空间

性质 13-5:"买入近月合约、卖出远月合约"的跨期套利收益是近月合约的净基差与远月合约的净基差之差。

证明:假设投资者在当前时点构建了"买入近月合约、卖出远月合约"的跨期套利策略,近月合约和远月合约的交割时点分别是 T_1 和 T_2,且当前时点和两个期货合约的交割时点均处于可交割券的两个相邻付息节点 t_1 和 t_2 之间,即 $t_1 < t < T_1 < T_2 < t_2$(见图 13-3)。假设可交割券的当前价格及其转换因子分别为 P_t 和 CF,近月合约和远月合约的结算价格分别是 Φ_{t,T_1}^S 和 Φ_{t,T_2}^S[①]。

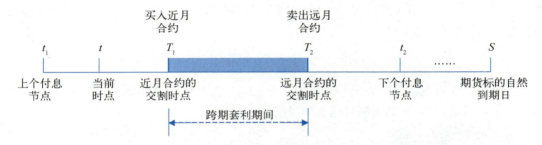

图 13-3 "买入近月合约、卖出远月合约"跨期套利的结构示意

在近月合约交割时点 T_1,投资者是近月合约的多头,其从近月合约空头处获得可交割券,且支付近月合约的发票价格 $\Phi_{t,T_1}^S \times CF_1 + AI_{t_1}^{T_1}$。

在远月合约交割时点 T_2,投资者是远月合约的空头,其将手中持有的可交割券交付远月合约的多头,且收到远月合约的发票价格 $\Phi_{t,T_2}^S \times CF_2 + AI_{t_1}^{T_2}$。因此,该跨期套利策略的盈利空间是:

$$
\begin{aligned}
E &= (\Phi_{t,T_2}^S \times CF_2 + AI_{t_1}^{T_2}) - (\Phi_{t,T_1}^S \times CF_1 + AI_{t_1}^{T_1}) \\
&= (\Phi_{t,T_2}^S \times CF_2) - (\Phi_{t,T_1}^S \times CF_1) + (AI_{t_1}^{T_2} - AI_{t_1}^{T_1}) \\
&= (\Phi_{t,T_2}^S \times CF_2 - P_t) - (\Phi_{t,T_1}^S \times CF_1 - P_t) + AI_{T_1}^{T_2}
\end{aligned}
\quad (13\text{-}12)
$$

这里, $AI_{T_1}^{T_2} = AI_{t_1}^{T_2} - AI_{t_1}^{T_1}$(即跨期套利期间的应计利息)。不妨令 $Basis_{t,T_1} = P_t - \Phi_{t,T_1}^S \times CF_1$, $Basis_{t,T_2} = P_t - \Phi_{t,T_2}^S \times CF_2$,两者分别是近月合约和远月合约的基差,则有:

$$
E = Basis_{t,T_1} - Basis_{t,T_2} + AI_{T_1}^{T_2} \quad (13\text{-}13)
$$

由于 $AI_{T_1}^{T_2} = AI_t^{T_2} - AI_t^{T_1}$,将其代入上式得:

$$
E = (Basis_{t,T_1} - AI_t^{T_1}) - (Basis_{t,T_2} - AI_t^{T_2}) \quad (13\text{-}14)
$$

[①] 为简单起见,假设近月合约和远月合约名义券的自然到期时点相同。

不妨令 $BNOC_{t,T_1} = Basis_{t,T_1} - AI_t^{T_1}$，$BNOC_{t,T_2} = Basis_{t,T_2} - AI_t^{T_2}$，两者分别是近月合约和远月合约的净基差，故跨期套利策略的盈利空间：

$$E = BNOC_{t,T_1} - BNOC_{t,T_2} \qquad (13-15)$$

显然，当 $BNOC_{t,T_1} > BNOC_{t,T_2}$ 时，"买入近月合约、卖出远月合约"的跨期套利收益为正。

2. 跨期套利的信号识别

基于性质 13-5 知，当近月合约的净基差大于远月合约的净基差时，实施"买入近月合约、卖出远月合约"跨期套利策略有利可图。

（二）卖出近月合约、买入远月合约

1. 跨期套利的盈利空间

性质 13-6："卖出近月合约、买入远月合约"的跨期套利收益是远月合约的净基差与近月合约的净基差之差。

证明：见附录 13-2。

2. 跨期套利的信号识别

由性质 13-6 知，当远月合约的净基差大于近月合约的净基差时，实施"卖出近月合约、买入远月合约"的跨期套利策略有利可图。

3. 信号识别的隐性条件

需要指出的是，在性质 13-6 的证明过程中，假设近月合约和远月合约的可交割券相同，且当前时点和两个期货合约的交割时点均处于可交割券的两个相邻付息节点之间。

理论上，当跨期交易的时间间隔较短时，利率期限结构发生结构突变，以及 CTD 券切换的可能性较低，即近月合约和远月合约保持相同 CTD 券的可能性较高。

思 考 与 练 习

1. 什么是基差和净基差？
2. 简述国债期货基差与空头交割净成本的关系。
3. 简述国债期货基差与空头利润的关系。
4. 什么是隐含回购利率？如何基于隐含回购利率识别基差交易策略？
5. 简述买入基差策略的识别方式。
6. 如何根据近月合约和远月合约的净基差设计跨期套利策略？

研 究 与 探 索

1. 以 5 年期国债期货为例，将其在不同时期的主力合约相串联，构建一个连续的交易合约，并观察其基差的变动状况。运用统计或计量方法（如体制变换模型）识别基差的"重

大"结构性变动时点或阶段,在考虑国债期货交易成本的基础上,设计空头基差交易策略的具体实施阶段,并分析其可能的盈利空间。

2. 以5年期国债期货为例,将其在不同时期的近月合约串联构建一个连续的近月合约,以及不同时期的远月合约串联构建一个连续的远月合约,且将近月合约的净基差与远月合约的净基差相减(简称信号指标)。运用统计或计量方法(如体制变换模型)识别信号指标的"重大"结构性变动时点或阶段,在考虑国债期货交易成本的基础上,设计"买入近月合约、卖出远月合约"跨期套利策略的具体实施阶段,并分析其可能的盈利空间。

本 章 附 录

附录 13-1:若可交割券在持有期内的利息收入与融资成本相等,且国债期货的买卖时点和交割时点不在可交割券的两个相邻付息节点之间时,则空头的期现套利空间小于负的基差。

证明:假设当前时点(国债期货的买卖时点)和国债期货交割时点分别是 t 和 T,且当前时点处于可交割券的相邻付息节点 t_0 和 t_1 之间,国债期货的交割时点处于可交割券的相邻付息节点 t_1 和 t_2 之间,其中 $t_0 < t < t_1 < T < t_2$(见图 13-4)。

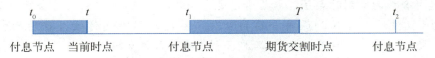

图 13-4 国债期货的买卖与交割时点跨付息节点

在国债期货的交割时点 T,空头将可交割券交付多头,其策略总成本是 $(P_t + AI_t^{t_0}) + L_t^T$,同时从多头获得发票价格 $\Phi_{t,T}^S \times CF + AI_{t_1}^T$。注意,国债期货交割时点的应计利息是 $AI_{t_1}^T$ 而非 AI_t^T,因为 $AI_t^{t_1}$ 已在付息节点 t_1 支付给了空头。因此,空头利润:

$$E = (\Phi_{t,T}^S \times CF + AI_{t_1}^T) - [(P_t + AI_t^{t_0}) + L_t^T]$$
$$= (\Phi_{t,T}^S \times CF - P_t) + [AI_{t_1}^T - (AI_t^{t_0} + L_t^T)] \quad (13-16)$$

由于 $AI_{t_1}^T = AI_t^T - AI_t^{t_1}$,故而:

$$E = (\Phi_{t,T}^S \times CF - P_t) + [(AI_t^T - AI_t^{t_1}) - (AI_t^{t_0} + L_t^T)]$$
$$= (\Phi_{t,T}^S \times CF - P_t) + [(AI_t^T - L_t^T) - (AI_t^{t_0} + AI_t^{t_1})] \quad (13-17)$$

由于 $HE_t^T = AI_t^T$,$AI_t^{t_0} + AI_t^{t_1} = AI^{t_1}_{t_0}$,$P_t - \Phi_{t,T}^S \times CF = Basis_t$,故而:

$$E = -Basis_t + [(HE_t^T - L_t^T) - AI_{t_0}^{t_1}] \quad (13-18)$$

显然,当 $HE_t^T = L_t^T$ 时,有 $E_1 = -Basis_t - AI_{t_0}^{t_1} < -Basis_t$。因此,当可交割券在持有期内的利息收入与融资成本相等时,空头利润将小于负的基差。

附录 13-2:"卖出近月合约、买入远月合约"的跨期套利收益是远月合约的净基差与近月合约的净基差之差。

证明：假设投资者在当前时点 t 构建了"卖出近月合约、买入远月合约"的跨期套利策略，近月合约和远月合约的交割时点分别是 T_1 和 T_2，且当前时点和两个期货合约的交割时点均处于可交割券的两个相邻付息节点 t_1 和 t_2 之间，其中 $t_1 < t < T_1 < T_2 < t_2$（见图 13-5）。假设可交割券的当前价格及其转换因子分别是 P_t 和 CF，近月合约和远月合约的结算价格分别是 Φ^S_{t,T_1} 和 Φ^S_{t,T_2}。

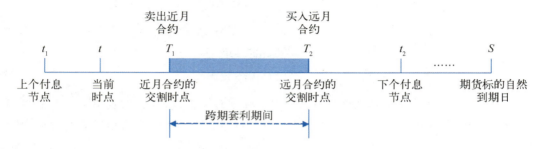

图 13-5 "卖出近月合约、买入远月合约"跨期套利的结构示意

在近月合约交割时点 T_1，投资者是近月合约的空头，其向近月合约的多头交付交割券，且收到近月合约的发票价格 $\Phi^S_{t,T_1} \times CF_1 + AI^{T_1}_{t_1}$。

在远月合约的交割时点 T_2，投资者是远月合约的多头，其收到远月合约空头交付的可交割券（假设近月合约和远月合约的可交割券同），同时支付远月合约的发票价格 $\Phi^S_{t,T_2} \times CF_2 + AI^{T_2}_{t_1}$。由此可见，该跨期套利策略的盈利空间：

$$\begin{aligned}
E &= (\Phi^S_{t,T_1} \times CF_1 + AI^{T_1}_{t_1}) - (\Phi^S_{t,T_2} \times CF_2 + AI^{T_2}_{t_1}) \\
&= (\Phi^S_{t,T_1} \times CF_1 - P_t) - (\Phi^S_{t,T_2} \times CF_2 - P_t) - (AI^{T_2}_{t_1} - AI^{T_1}_{t_1}) \\
&= (\Phi^S_{t,T_1} \times CF_1 - P_t) - (\Phi^S_{t,T_2} \times CF_2 - P_t) - AI^{T_2}_{T_1} \\
&= Basis_{t,T_2} - Basis_{t,T_1} - (AI^{T_2}_t - AI^{T_1}_t) \\
&= (Basis_{t,T_2} - AI^{T_2}_t) - (Basis_{t,T_1} - AI^{T_1}_t) \\
&= BNOC_{t,T_2} - BNOC_{t,T_1}
\end{aligned} \tag{13-19}$$

因此，当远月合约的净基差大于近月合约的净基差时，实施"卖出近月合约、买入远月合约"的跨期套利策略有利可图。

第十四章

国债期货的套保策略

在商品期货和股指期货的套保策略设计中,通常假设期货的标的正好是现货多头(或套保工具的标的是套保对象)。然而,国债期货的标的是名义券,并非真正意义上的国债现货,国债期货通过可交割券特别是CTD券完成期货交割,需要将可交割券按照特定方式转换为名义券,该"中介"过程使得国债期货的套保策略设计与商品期货、股指期货有所不同。

国债期货和国债现货的市场风险驱动因子是利率,在较短时间间隔内,利率的变动程度相对较低且较为平稳,可通过低阶泰勒级数展开逼近可交割券和国债期货的价值变动,进而推断套保组合的价值变动,并在其风险免疫、风险最小化等决策规则下求解最优套保比率。本章将推演风险免疫策略和风险最小化策略在国债期货套保策略设计中的应用原理及其逻辑差异。其中,风险免疫策略包括久期中性策略和基点价值策略,风险最小化策略包括套保组合价值风险最小化策略和套保组合收益风险最小化策略。

一、期货套保策略设计

(一)期货是双向风险对冲工具

基于对冲现货市场风险的需要,可以卖空 HR 个单位的以该现货为标的的期货,这里假设期货标的与现货同。在前述套保策略设计中,现货被称为套保对象,期货是套保工具,1个单位现货与 HR 个单位期货的组合称为套保组合,其中 HR 称为套保比率。

在套保组合中,当现货价格下跌时,现货市场价值下降,但卖空的期货价值上升;当现货价格上涨时,现货市场价值上升,但卖空的期货价值下降,现货价值和期货价值始终朝着相反的方向运动。从这个意义上审视,期货是双向风险对冲工具,能够对冲现货价格上涨或下跌的双向变动风险。

(二)决策规则与最优套保比率

套保对象和套保工具之间的配比称为套保比率。具体而言,在特定决策规则下,1个单位的套保对象需要 HR 个单位的套保工具,HR 即是该决策规则下的最优套保比率。注意,在不同的决策规则下,最优套保比率或有截然不同的表现或含义。在商品期货、股指期货的套保策略设计中,最优套保比率的常见决策规则有套保组合风险免疫策略、套保组合风险最小化策略、套保组合效用最大化策略、风险和收益的权衡策略,其中套保组合效用最大化策略通常内嵌了风险和收益的权衡思想。

当套保工具的标的与套保对象相同时,套保组合的市场风险驱动因子是套保对象的价格变动。套保组合风险免疫策略是指选择一个适当的套保比率,使得套保组合价值对现货价格变动的敏感性为零。此时,无论套保对象价格如何变动,套保组合价值均保持不变,从而达到风险免疫状态。与之不同,套保组合风险最小策略是在组合价值或收益的风险最小化决策规则下,寻找最优的套保比率。在组合风险最小状态下,套保组合仍有风险,只是处于最低水平而已。

套保组合效用最大化策略通常将效用函数设计成组合收益的增函数和组合风险的减函数,且组合风险受到风险厌恶系数的调节。从本质上来讲,其体现了组合风险与收益之间的权衡思想,同时考虑了投资者的风险厌恶程度或风险规避倾向。然而,风险厌恶系数是不可观测变量,这对策略估计和策略实施产生不利影响。另外,套保组合夏普比率是指承担单位组合风险所能获得的超额收益,兼顾了组合收益和风险之间的权衡思想,且未考虑风险厌恶或风险规避倾向,故具有更高的策略设计可行性,常被用于股票现货和股指期货的套保策略设计。

套保组合风险最小化策略是在组合风险最小化决策规则下,寻求最优的套保比率。相关策略设计主要取决于以下三点。

第一,如何刻画套保组合价值或收益,其中套保组合收益的刻画方式包括但不限于相对收益率和对数差分收益率。

第二,如何测度套保组合风险,相关测度指标包括但不限于方差、半方差、下偏距、在险价值(VaR)、条件 VaR 等,其中方差是最常用、最简洁的风险测度方式。

第三,如何估计最优套保比率。特别地,当对套保对象和套保工具进行对数差分收益率表示时,套保组合收益方差最小化情景下的最优套保比率是贝塔系数,其是现货收益率与期货收益率的线性回归系数,且可对之进行多维度的静态估计和动态估计。静态估计方法如线性回归估计(OLS)、向量自回归估计(VAR)、向量误差协整估计(VECM)。动态估计方法如移动平均估计、多元 GARCH 模型(含常用的 BEKK - GARCH 模型)、状态空间模型等。

二、组合价值风险免疫策略

假设当前时点和期货交割时点分别是 t 和 T,且均处于国债现货的两个相邻付息节点 t_1 和 t_2 之间,即 $t_1 < t < T < t_2$。假设国债现货的当前市场价格为 P_t,国债期货的结算价格是 $\Phi_{t,T}^{S}$,AI_t^T 表示国债现货在 t 到 T 期间的应计利息,HET_t^T 表示国债现货在 t 到 T 持有期内的利息收入。若持有 1 个单位的国债现货,基于对冲现货价格风险考虑,需要卖空 HR 个单位的国债期货,则套保组合价值:

$$V_t = P_t - HR \cdot \Phi_{t,T}^{S} \tag{14-1}$$

套保组合的价值变动:

$$\Delta V_t = \Delta P_t - HR \cdot \Delta \Phi_{t,T}^{S} \tag{14-2}$$

市场利率是国债现货价格变动和国债期货价格变动的风险驱动因子。当套保组合

价值变动为零时,其将不受市场利率变化的影响,则利率免疫情形下的最优套保比率是:

$$HR^* = \frac{\Delta P_t}{\Delta \Phi_{t,T}^S} \tag{14-3}$$

即套保比率是国债现货价值变动与国债期货价值变动的比值,或套保对象价值变动与套保工具价值变动的比值。

注意到,前述套保组合利率免疫策略假设国债期货的标的与国债现货同。当国债期货标的非国债现货,且用CTD券完成期货交割时,1个单位CTD券相当于CF个单位的国债期货,即$\Phi_{t,T}^S = \frac{P_{CTD,t}}{CF}$(或$\Delta \Phi_{t,T}^S = \frac{\Delta P_{CTD,t}}{CF}$,其中$\Delta P_{CTD,t}$表示CTD券的价值变动),则套保组合利率免疫情形下的最优套保比率:

$$HR^* = \frac{\Delta P_t}{\Delta P_{CTD,t}} \times CF \tag{14-4}$$

三、久期中性套保策略

久期中性套保策略假设:第一,利率期限结构是一条水平的静态直线,且国债现货价格和国债期货价格均是利率的连续、可导函数;第二,当利率期限结构发生微小平移时,均用久期逼近国债现货价格变动和国债期货价格变动;第三,基于套保组合价值中性原则推导最优套保比率。

(一)期货久期表示的最优套保比率

性质14-1:当用久期逼近国债现货价格变动和国债期货价格变动时,套保组合价值在风险中性条件下的最优套保比率:

$$HR^* \approx \frac{P_t D_P}{\Phi_{t,T}^S D_\Phi} \tag{14-5}$$

其中,P_t和$\Phi_{t,T}^S$分别表示国债现货价格和国债期货的结算价格,D_P和D_Φ分别表示国债现货和国债期货的久期。

证明:假设利率期限结构是处于y水平的一条直线,且国债现货价格$P_t = f_1(y)$,国债期货价格$\Phi_{t,T}^S = f_2(y)$,则套保组合价值$V_t = f_3(y)$。当Δy很小时,基于久期逼近原则知,国债现货价格变动$\Delta P_t \approx -P_t D_P \Delta y$,国债期货价格变动$\Delta \Phi_{t,T}^S \approx -\Phi_{t,T}^S D_\Phi \Delta y$,则套保组合价值变动:

$$\Delta V_t \approx -P_t D_P \Delta y + HR \cdot \Phi_{t,T}^S D_\Phi \Delta y \tag{14-6}$$

进而有:

$$\frac{\Delta V_t}{\Delta y} \approx HR \cdot \Phi_{t,T}^S D_\Phi - P_t D_P \tag{14-7}$$

当 $HR \cdot \Phi_{t,T}^S D_\Phi - P_t D_P = 0$ 时，有 $\frac{\Delta V_t}{\Delta y} \approx 0$，故套保组合处于风险中性（近似风险免疫）状态下的套保比率 $HR^* \approx \frac{P_t D_P}{\Phi_{t,T}^S D_\Phi}$。

（二）CTD 券表示的最优套保比率

1. 国债期货的久期

然而，国债期货的标的是名义券，其并非"内生"含有久期。国债期货之所以有久期，是其追踪的国债——CTD 券有久期。当使用 CTD 券作为国债期货的交割券时，国债期货的久期与 CTD 券的久期近似。

性质 14-2： 当用 CTD 券作为国债期货的交割券时，国债期货的久期与 CTD 券的久期相等。

证明：基于债券久期相似的定义规则，可将国债期货的久期写为：

$$D_\Phi = -\frac{\partial \Phi_{t,T}^S}{\partial y} \cdot \frac{1}{\Phi_{t,T}^S} \tag{14-8}$$

在无套利情形下，当用 CTD 券作为交割券时，1 个单位的 CTD 券相当于 CF 个单位的国债期货，即 $\Phi_{t,T}^S = \frac{P_{CTD,t}}{CF}$，将其代入上式化简得：

$$D_\Phi = -\frac{\partial P_{CTD,t}}{\partial y} \cdot \frac{1}{P_{CTD,t}} \tag{14-9}$$

由于 $D_{CTD} = -\frac{\partial P_{CTD,t}}{\partial y} \cdot \frac{1}{P_{CTD,t}}$，故 $D_\Phi = D_{CTD}$。

2. 最优套保比率

性质 14-3： 套保组合价值久期中性条件下的最优套保比率：

$$HR^* \approx \frac{P_t D_P}{P_{CTD,t} D_{CTD}} \times CF \tag{14-10}$$

证明：性质 14-1 给出了期货久期表示的最优套保比率 $HR^* \approx \frac{P_t D_P}{\Phi_{t,T}^S D_\Phi}$，将 $D_\Phi = D_{CTD}$ 和 $\Phi_{t,T}^S = \frac{P_{CTD,t}}{CF}$ 代入前式，有 $HR^* \approx \frac{P_t D_P}{P_{CTD,t} D_{CTD}} \times CF$。

3. 久期中性套保策略的可能问题

第一，用 CTD 券价格逼近国债期货价格可能有误差。若当前时点和期货交割时点均处于 CTD 券的两个相邻付息节点之间，且用买入并持有策略完成期货交割，仅当 CTD 券在持有期内的利息收入与空头的借款成本相等时，国债期货价格才是 CTD 券价格与其转换因子的商。

第二，当利率期限结构发生较大幅度的平移时，用久期逼近国债现货价格变动和国债期货价格变动可能存在较大误差。

第三，国债期货合约必须是整数的要求使得最优套保比率不能完全实现。

四、基点价值套保策略

(一) 国债期货的基点价值

基点价值(basis point value,简称 BPV)是指水平型利率期限结构平移 1 个基点(basis point,简称 bp)时,债券价格的变动程度。基点价值反映了债券价格对利率微小变动的反应程度,含义与久期相似,但用途不同。

当债券内嵌期权等结构化设计,且债券价格无法表示成市场利率的显性函数时,可根据市场观察到的利率变化和债券价格变动信息,基于债券价格一阶导数的敏感性近似估算其"久期"。

当利率期限结构是处于 y 水平的一条直线时,当前时点债券价格 P_t 将是 y 的函数,不妨令 $P_t = P(y)$,则基点价值:

$$BPV = \frac{P_t(y-1bp) - P_t(y+1bp)}{2} \tag{14-11}$$

其表示市场利率从 $(y+1bp)$ 下降到 $(y-1bp)$ 时,债券价格的平均上涨幅度,或市场利率上涨 $1bp$ 和下跌 $1bp$ 时,债券价格的平均变化程度。由于债券价格是市场利率的反函数和凹函数,后者确保债券价格对市场利率的上涨和下跌有不对称反应,且对市场利率下跌的反应强度更大。为了更加准确地刻画债券价格在利率期限结构微小变动状态下的敏感性,基点价值同时考虑了利率上涨和利率下跌的非对称影响。

性质 14-4:当利率期限结构是一条水平直线时,国债期货的基点价值是 CTD 券的基点价值与其转换因子的商。

证明:基于债券基点价值相似的定义规则,可将国债期货的基点价值写为:

$$BPV_\Phi = \frac{\Phi_{t,T}^S(y-1bp) - \Phi_{t,T}^S(y+1bp)}{2} \tag{14-12}$$

当用 CTD 券作为国债期货的交割券时,近似有 $\Phi_{t,T}^S = \frac{P_{CTD,t}}{CF}$,将其代入上式得:

$$BPV_\Phi = \frac{P_{CTD,t}(y-1bp) - P_{CTD,t}(y+1bp)}{2} \times \frac{1}{CF} \tag{14-13}$$

由于 CTD 券的基点价值 $BPV_{CTD} = \frac{P_{CTD,t}(y-1bp) - P_{CTD,t}(y+1bp)}{2}$,故 $BPV_\Phi = \frac{BPV_{CTD}}{CF}$。

(二) 基点价值法的最优套保比率

性质 14-5:当用基点价值法逼近国债现货价格变动和国债期货价格变动时,套保组合价值在风险中性条件下的最优套保比率:

$$HR^* = \frac{BPV_P}{BPV_{CTD}} \times CF \tag{14-14}$$

其中，BPV_P 和 BPV_{CTD} 分别表示国债现货和 CTD 券的基点价值，CF 是 CTD 券的转换因子。

证明：当市场利率分别为 $(y-1bp)$ 和 $(y+1bp)$ 时，套保组合价值分别是：

$$V_t(y-1bp) = P_t(y-1bp) - HR \cdot \Phi^S_{t,T}(y-1bp) \tag{14-15}$$

$$V_t(y+1bp) = P_t(y+1bp) - HR \cdot \Phi^S_{t,T}(y+1bp) \tag{14-16}$$

由附录 14-1 知，套保组合的基点价值：

$$BPV_V = BPV_P - HR \cdot BPV_\Phi \tag{14-17}$$

结合性质 14-4 知，$BPV_\Phi = \dfrac{BPV_{CTD}}{CF}$，将其代入上式有：

$$BPV_V = BPV_P - HR \cdot \dfrac{BPV_{CTD}}{CF} \tag{14-18}$$

特别地，当套保组合的基点价值为零时，套保组合价值对市场利率变动风险近似免疫，进而有最优套保比率 $HR^* = \dfrac{BPV_P}{BPV_{CTD}} \times CF$。

同样地，基点价值套保策略也存在久期中性套保策略相似的问题或挑战。较之久期中性套保策略，基点价值套保策略似乎有更广的适用范围，因其部分地解决了久期逼近不能充分反映债券价格变动的"困扰"。在久期中性套保策略中，仅用一阶导数逼近债券价格变动和期货价格变动，但在基点价值套保策略中，债券价格和期货价格是市场观测之结果，有关价格变动几乎完全反映了市场利率变动的所有影响。

本质上，这两种套保策略均在利率期限结构水平，且仅发生微小变动情景下设计的。对非线性期限结构及其非平移情景，有关套保策略需要进行更复杂的技术性重构。

五、组合价值风险最小化套保策略

组合风险最小化套保策略设计主要取决于：如何刻画套保组合价值或收益，以及计量其风险。出于简单示意考虑，本节将以方差测度套保组合价值或收益的风险，并基于组合风险最小化原则推导最优套保比率。

（一）期现特征参数表示的最优套保比率

性质 14-6：若国债现货价格变动和 CTD 券价格变动的标准差分别为 σ_P 和 σ_{CTD}，国债现货价格变动和 CTD 券价格变动的相关系数是 $\rho_{\Delta P_t, \Delta P_{CTD},t}$，则组合价值风险最小化情形下的最优套保比率：

$$HR^* = \rho_{\Delta P_t, \Delta P_{CTD},t} \times \dfrac{\sigma_P}{\sigma_{CTD}} \times CF \tag{14-19}$$

证明：由于套保组合价值变动 $\Delta V_t = \Delta P_t - HR \cdot \Delta \Phi^S_{t,T}$，对两边分别求方差得：

$$D(\Delta V_t) = D(\Delta P_t) - 2HR \cdot \text{Cov}(\Delta P_t, \Delta \Phi^S_{t,T}) + HR^2 \cdot D(\Delta \Phi^S_{t,T}) \tag{14-20}$$

显然，套保组合价值变动的方差是套保比率的函数，且有：

$$\frac{\partial D(\Delta V_t)}{\partial HR} = -2\text{Cov}(\Delta P_t, \Delta \Phi_{t,T}^S) + 2HR \cdot D(\Delta \Phi_{t,T}^S) \quad (14\text{-}21)$$

当 $\frac{\partial D(\Delta V_t)}{\partial HR} = 0$ 时，套保组合价值风险最小化情形下的最优套保比率：

$$HR^* = \frac{\text{Cov}(\Delta P_t, \Delta \Phi_{t,T}^S)}{D(\Delta \Phi_{t,T}^S)} \quad (14\text{-}22)$$

在无套利条件下，当用 CTD 券作为国债期货的交割券时，有 $\Delta \Phi_{t,T}^S = \frac{\Delta P_{CTD,t}}{CF}$，进而有：

$$D(\Delta \Phi_{t,T}^S) = \frac{1}{CF^2} D(\Delta P_{CTD,t}) = \frac{\sigma_{CTD}^2}{CF^2} \quad (14\text{-}23)$$

$$\text{Cov}(\Delta P_t, \Delta \Phi_{t,T}^S) = \frac{1}{CF}\text{Cov}(\Delta P_t, \Delta P_{CTD,t}) = \frac{1}{CF}\rho_{\Delta P_t, \Delta P_{CTD,t}}\sigma_P \sigma_{CTD} \quad (14\text{-}24)$$

将式（14-23）—（14-24）分别代入式（14-22），易得本性质。

（二）基点价值表示的最优套保比率

性质 14-7：若国债现货到期收益率对 CTD 券到期收益率的线性回归系数为 β，则组合价值风险最小化情景下的最优套保比率：

$$HR^* \approx \frac{BPV_P}{BPV_{CTD}} \times CF \times \beta \quad (14\text{-}25)$$

证明：若将国债现货价格 P_t 视为其到期收益率 y_P 的函数，则可根据基点价值近似估计国债现货的价格变动，即 $\Delta P_t \approx BPV_P \cdot \Delta y_P$，从而有：

$$\sigma_P \approx BPV_P \cdot \sigma_{y,P} \quad (14\text{-}26)$$

这里，$\sigma_{y,P}^2$ 表示国债现货到期收益率的波动性。同理，CTD 券的价格波动性与其到期收益率的波动性有近似关系：

$$\sigma_{CTD} \approx BPV_{CTD} \cdot \sigma_{y,CTD} \quad (14\text{-}27)$$

将 $\Delta P_t \approx BPV_P \cdot \Delta y_P$ 和 $\Delta P_{CTD,t} \approx BPV_{CTD} \cdot \Delta y_{CTD}$ 分别代入国债现货价格变动与 CTD 券价格变动的相关系数有（见附录 14-2）：

$$\rho_{\Delta P_t, \Delta P_{CTD,t}} = \rho_{\Delta y_P, \Delta y_{CTD}} \quad (14\text{-}28)$$

将式（14-26）—（14-28）分别代入式（14-19）有：

$$\begin{aligned}HR^* &\approx \rho_{\Delta y_P, \Delta y_{CTD}} \times \frac{BPV_P \cdot \sigma_{y,P}}{BPV_{CTD} \cdot \sigma_{y,CTD}} \times CF \\ &= \frac{BPV_P}{BPV_{CTD}} \times CF \times \frac{\text{Cov}(\Delta y_P, \Delta y_{CTD})}{\sigma_{y,CTD}^2}\end{aligned} \quad (14\text{-}29)$$

不妨令 $\beta = \dfrac{\mathrm{Cov}(\Delta y_P, \Delta y_{CTD})}{\sigma_{y,CTD}^2}$，其相当于国债现货到期收益率对 CTD 券到期收益率的线性回归系数，则最优套保比率 $HR^* \approx \dfrac{BPV_P}{BPV_{CTD}} \times CF \times \beta$。与基点价值法下的最优套保比率不同，本策略下的最优套保比率多了"贝塔系数"，似乎有助于平滑国债现货收益率与 CTD 券收益率变动幅度不一致的影响。

六、组合收益风险最小化套保策略

性质 14-8：在套保组合对数差分收益率风险最小化决策规则下，最优套保比率：

$$HR^* = \hat{\beta} \tag{14-30}$$

其中，$\hat{\beta} = \dfrac{\mathrm{Cov}(r_{P,t}, r_{CTD,t})}{D(r_{CTD,t})}$，其是国债现货价格的对数差分收益率对 CTD 券价格的对数差分收益率的线性回归系数。

证明：不妨令国债现货的收益率 $r_{P,t} = \ln(P_t) - \ln(P_{t-1})$，国债期货的收益率 $r_{\Phi,t} = \ln(\Phi_{t,T}^S) - \ln(\Phi_{t-1,T}^S)$。由于 $\Phi_{t,T}^S = \dfrac{P_{CTD,t}}{CF}$，则国债期货的收益率与 CTD 券的收益率相当：

$$\begin{aligned} r_{\Phi,t} &= \ln\left(\dfrac{P_{CTD,t}}{CF}\right) - \ln\left(\dfrac{P_{CTD,t-1}}{CF}\right) \\ &= \ln(P_{CTD,t}) - \ln(P_{CTD,t-1}) \\ &= r_{CTD,t} \end{aligned} \tag{14-31}$$

故套保组合的收益率：

$$\begin{aligned} r_{V,t} &= r_{P,t} - HR \cdot r_{\Phi,t} \\ &= r_{P,t} - HR \cdot r_{CTD,t} \end{aligned} \tag{14-32}$$

对上式两边分别求导有：

$$D(r_{V,t}) = D(r_{P,t}) - 2HR \cdot \mathrm{Cov}(r_{P,t}, r_{CTD,t}) + HR^2 \cdot D(r_{CTD,t}) \tag{14-33}$$

进而有：

$$\dfrac{\partial D(r_{V,t})}{\partial HR} = 2HR \cdot D(r_{CTD,t}) - 2\mathrm{Cov}(r_{P,t}, r_{CTD,t}) \tag{14-34}$$

当 $\dfrac{\partial D(r_{V,t})}{\partial HR} = 0$ 时，有 $HR^* = \dfrac{\mathrm{Cov}(r_{P,t}, r_{CTD,t})}{D(r_{CTD,t})}$。当现货价格的对数差分收益率对 CTD 价格的对数差分收益率进行如下的线性回归时：

$$r_{P,t} = \alpha + \beta \cdot r_{CTD,t} + \varepsilon_t \tag{14-35}$$

其中，$\varepsilon_t \sim N(0, \sigma_\varepsilon^2)$，有 $\hat{\beta} = \dfrac{\mathrm{Cov}(r_{P,t}, r_{CTD,t})}{D(r_{CTD,t})}$，故 $HR^* = \hat{\beta}$。

思考与练习

1. 概括描述久期中性套保策略的基本思想。
2. 简要描述基点价值套保策略的基本思想。
3. 比较分析久期中性套保策略和基点价值套保策略的异同。
4. 如何估计组合价值风险最小化情景下的最优套保比率?

研究与探索

1. 基于相对收益率定义,推导组合收益率风险最小化决策规则下的最优套保比率。
2. 久期中性套保策略等将套保对象和套保工具(如国债现货和国债期货)的价格均视为到期收益率的函数,仅能刻画利率期限结构的微小变动(或微小的线性平移)对套保对象和套保工具价格变动的影响。借鉴因子对冲思想,若将套保对象和套保工具的价值均视为利率期限结构的水平因子、斜率因子和曲率因子的函数,试推导最优套保比率,其似能刻画利率期限结构的短期变动①和完整变动对套保组合价值变动的影响。

本章附录

附录 14-1:证明 $BPV_V = BPV_P - HR \cdot BPV_\Phi$。

证明:基于基点价值相似的定义规则,套保组合的基点价值是

$$BPV_V = \frac{V_t(y-1bp) - V_t(y+1bp)}{2} \tag{14-36}$$

将式(14-15)—(14-16)分别代入上式,有:

$$BPV_V = \frac{[P_t(y-1bp) - HR \cdot \Phi^S_{t,T}(y-1bp)] - [P_t(y+1bp) - HR \cdot \Phi^S_{t,T}(y+1bp)]}{2}$$

$$= \frac{P_t(y-1bp) - P_t(y+1bp)}{2} - HR \cdot \frac{\Phi^S_{t,T}(y-1bp) - \Phi^S_{t,T}(y+1bp)}{2}$$

$$= BPV_P - HR \cdot BPV_\Phi \tag{14-37}$$

附录 14-2:证明 $\rho_{\Delta P_t, \Delta P_{CTD,t}} = \rho_{\Delta y_P, \Delta y_{CTD}}$。

证明:将 $\Delta P_t \approx BPV_P \cdot \Delta y_P$ 和 $\Delta P_{CTD,t} \approx BPV_{CTD} \cdot \Delta y_{CTD}$ 分别代入国债现货价格

---

① 利率期限结构的短期变动主要由其斜率因子决定或控制。

变动与 CTD 券价格变动的相关系数，有：

$$\begin{aligned}
\rho_{\Delta P_t, \Delta P_{CTD,t}} &= \frac{\text{Cov}(\Delta P_t, \Delta P_{CTD,t})}{\sqrt{D(\Delta P_t) \cdot D(\Delta P_{CTD,t})}} \\
&\approx \frac{\text{Cov}(BPV_P \cdot \Delta y_P, BPV_{CTD} \cdot \Delta y_{CTD})}{\sqrt{D(BPV_P \cdot \Delta y_P) \cdot D(BPV_{CTD} \cdot \Delta y_{CTD})}} \\
&= \frac{BPV_P \cdot BPV_{CTD} \cdot \text{Cov}(\Delta y_P, \Delta y_{CTD})}{BPV_P \cdot BPV_{CTD} \cdot \sqrt{D(\Delta y_P) D(\Delta y_{CTD})}} \\
&= \frac{\text{Cov}(\Delta y_P, \Delta y_{CTD})}{\sqrt{D(\Delta y_P) \cdot D(\Delta y_{CTD})}} \\
&= \rho_{\Delta y_P, \Delta y_{CTD}}
\end{aligned} \qquad (14\text{-}38)$$

第十五章

国债期货的估值理论^{**}

在风险中性测度下,期货价格可视为现货远期价格的条件期望,其似乎适用于任意标的的期货估值。对国债期货而言,利率是其唯一的风险驱动因子,在瞬时即期利率随机运动的状态下,本章推演了零息国债期货(或国债期货)价格满足的随机微分方程,且在仿射模型框架内讨论了其估值方式。鉴于利率随机状态下的国债期货估值较为复杂,本章仅以最简单的 Merton 模型为例,详细展示了零息国债期货的求解与定价过程。特别指出的是,国债期货的理论估值与其现实感观有一定差异。理论估值一般假设国债期货的标的是现实存在的,且能充分用于期货交割,无需考虑所谓可交割券的筛选及其转换因子问题。

一、国债期货价格

(一) 期货价格

假设当前时点和期货交割时点分别是 t 和 T,T 时点交割的期货在当前时点的价格为 $\Phi_{t,T}$,期货标的(现货)的当前价格和 T 时点的远期价格分别是 S_t 和 S_T,不妨将 $[t,T]$ 分隔成等距的 $n+1$ 个时点 $t=t_0<t_1<t_2<\cdots<t_n=T$,且相邻时间间隔 $\Delta t=\dfrac{T-t}{n}$。假设 $t_i(i=0,1,\cdots,n)$ 时点的无风险利率是 r_i。

性质 15-1:在风险中性测度下,期货价格是现货远期价格的条件期望。

证明:假设投资者构建现金存款和期货的组合,其在当前时点仅有 $\Phi_{t,T}$ 单位的现金资产,且将其存入银行获得无风险收益,但动态调整各时点的期货头寸(不同时点的组合结构及其变动状况如表 15-1 所示)。假设期货无保证金要求,且逐日结算。

表 15-1 组合及其调整状况

时点	无风险利率	期货价格	存款规模	期货头寸
t_0	r_0	$\Phi_{t,T}$	$\Phi_{t,T}$	$e^{r_0 \Delta t}$
t_1	r_1	$\Phi_{t_1,T}$	$e^{r_0 \Delta t} \cdot \Phi_{t_1,T}$	$e^{(r_0+r_1)\Delta t}$
t_2	r_2	$\Phi_{t_2,T}$	$e^{(r_0+r_1)\Delta t} \cdot \Phi_{t_2,T}$	$e^{(r_0+r_1+r_2)\Delta t}$

续 表

时点	无风险利率	期货价格	存款规模	期货头寸
…	…	…	…	…
t_{n-1}	r_{n-1}	$\Phi_{t_{n-1},T}$	$e^{(\sum_{i=0}^{n-2} r_i)\cdot\Delta t}\cdot\Phi_{t_{n-1},T}$	$e^{(\sum_{i=0}^{n-1} r_i)\cdot\Delta t}$

第一,t_1 时点的组合价值。在当前时点,投资者的资产组合是 $\Phi_{t,T}$ 单位的银行存款和 $e^{r_0\Delta t}$ 单位的期货头寸,则 t_1 时点的存款价值为 $\Phi_{t,T}\cdot e^{r_0\Delta t}$,期货损益为 $e^{r_0\Delta t}\cdot(\Phi_{t_1,T}-\Phi_{t,T})$,其中 $\Phi_{t_1,T}$ 和 $\Phi_{t,T}$ 分别表示 T 时点交割的期货在 t_1 和 t 时点的价格。因此,t_1 时点的组合价值为 $e^{r_0\Delta t}\cdot\Phi_{t_1,T}$。

第二,t_2 时点的组合价值。在 t_1 时点,投资者将 $e^{r_0\Delta t}\cdot\Phi_{t_1,T}$ 的资金继续存入银行,且将期货头寸调整为 $e^{(\sum_{i=0}^{1} r_i)\cdot\Delta t}$,则 t_2 时点的存款价值为 $(e^{r_0\Delta t}\cdot\Phi_{t_1,T})\cdot e^{r_1\Delta t}=e^{(\sum_{i=0}^{1} r_i)\cdot\Delta t}\Phi_{t_1,T}$,期货损益为 $e^{(\sum_{i=0}^{1} r_i)\cdot\Delta t}\cdot(\Phi_{t_2,T}-\Phi_{t_1,T})$。因此,$t_2$ 时点的组合价值为 $e^{(\sum_{i=0}^{1} r_i)\cdot\Delta t}\cdot\Phi_{t_2,T}$。

第三,t_3 时点的组合价值。在 t_2 时点,投资者将 $e^{(\sum_{i=0}^{1} r_i)\cdot\Delta t}\cdot\Phi_{t_2,T}$ 的资金继续存入银行,且将期货头寸调整至 $e^{(\sum_{i=0}^{2} r_i)\cdot\Delta t}$,则 t_3 时点的存款价值为 $\left[e^{(\sum_{i=0}^{1} r_i)\cdot\Delta t}\cdot\Phi_{t_2,T}\right]\cdot e^{r_2\Delta t}=e^{(\sum_{i=0}^{2} r_i)\cdot\Delta t}\cdot\Phi_{t_2,T}$,期货损益为 $e^{(\sum_{i=0}^{2} r_i)\cdot\Delta t}\cdot(\Phi_{t_3,T}-\Phi_{t_2,T})$。因此,$t_3$ 时点的组合价值为 $e^{(\sum_{i=0}^{2} r_i)\cdot\Delta t}\cdot\Phi_{t_3,T}$。

第四,t_{n-1} 时点的组合价值。同理,在 t_{n-1} 时点,投资者将 $e^{(\sum_{i=0}^{n-2} r_i)\cdot\Delta t}\cdot\Phi_{t_{n-1},T}$ 的资金继续存入银行,且将期货头寸调整至 $e^{(\sum_{i=0}^{n-1} r_i)\cdot\Delta t}$,则 t_n 时点的存款价值为 $\left[e^{(\sum_{i=0}^{n-2} r_i)\cdot\Delta t}\cdot\Phi_{t_{n-1},T}\right]\cdot e^{r_{n-1}\Delta t}=e^{(\sum_{i=0}^{n-1} r_i)\cdot\Delta t}\cdot\Phi_{t_{n-1},T}$,期货损益为 $e^{(\sum_{i=0}^{n-1} r_i)\cdot\Delta t}\cdot(\Phi_{t_n,T}-\Phi_{t_{n-1},T})$。因此,$t_n$ 时点的组合价值为 $e^{(\sum_{i=0}^{n-1} r_i)\cdot\Delta t}\cdot\Phi_{t_n,T}$。

第五,t_n 时点的组合价值。由于 $T=t_n$,且 $\Phi_{t_n,T}=\Phi_{T,T}=S_T$[1],故 t_n 时点的组合价值 $E_T=e^{(\sum_{i=0}^{n-1} r_i)\cdot\Delta t}\cdot S_T$,其中 $e^{(\sum_{i=0}^{n-1} r_i)\cdot\Delta t}$ 表示当前时点的 1 元以连续复利方式"利滚利"至 T 时点的本息之和,在极限状态下,其与 $e^{\int_t^T r_s ds}$ 渐进等价,进而有:

$$V_T=e^{\int_t^T r_s ds}\cdot S_T \tag{15-1}$$

第六,期货价格。在风险中性测度下,T 时点的组合现值与期初投入相等,故:

$$\begin{aligned}\Phi_{t,T}&=E_t^{\Omega}\left[e^{-\int_t^T r_s ds}\cdot V_T\right]\\&=E_t^{\Omega}\left[e^{-\int_t^T r_s ds}\cdot\left(e^{\int_t^T r_s ds}S_T\right)\right]\\&=E_t^{\Omega}[S_T]\end{aligned} \tag{15-2}$$

---

[1] 即从 T 时点来看,T 时点交割的期货价格与其现货价格相同。

因此,期货价格是现货远期价格在风险中性测度下的条件期望,其基于无套利状态下的自融资策略推导而得。

(二) 零息国债的期货价格

性质 15-2: 以 $F^S_{T,T}$ 表示从 T 时点来看,S 时点到期零息国债在 T ($T \leqslant S$) 时点的远期价格(远期价格下标的左侧字母表示观测时点,右侧字母表示交割时点,远期价格的上标表示标的国债的自然到期时点)[①],则 S 时点到期零息国债在 T 时点的期货价格:

$$\Phi^S_{t,T} = E^\Omega_t[F^S_{T,T}] \tag{15-3}$$

由性质 15-1 知,S 时点到期零息国债在 T 时点的期货价格是该时点远期价格的条件期望,即 $\Phi^S_{t,T} = E^\Omega_t[F^S_{T,T}]$。

(三) 附息国债的期货价值

性质 15-3: 若附息国债在期货交割时点和自然到期时点之间有付息节点 T_1, T_2, $\cdots$, T_n, 其中 $T < T_1 < T_2 < \cdots < T_n$, 且各付息节点的现金流分别是 C_1, C_2, $\cdots$, C_n, 则附息国债的期货价格:

$$\Phi^S_{t,T} = \sum_{i=1}^n C_i \cdot \Phi^{T_i}_{t,T} \tag{15-4}$$

其中,$\Phi^{T_i}_{t,T} = E^\Omega_t[F^{T_i}_{T,T}]$,表示 T_i 时点到期零息国债在 T 时点的期货价格。

证明: 单位附息国债在 T 时点的远期价格 $F^S_{T,T} = \sum_{i=1}^n C_i \cdot F^{T_i}_{T,T}$,其中 $F^{T_i}_{T,T}$ 表示 T_i 时点到期的零息债券在 T 时点的远期价格。结合性质 15-1 和性质 15-2 知,附息国债的期货价格:

$$\begin{aligned}\Phi^S_{t,T} &= E^\Omega_t\left[\sum_{i=1}^n C_i \cdot F^{T_i}_{T,T}\right] \\ &= \sum_{i=1}^n C_i \cdot E^\Omega_t[F^{T_i}_{T,T}] \\ &= \sum_{i=1}^n C_i \cdot \Phi^{T_i}_{t,T}\end{aligned} \tag{15-5}$$

即附息国债的期货价格是国债现货在剩余期限内的每笔现金流为面值的零息国债期货价格的加权,其中"权重"是现金流量。

二、国债期货价格的动态随机规律

(一) 内嵌连续支付条款的证券价格

假设证券价格由因子 x_t 随机驱动,且有连续收益 $q(x_t, t)$,但仅在到期时点 T 有一笔支付 $V(x_T, T)$,则其当前价值:

$$\begin{aligned}V(x_t, t) &= E^\Omega_t\left\{e^{-\int_t^T r(x_s, s)ds} \cdot \left[e^{\int_t^T q(x_s, s)ds} V(x_T, T)\right]\right\} \\ &= E^\Omega_t\left\{e^{-\int_t^T [r(x_s, s) - q(x_s, s)]ds} \cdot V(x_T, T)\right\}\end{aligned} \tag{15-6}$$

[①] $F^S_{T,T}$ 相当于 T 到 S 期间的现金流按照远期利率贴现至 T 时点的现值,其中 $F^S_{t,T}$ 表示"从当前时点来看,S 时点到期零息国债在 T 时点的远期价格"。

这里，$e^{\int_t^T q(x_s, s)ds}$ 表示 1 个单位证券在 $[t, T]$ 期间的收益连续复利计算至 T 时点的本息之和，$e^{\int_t^T q(x_s, s)ds} V(x_T, T)$ 是 1 个单位证券在 T 时点的总价值，再将其贴现至当前时点即证券的当前价值。

特别地，当 $r(x_s, s) = q(x_s, s)$ 时，有 $V(x_t, t) = E_t^{\Omega}[V(x_T, T)]$。结合性质 15-1 知，$\Phi_{t,T} = E_t^{\Omega}[V(x_T, T)]$，进而有 $V(x_t, t) = \Phi_{t,T}$。

(二) 国债期货价格的随机微分方程

性质 15-4：若瞬时即期利率服从如下随机过程：

$$dr_t = \alpha dt + \beta dW_t \tag{15-7}$$

则在风险中性测度下，国债期货价格满足如下的随机微分方程：

$$\frac{\partial \Phi_{t,T}^S}{\partial t} + \alpha \frac{\partial \Phi_{t,T}^S}{\partial r_t} + \frac{1}{2}\beta^2 \frac{\partial^2 \Phi_{t,T}^S}{\partial r_t^2} = 0 \tag{15-8}$$

证明：当证券期货价格 V 是瞬时即期利率 r_t 和时间 t 的函数时，对其伊藤展开得：

$$\begin{aligned}
dV(r_t, t) &= \frac{\partial V(r_t, t)}{\partial t}dt + \frac{\partial V(r_t, t)}{\partial r_t}(\alpha dt + \beta dW_t) + \frac{1}{2}\frac{\partial^2 V(r_t, t)}{\partial r_t^2}(\beta^2 dt) \\
&= \left[\frac{\partial V(r_t, t)}{\partial t} + \alpha \frac{\partial V(r_t, t)}{\partial r_t} + \frac{1}{2}\beta^2 \frac{\partial^2 V(r_t, t)}{\partial r_t^2}\right]dt + \beta \frac{\partial V(r_t, t)}{\partial r_t}dW_t
\end{aligned} \tag{15-9}$$

不妨令：

$$\mu_V = \left[\frac{\partial V(r_t, t)}{\partial t} + \alpha \frac{\partial V(r_t, t)}{\partial r_t} + \frac{1}{2}\beta^2 \frac{\partial^2 V(r_t, t)}{\partial r_t^2}\right] \bigg/ V(r_t, t) \tag{15-10}$$

$$\sigma_V = \beta \frac{\partial V(r_t, t)}{\partial r_t} \bigg/ V(r_t, t) \tag{15-11}$$

则有：

$$dV(r_t, t) = \mu_V V(r_t, t) dt + \sigma_V V(r_t, t) dW_t \tag{15-12}$$

由市场风险价格知：

$$\mu_V = (r_t - q_t) + \sigma_V \lambda_t \tag{15-13}$$

将式 (15-10) 和式 (15-11) 代入上式有：

$$\frac{\frac{\partial V(r_t, t)}{\partial t} + \alpha \frac{\partial V(r_t, t)}{\partial r_t} + \frac{1}{2}\beta^2 \frac{\partial^2 V(r_t, t)}{\partial r_t^2}}{V(r_t, t)} = (r_t - q_t) + \frac{\beta \frac{\partial V(r_t, t)}{\partial r_t}}{V(r_t, t)} \lambda_t \tag{15-14}$$

$$\frac{\partial V(r_t, t)}{\partial t} + (\alpha - \beta\lambda_t)\frac{\partial V(r_t, t)}{\partial r_t} + \frac{1}{2}\beta^2 \frac{\partial^2 V(r_t, t)}{\partial r_t^2} = (r_t - q_t)V(r_t, t) \tag{15-15}$$

特别地，当 $r_t = q_t$ 时，有 $V(r_t, t) = \Phi_{t,T}^S$，故国债期货价格的随机微分方程是：

$$\frac{\partial \Phi_{t,T}^S}{\partial t} + (\alpha - \beta\lambda_t)\frac{\partial \Phi_{t,T}^S}{\partial r_t} + \frac{1}{2}\beta^2 \frac{\partial^2 \Phi_{t,T}^S}{\partial r_t^2} = 0 \tag{15-16}$$

在风险中性测度下，有 $\lambda_t = 0$，故国债期货价格在风险中性测度下的随机微分方程是：

$$\frac{\partial \Phi_{t,T}^S}{\partial t} + \alpha \frac{\partial \Phi_{t,T}^S}{\partial r_t} + \frac{1}{2}\beta^2 \frac{\partial^2 \Phi_{t,T}^S}{\partial r_t^2} = 0 \tag{15-17}$$

特别地，对零息国债期货而言，其终值条件是 $\Phi_{T,T}^S = F_{T,T}^S$ ①。

三、仿射模型与国债期货价格

（一）零息国债期货价格的通式

当瞬时即期利率服从仿射模型时，零息国债期货价格的表现形式与零息债券价格有关。有鉴于此，不妨回忆下性质 5-9，其给出了仿射模型框架下的零息债券价格。

性质 5-9：若瞬时即期利率服从如下仿射模型：

$$dr_t = (\phi - kr_t)dt + \sqrt{\delta_0 + \delta_1 r_t}\, dW_t^\Omega \tag{15-18}$$

其中，$k > 0$，$\delta_0 + \delta_1 r_t > 0$，则 T 时点到期的零息债券价格：

$$P(t, T) = \exp\{-a(\tau) - b(\tau)r_t\} \tag{15-19}$$

其中，$\tau = T - t$，且 $a(t)$ 和 $b(t)$ 是下列微分方程组的解：

$$\begin{cases} \frac{1}{2}\delta_1 b^2(t) + kb(t) + b'(t) - 1 = 0 \\ \frac{1}{2}\delta_0 b^2(t) - \phi b(t) + a'(t) = 0 \\ a(0) = b(0) = 0 \end{cases} \tag{15-20}$$

性质 15-5：当瞬时即期利率服从式(15-18)的仿射模型时，零息国债的期货价格是：

$$\Phi_{t,T}^S = \exp\{-A(\tau) - B(\tau)r_t\} \tag{15-21}$$

其中，$\tau = T - t$，$A(\tau)$ 和 $B(\tau)$ 是下列微分方程组的解：

$$\begin{cases} \frac{1}{2}\delta_1 B^2(\tau) + kB(\tau) + B'(\tau) = 0 \\ \frac{1}{2}\delta_0 B^2(\tau) - \phi B(\tau) + A'(\tau) = 0 \end{cases} \tag{15-22}$$

且终值条件是 $A(0) = a(S - T)$，$B(0) = b(S - T)$。

---

① $\Phi_{T,T}^S$ 表示从 T 时点来看，S 时点的 1 元在 T 时点的期货价格，$F_{T,T}^S$ 表示 S 时点 1 元在 T 时点的远期价格。

证明：见附录 15-1。

(二) Merton 模型的定价示意

1. Merton 模型是特殊的仿射模型

Merton 模型假设 $dr_t = \alpha dt + \beta dW_t$，将其与式(15-18)比较有 $\phi = \alpha$，$k=0$，$\delta_0 = \beta^2$，$\delta_1 = 0$，其是一种特殊且最简单的仿射模型。

2. Merton 模型与零息债券价格

将 $\phi = \alpha$，$k = 0$，$\delta_0 = \beta^2$，$\delta_1 = 0$ 代入式(15-20)知：

$$\begin{cases} b'(t) - 1 = 0 \\ \dfrac{1}{2}\beta^2 b^2(t) - \alpha b(t) + a'(t) = 0 \\ a(0) = b(0) = 0 \end{cases} \tag{15-23}$$

由 $b'(t) - 1 = 0$ 知，$b(t) = t + C$，当 $t = 0$ 时，$C = b(0)$。结合 $b(0) = 0$ 知，$C = 0$，且 $b(t) = t$。

将 $b(t) = t$ 代入式(15-23)的第二个微分方程，有 $\dfrac{1}{2}\beta^2 t^2 - \alpha t + a'(t) = 0$，解之得 $a(t) = \dfrac{\alpha}{2}t^2 - \dfrac{1}{6}\beta^2 t^3$。

3. Merton 模型与零息债券的期货价格

将 $\phi = \alpha$，$k = 0$，$\delta_0 = \beta^2$，$\delta_1 = 0$ 代入式(15-22)知：

$$\begin{cases} B'(\tau) = 0 \\ \dfrac{1}{2}\beta^2 B^2(\tau) - \alpha B(\tau) + A'(\tau) = 0 \end{cases} \tag{15-24}$$

且终值条件是 $A(0) = a(S-T)$，$B(0) = b(S-T)$。

由 $B'(\tau) = 0$ 知，$B(\tau) = C$，当 $\tau = 0$ 时，有 $C = B(0)$。结合 $B(0) = b(S-T)$ 知，$C = b(S-T)$。由于 $b(t) = t$，故 $C = S - T$，且 $B(\tau) = S - T$。由式(15-24)的第二个微分方程知：

$$\begin{aligned} A'(\tau) &= \alpha B(\tau) - \dfrac{1}{2}\beta^2 B^2(\tau) \\ &= \alpha(S-T) - \dfrac{1}{2}\beta^2 (S-T)^2 \end{aligned} \tag{15-25}$$

将上式在 0 至 τ 上积分有：

$$\begin{aligned} A(\tau) - A(0) &= \alpha \int_0^\tau (S-T) dt - \dfrac{1}{2}\beta^2 \int_0^\tau (S-T)^2 dt \\ &= \alpha(S-T)\tau - \dfrac{1}{2}\beta^2 (S-T)^2 \tau \end{aligned} \tag{15-26}$$

$$A(\tau) = A(0) + \alpha(S-T)\tau - \dfrac{1}{2}\beta^2 (S-T)^2 \tau \tag{15-27}$$

由 $a(t) = \frac{\alpha}{2}t^2 - \frac{1}{6}\beta^2 t^3$ 知,$a(S-T) = \frac{\alpha}{2}(S-T)^2 - \frac{1}{6}\beta^2(S-T)^3$,结合终值条件 $A(0) = a(S-T)$ 知,$A(0) = \frac{\alpha}{2}(S-T)^2 - \frac{1}{6}\beta^2(S-T)^3$,将其代入上式有:

$$\begin{aligned}
A(\tau) &= \left[\frac{\alpha}{2}(S-T)^2 - \frac{1}{6}\beta^2(S-T)^3\right] + \left[\alpha(S-T)\tau - \frac{1}{2}\beta^2(S-T)^2\tau\right] \\
&= \frac{\alpha}{2}(S-T)^2 + \alpha(S-T)(T-t) - \frac{1}{6}\beta^2(S-T)^3 - \frac{1}{2}\beta^2(S-T)^2(T-t) \\
&= \frac{\alpha}{2}(S-T)[(S-T) + 2(T-t)] - \frac{1}{6}\beta^2(S-T)^2[(S-T) + 3(T-t)] \\
&= \frac{\alpha}{2}(S-T)(S+T-2t) - \frac{1}{6}\beta^2(S-T)^2(S+2T-3t)
\end{aligned} \qquad (15\text{-}28)$$

这里,$\tau = T - t$。将 $A(\tau) = \frac{\alpha}{2}(S-T)(S+T-2t) - \frac{1}{6}\beta^2(S-T)^2(S+2T-3t)$ 和 $B(\tau) = S - T$ 代入 $\Phi^S_{t,T} = \exp\{-A(\tau) - B(\tau)r_t\}$,得零息国债的期货价格:

$$\begin{aligned}
\Phi^S_{t,T} = &\exp\left\{-\frac{\alpha}{2}(S-T)(S+T-2t)\right\} \\
&\cdot \exp\left\{\frac{1}{6}\beta^2(S-T)^2(S+2T-3t) - (S-T)r_t\right\}
\end{aligned} \qquad (15\text{-}29)$$

思考与练习

1. 在风险中性测度下,简要描述零息国债期货和附息国债期货价格的关系。
2. 当瞬时即期利率服从式(15-18)的随机过程时,推导零息国债期货价格满足的随机微分方程。
3. 假设存在一种以某零息国债为标的的期货,当前时点是零,国债期货的交割时点是 1 年后,且零息国债的自然到期时点是 3 年后[①]。若瞬时即期利率服从如下的随机过程:

$$\mathrm{d}r_t = 2.0\%\mathrm{d}t + 1.0\%\mathrm{d}W^\Omega_t \qquad (15\text{-}30)$$

试求该零息国债期货的价格。

研究与探索

1. 在仿射模型中,当 $\phi = k\theta$,$\delta_0 = \sigma^2$,$\delta_1 = 0$ 时,其将退化为 Vasicek 模型;当 $\phi = k\theta$,

---

① 即 $t = 0$,$T = 1$,$S = 3$。

$\delta_0=0$，$\delta_1=\sigma^2$ 时，其将退化为 CIR 模型。在前述两种特例中，可通过解式(15-22)的微分方程组，获得 Vasicek 模型和 CIR 模型框架下的零息国债的期货价格。试阅读相关文献或其他更专业的固定收益证券教材或讲义，了解其求解原理及过程。

2. 假设瞬时即期利率 $dr_t = \alpha dt + \beta dW_t$，试对瞬时即期利率随机过程的两个参数进行统计或计量的估计[①]。假设当前时点是某零息国债的发行时点[②]，其自然期限是 3 年，票面利率是 4%，按年付息，以其为标的之国债期货的到期时间是 3 个月[③]。结合瞬时即期利率随机过程两个参数的估计结果，使用本章技术对该国债期货进行估值，且讨论期货到期时间分别是 6 个月、9 个月和 12 个月时，各品种国债期货的价格及其变动趋势。

本 章 附 录

附录 15-1：证明性质 15-5。

证明：不妨设零息国债的期货价格是 $\Phi_{t,T}^S = \exp\{-A(\tau) - B(\tau)r_t\}$，其中 $\tau = T - t$，则有：

$$\begin{cases} \dfrac{\partial \Phi_{t,T}^S}{\partial t} = \Phi_{t,T}^S [A'(\tau) + B'(\tau)r_t] \\ \dfrac{\partial \Phi_{t,T}^S}{\partial r_t} = -B(\tau)\Phi_{t,T}^S \\ \dfrac{\partial^2 \Phi_{t,T}^S}{\partial r_t^2} = B^2(\tau)\Phi_{t,T}^S \end{cases} \quad (15\text{-}31)$$

将式(15-31)代入式(15-8)得：

$$[A'(\tau) + B'(\tau)r_t] - \alpha B(\tau) + \frac{1}{2}\beta^2 B^2(\tau) = 0 \quad (15\text{-}32)$$

比较 $dr_t = \alpha dt + \beta dW_t^\Omega$ 和 $dr_t = (\phi - kr_t)dt + \sqrt{\delta_0 + \delta_1 r_t}\, dW_t^\Omega$ 有，$\alpha = \phi - kr_t$ 和 $\beta^2 = \delta_0 + \delta_1 r_t$，将其代入上式得：

$$[A'(\tau) + B'(\tau)r_t] - (\phi - kr_t)B(\tau) + \frac{1}{2}(\delta_0 + \delta_1 r_t)B^2(\tau) = 0 \quad (15\text{-}33)$$

对其整理得：

$$\left[\frac{1}{2}\delta_1 B^2(\tau) + kB(\tau) + B'(\tau)\right]r_t + \left[\frac{1}{2}\delta_0 B^2(\tau) - \phi B(\tau) + A'(\tau)\right] = 0 \quad (15\text{-}34)$$

[①] 不妨以银行同业拆借市场的隔夜利率代理测度瞬时即期利率。
[②] 或 $t=0$。
[③] 或 $\Delta T = 1/4$ 年。

由于上式对任意 $r_t \geqslant 0$ 均成立,故有:

$$\begin{cases} \dfrac{1}{2}\delta_1 B^2(\tau) + kB(\tau) + B'(\tau) = 0 \\ \dfrac{1}{2}\delta_0 B^2(\tau) - \phi B(\tau) + A'(\tau) = 0 \end{cases} \quad (15\text{-}35)$$

基于性质 15-5 知,$\Phi_{T,T}^S = \exp\{-A(0) - B(0)r_T\}$,此时 $\tau = T - T = 0$。由性质 5-9 知,$F_{T,T}^S = P(T, S) = \exp\{-a(S-T) - b(S-T)r_T\}$。由终值条件 $\Phi_{T,T}^S = F_{T,T}^S$ 知,$A(0) = a(S-T)$,$B(0) = b(S-T)$。

第十六章

债 券 期 权

股票期权的标的是股票,通常假设其服从几何布朗运动。当股价服从几何布朗运动时,其是时变、随机且倾向于发散。债券期权的标的相当于债券远期,其收敛特征与几何布朗运动的发散倾向有本质差异。另外,债券远期价格主要由利率驱动,当利率为常数、时变函数或随机过程时,债券远期价格均是特定测度下的鞅过程,进而能对债券期权进行简易的估值。在刻画债券远期价格随机运动规律的基础上,本章详细推演了债券期权的估值原理与过程,同时讨论了其隐性假设或适用条件。在特殊情形下,当利率为常数时,期货价格与远期价格近似等价,此时以期货为标的期权价格和以远期为标的的期权价格一致[①],这或是期货期权的 Black 模型应用于债券期权估值的"初衷"。

一、本章基础知识

性质 16-1:若资产价格 X_t 和 Y_t 均是一般性扩散过程,则两个随机过程积的微分:

$$d(X_t Y_t) = X_t dY_t + Y_t dX_t + dX_t dY_t \tag{16-1}$$

证明:见附录 16-1。

性质 16-2:若资产价格 Y_t 服从如下的随机过程

$$dY_t = \mu_Y Y_t dt + \sigma_Y Y_t dW_t \tag{16-2}$$

则其倒数的随机运动规律:

$$d\left(\frac{1}{Y_t}\right) = (\sigma_Y^2 - \mu_Y)\left(\frac{1}{Y_t}\right) dt - \sigma_Y \left(\frac{1}{Y_t}\right) dW_t \tag{16-3}$$

其中,μ_Y 和 σ_Y 可以是 Y_t 和时间 t 的函数。
证明:见附录 16-2。

性质 16-3:若资产价格 X_t 和 Y_t 分别服从如下随机过程:

$$\begin{cases} dX_t = \mu_X X_t dt + \sigma_X X_t dW_t \\ dY_t = \mu_Y Y_t dt + \sigma_Y Y_t dW_t \end{cases} \tag{16-4}$$

[①] 如期货期权与债券期权的价格一致。

则两个随机过程商的随机运动规律：

$$d\left(\frac{X_t}{Y_t}\right)=(\mu_X-\mu_Y+\sigma_Y^2-\sigma_X\sigma_Y)\left(\frac{X_t}{Y_t}\right)dt+(\sigma_X-\sigma_Y)\left(\frac{X_t}{Y_t}\right)dW_t \tag{16-5}$$

其中，μ_X 和 σ_X 可以是 X_t 和时间 t 的函数，μ_Y 和 σ_Y 可以是 Y_t 和时间 t 的函数。

证明：见附录16-3。

由式(16-5)知，当资产 Y_t 作为资产 X_t 的计价单位时，X_t/Y_t 的"市场风险溢价"相当于：

$$\lambda^Y=\frac{\mu_X-\mu_Y+\sigma_Y^2-\sigma_X\sigma_Y}{\sigma_X-\sigma_Y} \tag{16-6}$$

性质16-4：当资产 Y_t 作为资产 X_t 的计价单位时，有 $d\left(\frac{X_t}{Y_t}\right)=(\sigma_X-\sigma_Y)\left(\frac{X_t}{Y_t}\right)dW_t^Y$，且 $\frac{X_t}{Y_t}$ 是 Y 测度下的鞅过程。

证明（简略）：令 $dW_t^Y=\lambda^Y dt+dW_t$，其旨在将原测度（测度符号省略了）转换为 Y 为计价单位的鞅测度（有关原理略）。将 $dW_t=dW_t^Y-\lambda^Y dt$ 代入式(16-5)，有：

$$d\left(\frac{X_t}{Y_t}\right)=(\mu_X-\mu_Y+\sigma_Y^2-\sigma_X\sigma_Y)\left(\frac{X_t}{Y_t}\right)dt+(\sigma_X-\sigma_Y)\left(\frac{X_t}{Y_t}\right)(dW_t^Y-\lambda^Y dt) \tag{16-7}$$

由式(16-6)知，$(\mu_X-\mu_Y+\sigma_Y^2-\sigma_X\sigma_Y)=\lambda^Y(\sigma_X-\sigma_Y)$，故有：

$$\begin{aligned}d\left(\frac{X_t}{Y_t}\right)&=\lambda^Y(\sigma_X-\sigma_Y)\left(\frac{X_t}{Y_t}\right)dt+(\sigma_X-\sigma_Y)\left(\frac{X_t}{Y_t}\right)(dW_t^Y-\lambda^Y dt)\\&=(\sigma_X-\sigma_Y)\left(\frac{X_t}{Y_t}\right)dW_t^Y\end{aligned} \tag{16-8}$$

其是以 Y 为计价单位测度下的鞅过程，且其瞬时波动性是两个资产价格瞬时波动性的差。

性质16-4的意义在于：某资产价格不是鞅过程，若能找到一个适宜的资产作为其计价单位，则两者之商是以该资产为计价单位测度下的鞅，这有助于让复杂求解过程简单化。

特别地，当以无风险资产作为计价单位时，称其为风险中性测度；当以 T 时点到期零息债券价格作为计价单位时，称其为 T 远期鞅测度。

二、债券期权的标的及其特征

（一）股票期权的标的及其特征

在股票型欧式看涨期权中，一般假设当前时点的股票价格 S_t 服从如下的几何布朗运动：

$$dS_t=rS_t dt+\sigma S_t dW_t^\Omega \tag{16-9}$$

则未来 T（$T>t$）时点的股票价格：

$$S_T = S_t \cdot \exp\left\{\left(r - \frac{\sigma^2}{2}\right)\Delta T + \sigma \Delta W_T^\Omega\right\} \quad (16\text{-}10)$$

未来股价由趋势成分和随机成分构成,其中趋势成分是 $S_t \cdot \exp\left\{\left(r - \frac{\sigma^2}{2}\right)\Delta T\right\}$,随机成分是 $\exp\{\sigma \Delta W_T^\Omega\}$。当 $r > \frac{\sigma^2}{2}$ 时,未来股价将在当前股价基础上作向上趋势的指数运动;当 $r < \frac{\sigma^2}{2}$ 时,未来股价将在当前股价基础上作向下趋势的指数运动,同时受到对数正态随机项的扰动或影响。此中,股票价格是时变、随机且倾向于发散。

不妨令欧式看涨期权的执行价格为 K,则其当前价格是未来现金流的现值:

$$\begin{aligned} C_t &= e^{-r\Delta T} \cdot E_t^\Omega[S_T - K \mid S_T > K] \\ &= S_t N(d_1) - K e^{-r\Delta T} N(d_2) \end{aligned} \quad (16\text{-}11)$$

其中, $d_1 = \dfrac{\ln\left(\dfrac{S_t}{K}\right) + \left(r + \dfrac{\sigma^2}{2}\right)\Delta T}{\sigma\sqrt{\Delta T}}$, $d_2 = d_1 - \sigma\sqrt{\Delta T}$。这里,假设市场利率(或贴现利率)是常数。

(二) 债券期权的标的及其特征

假设当前时点是 t,债券的自然到期日是 S,债券期权的行权日是 T($T \leqslant S$),且执行价格为 K,则多头是否行权取决于债券远期价格与执行价格的比较。

在 T 时点,如果远期价格大于执行价格,则多头行权,且获利 $F_{T,T}^S - K$($F_{T,T}^S$ 表示"从 T 时点来看,到期日 S 的债券在 T 时点的远期价格");如果远期价格小于执行价格,则多头不行权,且无盈亏①,则 T 时点的预期现金流 $E_t^\Omega[F_{T,T}^S - K \mid F_{T,T}^S > K]$,再将其贴现至当前时点,即得债券期权的价格:

$$C_t = P(t, T) \cdot E_t^\Omega[F_{T,T}^S - K \mid F_{T,T}^S > K] \quad (16\text{-}12)$$

其中,$P(t, T)$ 表示 T 时点 1 元零息债券在当前时点的价格,相当于 T 时点的贴现函数。

从前述推理可见,债券期权的标的并非债券,而是债券远期。为了显示求解式(16-12),需要刻画债券远期价格的分布规律。那么,是否可以假设债券远期价格服从几何布朗运动呢?这取决于几何布朗运动能否刻画债券远期价格运动的形式化特征。

债券远期价格和债券价格具有相似的波动特征,两者均围绕债券面值波动,且随着债券到期日的临近,债券远期价格收敛于债券面值②,这种收敛特征与几何布朗运动的发散倾向不匹配。

另外,在较短时期内,股票价格与市场利率的关系可能不强。然而,债券及其远期价格均由市场利率驱动或主导。若假设市场利率为常数,则债券远期价格也倾向是常数,就

---

① 令期权费为零。
② 或债券远期价格的波动性趋向于减小,且最终趋于零。

没有求解上述条件期望之必要了。

三、债券远期的随机运动规律

为了对债券期权进行适当估值,需要刻画债券远期的动态随机运动规律。本章将分别审视当利率为常数、时变函数或随机过程时,远期价格的动态随机运动规律。

(一) 常数利率情景

性质 16-5:若资产价格 S_t 服从几何布朗运动 $\mathrm{d}S_t = rS_t\mathrm{d}t + \sigma S_t\mathrm{d}W_t^\Omega$,则其远期价格是鞅过程。

证明:在风险中性测度下,该资产的远期价格 $F_{t,T} = S_t \mathrm{e}^{r\Delta T}$,则远期价格可视为标的资产价格 S_t 和时间 t 的函数①,且 $\dfrac{\partial F_{t,T}}{\partial t} = -rF_{t,T}$,$\dfrac{\partial F_{t,T}}{\partial S_t} = \mathrm{e}^{r\Delta T}$,$\dfrac{\partial^2 F_{t,T}}{\partial S_t^2} = 0$。由伊藤展开原理知:

$$\begin{aligned}\mathrm{d}F_{t,T} &= \frac{\partial F_{t,T}}{\partial t}\mathrm{d}t + \frac{\partial F_{t,T}}{\partial S_t}\mathrm{d}S_t + \frac{1}{2}\frac{\partial^2 F_{t,T}}{\partial S_t^2}(\mathrm{d}S_t)^2 \\ &= -rF_{t,T}\mathrm{d}t + \mathrm{e}^{r\Delta T}(rS_t\mathrm{d}t + \sigma S_t\mathrm{d}W_t^\Omega) \\ &= \sigma F_{t,T}\mathrm{d}W_t^\Omega\end{aligned} \tag{16-13}$$

可见,风险中性测度下的远期价格是鞅过程②。

(二) 时变利率情景

性质 16-6:若资产价格 S_t 服从几何布朗运动 $\mathrm{d}S_t = r_tS_t\mathrm{d}t + \sigma S_t\mathrm{d}W_t^\Omega$,且风险中性测度下的瞬时即期利率时变(随时间非随机变动),则远期价格是鞅过程。

证明:在风险中性测度下,当瞬时即期利率是时变函数时,则远期价格 $F_{t,T} = S_t M_t$,其中 $M_t = \mathrm{e}^{\int_t^T r_s \mathrm{d}s}$,表示当前时点 1 元在 T 时点的本息之和,将 M_t 对时间 t 进行伊藤展开,得 $\mathrm{d}M_t = -r_t M_t \mathrm{d}t$。由性质 16-1 知:

$$\begin{aligned}\mathrm{d}F_{t,T} &= S_t\mathrm{d}M_t + M_t\mathrm{d}S_t + \mathrm{d}S_t\mathrm{d}M_t \\ &= S_t(-r_tM_t\mathrm{d}t) + M_t(r_tS_t\mathrm{d}t + \sigma S_t\mathrm{d}W_t^\Omega) \\ &\quad + (-r_tM_t\mathrm{d}t)(r_tS_t\mathrm{d}t + \sigma S_t\mathrm{d}W_t^\Omega) \\ &= -r_tF_{t,T}\mathrm{d}t + (r_tF_{t,T}\mathrm{d}t + \sigma F_{t,T}\mathrm{d}W_t^\Omega) \\ &= \sigma F_{t,T}\mathrm{d}W_t^\Omega\end{aligned} \tag{16-14}$$

可见,即便瞬时即期利率是时变的,风险中性测度下的远期价格仍是鞅过程。

(三) 随机利率情景

性质 16-7:当瞬时即期利率随机运动时,零息债券的远期价格是 T 远期鞅测度下的鞅过程。

证明:不妨设瞬时即期利率服从如下一般性的扩散过程:

---

① 这里,标的资产未明确是否有到期日。
② 见性质 1-6。

$$\mathrm{d}r_t = \mu(r_t, t)\mathrm{d}t + \sigma(r_t, t)\mathrm{d}W_t^{\Omega} \tag{16-15}$$

假设零息债券在 S 时点到期,其在 T ($T \leqslant S$) 时点的远期价格是 $F_{t,T}^S$。在随机利率的驱动下,T 时点和 S 时点到期的零息债券价格可写成如下形式的随机过程[①]:

$$\mathrm{d}P(t, T) = \mu_T P(t, T)\mathrm{d}t + \sigma_T P(t, T)\mathrm{d}W_t^{\Omega} \tag{16-16}$$

$$\mathrm{d}P(t, S) = \mu_s P(t, S)\mathrm{d}t + \sigma_S P(t, S)\mathrm{d}W_t^{\Omega} \tag{16-17}$$

其中,μ_T 和 σ_T 分别是 T 时点到期零息债券价格的瞬时收益和瞬时波动性,μ_s 和 σ_S 分别是 S 时点到期零息债券价格的瞬时收益和瞬时波动性。

由无套利原理知,T 时点的远期价格是 S 时点到期零息债券价格与 T 时点到期零息债券价格的商:

$$F_{t,T}^S = \frac{P(t, S)}{P(t, T)} \tag{16-18}$$

由性质 16-4 知,远期价格是 T 远期鞅测度下的鞅过程,即以 T 时点到期零息债券价格 $P(t, T)$ 为计价单位。结合式(16-8)知,远期价格有如下的随机运动规律:

$$\mathrm{d}F_{t,T}^S = (\sigma_S - \sigma_T) F_{t,T}^S \mathrm{d}W_t^T \tag{16-19}$$

其中,$\mathrm{d}W_t^T$ 表示 T 远期鞅测度下的增量维纳过程。注意到,当瞬时即期利率随机运动时,债券远期价格是 T 远期鞅测度下的鞅,而非风险中性测度下的鞅。

四、债券期权的 Black 模型

(一) 零息债券期权的估值

1. 零息债券远期价格的动态随机运动规律

性质 16-8: 在 T 远期鞅测度下,若零息债券的远期价格是以下鞅过程:

$$\mathrm{d}F_{t,T}^S = \sigma_F F_{t,T}^S \mathrm{d}W_t^T \tag{16-20}$$

则零息债券的远期价格有如下的动态随机运动规律:

$$F_{T,T}^S = F_{t,T}^S \cdot \exp\left\{-\frac{1}{2}\sigma_F^2 \Delta T + \sigma_F \Delta W_T^T\right\} \tag{16-21}$$

证明:不妨令存在 $f = \ln F_{u,T}^S$,对其进行伊藤展开得:

$$\mathrm{d}f = \frac{1}{F_{u,T}^S}(\sigma_F F_{u,T}^S \mathrm{d}W_u^T) - \frac{1}{2} \cdot \frac{1}{(F_{u,T}^S)^2}[\sigma_F^2 (F_{u,T}^S)^2 \mathrm{d}u]$$

$$= -\frac{1}{2}\sigma_F^2 \mathrm{d}u + \sigma_F \mathrm{d}W_u^T \tag{16-22}$$

对上式在 $u \in [t, T]$ 上积分得:

---

① 见性质 4-6。

$$\ln F^S_{T,T} - \ln F^S_{t,T} = -\frac{1}{2}\sigma_F^2 \Delta T + \sigma_F \Delta W_T^T \tag{16-23}$$

其中，$\Delta W_T^T = W_T^T - W_t^T$。对上式简单化简，即得本性质。

由于债券远期价格在 T 远期鞅测度下是鞅过程，故 $E_t^T\{F^S_{T,T}\} = F^S_{t,T}$[①]，这里，$E_t^T\{\cdot\}$ 表示在 T 远期鞅测度下对括号内变量在当前时点求条件期望。

2. 行权概率

性质 16-9：当零息债券远期价格服从式(16-20)的鞅过程时，欧式看涨零息债券期权的行权概率：

$$P_t^T\{F^S_{T,T} > K\} = N(d_2) \tag{16-24}$$

其中，$d_2 = \dfrac{\ln(F^S_{t,T}/K) - \dfrac{1}{2}\sigma_F^2 \Delta T}{\sigma_F \sqrt{\Delta T}}$，$P_t^T\{\cdot\}$ 表示在 T 远期鞅测度下对括号内变量在当前时点求条件概率。

证明：将式(16-21)代入欧式看涨零息债券期权的行权概率公式，有：

$$
\begin{aligned}
P_t^T\{F^S_{T,T} > K\} &= P_t^T\left\{F^S_{t,T} \cdot \exp\left(-\frac{1}{2}\sigma_F^2 \Delta T + \sigma_F \Delta W_T^T\right) > K\right\} \\
&= P_t^T\left\{-\frac{\Delta W_T^T}{\sqrt{\Delta T}} < \frac{\ln(F^S_{t,T}/K) - \dfrac{1}{2}\sigma_F^2 \Delta T}{\sigma_F \sqrt{\Delta T}}\right\} \\
&= N(d_2) \tag{16-25}
\end{aligned}
$$

3. 行权状态下的远期价格

性质 16-10：当零息债券远期价格服从式(16-20)的鞅过程时，欧式看涨零息债券期权在行权状态下的远期价格的条件期望：

$$E_t^T[F^S_{T,T} \mid F^S_{T,T} > K] = F^S_{t,T} N(d_1) \tag{16-26}$$

其中，$d_1 = \dfrac{\ln(F^S_{t,T}/K) + \dfrac{1}{2}\sigma_F^2 \Delta T}{\sigma_F \sqrt{\Delta T}}$。

证明：见附录 16-4。

4. 欧式看涨零息债券期权的价格

性质 16-11：欧式看涨零息债券期权的价格：

$$C_t = P(t,T)[F^S_{t,T} N(d_1) - K N(d_2)] \tag{16-27}$$

[①] 原理同性质 1-6。

其中，$d_1 = \dfrac{\ln(F_{t,T}^S/K) + \dfrac{1}{2}\sigma_F^2 \Delta T}{\sigma_F \sqrt{\Delta T}}$，$d_2 = d_1 - \sigma_F \sqrt{\Delta T}$。

证明：结合性质 16-9 和性质 16-10 知，欧式看涨零息债券期权的价格：

$$\begin{aligned} C_t &= P(t,T) \cdot E_t^T[F_{T,T}^S - K \mid F_{T,T}^S > K] \\ &= P(t,T) \cdot \{E_t^T[F_{T,T}^S \mid F_{T,T}^S > K] - K P_t^T[F_{T,T}^S > K]\} \\ &= P(t,T)[F_{t,T}^S N(d_1) - K N(d_2)] \end{aligned} \tag{16-28}$$

此即债券期权的 Black 模型，其与金融工程学中期货期权的定价公式神似。当瞬时即期利率为常数时①，商品（或股票）的期货价格与其远期价格"相同"，此时商品（或股票）期货为标的的期权和以商品（或股票）远期为标的的期权拥有相同的定价形式。

5. 隐含假设或条件

从本章零息债券期权的推导过程可见，其定价公式有以下隐含假设或隐性条件。

第一，其是欧式看涨零息债券期权的定价公式，而非欧式看涨债券期权的定价公式。

第二，仅当瞬时即期利率随机运动时（或瞬时即期利率服从随机过程），零息债券的远期价格在 T 远期鞅测度下才是鞅。在风险中性测度下，零息债券的远期价格并非鞅，其定价公式必然不同。

第三，不能基于常数即期利率估算贴现函数。当假设瞬时即期利率随机运动时，要根据性质 4-7 估算贴现函数，但其是风险中性测度下的结果。

（二）附息债券期权

1. 附息债券的远期价格

假设当前时点和债券期权的到期时点分别是 t 和 T，附息债券的自然到期时点是 S（$S > T$），在 T 至 S 期间的付息节点分别是 $T_1, T_2, \cdots, T_n$，且每个付息节点的现金流分别是 $C_1, C_2, \cdots, C_n$，则附息债券在 T 时点的远期价格：

$$F_{t,T}^S = \dfrac{\sum_{i=1}^n C_i P(t,T_i)}{P(t,T)} \tag{16-29}$$

这里，$F_{t,T}^S P(t,T)$ 表示先将 T 至 S 期间的现金流贴现至 T 时点，再将其贴现至当前时点，$\sum_{i=1}^n C_i P(t,T_i)$ 表示将 T 至 S 期间的每笔现金流直接贴现至当前时点，基于市场无套利原理知，它们是等价的。

2. 欧式看涨附息债券期权的价格

性质 16-12：若附息债券的远期价格是 T 远期鞅测度下的鞅，则附息债券的期权价格为：

$$C_t = P(t,T)[F_{t,T}^S N(d_1) - K N(d_2)] \tag{16-30}$$

---

① 或利率期限结构是一条水平的直线。

其中，$d_1 = \dfrac{\ln(F_{t,T}^S/K) + \dfrac{1}{2}\sigma_F^2 \Delta T}{\sigma_F\sqrt{\Delta T}}$，$d_2 = d_1 - \sigma_F\sqrt{\Delta T}$，$F_{t,T}^S = \dfrac{\sum_{i=1}^n C_i P(t, T_i)}{P(t, T)}$。①

五、基于利率波动的债券期权估值

(一) 债券远期价格的波动性

当瞬时即期利率 $\mathrm{d}r_t = \mu(r_t, t)\mathrm{d}t + \sigma(r_t, t)\mathrm{d}W_t^\Omega$ 时，则 T 时点到期零息债券价格 $\mathrm{d}P(t, T) = \mu_T P(t, T)\mathrm{d}t + \sigma_T P(t, T)\mathrm{d}W_t^\Omega$，且 $\sigma_T = \sigma(r_t, t) D_T = \sigma(r_t, t)(T-t)$，其中 D_T 表示零息债券的久期，且 $D_T = T - t$②。同理，S 时点到期零息债券的瞬时波动性 $\sigma_S = \sigma(r_t, t)(S-t)$。由式(16-19)知，零息债券远期价格的瞬时波动性：

$$\sigma_F = \sigma_S - \sigma_T = \sigma(r_t, t)(S-T) \tag{16-31}$$

(二) Merton 模型与零息债券期权

性质 16-13： 当瞬时即期利率 $\mathrm{d}r_t = \alpha\mathrm{d}t + \sigma\mathrm{d}W_t^\Omega$ 时，欧式看涨零息债券期权的定价公式：

$$C_t = P(t, T)[F_{t,T}^S N(d_1) - K N(d_2)] \tag{16-32}$$

其中，$d_1 = \dfrac{\ln(F_{t,T}^S/K) + \dfrac{1}{2}\sigma^2(S-T)^2 \Delta T}{\sigma(S-T)\sqrt{\Delta T}}$，$d_2 = d_1 - \sigma(S-T)\sqrt{\Delta T}$。

证明： 当瞬时即期利率服从随机过程 $\mathrm{d}r_t = \alpha\mathrm{d}t + \sigma\mathrm{d}W_t^\Omega$ 时，有 $\sigma(r_t, t) = \sigma$，且债券远期价格的瞬时波动性 $\sigma_F = \sigma(S-T)$。由性质 16-11 知，$d_1 = \dfrac{\ln(F_{t,T}^S/K) + \dfrac{1}{2}\sigma^2(S-T)^2 \Delta T}{\sigma(S-T)\sqrt{\Delta T}}$，$d_2 = d_1 - \sigma(S-T)\sqrt{\Delta T}$。

六、关键参数的估计

由式(16-23)知，零息债券远期价格的瞬时波动性：

$$\sigma_F = \sqrt{\dfrac{1}{\Delta t} \cdot \lim_{\Delta t \to 0} D_t^T(\ln F_{t+\Delta t, T}^S - \ln F_{t, T}^S)} \tag{16-33}$$

其中，$D_t^T(\cdot)$ 表示在 T 远期鞅测度下对括号内变量求条件方差，$(\ln F_{t+\Delta t, T}^S - \ln F_{t, T}^S)$ 是 t 和 $t + \Delta t$ 时点的债券远期价格的对数差分收益率。理论上，有两种估计债券远期价格瞬时波动性的方法。

第一，对当前时点的瞬时即期利率进行动态随机刻画，并估计其瞬时波动性，再基于式(16-31)推断债券远期价格的瞬时波动性。

---

① 原理同性质 16-11。
② 原理见性质 4-12。

第二，基于可观测或推断的债券远期价格时序，运用式(16-33)估计债券远期价格的瞬时波动性。

思 考 与 练 习

1. 比较分析股票期权和债券期权资产定价的差异性。
2. 当瞬时即期利率随机运动时，证明远期价格的条件期望是其当前价格，并讨论其隐性条件。
3. 若瞬时即期利率服从如下随机过程：

$$\mathrm{d}r_t = \mu(r_t, t)\mathrm{d}t + \sigma(r_t, t)\mathrm{d}W_t^\Omega \tag{16-34}$$

证明 T 时点到期零息债券价格的瞬时波动性：

$$\sigma_T = \sigma(r_t, t)D_T \tag{16-35}$$

其中，D_T 是零息债券的久期。

4. 简述欧式看涨零息债券期权定价公式中各参数的含义及其估计思路。

研 究 与 探 索

1. 使用本章相似的技术和原理，推导欧式看跌零息债券期权的定价公式，并讨论其与欧式看涨零息债券期权可能的平价关系。
2. 若瞬时即期利率服从如下随机过程：

$$\mathrm{d}r_t = (\alpha - kr_t)\mathrm{d}t + \sigma \mathrm{d}W_t^\Omega \tag{16-36}$$

试推导欧式看涨零息债券期权的定价公式。基于银行间市场隔夜拆借利率的模型拟合情况，给出欧式看涨零息债券期权的定价公式，并讨论其对有关参数的敏感性。

本 章 附 录

附录 16-1：证明 $\mathrm{d}(X_t Y_t) = X_t \mathrm{d}Y_t + Y_t \mathrm{d}X_t + \mathrm{d}X_t \mathrm{d}Y_t$。

证明：令函数 $f = X_t Y_t$，则 $\frac{\partial f}{\partial X_t} = Y_t$，$\frac{\partial^2 f}{\partial X_t^2} = 0$，$\frac{\partial f}{\partial Y_t} = X_t$，$\frac{\partial^2 f}{\partial Y_t^2} = 0$，$\frac{\partial^2 f}{\partial X_t \partial Y_t} = 1$。将 f 对 X_t 和 Y_t 进行伊藤展开得：

$$\begin{aligned}\mathrm{d}f &= \frac{\partial f}{\partial X_t}\mathrm{d}X_t + \frac{1}{2}\frac{\partial^2 f}{\partial X_t^2}(\mathrm{d}X_t)^2 + \frac{\partial f}{\partial Y_t}\mathrm{d}Y_t + \frac{1}{2}\frac{\partial^2 f}{\partial Y_t^2}(\mathrm{d}Y_t)^2 + \frac{\partial^2 f}{\partial X_t \partial Y_t}\mathrm{d}X_t \mathrm{d}Y_t \\ &= Y_t \mathrm{d}X_t + X_t \mathrm{d}Y_t + \mathrm{d}X_t \mathrm{d}Y_t \end{aligned} \tag{16-37}$$

附录 16-2：证明 $\mathrm{d}\left(\dfrac{1}{Y_t}\right) = (\sigma_Y^2 - \mu_Y)\left(\dfrac{1}{Y_t}\right)\mathrm{d}t - \sigma_Y\left(\dfrac{1}{Y_t}\right)\mathrm{d}W_t$。

证明：令函数 $f = \dfrac{1}{Y_t}$，则 $\dfrac{\partial f}{\partial Y_t} = -\dfrac{1}{Y_t^2}$，$\dfrac{\partial^2 f}{\partial Y_t^2} = 2Y_t^{-3}$。由式 (16-2) 知，$(\mathrm{d}Y_t)^2 = \sigma_Y^2 Y_t^2 \mathrm{d}t$。将 f 对 Y_t 伊藤展开有：

$$\begin{aligned}
\mathrm{d}f &= \dfrac{\partial f}{\partial Y_t}\mathrm{d}Y_t + \dfrac{1}{2}\dfrac{\partial^2 f}{\partial Y_t^2}(\mathrm{d}Y_t)^2 \\
&= -\dfrac{1}{Y_t^2}(\mu_Y Y_t \mathrm{d}t + \sigma_Y Y_t \mathrm{d}W_t) + \dfrac{1}{2}\cdot 2Y_t^{-3}\cdot(\sigma_Y^2 Y_t^2 \mathrm{d}t) \\
&= -\dfrac{1}{Y_t}(\mu_Y \mathrm{d}t + \sigma_Y \mathrm{d}W_t) + \dfrac{1}{Y_t}(\sigma_Y^2 \mathrm{d}t) \\
&= (\sigma_Y^2 - \mu_Y)\left(\dfrac{1}{Y_t}\right)\mathrm{d}t - \sigma_Y\left(\dfrac{1}{Y_t}\right)\mathrm{d}W_t
\end{aligned} \tag{16-38}$$

附录 16-3：证明 $\mathrm{d}\left(\dfrac{X_t}{Y_t}\right) = (\mu_X - \mu_Y + \sigma_Y^2 - \sigma_X \sigma_Y)\left(\dfrac{X_t}{Y_t}\right)\mathrm{d}t + (\sigma_X - \sigma_Y)\left(\dfrac{X_t}{Y_t}\right)\mathrm{d}W_t$。

证明：令函数 $f = \dfrac{X_t}{Y_t} = X_t \cdot \dfrac{1}{Y_t}$，由性质 16-1 知：

$$\mathrm{d}f = X_t \cdot \mathrm{d}\left(\dfrac{1}{Y_t}\right) + \dfrac{1}{Y_t}\cdot \mathrm{d}(X_t) + \mathrm{d}X_t \cdot \mathrm{d}\left(\dfrac{1}{Y_t}\right) \tag{16-39}$$

结合性质 16-2 知：

$$\begin{aligned}
\mathrm{d}f &= X_t \cdot \left[(\sigma_Y^2 - \mu_Y)\left(\dfrac{1}{Y_t}\right)\mathrm{d}t - \sigma_Y\left(\dfrac{1}{Y_t}\right)\mathrm{d}W_t\right] + \dfrac{1}{Y_t}\cdot(\mu_X X_t \mathrm{d}t + \sigma_X X_t \mathrm{d}W_t) \\
&\quad + \left[(\sigma_Y^2 - \mu_Y)\left(\dfrac{1}{Y_t}\right)\mathrm{d}t - \sigma_Y\left(\dfrac{1}{Y_t}\right)\mathrm{d}W_t\right](\mu_X X_t \mathrm{d}t + \sigma_X X_t \mathrm{d}W_t) \\
&= \left[(\sigma_Y^2 - \mu_Y)\left(\dfrac{X_t}{Y_t}\right)\mathrm{d}t - \sigma_Y\left(\dfrac{X_t}{Y_t}\right)\mathrm{d}W_t\right] + \left[\mu_X\left(\dfrac{X_t}{Y_t}\right)\mathrm{d}t + \sigma_X\left(\dfrac{X_t}{Y_t}\right)\mathrm{d}W_t\right] \\
&\quad - \sigma_X \sigma_Y\left(\dfrac{X_t}{Y_t}\right)\mathrm{d}t \\
&= (\mu_X - \mu_Y + \sigma_Y^2 - \sigma_X \sigma_Y)\left(\dfrac{X_t}{Y_t}\right)\mathrm{d}t + (\sigma_X - \sigma_Y)\left(\dfrac{X_t}{Y_t}\right)\mathrm{d}W_t
\end{aligned} \tag{16-40}$$

附录 16-4：证明 $E_t^T[F_{T,T}^S \mid F_{T,T}^S > K] = F_{t,T}^S N(d_1)$。

证明：由式 (16-25) 的推导过程知，事件 $\{F_{T,T}^S > K\}$ 和事件 $\left\{-\dfrac{\Delta W_T^T}{\sqrt{\Delta T}} < d_2\right\}$ 相互等价。不妨令 $x = -\dfrac{\Delta W_T^T}{\sqrt{\Delta T}}$，那么 $\Delta W_T^T = -\sqrt{\Delta T}\cdot x$，且 $x \sim N(0, 1)$，则事件 $\{F_{T,T}^S > K\}$ 和事件 $\{x < d_2\}$ 等价。将式 (16-21) 代入 $E_t^T[F_{T,T}^S \mid F_{T,T}^S > K]$，有：

$$E_t^T[F_{T,T}^S \mid F_{T,T}^S > K] = E_t^T\left[F_{t,T}^S \cdot \exp\left(-\dfrac{1}{2}\sigma_F^2 \Delta T + \sigma_F \Delta W_T^T\right)\,\bigg|\, F_{T,T}^S > K\right]$$

$$= F_{t,T}^S \cdot \exp\left(-\frac{1}{2}\sigma_F^2 \Delta T\right) \cdot E_t^T\left[\exp(-\sigma_F\sqrt{\Delta T}x) \mid x < d_2\right]$$

$$= F_{t,T}^S \cdot \exp\left(-\frac{1}{2}\sigma_F^2 \Delta T\right) \cdot \int_{-\infty}^{d_2} e^{-\sigma_F\sqrt{\Delta T}x} \frac{1}{\sqrt{2\pi}} e^{-\frac{1}{2}x^2} dx$$

$$= F_{t,T}^S \cdot \int_{-\infty}^{d_2} \frac{1}{\sqrt{2\pi}} e^{-\frac{1}{2}(x+\sigma_F\sqrt{\Delta T})^2} dx \tag{16-41}$$

不妨令 $\eta = x + \sigma_F\sqrt{\Delta T}$，对上式进行积分变量替换得：

$$E_t^T[F_{T,T}^S \mid F_{T,T}^S > K] = F_{t,T}^S \int_{-\infty}^{d_1} \frac{1}{\sqrt{2\pi}} e^{-\frac{1}{2}\eta^2} d\eta$$

$$= F_{t,T}^S N(d_1) \tag{16-42}$$

这里，$d_1 = d_2 + \sigma_F\sqrt{\Delta T}$。

第十七章

利率期权**

利率期权是一种挂钩远期利率的期权。期权买方在支付一定金额的期权费后,获得以下权利:当市场利率朝有利方向变化时,可以获得利率变化的好处;当市场利率朝不利方向变化时,可以锁定最高付款成本或最低收益水平。利率期权主要包括利率上限、利率下限和利率双限(同时包括利率上限和利率下限),三者又分别称为浮动利率的顶(cap)、底(floor)和领(collar)。在现实场景下,发行人通常对多期(或多时点)而非单期(或单时点)付息内嵌利率上限或利率下限条款,且对之进行同质化设计,则利率上限可视为若干个单期利率上限(caplet)的组合,利率下限可视为若干个单期利率下限(floorlet)的组合。在阐释利率期权挂钩标的——远期利率动态随机运动规律的基础上,本章推演了利率期权特别是利率上限的估值方法。

一、利率期权的存在形态

(一) 结构设计工具

利率期权常被视为浮动利率债券票面利率的一种结构化设计工具。在浮动利率债券票面利率设计中内嵌利率上限条款,是赋予发行人的单方面权利,能助其锁定最大付息成本(或融资成本)。在浮动利率债券票面利率设计中内嵌利率下限条款,是赋予投资者的单方面权利,能助其锁定最低借款收益。当利率期权被视为结构化设计工具时,其是赋予发行人或投资者的单方面权利,两者均无需支付所谓期权费,这与真正意义上的利率上限(下限)期权有所不同。

(二) 场外交易工具

我国尚未推出场内利率期权,但不乏场外交易。利率上限期权是通过支付一定费用的方式获得未来特定时期的借款利率不超过利率上限水平的权利合约。利率上限期权的挂钩标的通常是市场利率,当借款人对未来市场利率看涨时,其有动机买入利率上限期权。利率上限期权是以远期利率为标的看涨期权,借款人是利率上限期权的多头。

利率下限期权是通过支付一定费用的方式获得未来特定时期的出借利率不低于利率下限水平的权利合约。当出借人对未来市场利率看跌时,其有动机买入利率下限期权。利率下限期权是以远期利率为标的看跌期权,出借人是利率下限期权的多头。

二、远期利率的动态规律

令 $L(t; T_i, T_{i+1})$ 表示"从当前时点来看,未来 T_i 至 T_{i+1} 付息区间的远期利率",$\sigma(t; T_i, T_{i+1})$ 表示远期利率在 T_i 至 T_{i+1} 付息区间的瞬时波动性,这里 $T_{i+1} > T_i \geqslant t$。

理论上,在特定远期鞅测度下,远期利率服从如下的随机过程(具体原理略[①]):

$$dL(t; T_i, T_{i+1}) = \sigma(t; T_i, T_{i+1}) L(t; T_i, T_{i+1}) dW_t \tag{17-1}$$

性质 17-1:当远期利率 $L(t; T_i, T_{i+1})$ 服从式(17-1)的随机过程时,则:

$$L(T_i; T_i, T_{i+1}) = L(t; T_i, T_{i+1}) \cdot \exp\left\{-\frac{1}{2}\int_t^{T_i} \sigma^2(u; T_i, T_{i+1}) du + \int_t^{T_i} \sigma(u; T_i, T_{i+1}) dW_u\right\} \tag{17-2}$$

证明:不妨令 $f = \ln L(t; T_i, T_{i+1})$,对其进行伊藤展开得:

$$d\ln L(t; T_i, T_{i+1}) = \frac{\partial f}{\partial L(t; T_i, T_{i+1})} dL(t; T_i, T_{i+1})$$
$$+ \frac{1}{2} \frac{\partial^2 f}{\partial L^2(t; T_i, T_{i+1})} [dL(t; T_i, T_{i+1})]^2 \tag{17-3}$$

结合式(17-1)知:

$$d\ln L(t; T_i, T_{i+1}) = \frac{1}{L(t; T_i, T_{i+1})} [\sigma(t; T_i, T_{i+1}) L(t; T_i, T_{i+1}) dW_t]$$
$$- \frac{1}{2} \frac{1}{L^2(t; T_i, T_{i+1})} [\sigma^2(t; T_i, T_{i+1}) L^2(t; T_i, T_{i+1}) dt]$$
$$= -\frac{1}{2} \sigma^2(t; T_i, T_{i+1}) dt + \sigma(t; T_i, T_{i+1}) dW_t \tag{17-4}$$

可将其改写为:

$$d\ln L(u; T_i, T_{i+1}) = -\frac{1}{2} \sigma^2(u; T_i, T_{i+1}) du + \sigma(u; T_i, T_{i+1}) dW_u \tag{17-5}$$

对上式两边在 $u \in [t, T_i]$ 上积分得:

$$\ln L(T_i; T_i, T_{i+1}) = \ln L(t; T_i, T_{i+1}) - \frac{1}{2} \int_t^{T_i} \sigma^2(u; T_i, T_{i+1}) du$$
$$+ \int_t^{T_i} \sigma(u; T_i, T_{i+1}) dW_u \tag{17-6}$$

对其简单变换,易得本性质。显然,$\int_t^{T_i} \sigma(u; T_i, T_{i+1}) dW_u$ 是简单过程,其服从如下的正态分布[②]:

---

① 为了降低阅读障碍及简洁表达考虑,本章内容将不标示测度符号。
② 见性质 1-9。

$$\int_t^{T_i} \sigma(u; T_i, T_{i+1}) \mathrm{d}W_u \sim N\left(0, \int_t^{T_i} \sigma^2(u; T_i, T_{i+1}) \mathrm{d}u\right) \tag{17-7}$$

三、利率上限

以内嵌利率上限条款的债券融资为例,讨论利率上限的估值问题。对浮动利率债券而言,当其票面利率挂钩市场化利率时,为了锁定最高借款或融资成本,发行人有动机在债券票面利率设计中内嵌利率上限条款:当市场利率超过利率上限水平时,发行人有权按照利率上限水平进行利息支付,市场利率和利率上限之差相当于利率上限条款的潜在收益(见图 17-1)。

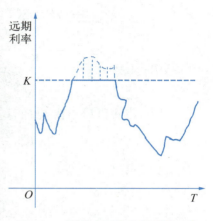

图 17-1 利率上限的支付结构示意

(一)支付结构

假设债券面值为 A,当前时点是 t,未来有 n 个付息节点 $T_1, T_2, \cdots, T_n$,且 $T_1 < T_2 < \cdots < T_n$,任意相邻付息节点的时间间隔 $T_{i+1} - T_i = \delta$,其中 $i = 0, 1, \cdots, n-1$,δ 是小于 1 年的常数。特别地,T_1 时点的计息利率在 T_0 时点已实现,即 T_0 是 T_1 时点计息利率的重定价时点。

假设债券发行人承诺按照未来各付息区间的远期利率以单利方式计付利息。在 $T_{i+1}(i=0, 1, \cdots, n-1)$ 时点,发行人基于 T_i 至 T_{i+1} 付息区间的远期利率 $L(T_i; T_i, T_{i+1})$ 与利率上限水平 K 之间的比较,确定最终的付息水平(见图 17-2 的示意)。

图 17-2 利率上限的付息结构

$T_{i+1}(i=0, 1, \cdots, n-1)$ 时点,当远期利率 $L(T_i; T_i, T_{i+1})$ 大于利率上限水平 K 时,发行人按照利率上限水平进行利息支付,其潜在获利是 $A\delta[L(T_i; T_i, T_{i+1}) - K]$;当远期利率小于利率上限水平时,发行人按照远期利率进行利息支付,其潜在获利为零。因此,T_{i+1} 时点的利率上限价值:

$$\begin{aligned}
\text{Caplet}_{t, i+1} &= P(t, T_{i+1}) \cdot E_t\{A\delta \cdot \max[L(T_i; T_i, T_{i+1}) - K, 0]\} \\
&= A\delta P(t, T_{i+1})\{E_t[L(T_i; T_i, T_{i+1}) \mid L(T_i; T_i, T_{i+1}) > K] \\
&\quad - K P_t[L(T_i; T_i, T_{i+1}) > K]\}
\end{aligned} \tag{17-8}$$

其中,$P(t, T_{i+1})$ 表示 T_{i+1} 时点到期零息债券在当前时点的价格,$P_t[L(T_i; T_i, T_{i+1}) > K]$ 表示利率上限在 T_{i+1} 时点的获利概率,$E_t[L(T_i; T_i, T_{i+1}) \mid L(T_i; T_i, T_{i+1}) > K]$ 表示利率上限在 T_{i+1} 时点获利情形下的远期利率的条件期望(或平均水平)。

(二) 单期利率上限的估值

1. 获利概率

性质 17-2： 利率上限在 T_{i+1} 时点的获利概率（或 T_i 时点的远期利率超过利率上限水平的概率）：

$$P_t\{L(T_i; T_i, T_{i+1}) > K\} = N(d_2) \qquad (17-9)$$

其中，$d_2 = \dfrac{\ln\left[\dfrac{L(t; T_i, T_{i+1})}{K}\right] - \dfrac{1}{2}\int_t^{T_i}\sigma^2(u; T_i, T_{i+1})du}{\sqrt{\int_t^{T_i}\sigma^2(u; T_i, T_{i+1})du}}$。

证明：将式(17-2)代入 $P_t\{L(T_i; T_i, T_{i+1}) > K\}$，有：

$$P_t\{L(T_i; T_i, T_{i+1}) > K\} = P_t\{\ln L(T_i; T_i, T_{i+1}) > \ln K\}$$

$$= P_t\left\{\ln L(t; T_i, T_{i+1}) - \frac{1}{2}\int_t^{T_i}\sigma^2(u; T_i, T_{i+1})du + \int_t^{T_i}\sigma(u; T_i, T_{i+1})dW_u > \ln K\right\}$$

$$= P_t\left\{\int_t^{T_i}\sigma(u; T_i, T_{i+1})dW_u > \ln\left[\frac{K}{L(t; T_i, T_{i+1})}\right] + \frac{1}{2}\int_t^{T_i}\sigma^2(u; T_i, T_{i+1})du\right\} \qquad (17-10)$$

由式(17-7)知：

$$-\frac{\int_t^{T_i}\sigma(u; T_i, T_{i+1})dW_u}{\sqrt{\int_t^{T_i}\sigma^2(u; T_i, T_{i+1})du}} \sim N(0, 1) \qquad (17-11)$$

对式(17-10)进行等价变换得：

$$P_t\{L(T_i; T_i, T_{i+1}) > K\}$$

$$= P_t\left\{-\frac{\int_t^{T_i}\sigma(u; T_i, T_{i+1})dW_u}{\sqrt{\int_t^{T_i}\sigma^2(u; T_i, T_{i+1})du}} < \frac{\ln\left[\dfrac{L(t; T_i, T_{i+1})}{K}\right] - \dfrac{1}{2}\int_t^{T_i}\sigma^2(u; T_i, T_{i+1})du}{\sqrt{\int_t^{T_i}\sigma^2(u; T_i, T_{i+1})du}}\right\}$$

$$= P_t\left\{-\frac{\int_t^{T_i}\sigma(u; T_i, T_{i+1})dW_u}{\sqrt{\int_t^{T_i}\sigma^2(u; T_i, T_{i+1})du}} < d_2\right\}$$

$$= N(d_2) \qquad (17-12)$$

2. 获利情景下的远期利率

性质 17-3： 在 T_{i+1} 时点获利的情形下，利率上限的挂钩标的——远期利率的条件期望：

$$E_t[L(T_i; T_i, T_{i+1}) \mid L(T_i; T_i, T_{i+1}) > K] = L(t; T_i, T_{i+1})N(d_1) \qquad (17-13)$$

其中，$d_1 = \dfrac{\ln\left[\dfrac{L(t; T_i, T_{i+1})}{K}\right] + \dfrac{1}{2}\int_t^{T_i} \sigma^2(u; T_i, T_{i+1}) du}{\sqrt{\int_t^{T_i} \sigma^2(u; T_i, T_{i+1}) du}}$。

证明：见附录 17-1。

3. 单期利率上限的价值

性质 17-4：第 $i+1$ 时点的利率上限价值：

$$\text{Caplet}_{t, i+1} = A\delta P(t, T_{i+1})[L(t; T_i, T_{i+1})N(d_1) - KN(d_2)] \quad (17\text{-}14)$$

证明：将式(17-9)和式(17-13)分别代入式(17-8)，易得本性质。

（三）多期利率上限的组合价值

性质 17-5：利率上限的价值：

$$\text{Caps}_t = A\delta \sum_{i=0}^{n-1} P(t, T_{i+1})[L(t; T_i, T_{i+1})N(d_{1,i}) - KN(d_{2,i})] \quad (17\text{-}15)$$

其中，$d_{1,i} = \dfrac{\ln\left[\dfrac{L(t; T_i, T_{i+1})}{K}\right] + \dfrac{1}{2}\int_t^{T_i} \sigma^2(u; T_i, T_{i+1}) du}{\sqrt{\int_t^{T_i} \sigma^2(u; T_i, T_{i+1}) du}}$；$d_{2,i} = d_{1,i} - \sqrt{\int_t^{T_i} \sigma^2(u; T_i, T_{i+1}) du}$。

证明：利率上限可视为未来各时点单期利率上限的组合：

$$\text{Caps}_t = \sum_{i=0}^{n-1} \text{Caplet}_{t, i+1} \quad (17\text{-}16)$$

结合式(17-14)，易证本性质。

四、利率下限

（一）利率下限的支付结构

为了锁定未来最低利息收入，投资者有动机在债券票面利率设计中内嵌利率下限条款：当市场利率低于利率下限水平时，投资者有权要求发行人按照利率下限水平支付利息，利率下限和市场利率之差相当于利率下限条款的潜在收益（见图 17-3）。

假设债券面值为 A，当前时点是 t，未来有 n 个付息节点 $T_1, T_2, \cdots, T_n$，且 $T_1 < T_2 < \cdots < T_n$，任意相邻付息节点的时间间隔 $T_{i+1} - T_i = \delta$，其中 $i = 1, 2, \cdots, n-1$，δ 是小于 1 年的常数，且 $T_1 - \delta = T_0$。

在 $T_{i+1}(i = 0, 1, \cdots, n-1)$ 时点，当远期利率 $L(T_i; T_i, T_{i+1})$ 小于利率下限水平 K 时，投资者

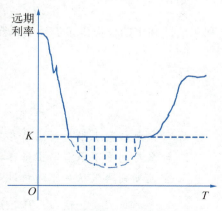

图 17-3 利率下限的支付结构示意

获利 $A\delta[K-L(T_i;T_i,T_{i+1})]$；当远期利率大于利率下限水平时，投资者获利为零。因此，T_{i+1} 时点的利率下限价值：

$$\begin{aligned}\text{Caplet}_{t,i+1} &= A\delta P(t,T_{i+1})\cdot E_t\{\max[K-L(T_i;T_i,T_{i+1}),0]\}\\ &= A\delta P(t,T_{i+1})\cdot\{KP_t[L(T_i;T_i,T_{i+1})<K]\\ &\quad - E_t[L(T_i;T_i,T_{i+1})\mid L(T_i;T_i,T_{i+1})<K]\}\end{aligned} \quad (17\text{-}17)$$

(二) 利率下限的估值

1. 单期利率下限的价值

第 $i+1$ 时点的利率下限价值：

$$\text{Floorlet}_{t,i+1} = A\delta P(t,T_{i+1})[KN(-d_2)-L(t;T_i,T_{i+1})N(-d_1)] \quad (17\text{-}18)$$

2. 利率下限的价值（多期利率下限的组合价值）

$$\text{Floors}_t = A\delta\sum_{i=0}^{n-1}P(t,T_{i+1})[KN(-d_{2,i})-L(t;T_i,T_{i+1})N(-d_{1,i})] \quad (17\text{-}19)$$

五、远期利率常数波动

当各付息区间的远期利率的波动性均为常数 σ^2 时，即当 $\sigma^2(u;T_i,T_{i+1})=\sigma^2$ 时，则远期利率的瞬时波动性：

$$\int_t^{T_i}\sigma^2(u;T_i,T_{i+1})\mathrm{d}u = \sigma^2(T_i-t) \quad (17\text{-}20)$$

则 $d_1 = \dfrac{\ln\left[\dfrac{L(t;T_i,T_{i+1})}{K}\right]+\dfrac{1}{2}\sigma^2(T_i-t)}{\sigma\sqrt{T_i-t}}$，$d_2 = d_1-\sigma\sqrt{T_i-t}$，这为基于远期利率估计利率期权提供了简洁结构和方便途径。

思 考 与 练 习

1. 什么是利率上限？写出债券票面利率内嵌利率上限约束条款的支付结构。
2. 什么是利率下限？写出债券票面利率内嵌利率下限保护条款的支付结构。
3. 当远期利率服从如下随机过程时：

$$\mathrm{d}L(t;T_i,T_{i+1}) = \sigma L(t;T_i,T_{i+1})\mathrm{d}W_t \quad (17\text{-}21)$$

其中，σ 是大于零的常数，$T_{i+1}>T_i\geqslant t$，证明远期利率 $L(T_i;T_i,T_{i+1})$ 是鞅。

研究与探索

1. 使用本章相似的技术和原理，推导利率下限期权的定价公式，并讨论其与利率上限期权可能的平价关系。

2. 远期利率的波动性是利率债估值（如 HJM 模型）最重要的参数。在海外市场，投资者通常根据利率期权的市场价格对远期利率的波动性进行校准，以提高债券估值的精度。查询相关文献，了解有关校准方式及其原理。

本章附录

附录17-1：$E_t[L(T_i; T_i, T_{i+1}) \mid L(T_i; T_i, T_{i+1}) > K] = L(t; T_i, T_{i+1})N(d_1)$。

证明：不妨令 $\nu(t; T_i, T_{i+1}) = \sqrt{\int_t^{T_i} \sigma^2(u; T_i, T_{i+1})du}$，则 $x = -\dfrac{\int_t^{T_i} \sigma(u; T_i, T_{i+1})dW_u}{\nu(t; T_i, T_{i+1})}$，且 $x \sim N(0,1)$。性质17-2的证明过程表明：事件 $\{L(T_i; T_i, T_{i+1}) > K\}$ 与事件 $\{x < d_2\}$ 等价，再结合式(17-2)知：

$$E_t[L(T_i; T_i, T_{i+1}) \mid L(T_i; T_i, T_{i+1}) > K]$$
$$= L(t; T_i, T_{i+1}) \cdot \exp\left\{-\frac{1}{2}\int_t^{T_i} \sigma^2(u; T_i, T_{i+1})du\right\}$$
$$\cdot E_t\left\{\exp\left[\int_t^{T_i} \sigma(u; T_i, T_{i+1})dW_u\right] \mid x < d_2\right\} \quad (17-22)$$

由 $x = -\dfrac{\int_t^{T_i} \sigma(u; T_i, T_{i+1})dW_u}{\nu(t; T_i, T_{i+1})}$ 知，$\int_t^{T_i} \sigma(u; T_i, T_{i+1})dW_u = -\nu(t; T_i, T_{i+1})x$，故有：

$$E_t\left\{\exp\left[\int_t^{T_i} \sigma(u; T_i, T_{i+1})dW_u\right] \mid x < d_2\right\}$$
$$= E_t\{\exp[-\nu(t; T_i, T_{i+1})x] \mid x < d_2\}$$
$$= \int_{-\infty}^{d_2} \exp\{-\nu(t; T_i, T_{i+1})x\} \cdot \frac{1}{\sqrt{2\pi}} \exp\left\{-\frac{1}{2}x^2\right\} dx$$
$$= \exp\left\{\frac{1}{2}\nu^2(t; T_i, T_{i+1})\right\}$$
$$\cdot \int_{-\infty}^{d_2} \frac{1}{\sqrt{2\pi}} \exp\left\{-\frac{1}{2}[x + \nu(t; T_i, T_{i+1})]^2\right\} dx \quad (17-23)$$

不妨令 $\eta = x + \nu(t; T_i, T_{i+1})$，且 $d_1 = d_2 + \nu(t; T_i, T_{i+1})$，对上式进行积分变量替换得：

$$\text{式}(17\text{-}23) = \exp\left\{\frac{1}{2}\nu^2(t; T_i, T_{i+1})\right\} \cdot \int_{-\infty}^{d_1} \frac{1}{\sqrt{2\pi}} e^{-\frac{1}{2}\eta^2} d\eta$$

$$= \exp\left\{\frac{1}{2}\nu^2(t; T_i, T_{i+1})\right\} \cdot N(d_1)$$

$$= \exp\left\{\frac{1}{2}\int_t^{T_i} \sigma^2(u; T_i, T_{i+1}) du\right\} N(d_1) \tag{17-24}$$

将式(17-24)代入式(17-22)有：

$$E_t[L(T_i; T_i, T_{i+1}) \mid L(T_i; T_i, T_{i+1}) > K]$$

$$= L(t; T_i, T_{i+1}) \cdot \exp\left\{-\frac{1}{2}\int_t^{T_i} \sigma^2(u; T_i, T_{i+1}) du\right\}$$

$$\cdot \exp\left\{\frac{1}{2}\int_t^{T_i} \sigma^2(u; T_i, T_{i+1}) du\right\} \cdot N(d_1)$$

$$= L(t; T_i, T_{i+1}) N(d_1) \tag{17-25}$$

第十八章
结构化产品及其结构设计

本章拟假设结构化产品挂钩于股票指数(简称股指),并根据内嵌期权之不同,阐释其常见的结构设计模式与特征。本章将用 t 和 T ($T>t$) 分别表示当前时点和未来时点(或结构化产品的计划或预计到期时点),且当前时点的股票指数是 S_t,以该股票指数为标的之期权的执行价格和障碍价格分别用 K 和 B 表示,结构化产品的支付及其"承诺"收益率(或预计收益率)分别用 E 和 R 表示,其中 E_T 特指未来 T 时点的产品支付或预期支付,E_t 特指在当前时点求条件期望①。

一、结构化产品

结构化产品是指固定收益证券与衍生工具或合约合成的产品,兼具固定收益证券和金融衍生品的特点。通常,结构化产品的固定收益部分投资于债券、银行存款,衍生品部分挂钩于股票、外汇、商品等标的。结构化产品的发行人将绝大部分所募资金投资于固定收益工具,从而使之具有"保本"或"托底"的属性,浮动收益则来自衍生品投资,当挂钩标的高波动时,即使少量投资也可能博取较高收益。

结构化产品的结构设计复杂与多样。根据挂钩标的、收益支付、发行主体,以及内嵌期权之不同,可对结构化产品进行适当分类。从收益支付来看,结构化产品可分为保本型产品和非保本型产品。从发行主体来看,主要有银行系的结构性存款和券商系的收益凭证。《中国银保监会办公厅关于进一步规范商业银行结构性存款业务的通知》(银保监办发〔2019〕204号)指出,结构性存款是指商业银行吸收的嵌入金融衍生产品的存款,通过与利率、汇率、指数等的波动挂钩或与某实体的信用情况挂钩,使存款人在承担一定风险的基础上获得相应的收益。证券公司收益凭证是目前券商结构化理财产品的主流品种。2013年3月,《证券公司债务融资工具管理暂行规定(征求意见稿)》允许证券公司按照规定发行收益凭证,其是券商发行的一种本金和收益之偿付与特定标的相关联的有价证券,特定标的包括但不限于货币利率、基础商品、证券价格或指数。2014年5月,证监会提出"支持证券经营机构开展收益凭证业务试点"。近年来,证券公司收益凭证业务发展迅速,而且涌现了不少创造性的结构设计。

---

① 在对结构化产品的状态及其预期支付进行数学推演时,绝大多数情形不用考虑临界点问题。

二、内嵌数字期权设计

(一) 两层看涨数字期权

内嵌数字期权的结构化产品的状态支付通常是"承诺"给定的,但状态概率相依于挂钩标的的随机运动。最简单的结构设计是内嵌两层看涨数字期权(见图18-1),其支付结构是:在未来 T 时点,当股票指数大于或等于 K 时,发行人"承诺"支付较高收益 R_2;当股票指数低于 K 时,发行人"承诺"支付较低收益 R_1,其中 $R_2 > R_1$。

$$E_T = \begin{cases} R_2, \text{ if } S_T \geqslant K \\ R_1, \text{ if } S_T < K \end{cases} \tag{18-1}$$

$$E_T = R_2 \cdot P_t\{S_T \geqslant K\} + R_1 \cdot P_t\{S_T < K\} \tag{18-2}$$

其可视为一份看涨型数字期权和一份看跌型数字期权的组合。还可将其支付结构重组如下:

$$E_T = R_1 + (R_2 - R_1) \cdot P_t\{S_T \geqslant K\} \tag{18-3}$$

其中,R_1 是固定收益成分,$(R_2 - R_1) \cdot P_t\{S_T \geqslant K\}$ 是看涨型数字期权,其状态支付是 $(R_2 - R_1)$,状态概率是 $P_t\{S_T \geqslant K\}$。因此,该结构化产品可视为固定收益产品和看涨型数字期权的组合。

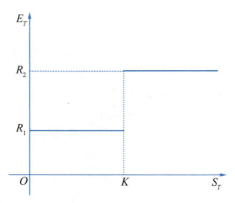

图 18-1 两层看涨数字期权的支付结构

(二) 三层看涨数字期权

在银行结构性存款中,还有一类内嵌看涨数字期权特征的支付结构设计。结构性存款的挂钩标的通常是汇率,其支付结构如:当汇率大涨时(仍用 S_t 表示汇率),"承诺"支付高收益;当汇率大跌时,"承诺"支付低收益(甚至本金亏损);当汇率在正常区间波动时,"承诺"支付中等收益(见图18-2)。预期支付:

$$\begin{aligned} E_T &= R_1 \cdot P_t\{S_T < K_1\} + R_2 \cdot P_t\{K_1 \leqslant S_T \leqslant K_2\} + R_3 \cdot P_t\{S_T > K_2\} \\ &= R_1 \cdot P_t\{S_T < K_1\} + R_2 \cdot P_t\{S_T \geqslant K_1\} - R_2 \cdot P_t\{S_T > K_2\} \\ &\quad + R_3 \cdot P_t\{S_T > K_2\} \\ &= R_1 + (R_2 - R_1) P_t\{S_T \geqslant K_1\} + (R_3 - R_2) P_t\{S_T > K_2\} \end{aligned} \tag{18-4}$$

其中，R_1 是固定收益成分，$(R_2-R_1)P_t\{S_T \geqslant K_1\}$ 和 $(R_3-R_2)P_t\{S_T > K_2\}$ 均是看涨型数字期权。因此，该结构化产品可视为一份固定收益产品和两份看涨型数字期权的组合。

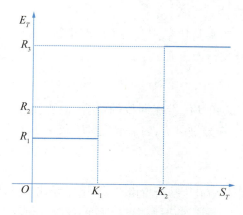

图 18-2　三层看涨数字期权的支付结构

三、内嵌普通期权设计

（一）看涨期权

1. 普通设计

在未来 T 时点，当股票指数低于执行价格时，发行人"承诺"支付低收益 R_1；当股票指数高于或等于执行价格时，发行人"承诺"将股票指数上涨的成分支付给投资者（见图 18-3），其预期支付：

$$E_T = R_1 \cdot P_t\{S_T < K\} + E_t\{R_1 + (S_T - K) \mid S_T \geqslant K\}$$
$$= R_1 + E_t[S_T - K \mid S_T \geqslant K] \tag{18-5}$$

显然，其可视为一份固定收益产品和一份看涨期权的组合。该结构设计确保投资者能够获得保底收益，但上涨收益无边界。

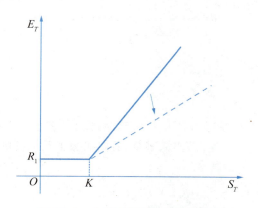

图 18-3　内嵌看涨期权的支付结构

2. 参与设计

在未来 T 时点,当股票指数低于执行价格时,发行人"承诺"支付低收益 R_1;当股票指数高于或等于执行价格时,发行人"承诺"将部分股票指数上涨收益支付给投资者,其预期支付:

$$E_T = R_1 \cdot P_t\{S_T < K\} + E_t\{\beta[R_1 + (S_T - K)] \mid S_T \geqslant K\} \quad (18\text{-}6)$$

其中,$\beta \in (0,1)$,称为参与比率。在未来股票指数上涨成分中,将其 β 部分支付给投资者,剩余 $1-\beta$ 部分被发行人占有。

$$E_T = R_1 + \beta E_t[S_T - K \mid S_T \geqslant K] - R_1(1-\beta) \cdot P_t\{S_T \geqslant K\} \quad (18\text{-}7)$$

其是一份固定收益产品和 β 份看涨期权的组合,但要扣除一份发行人的看涨型数字期权,其状态支付和状态概率分别是 $R_1(1-\beta)$ 和 $P_t\{S_T \geqslant K\}$。

(二) 看跌期权

1. 普通设计

在未来 T 时点,当股票指数高于执行价格时,发行人"承诺"支付低收益 R_1;当股票指数低于或等于执行价格时,发行人"承诺"将股票指数下跌的成分支付给投资者(见图 18-4),其预期支付:

$$\begin{aligned}E_T &= R_1 \cdot P_t\{S_T > K\} + E_t[R_1 + (K - S_T) \mid S_T \leqslant K] \\ &= R_1 + E_t[K - S_T \mid S_T \leqslant K]\end{aligned} \quad (18\text{-}8)$$

其可视为一份固定收益产品和一份看跌期权的组合,确保投资者能够获得保底收益,且下跌收益与挂钩标的线性负相关,但存在上确界。

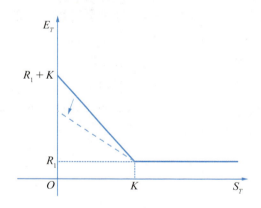

图 18-4 内嵌看跌期权的支付结构

2. 参与设计

在未来 T 时点,当股票指数高于执行价格时,发行人"承诺"支付低收益 R_1;当股票指数低于或等于执行价格时,发行人"承诺"将股票指数下跌成分的 β 部分支付给投资者,其预期支付:

$$\begin{aligned}E_T &= R_1 \cdot P_t\{S_T > K\} + E_t[\beta[R_1 + (K - S_T)] \mid S_T \leqslant K] \\ &= R_1 + \beta E_t[K - S_T \mid S_T \leqslant K] - R_1(1-\beta)P_t\{S_T \leqslant K\}\end{aligned} \quad (18\text{-}9)$$

其可视为一份固定收益产品和 β 份看跌期权的组合,但要扣除一份发行人的看跌型数字期权,其状态支付和状态概率分别是 $R_1(1-\beta)$ 和 $P_t\{S_T\leqslant K\}$。

四、内嵌价差期权设计

(一) 牛市价差期权

内嵌牛市价差期权结构化产品的支付结构是:在未来 T 时点,若股票指数低于 K_1,发行人"承诺"支付低收益 R_1;若股票指数高于 K_2,发行人"承诺"支付高收益 R_2;当股票指数介于 K_1 和 K_2 之间时,股票指数的上涨成分全部(或部分地)支付给投资者(见图 18-5),其支付函数:

$$E_T = R_1 \cdot P_t\{S_T < K_1\} + E_t\left[R_1 + \frac{R_2-R_1}{K_2-K_1}(S_T-K_1)\bigg| K_1\leqslant S_T\leqslant K_2\right]$$
$$+ R_2 \cdot P_t\{S_T > K_2\} \tag{18-10}$$

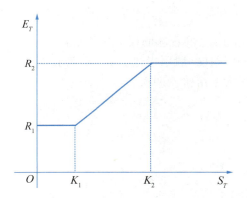

图 18-5 牛市价差期权的支付结构

不妨令 $R_1=0$,$R_2=R$,前者相当于剥离掉固定收益成分。当 $R_1=0$,$R_2=R$ 时,可对前述支付结构进行更加简洁的逻辑推演(见图 18-6),从而有:

$$E_T = E_t\left[\frac{R}{K_2-K_1}(S_T-K_1)\bigg| K_1\leqslant S_T\leqslant K_2\right] + R \cdot P_t\{S_T > K_2\}$$

$$= \frac{R}{K_2-K_1}\{E_t[S_T-K_1 | K_1\leqslant S_T\leqslant K_2] + (K_2-K_1)\cdot P_t[S_T > K_2]\}$$

$$= \frac{R}{K_2-K_1}\{E_t[S_T | K_1\leqslant S_T\leqslant K_2] - K_1\cdot P_t[K_1\leqslant S_T\leqslant K_2]$$
$$+ (K_2-K_1)\cdot P_t[S_T > K_2]\} \tag{18-11}$$

由于:

$$E_t[S_T | K_1\leqslant S_T\leqslant K_2] = E_t[S_T | S_T\geqslant K_1] - E_t[S_T | S_T > K_2] \tag{18-12}$$

$$P\{K_1\leqslant S_T\leqslant K_2\} = P_t\{S_T\geqslant K_1\} - P_t\{S_T > K_2\} \tag{18-13}$$

故而：

$$E_t[S_T \mid K_1 \leqslant S_T \leqslant K_2] - K_1 \cdot P_t\{K_1 \leqslant S_T \leqslant K_2\} + (K_2 - K_1) \cdot P_t\{S_T > K_2\}$$
$$= E_t[S_T \mid S_T \geqslant K_1] - E_t[S_T \mid S_T > K_2] - K_1 P_t\{S_T \geqslant K_1\}$$
$$+ K_1 P_t\{S_T > K_2\} + K_2 P_t\{S_T > K_2\} - K_1 P_t\{S_T > K_2\}$$
$$= \{E_t[S_T \mid S_T \geqslant K_1] - K_1 P_t\{S_T \geqslant K_1\}\} - \{E_t[S_T \mid S_T > K_2] - K_2 P[S_T > K_2]\}$$
$$= E_t[S_T - K_1 \mid S_T \geqslant K_1] - E_t[S_T - K_2 \mid S_T > K_2] \tag{18-14}$$

不妨令 $C(S_t, K_1, \Delta T) = E_t[S_T - K_1 \mid S_T \geqslant K_1]$，其是股票指数为标的，执行价格为 K_1，到期时间为 ΔT 的看涨期权；$C(S_t, K_2, \Delta T) = E_t[S_T - K_2 \mid S_T > K_2]$，其是股票指数为标的，执行价格为 K_2，到期时间为 ΔT 的看涨期权，进而有：

$$E_T = \frac{R}{K_2 - K_1}[C(S_t, K_1, \Delta T) - C(S_t, K_2, \Delta T)] \tag{18-15}$$

因此，该结构化产品可视为 $\dfrac{R}{K_2 - K_1}$ 份价差期权，其中价差期权是执行价格为 K_1 的看涨期权多头和执行价格为 K_2 的看涨期权空头的组合。

对投资者而言，相当其对挂钩股票指数从 K_1 后是看涨的，但只看涨至 K_2（或看涨区间是 $[K_1, K_2]$），这又称为牛市价差期权。

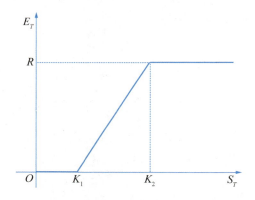

图 18-6　牛市价差期权的简易结构

（二）熊市价差期权

内嵌熊市价差期权结构化产品的支付结构是：在未来 T 时点，若股票指数低于 K_1，发行人"承诺"支付高收益 R_2；若股票指数高于 K_2，发行人"承诺"支付低收益 R_1；当股票指数介于 K_1 和 K_2 之间时，股票指数的下跌成分全部（或部分地）支付给投资者（见图 18-7），其预期支付：

$$E_T = R_2 \cdot P_t\{S_T < K_1\} + E_t\left[R_2 + \frac{R_2 - R_1}{K_2 - K_1}(K_1 - S_T) \,\Big|\, K_1 \leqslant S_T \leqslant K_2\right]$$
$$+ R_1 \cdot P_t\{S_T > K_2\} \tag{18-16}$$

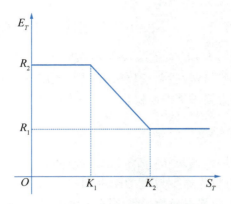

图 18-7 熊市价差期权的支付结构

不妨令 $R_1=0$ 且 $R_2=R$，对上述结构设计进行更加简洁的逻辑推演（见图 18-8）。当 $R_1=0$，$R_2=R$ 时，有：

$$E_T = R \cdot P_t\{S_T < K_1\} + E_t\left[R + \frac{R}{K_2-K_1}(K_1-S_T) \,\Big|\, K_1 \leqslant S_T \leqslant K_2\right]$$
$$= R \cdot P_t\{S_T < K_1\} + R \cdot P_t\{K_1 \leqslant S_T \leqslant K_2\}$$
$$+ \frac{R}{K_2-K_1}E_t[K_1-S_T \mid K_1 \leqslant S_T \leqslant K_2] \tag{18-17}$$

由附录 18-1 知：

$$E_T = \frac{R}{K_2-K_1}\{E_t[K_2-S_T \mid S_T \leqslant K_2] - E_t[K_1-S_T \mid S_T < K_1]\} \tag{18-18}$$

不妨令 $P(S_t, K_2, \Delta T) = E_t[K_2-S_T \mid S_T \leqslant K_2]$，$P(S_t, K_1, \Delta T) = E_t[K_1-S_T \mid S_T \leqslant K_1]$，两者分别是执行价格为 K_2 和 K_1、到期时间均为 ΔT 的看跌期权，进而有：

$$E_T = \frac{R}{K_2-K_1}[P(S_t, K_2, \Delta T) - P(S_t, K_1, \Delta T)] \tag{18-19}$$

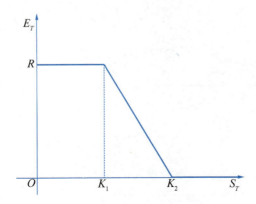

图 18-8 熊市价差期权的简易结构

因此，该结构化产品可视为 $\dfrac{R}{K_2-K_1}$ 份价差期权，其中价差期权是执行价格为 K_2 的看跌期权多头和执行价格为 K_1 的看跌期权空头的组合。

对投资者而言，相当其对挂钩股票指数从 K_2 后是看跌的，但只看跌至 K_1（或看跌区间是 $[K_1, K_2]$），这又称为熊市价差期权。

五、内嵌障碍期权设计

障碍期权的支付结构形似鲨鱼鳍，故称其鲨鱼鳍期权。根据挂钩标的触及障碍价格时期权是否生效或失效，可将障碍期权分为敲入期权或敲出期权。在期权存续期内或特定观察时点，当挂钩标的的价格触及障碍价格时，若期权生效，称其为敲入期权；若期权失效，则称其敲出期权。根据障碍价格是否高于执行价格，可将其分为向上型障碍期权或向下型障碍期权。由于期权有看涨型和看跌型两种，障碍期权有生效或失效（敲入或敲出）之分，障碍价格有高于或低于执行价格之分，故障碍期权有八种组合情形[①]。从国内结构化产品内嵌障碍期权的设计情况来看，常见形态是：向上敲出看涨期权和向下敲出看跌期权。有鉴于此，本节将围绕此两类障碍期权及其组合设计进行阐释。

（一）向上敲出看涨期权

假设向上敲出障碍价格和执行价格分别为 B 和 K，且 $B > K$。内嵌向上敲出买权结构化产品的支付结构是：在观察窗口内，若挂钩标的价格未触及向上敲出障碍价格 B，且 T 时点的标的价格小于或等于执行价格 K，则看涨期权未敲出、未生效，其状态收益是 R_1；在观察窗口内，只要挂钩标的价格触及（大于或等于）向上敲出障碍价格 B，则看涨期权敲出或提前失效，其状态收益是 R_2，其中 $R_1 < R_2$；在观察窗口内，若挂钩标的价格未曾触及向上敲出障碍价格 B，且 T 时点的标的价格大于执行价格 K，则看涨期权生效，且发行人将挂钩标的之上涨成分全部或部分地支付给投资者（见图 18-9）。

该结构化产品旨在确保：当挂钩标的价格小于执行价格时，支付保底收益率；当挂钩标的价格在合理区间运动时，能够获得正常的波动收益；当挂钩标的价格上涨越过障

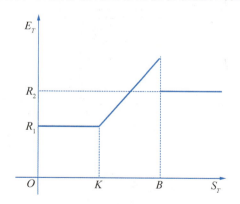

图 18-9　向上敲出看涨期权的支付结构

---

① $2\times2\times2=8$。

碍价格时,预期能获得敲出收益率(通常高于保底收益率),且发行人可能参与收益分配过程。

(二) 向下敲出看跌期权

假设向下敲出障碍价格和执行价格分别为 B 和 K,且 $B < K$。内嵌向下敲出卖权结构化产品的支付结构是:在观察窗口内,若挂钩标的价格未触及向下敲出障碍价格 B,且 T 时点的标的价格大于或等于执行价格 K,则看跌期权未敲出、未生效,且其状态收益是 R_1;在观察窗口内,只要挂钩标的价格触及向下敲出障碍价格 B,则看跌期权敲出或提前失效,且其状态收益是 R_2,其中 $R_1 < R_2$;在观察窗口内,若挂钩标的价格未曾触及向下敲出障碍价格 B,且 T 时点的标的价格小于执行价格 K,则看跌期权未敲出、生效,且发行人将挂钩标的之下跌成分全部或部分地支付给投资者(见图 18-10)。

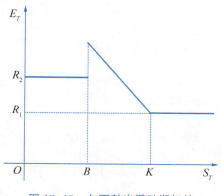

图 18-10 向下敲出看跌期权的支付结构

该结构化产品旨在确保:当挂钩标的价格高于执行价格时,支付保底收益率;当挂钩标的价格在合理区间运动时,能够获得正常的波动收益;当挂钩标的价格下跌突破障碍价格时,预期能获得敲出收益率(通常高于保底收益率),且发行人可能参与收益分配过程。

思 考 与 练 习

1. 什么是结构化产品?其有哪些典型分类?
2. 从投资者和发行人视角,分别讨论结构化产品内嵌两层看涨数字期权的设计本质。
3. 结构化产品内嵌牛市价差期权的支付结构是什么?简述投资者对挂钩标的之趋势判断。
4. 结构化产品内嵌向上敲出障碍期权的支付结构是什么?简述投资者对挂钩标的之趋势判断。

研 究 与 探 索

1. 本章内嵌三层数字期权的结构设计本质上属于多头组合(由两个看涨型数字期权构成),检索国内银行发行的相关结构化产品,根据其内嵌单个期权和组合期权(含多头组合、空头组合、多空组合)的特征进行分类,并解构其设计意图。
2. 价差期权有牛市价差期权、熊市价差期权、蝶式价差期权等诸多形态。检索一个内嵌蝶式价差期权的结构化产品,研读其产品说明书,并借鉴本章技术推演方式对其支付结构进行拆解,讨论其设计意图。

本 章 附 录

附录 18-1: 证明 $E_T = \dfrac{R}{K_2-K_1}\{E_t[K_2-S_T \mid S_T \leqslant K_2] - E_t[K_1-S_T \mid S_T < K_1]\}$。

证明：由于 $R \cdot P_t\{S_T < K_1\} + R \cdot P_t\{K_1 \leqslant S_T \leqslant K_2\} = R \cdot P_t\{S_T \leqslant K_2\}$，故式(18-17)等价于：

$$E_T = R \cdot P_t\{S_T \leqslant K_2\} + \frac{R}{K_2-K_1} E_t[K_1-S_T \mid K_1 \leqslant S_T \leqslant K_2]$$

$$= \frac{R}{K_2-K_1}(K_2-K_1) P_t\{S_T \leqslant K_2\} + \frac{R}{K_2-K_1} E_t[K_1-S_T \mid K_1 \leqslant S_T \leqslant K_2]$$

$$= \frac{R}{K_2-K_1}(K_2-K_1) P_t\{S_T \leqslant K_2\}$$

$$+ \frac{R}{K_2-K_1}\{K_1 P_t[K_1 \leqslant S_T \leqslant K_2] - E_t[S_T \mid K_1 \leqslant S_T \leqslant K_2]\} \quad (18\text{-}20)$$

由于：

$$P_t\{K_1 \leqslant S_T \leqslant K_2\} = P_t\{S_T \leqslant K_2\} - P_t\{S_T < K_1\} \quad (18\text{-}21)$$

$$E_t[S_T \mid K_1 \leqslant S_T \leqslant K_2] = E_t[S_T \mid S_T \leqslant K_2] - E_t[S_T \mid S_T < K_1] \quad (18\text{-}22)$$

将式(18-21)和式(18-22)代入式(18-20)，有：

$$E_T = \frac{R}{K_2-K_1}\{K_2 P_t[S_T \leqslant K_2] - K_1 P_t[S_T \leqslant K_2]\}$$

$$+ \frac{R}{K_2-K_1}\{K_1 P_t[S_T \leqslant K_2] - K_1 P_t[S_T < K_1]\}$$

$$- \frac{R}{K_2-K_1}\{E_t[S_T \mid S_T \leqslant K_2] - E_t[S_T \mid S_T < K_1]\}$$

$$= \frac{R}{K_2-K_1}\{K_2 P_t[S_T \leqslant K_2] - E_t[S_T \mid S_T \leqslant K_2]\}$$

$$- \frac{R}{K_2-K_1}\{K_1 P_t[S_T < K_1] - E_t[S_T \mid S_T < K_1]\}$$

$$= \frac{R}{K_2-K_1}\{E_t[K_2-S_T \mid S_T \leqslant K_2] - E_t[K_1-S_T \mid S_T < K_1]\} \quad (18\text{-}23)$$

第十九章
简单结构化产品

本章以内嵌数字期权和价差期权的结构化产品为例,推演投资者视角的产品估值和发行人视角的风险管理问题。当结构化产品内嵌单一期权时,可对其进行单项风险对冲的策略设计;当结构化产品内嵌组合型价差期权时,可对其进行组合对冲的策略设计。在结构化产品的挂钩标的与对冲工具的标的一致的情形下,本章分别从随机视角和非随机视角讨论了单项对冲和组合对冲的策略设计及其本质差异,以及与之有关的其他技术问题。本章风险对冲策略设计思想对结构化产品具有"普适性",读者能从中获得较为广泛的应用启示。需要说明的是,本书在结构化产品的风险管理部分未对套保与对冲进行明确定义和区分,本章组合策略设计特指用两种对冲工具构建风险对冲策略[①],且假设套保工具是场内的普通欧式期权。

一、内嵌数字期权的结构化产品

(一) 产品结构

假设结构化产品(或结构化理财产品,不妨简称理财产品)的发行时点和计划到期时点分别是 t 和 T,其中 $T>t$。假设结构化产品的挂钩标的是某股票指数,且发行人"承诺":在计划到期时点,当股票指数大于或等于 K 时,支付较高收益 R_2;当股票指数低于 K 时,支付较低收益 R_1,其中 $R_2>R_1$(见图 19-1)。

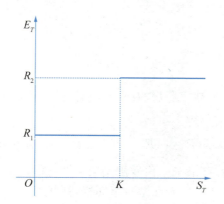

图 19-1 两层看涨数字期权的支付结构

[①] 此特殊指向与内嵌价差期权结构化产品的案例取材有关。

(二)投资者视角的估值

从投资者视角来看,结构化产品在未来 T 时点的预期支付:

$$E_T = R_2 \cdot P_t\{S_T \geq K\} + R_1 \cdot P_t\{S_T < K\} \quad (19\text{-}1)$$

则结构化产品的当前价值(本书用 F 表示结构化产品的当前价值)是:

$$F_t = e^{-r\Delta T}\{R_2 \cdot P_t[S_T \geq K] + R_1 \cdot P_t[S_T < K]\} \quad (19\text{-}2)$$

在风险中性测度下,假设股票指数服从如下的几何布朗运动:

$$dS_t = rS_t dt + \sigma S_t dW_t^\Omega \quad (19\text{-}3)$$

则未来 T 时点股票指数的动态随机运动规律(见性质 1-5):

$$S_T = S_t \cdot \exp\left\{\left(r - \frac{1}{2}\sigma^2\right)\Delta T + \sigma \Delta W_T^\Omega\right\} \quad (19\text{-}4)$$

将其代入 $P_t^\Omega\{S_T \geq K\}$,有:

$$\begin{aligned}P_t^\Omega\{S_T \geq K\} &= P_t^\Omega\left\{S_t \cdot \exp\left[\left(r - \frac{1}{2}\sigma^2\right)\Delta T + \sigma \Delta W_T^\Omega\right] \geq K\right\} \\ &= P_t^\Omega\left\{-\frac{\Delta W_T^\Omega}{\sqrt{\Delta T}} < \frac{\ln\left(\frac{S_t}{K}\right) + \left(r - \frac{1}{2}\sigma^2\right)\Delta T}{\sigma\sqrt{\Delta T}}\right\}\end{aligned} \quad (19\text{-}5)$$

不妨令 $d_2 = \dfrac{\ln\left(\dfrac{S_t}{K}\right) + \left(r - \dfrac{1}{2}\sigma^2\right)\Delta T}{\sigma\sqrt{\Delta T}}$,则有:

$$P_t^\Omega\{S_T \geq K\} = N(d_2) \quad (19\text{-}6)$$

显然,$P_t^\Omega\{S_T < K\} = 1 - N(d_2)$,则理财产品的当前价值:

$$\begin{aligned}F_t &= e^{-r\Delta T}\{R_2 \cdot N(d_2) + R_1 \cdot [1 - N(d_2)]\} \\ &= e^{-r\Delta T}\{R_1 + (R_2 - R_1) \cdot N(d_2)\}\end{aligned} \quad (19\text{-}7)$$

(三)发行人视角的风险管理

1. 产品结构拆解

第一,固定收益和看涨型数字期权的组合。从投资者视角来看,可对结构化产品在 T 时点的预期支付进行如下的结构重组:

$$E_T = R_1 + (R_2 - R_1) \cdot P_t\{S_T \geq K\} \quad (19\text{-}8)$$

其可视为一份固定收益产品和一份看涨型数字期权的组合。其中,R_1 是固定收益成分,$(R_2 - R_1) \cdot P_t\{S_T \geq K\}$ 是看涨型数字期权,其状态支付和状态概率分别是 $(R_2 - R_1)$ 和 $P_t\{S_T \geq K\}$。投资者之所以购买该结构化产品,是对其挂钩标的的未来表现看涨的,并希望博取较高的状态收益。

从发行人视角来看,其向投资者卖出了一份固定收益产品和一个看涨型数字期权。

发行人是看涨型数字期权的空头,其对理财产品的挂钩标的是看跌的。进而言之,发行人期望从股票指数的下跌中获得潜在收益,并完成理财产品的状态支付。然而,若股票指数未来不跌反涨,其将不能确保"有利可图"和兑现"承诺"支付,发行人有必要买入看涨期权(属普通期权)对冲股票指数不跌反涨的风险。

第二,看涨型数字期权和看跌型数字期权的组合。从投资者视角来看,可基于式(19-1)将理财产品分解为一份看涨型数字期权和一份看跌型数字期权的组合,其中看涨型数字期权的状态支付是 R_2,状态概率是 $P_t\{S_T \geqslant K\}$;看跌型数字期权的状态支付是 R_1,状态概率是 $P_t\{S_T < K\}$,且两个期权的执行价格和到期时间相同。

从发行人视角审视,其向投资者卖出了一份看涨型数字期权和一份看跌型数字的组合。基于风险对冲的需要,发行人要买进特定份额的看涨期权和看跌期权的组合,且其到期时间和执行价格均为 T 和 K[①]。

2. 单项对冲

在第一种结构拆解中,发行人的风险对冲策略是买入看涨期权。假设买入看涨期权的标的与理财产品的挂钩标的均为股票指数 S_t,且其服从式(19-3)的几何布朗运动。

这里,理财产品是套保对象,其不确定价值变动主要来自内嵌期权[②],不妨设理财产品(或其内嵌期权)的价值为 F_t,对冲工具是欧式看涨期权 C_t,则对冲组合价值 $V_t = -F_t + kC_t$,其中 k 是套保比率(或对冲比率),且 $k>0$。对冲组合的价值变动:

$$\mathrm{d}V_t = -\mathrm{d}F_t + k \cdot \mathrm{d}C_t \tag{19-9}$$

理财产品价值和看涨期权价值均可视为挂钩标的 S_t 和时间 t 的函数,基于伊藤展开原理知:

$$\begin{aligned}
\mathrm{d}V_t &= -\left[\frac{\partial F_t}{\partial t}\mathrm{d}t + \frac{\partial F_t}{\partial S_t}\mathrm{d}S_t + \frac{1}{2}\frac{\partial^2 F_t}{\partial S_t^2}(\mathrm{d}S_t)^2\right] \\
&\quad + k\left[\frac{\partial C_t}{\partial t}\mathrm{d}t + \frac{\partial C_t}{\partial S_t}\mathrm{d}S_t + \frac{1}{2}\frac{\partial^2 C_t}{\partial S_t^2}(\mathrm{d}S_t)^2\right] \\
&= \left(k\frac{\partial C_t}{\partial t} - \frac{\partial F_t}{\partial t}\right)\mathrm{d}t + \left(k\frac{\partial C_t}{\partial S_t} - \frac{\partial F_t}{\partial S_t}\right)\mathrm{d}S_t + \frac{1}{2}\left(k\frac{\partial^2 C_t}{\partial S_t^2} - \frac{\partial^2 F_t}{\partial S_t^2}\right)(\mathrm{d}S_t)^2
\end{aligned} \tag{19-10}$$

将式(19-3)代入上式,有:

$$\begin{aligned}
\mathrm{d}V_t &= \left(k\frac{\partial C_t}{\partial t} - \frac{\partial F_t}{\partial t}\right)\mathrm{d}t + \left(k\frac{\partial C_t}{\partial S_t} - \frac{\partial F_t}{\partial S_t}\right)(rS_t\mathrm{d}t + \sigma S_t\mathrm{d}W_t^{\Omega}) \\
&\quad + \frac{1}{2}\left(k\frac{\partial^2 C_t}{\partial S_t^2} - \frac{\partial^2 F_t}{\partial S_t^2}\right)(\sigma^2 S_t^2 \mathrm{d}t) \\
&= \left[k\left(\frac{\partial C_t}{\partial t} + rS_t\frac{\partial C_t}{\partial S_t} + \frac{1}{2}\sigma^2 S_t^2\frac{\partial^2 C_t}{\partial S_t^2}\right) - \left(\frac{\partial F_t}{\partial t} + rS_t\frac{\partial F_t}{\partial S_t} + \frac{1}{2}\sigma^2 S_t^2\frac{\partial^2 F_t}{\partial S_t^2}\right)\right]\mathrm{d}t
\end{aligned}$$

---

① 或与之相当。
② 不考虑固定收益成分的利率风险。

$$+ \left(k\frac{\partial C_t}{\partial S_t} - \frac{\partial F_t}{\partial S_t}\right)\sigma S_t \mathrm{d}W_t^\Omega \tag{19-11}$$

当 $k\frac{\partial C_t}{\partial S_t} - \frac{\partial F_t}{\partial S_t} = 0$ 时，对冲组合价值将不受随机项的影响，则最优对冲比率：

$$k^* = \frac{\partial F_t/\partial S_t}{\partial C_t/\partial S_t} = \frac{Delta_t^F}{Delta_t^C} \tag{19-12}$$

其中，$Delta_t^F = \frac{\partial F_t}{\partial S_t}$，$Delta_t^C = \frac{\partial C_t}{\partial S_t}$，两者分别表示理财产品和对冲工具（看涨期权）的 Delta。

3. 组合对冲

在第二种结构拆解中，发行人的风险对冲策略是买入特定份额的普通看涨期权和普通看跌期权的组合，且两类期权的到期时间和执行价格均为 T 和 K。假设买入看涨期权和看跌期权的标的与理财产品的挂钩标的相同。这里，套保对象是理财产品，对冲工具是普通看涨期权 C_t 和普通看跌期权 P_t 的组合，对冲组合价值 $V_t = -F_t + k_1 C_t + k_2 P_t$，则对冲组合价值变动：

$$\mathrm{d}V_t = -\mathrm{d}F_t + k_1 \cdot \mathrm{d}C_t + k_2 \cdot \mathrm{d}P_t \tag{19-13}$$

理财产品价值、看涨期权价值和看跌期权价值均可视为标的资产价格 S_t 和时间 t 的函数，由伊藤展开原理知：

$$\begin{aligned}
\mathrm{d}V_t =& -\left[\frac{\partial F_t}{\partial t}\mathrm{d}t + \frac{\partial F_t}{\partial S_t}\mathrm{d}S_t + \frac{1}{2}\frac{\partial^2 F_t}{\partial S_t^2}(\mathrm{d}S_t)^2\right] \\
& + k_1\left[\frac{\partial C_t}{\partial t}\mathrm{d}t + \frac{\partial C_t}{\partial S_t}\mathrm{d}S_t + \frac{1}{2}\frac{\partial^2 C_t}{\partial S_t^2}(\mathrm{d}S_t)^2\right] \\
& + k_2\left[\frac{\partial P_t}{\partial t}\mathrm{d}t + \frac{\partial P_t}{\partial S_t}\mathrm{d}S_t + \frac{1}{2}\frac{\partial^2 P_t}{\partial S_t^2}(\mathrm{d}S_t)^2\right] \\
=& \left(k_1\frac{\partial C_t}{\partial t} + k_2\frac{\partial P_t}{\partial t} - \frac{\partial F_t}{\partial t}\right)\mathrm{d}t + \left(k_1\frac{\partial C_t}{\partial S_t} + k_2\frac{\partial P_t}{\partial S_t} - \frac{\partial F_t}{\partial S_t}\right)\mathrm{d}S_t \\
& + \frac{1}{2}\left(k_1\frac{\partial^2 C_t}{\partial S_t^2} + k_2\frac{\partial^2 P_t}{\partial S_t^2} - \frac{\partial^2 F_t}{\partial S_t^2}\right)(\mathrm{d}S_t)^2
\end{aligned} \tag{19-14}$$

将式(19-3)代入上式，有：

$$\begin{aligned}
\mathrm{d}V_t =& \left(k_1\frac{\partial C_t}{\partial t} + k_2\frac{\partial P_t}{\partial t} - \frac{\partial F_t}{\partial t}\right)\mathrm{d}t + rS_t\left(k_1\frac{\partial C_t}{\partial S_t} + k_2\frac{\partial P_t}{\partial S_t} - \frac{\partial F_t}{\partial S_t}\right)\mathrm{d}t \\
& + \frac{1}{2}\sigma^2 S_t^2\left(k_1\frac{\partial^2 C_t}{\partial S_t^2} + k_2\frac{\partial^2 P_t}{\partial S_t^2} - \frac{\partial^2 F_t}{\partial S_t^2}\right)\mathrm{d}t \\
& + \sigma S_t\left(k_1\frac{\partial C_t}{\partial S_t} + k_2\frac{\partial P_t}{\partial S_t} - \frac{\partial F_t}{\partial S_t}\right)\mathrm{d}W_t^\Omega
\end{aligned} \tag{19-15}$$

当 $k_1\frac{\partial C_t}{\partial S_t} + k_2\frac{\partial P_t}{\partial S_t} - \frac{\partial F_t}{\partial S_t} = 0$ 时，对冲组合价值将不受随机项的影响，则最优对冲比率

k_1^* 和 k_2^* 满足如下条件：

$$k_1^* \frac{\partial C_t}{\partial S_t} + k_2^* \frac{\partial P_t}{\partial S_t} = \frac{\partial F_t}{\partial S_t} \tag{19-16}$$

$$k_1^* \cdot Delta_t^C + k_2^* \cdot Delta_t^P = Delta_t^F \tag{19-17}$$

其中，$Delta_t^P = \frac{\partial P_t}{\partial S_t}$，其是看跌期权的 Delta。

(四) 其他相关技术问题

1. Delta 估值

前文推演表明，当标的资产随机运动时，单项对冲和组合对冲均仅有 Delta 对冲策略。为了估计最优对冲比率，需要估计理财产品和对冲工具的 Delta，其中理财产品的 Delta 是（请尝试推导）：

$$Delta_t^F = e^{-r\Delta T}(R_2 - R_1)n(d_2)\frac{1}{\sigma S_t \sqrt{\Delta T}} \tag{19-18}$$

其中，$n(\cdot)$ 表示标准正态随机变量的密度函数。两种对冲工具的 Delta 分别是：

$$Delta_t^C = N(d_1) \tag{19-19}$$

$$Delta_t^P = N(d_1) - 1 \tag{19-20}$$

2. 理财产品和对冲工具的标的非一致

在前文的技术推演过程中，假设理财产品的挂钩标的和对冲工具的标的是相同的。但在现实场景中，经常遇到套保对象（或理财产品）的挂钩标的和对冲工具的标的非一致的情况。譬如，理财产品挂钩于上证 50 指数，而对冲工具（看涨期权或看跌期权）的标的是上证 50ETF 指数基金，上证 50 指数约相当于 1 000 份上证 50ETF。由于理财产品的挂钩标的和对冲工具的标的非一致，在计算其风险管理参数时，需要将其转换为"相同"的标的，有兴趣的读者可参阅张金清(2017)的案例示意。

3. 随机和非随机状态下的对冲策略

在随机状态下，无论单项对冲或组合对冲均仅有 Delta 对冲。当标的资产非随机运动时，附录 19-1 给出了四种情景下的 Delta 对冲和 Gamma 对冲的策略设计：当标的资产非随机过程时，单项 Delta 对冲存在唯一解，但 Gamma 对冲无唯一解；组合 Gamma 对冲通常有唯一解，但 Delta 对冲无唯一解。在设计对冲策略时，需要明确有关假设，因为不同情景假设下的策略设计结果可能迥然不同。

4. 风险对冲时间

随机状态下的对冲策略设计隐含风险对冲时间不能太长，这由维纳过程（或随机过程）的性质决定。在现实场景下，结构化理财产品的计划到期时间和普通期权的到期时间普遍在一年以内，若按照日度数据估计有关风险管理参数和最优对冲比率，则风险对冲策略设计与随机分析方法有一定的契合性。

5. 对冲组合价值的瞬时变动

对冲组合价值的瞬时变动主要由理财产品和对冲工具的 Theta 和 Gamma 控制。在

单项对冲策略设计中,对冲组合价值的瞬时变动:

$$\lim_{dt \to 0} \frac{dV_t}{dt} = k^* \left(\frac{\partial C_t}{\partial t} + rS_t \frac{\partial C_t}{\partial S_t} + \frac{1}{2}\sigma^2 S_t^2 \frac{\partial^2 C_t}{\partial S_t^2} \right) - \left(\frac{\partial F_t}{\partial t} + rS_t \frac{\partial F_t}{\partial S_t} + \frac{1}{2}\sigma^2 S_t^2 \frac{\partial^2 F_t}{\partial S_t^2} \right)$$

$$= \left(k^* \frac{\partial C_t}{\partial t} - \frac{\partial F_t}{\partial t} \right) + rS_t \left(k^* \frac{\partial C_t}{\partial S_t} - \frac{\partial F_t}{\partial S_t} \right) + \frac{1}{2}\sigma^2 S_t^2 \left(k^* \frac{\partial^2 C_t}{\partial S_t^2} - \frac{\partial^2 F_t}{\partial S_t^2} \right)$$

$$= \left(k^* \frac{\partial C_t}{\partial t} - \frac{\partial F_t}{\partial t} \right) + \frac{1}{2}\sigma^2 S_t^2 \left(k^* \frac{\partial^2 C_t}{\partial S_t^2} - \frac{\partial^2 F_t}{\partial S_t^2} \right) \tag{19-21}$$

这里使用了 $k^* \frac{\partial C_t}{\partial S_t} - \frac{\partial F_t}{\partial S_t} = 0$。在组合对冲策略设计中,对冲组合价值的瞬时变动是:

$$\lim_{dt \to 0} \frac{dV_t}{dt} = \left(k_1^* \frac{\partial C_t}{\partial t} + k_2^* \frac{\partial P_t}{\partial t} - \frac{\partial F_t}{\partial t} \right) + \frac{1}{2}\sigma^2 S_t^2 \left(k_1^* \frac{\partial^2 C_t}{\partial S_t^2} + k_2^* \frac{\partial^2 P_t}{\partial S_t^2} - \frac{\partial^2 F_t}{\partial S_t^2} \right) \tag{19-22}$$

二、内嵌价差期权的结构化产品

(一) 产品结构

以内嵌牛市价差期权的结构化产品为例,讨论其结构设计的本质内涵及其风险对冲策略。

内嵌牛市价差期权结构化产品的支付结构是:在未来 T 时点,若股票指数低于 K_1,发行人"承诺"支付低收益 R_1;若股票指数高于 K_2,发行人"承诺"支付高收益 R_2;当股票指数介于 K_1 和 K_2 之间时,股票指数的上涨成分全部支付给投资者(见图19-2)。内嵌牛市价差期权结构化产品的未来预期支付:

$$E_T = R_1 \cdot P_t\{S_T < K_1\} + E_t \left[R_1 + \frac{R_2 - R_1}{K_2 - K_1}(S_T - K_1) \,\bigg|\, K_1 \leqslant S_T \leqslant K_2 \right]$$
$$+ R_2 \cdot P_t\{S_T > K_2\} \tag{19-23}$$

(二) 投资者视角的估值

由附录 19-2 知:

$$E_T = R_1 + \frac{R_2 - R_1}{K_2 - K_1} \cdot [C(S_t, K_1, \Delta T) - C(S_t, K_2, \Delta T)] \tag{19-24}$$

其中,$C(S_t, K_1, \Delta T) = E_t[S_T - K_1 \mid S_T \geqslant K_1]$,$C(S_t, K_2, \Delta T) = E_t[S_T - K_2 \mid S_T \geqslant K_2]$。结构化产品的当前价值:

$$F_t = R_1 e^{-r\Delta T} + \frac{R_2 - R_1}{K_2 - K_1} \cdot [e^{-r\Delta T} C(S_t, K_1, \Delta T) - e^{-r\Delta T} C(S_t, K_2, \Delta T)]$$
$$= R_1 e^{-r\Delta T} + \frac{R_2 - R_1}{K_2 - K_1} \cdot \{[S_t N(d_{11}) - K_1 e^{-r\Delta T} N(d_{12})]$$
$$- [S_t N(d_{21}) - K_2 e^{-r\Delta T} N(d_{22})]\} \tag{19-25}$$

其中，$d_{11} = \dfrac{\ln\left(\dfrac{S_t}{K_1}\right) + \left(r + \dfrac{1}{2}\sigma^2\right)\Delta T}{\sigma\sqrt{\Delta T}}$，$d_{12} = d_{11} - \sigma\sqrt{\Delta T}$；$d_{21} = \dfrac{\ln\left(\dfrac{S_t}{K_2}\right) + \left(r + \dfrac{1}{2}\sigma^2\right)\Delta T}{\sigma\sqrt{\Delta T}}$，$d_{22} = d_{21} - \sigma\sqrt{\Delta T}$。

由此可见，该结构化产品是一份固定收益产品和 $\dfrac{R_2 - R_1}{K_2 - K_1}$ 份价差期权的组合，且价差期权由执行价格为 K_1 的看涨期权多头和执行价格为 K_2 的看涨期权空头构成。对投资者而言，相当其对挂钩标的从 K_1 后是看涨的，但看涨到 K_2 为止。

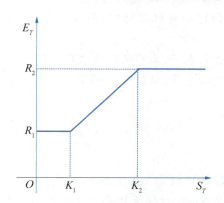

图 19-2 内嵌牛市价差期权的支付结构

（三）发行人视角的风险管理

对发行人而言，其卖给投资者 $\dfrac{R_2 - R_1}{K_2 - K_1}$ 份执行价格 K_1 的看涨期权，从投资者处买入 $\dfrac{R_2 - R_1}{K_2 - K_1}$ 份执行价格 K_2 的看涨期权，即持有 $\dfrac{R_2 - R_1}{K_2 - K_1}$ 份执行价格为 K_1 的看涨期权空头和执行价格为 K_2 的看涨期权多头的组合。

基于风险对冲的需要，发行人需要买入 k_1 份执行价格为 K_1 的看涨期权，卖出 k_2 份执行价格为 K_2 的看涨期权，即对冲组合价值：

$$V_t = -F_t + k_1 \cdot C(K_1) - k_2 \cdot C(K_2) \tag{19-26}$$

其中，$k_1 > 0$，$k_2 > 0$，$C(K_i) = e^{-r\Delta T} C(S_t, K_i, \Delta T)$，$i = 1, 2$。对冲组合的价值变动：

$$dV_t = -dF_t + k_1 \cdot dC(K_1) - k_2 \cdot dC(K_2) \tag{19-27}$$

基于 (19-17) 相似的原理知，两个对冲工具的最优对冲比率 k_1^* 和 k_2^* 满足如下条件：

$$k_1^* \dfrac{\partial C(K_1)}{\partial S_t} - k_2^* \dfrac{\partial C(K_2)}{\partial S_t} = Delta_t^F \tag{19-28}$$

其中，$\dfrac{\partial C(K_1)}{\partial S_t} = N(d_{11})$，$\dfrac{\partial C(K_2)}{\partial S_t} = N(d_{21})$，$Delta_t^F = \dfrac{R_2 - R_1}{K_2 - K_1}[N(d_{11}) - $

$N(d_{21})$]（请尝试证明）。具体而言，两个对冲工具的最优对冲比率满足：

$$k_1^* \cdot N(d_{11}) - k_2^* \cdot N(d_{21}) = \frac{R_2 - R_1}{K_2 - K_1}[N(d_{11}) - N(d_{21})] \quad (19\text{-}29)$$

思考与练习

1. 当结构化产品的挂钩标的随机运动时，简述单项风险对冲的基本思想。
2. 当结构化产品的挂钩标的随机运动时，简述组合对冲（含两个对冲工具）的基本思想。
3. 在随机状态和非随机状态下，单项风险对冲策略有何差异？
4. 在随机状态和非随机状态下，组合对冲（含两个对冲工具）策略有何差异？

研究与探索

1. 假设结构化产品的挂钩标的是某股票指数，且发行人"承诺"：在产品计划到期日，若挂钩标的指数大于或等于 K，支付较低收益 R_1；若挂钩标的指数小于 K，支付较高收益 R_2，其中 $R_2 > R_1$。试写出该结构化产品的预期支付，并使用本章相似的技术和原理讨论其内嵌期权的本质和风险对冲策略。
2. 若结构化产品内嵌了熊市价差期权，使用本章相似的技术和原理讨论其组合对冲策略。

本章附录

附录 19-1：非随机状态下的单项对冲和组合对冲策略。

1. 单项 Delta 对冲

若标的资产价格非随机过程，且其仅发生微小变动时，则单项对冲的组合价值变动：

$$dV_t = -\left(\frac{\partial F_t}{\partial S_t}dS_t\right) + k\left(\frac{\partial C_t}{\partial S_t}dS_t\right) \quad (19\text{-}30)$$

$$\frac{dV_t}{dS_t} = -\frac{\partial F_t}{\partial S_t} + k\frac{\partial C_t}{\partial S_t} \quad (19\text{-}31)$$

当 $\frac{dV_t}{dS_t} = 0$ 时，对冲组合价值对标的资产价格变动风险免疫，则最优对冲比率是：

$$k^* = \frac{\partial F_t/\partial S_t}{\partial C_t/\partial S_t} = \frac{Delta_t^F}{Delta_t^C} \quad (19\text{-}32)$$

2. 单项 Gamma 对冲

若标的资产价格非随机过程,且其仅发生较小变动时,则单项对冲的组合价值变动:

$$dV_t = -\left[\frac{\partial F_t}{\partial S_t}dS_t + \frac{1}{2}\frac{\partial^2 F_t}{\partial S_t^2}(dS_t)^2\right] + k\left[\frac{\partial C_t}{\partial S_t}dS_t + \frac{1}{2}\frac{\partial^2 C_t}{\partial S_t^2}(dS_t)^2\right]$$
$$= \left(k\frac{\partial C_t}{\partial S_t} - \frac{\partial F_t}{\partial S_t}\right)dS_t + \frac{1}{2}\left(k\frac{\partial^2 C_t}{\partial S_t^2} - \frac{\partial^2 F_t}{\partial S_t^2}\right)(dS_t)^2 \tag{19-33}$$

当 $k\frac{\partial C_t}{\partial S_t} - \frac{\partial F_t}{\partial S_t} = 0$ 和 $k\frac{\partial^2 C_t}{\partial S_t^2} - \frac{\partial^2 F_t}{\partial S_t^2} = 0$ 时,对冲组合价值对标的资产价格变动风险免疫。然而,最优对冲比率没有唯一解。

3. 组合 Delta 对冲

若标的资产价格非随机过程,且其仅发生微小变动时,则组合对冲的组合价值变动:

$$dV_t = -\left(\frac{\partial F_t}{\partial S_t}dS_t\right) + k_1\left(\frac{\partial C_t}{\partial S_t}dS_t\right) + k_2\left(\frac{\partial P_t}{\partial S_t}dS_t\right)$$
$$= \left(-\frac{\partial F_t}{\partial S_t} + k_1\frac{\partial C_t}{\partial S_t} + k_2\frac{\partial P_t}{\partial S_t}\right)dS_t \tag{19-34}$$

当 $-\frac{\partial F_t}{\partial S_t} + k_1\frac{\partial C_t}{\partial S_t} + k_2\frac{\partial P_t}{\partial S_t} = 0$,对冲组合价值对标的资产价格变动风险免疫,则最优对冲比率 k_1^* 和 k_2^* 满足如下条件:

$$k_1^* \, Delta_t^C + k_2^* \, Delta_t^P = Delta_t^F \tag{19-35}$$

4. 组合 Gamma 对冲

若标的资产价格非随机过程,且其仅发生较小变动时,则组合对冲的组合价值变动:

$$dV_t = -\left[\frac{\partial F_t}{\partial S_t}dS_t + \frac{1}{2}\frac{\partial^2 F_t}{\partial S_t^2}(dS_t)^2\right] + k_1\left[\frac{\partial C_t}{\partial S_t}dS_t + \frac{1}{2}\frac{\partial^2 C_t}{\partial S_t^2}(dS_t)^2\right]$$
$$+ k_2\left[\frac{\partial P_t}{\partial S_t}dS_t + \frac{1}{2}\frac{\partial^2 P_t}{\partial S_t^2}(dS_t)^2\right]$$
$$= \left(k_1\frac{\partial C_t}{\partial S_t} + k_2\frac{\partial P_t}{\partial S_t} - \frac{\partial F_t}{\partial S_t}\right)dS_t + \frac{1}{2}\left(k_1\frac{\partial^2 C_t}{\partial S_t^2} + k_2\frac{\partial^2 P_t}{\partial S_t^2} - \frac{\partial^2 F_t}{\partial S_t^2}\right)(dS_t)^2 \tag{19-36}$$

当 $k_1\frac{\partial C_t}{\partial S_t} + k_2\frac{\partial P_t}{\partial S_t} = \frac{\partial F_t}{\partial S_t}$ 和 $k_1\frac{\partial^2 C_t}{\partial S_t^2} + k_2\frac{\partial^2 P_t}{\partial S_t^2} = \frac{\partial^2 F_t}{\partial S_t^2}$ 时,对冲组合价值对标的资产价格变动风险免疫。

不妨令 $Gamma_t^C = \frac{\partial^2 C_t}{\partial S_t^2}$, $Gamma_t^P = \frac{\partial^2 P_t}{\partial S_t^2}$, $Gamma_t^F = \frac{\partial^2 F_t}{\partial S_t^2}$,则最优对冲比率 k_1^* 和 k_2^* 是下列方程组的解:

$$\begin{bmatrix} Delta_t^C & Delta_t^P \\ Gamma_t^C & Gamma_t^P \end{bmatrix} \begin{bmatrix} k_1^* \\ k_2^* \end{bmatrix} = \begin{bmatrix} Delta_t^F \\ Gamma_t^F \end{bmatrix} \tag{19-37}$$

当 $\begin{bmatrix} Delta_t^C & Delta_t^P \\ Gamma_t^C & Gamma_t^P \end{bmatrix}$ 可逆时，可得两种对冲工具的最优对冲比率 k_1^* 和 k_2^*：

$$\begin{bmatrix} k_1^* \\ k_2^* \end{bmatrix} = \begin{bmatrix} Delta_t^C & Delta_t^P \\ Gamma_t^C & Gamma_t^P \end{bmatrix}^{-1} \begin{bmatrix} Delta_t^F \\ Gamma_t^F \end{bmatrix} \qquad (19-38)$$

由此可见，对单项对冲而言，Delta 对冲存在唯一解，但 Gamma 对冲没有唯一解；对组合对冲（仅含两个对冲工具）而言，Gamma 对冲通常存在唯一解，但 Delta 对冲没有唯一解。

附录 19-2：证明 $E_T = R_1 + \dfrac{R_2 - R_1}{K_2 - K_1} \cdot [C(S_t, K_1, \Delta T) - C(S_t, K_2, \Delta T)]$。

证明：由式(19-23)知：

$$\begin{aligned}
E_T &= R_1 \cdot P_t\{S_T < K_1\} + E_t\left[R_1 + \dfrac{R_2 - R_1}{K_2 - K_1}(S_T - K_1) \,\Big|\, K_1 \leqslant S_T \leqslant K_2\right] \\
&\quad + R_2 \cdot P_t\{S_T > K_2\} \\
&= R_1 \cdot P_t\{S_T < K_1\} + R_1 \cdot P_t\{K_1 \leqslant S_T \leqslant K_2\} \\
&\quad + \dfrac{R_2 - R_1}{K_2 - K_1} \cdot E_t[S_T - K_1 \mid K_1 \leqslant S_T \leqslant K_2] + R_2 \cdot P_t\{S_T > K_2\} \quad (19\text{-}39)
\end{aligned}$$

由于：

$$P_t\{K_1 \leqslant S_T \leqslant K_2\} = P_t\{S_T \geqslant K_1\} - \{S_T > K_2\} \qquad (19\text{-}40)$$

$$E_t[S_T - K_1 \mid K_1 \leqslant S_T \leqslant K_2] = E_t[S_T - K_1 \mid S_T \geqslant K_1] - E_t[S_T - K_1 \mid S_T > K_2] \qquad (19\text{-}41)$$

将式(19-40)和式(19-41)分别代入式(19-39)得：

$$\begin{aligned}
E_T &= R_1 \cdot P_t\{S_T < K_1\} + R_1 \cdot P_t\{S_T \geqslant K_1\} - R_1 \cdot P_t\{S_T > K_2\} \\
&\quad + \dfrac{R_2 - R_1}{K_2 - K_1} \cdot \{E_t[S_T - K_1 \mid S_T \geqslant K_1] - E_t[S_T - K_1 \mid S_T > K_2]\} \\
&\quad + R_2 \cdot P_t\{S_T > K_2\} \qquad (19\text{-}42)
\end{aligned}$$

不妨令 $C(S_t, K_1, \Delta T) = E_t[S_T - K_1 \mid S_T \geqslant K_1]$，则有：

$$\begin{aligned}
E_T &= R_1 + \dfrac{R_2 - R_1}{K_2 - K_1} \cdot \{C(S_t, K_1, \Delta T) - E_t[S_T - K_1 \mid S_T > K_2]\} \\
&\quad + (R_2 - R_1) \cdot P_t\{S_T > K_2\} \\
&= R_1 + \dfrac{R_2 - R_1}{K_2 - K_1} \cdot \{C(S_t, K_1, \Delta T) - E_t[(S_T - K_2) + (K_2 - K_1) \mid S_T > K_2]\} \\
&\quad + (R_2 - R_1) \cdot P_t\{S_T > K_2\} \\
&= R_1 + \dfrac{R_2 - R_1}{K_2 - K_1} \cdot \{C(S_t, K_1, \Delta T) - E_t[S_T - K_2 \mid S_T > K_2] \\
&\quad - (K_2 - K_1) P_t[S_T > K_2]\} + (R_2 - R_1) \cdot P_t\{S_T > K_2\}
\end{aligned}$$

$$\begin{aligned}
&= R_1 + \frac{R_2 - R_1}{K_2 - K_1} \cdot [C(S_t, K_1, \Delta T) - C(S_t, K_2, \Delta T)] \\
&\quad - (R_2 - R_1) \cdot P_t\{S_T > K_2\} + (R_2 - R_1) \cdot P_t\{S_T > K_2\} \\
&= R_1 + \frac{R_2 - R_1}{K_2 - K_1} \cdot [C(S_t, K_1, \Delta T) - C(S_t, K_2, \Delta T)]
\end{aligned} \quad (19\text{-}43)$$

其中，$C(S_t, K_2, \Delta T) = E_t[S_T - K_2 \mid S_T > K_2]$。

第二十章

简单结构性存款

在银行发行的结构化理财产品中,结构性存款是其重要成分。结构性存款的挂钩标的通常是汇率,其状态支付相依于远期汇率的表现。与股票指数不同,汇率有其特有的动态随机运动规律,且直接标价汇率和套算汇率有明显不同的动态表现。在推演两种形态汇率的动态随机运动规律的基础上,本章以内嵌数字期权和价差期权的结构性存款为例(分别以看涨型数字期权和牛市价差期权为例),推演了投资者视角的估值方法,讨论了发行人视角的风险管理及其难点。特别地,本章使用等价鞅测度变换等高阶知识对价差期权进行定价[①],这不仅有助于提高求解效率,也为复杂结构化产品的估值等提供便利。

一、汇率的随机运动规律

(一) 直接标价汇率

假设当前时点和未来时点分别是 t 和 T,若结构性存款的挂钩标的是直接标价汇率(如美元兑人民币),则在本国风险中性测度下,当前即期汇率 e_t 服从如下的随机过程:

$$\mathrm{d}e_t = (r_h - r_f)e_t\mathrm{d}t + \sigma e_t\mathrm{d}W_t^\Omega \tag{20-1}$$

这里,r_h 和 r_f 分别表示本国和外国的无风险利率,σ 是汇率变动的瞬时波动性,则 T 时点远期汇率的动态随机运动规律是[②]:

$$e_T = e_t \cdot \exp\left\{\left(r_h - r_f - \frac{\sigma^2}{2}\right)\Delta T + \sigma\Delta W_T^\Omega\right\} \tag{20-2}$$

(二) 套算汇率

若挂钩标的是套算汇率,需要根据两种外币兑人民币汇率的随机过程求套算汇率的随机运动规律。为便于理解,不妨设结构性存款的挂钩标的是美元兑欧元,美元兑人民币的汇率和欧元兑人民币的汇率分别用 e_{1t} 和 e_{2t} 表示,则美元兑欧元的汇率为 $\dfrac{e_{1t}}{e_{2t}}$。基于式 (20-1) 相似的规律知:

$$\mathrm{d}e_{1t} = (r_h - r_{f1})e_{1t}\mathrm{d}t + \sigma_1 e_{1t}\mathrm{d}W_t^\Omega \tag{20-3}$$

[①] 其实,常规方法也能定价解析。
[②] 同性质 1-5。Ω 表示本国风险中性测度。

$$de_{2t} = (r_h - r_{f2})e_{2t}dt + \sigma_2 e_{2t}dW_t^\Omega \tag{20-4}$$

其中，r_{f1} 和 r_{f2} 分别表示美国和欧元区的无风险利率，σ_1 和 σ_2 分别表示两种汇率变动的瞬时波动性。

由性质 16-3 知，美元兑欧元汇率的动态随机运动规律：

$$d\left(\frac{e_{1t}}{e_{2t}}\right) = [(r_h - r_{f1}) - (r_h - r_{f2}) + \sigma_2^2 - \sigma_1\sigma_2]\left(\frac{e_{1t}}{e_{2t}}\right)dt + (\sigma_1 - \sigma_2)\left(\frac{e_{1t}}{e_{2t}}\right)dW_t^\Omega$$

$$= (r_{f2} - r_{f1} + \sigma_2^2 - \sigma_1\sigma_2)\left(\frac{e_{1t}}{e_{2t}}\right)dt + (\sigma_1 - \sigma_2)\left(\frac{e_{1t}}{e_{2t}}\right)dW_t^\Omega \tag{20-5}$$

(三) 汇率的统一表示

无论直接标价汇率或套算汇率，不妨均以 Z_t 表示，则其随机过程可写成如下形式：

$$dZ_t = \mu Z_t dt + \sigma dZ_t dW_t^\Omega \tag{20-6}$$

当 Z_t 表示直接标价汇率时，有 $\mu = r_h - r_f$，$\sigma = \sigma$；当 Z_t 表示套算汇率时，有 $\mu = r_{f2} - r_{f1} + \sigma_2^2 - \sigma_1\sigma_2$，$\sigma = \sigma_1 - \sigma_2$。

二、等价鞅测度变换

性质 20-1：当挂钩标的服从式(20-6)的随机过程时，其在风险中性测度下的动态随机运动规律是

$$Z_T = Z_t \cdot \exp\left\{\left(\mu - \frac{\sigma^2}{2}\right)\Delta T + \sigma \Delta W_T^\Omega\right\} \tag{20-7}$$

原理同性质 1-5。

引理 20-1：当挂钩标的服从式(20-6)的随机过程时，若 $dW_t^\Omega = dW_t^R + \sigma dt$（称 R 为 Ω 的等价鞅测度），则挂钩标的在 R 测度下的动态随机运动规律是

$$Z_T = Z_t \cdot \exp\left\{\left(\mu + \frac{\sigma^2}{2}\right)\Delta T + \sigma \Delta W_T^R\right\} \tag{20-8}$$

证明：见附录 20-1。

可见，在风险中性测度下，$\ln\left(\frac{Z_T}{Z_t}\right) = \left(\mu - \frac{\sigma^2}{2}\right)\Delta T + \sigma \Delta W_T^\Omega$；在 R 测度下，$\ln\left(\frac{Z_T}{Z_t}\right) = \left(\mu + \frac{\sigma^2}{2}\right)\Delta T + \sigma \Delta W_T^R$，$\ln\left(\frac{Z_T}{Z_t}\right)$ 在两个测度下的期望分别是 $\left(\mu - \frac{\sigma^2}{2}\right)\Delta T$ 和 $\left(\mu + \frac{\sigma^2}{2}\right)\Delta T$，但波动项相同。

引理 20-2：令 $\xi_T = \exp\left\{-\frac{\sigma^2}{2}\Delta T + \sigma \Delta W_T^\Omega\right\}$，$I_A$ 为事件 A 发生与否的示性函数（当事件 A 发生时，I_A 取值 1；当事件 A 不发生时，I_A 取值零），则有：

$$E_t^\Omega[\xi_T I_A] = E_t^R[I_A] \tag{20-9}$$

对复杂事件 $\{\xi_T I_A\}$ 而言，其在风险中性测度下的条件期望(或条件概率)与"简单"事

件 $\{I_A\}$ 在 R 测度下的条件期望（或条件概率）相等，这能极大降低复杂事件条件期望（或条件概率）的求解难度。关于上述两个引理涉及的更高阶专业知识，读者可参阅陈松男（2005）、Back(2010)、Shreve(2010)等。[①]

三、内嵌数字期权设计

（一）两层看涨数字期权

若结构性存款挂钩于汇率，且内嵌两层看张数字期权的结构设计，则其状态支付给定，但状态概率相依于远期汇率的随机运动。

在常见的结构性存款设计中，发行人通常基于即期汇率设定远期汇率的波动边界。在理财产品到期（或计划到期）时点 T，当远期汇率 Z_T 大于或等于 Z_t+b ($b>0$) 时，发行人"承诺"支付较高收益 R_2；当远期汇率低于 Z_t+b 时，发行人"承诺"支付较低收益 R_1，其中 $R_2>R_1$（见图 20-1）。

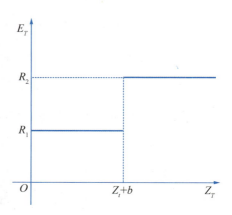

图 20-1 内嵌两层看涨数字期权的支付结构

从投资者视角来看，内嵌两层看涨数字期权的结构性存款的预期收益：

$$E_T = R_2 \cdot P_t^\Omega\{Z_T \geqslant Z_t+b\} + R_1 \cdot P_t^\Omega\{Z_T < Z_t+b\} \tag{20-10}$$

其可视为一份看涨型数字期权和一份看跌型数字期权的组合。另外，也可将其分解为一份固定收益产品和一份看涨型数字期权的组合：

$$E_T = R_1 + (R_2-R_1) \cdot P_t^\Omega\{Z_T \geqslant Z_t+b\} \tag{20-11}$$

其中，R_1 是固定收益成分，$(R_2-R_1) \cdot P_t^\Omega\{Z_T \geqslant Z_t+b\}$ 是看涨型数字期权。当挂钩标的服从式（20-6）的随机过程时，投资者在 T 时点的预期支付：

$$E_T = R_1 + (R_2-R_1) \cdot N(d_2) \tag{20-12}$$

其中，$d_2 = \dfrac{\ln\left(\dfrac{Z_t}{Z_t+b}\right) + \left(\mu - \dfrac{\sigma^2}{2}\right)\Delta T}{\sigma\sqrt{\Delta T}}$（请尝试推导）。这里，$P_t\{Z_T \geqslant Z_t+b\}$ 相当于看涨期权的行权概率，其挂钩标的是 Z_t，执行价格是 Z_t+b，到期时间是 ΔT。特别地，若将上式贴现至当前时点，需按照本国无风险利率贴现，且参数 μ 和 σ 有以下两种表现形式。

第一，当挂钩标的是直接标价汇率时，有 $\mu = r_h - r_f$，$\sigma = \sigma$，且 $d_2 = \dfrac{\ln\left(\dfrac{Z_t}{Z_t+b}\right) + \left(r_h - r_f - \dfrac{\sigma^2}{2}\right)\Delta T}{\sigma\sqrt{\Delta T}}$。

[①] 相关理论和方法将在作者的新书《固定收益衍生品》中详细阐释。

第二,当挂钩标的是套算汇率时,有 $\mu = r_{f2} - r_{f1} + \sigma_2^2 - \sigma_1\sigma_2$, $\sigma = \sigma_1 - \sigma_2$, 且 $d_2 = \dfrac{\ln\left(\dfrac{Z_t}{Z_t + b}\right) + \left[r_{f2} - r_{f1} + \dfrac{1}{2}(\sigma_2^2 - \sigma_1^2)\right]\Delta T}{(\sigma_1 - \sigma_2)\sqrt{\Delta T}}$。

(二) 三层看涨数字期权

1. 状态情景

内嵌三层看涨数字期权的结构性存款的支付结构如:在未来 T 时点,若远期汇率低于 $Z_t - a$,发行人"承诺"支付低收益(或保底收益)R_1;若远期汇率高于 $Z_t + b$,发行人"承诺"支付高收益 R_3;若远期汇率介于 $Z_t - a$ 和 $Z_t + b$ 之间,发行人"承诺"支付中等收益 R_2,这里 $a > 0$, $b > 0$,且通常假设 $a = b$,即对远期汇率波动进行对称性设计(见图 20-2)。其状态支付给定,但状态概率相依于远期汇率的表现(见表 20-1)。

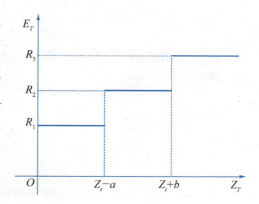

图 20-2 内嵌三层看涨数字期权的支付结构

第一,远期汇率大跌。结构性存款的状态收益是 R_1,状态概率是 $p_1 = P_t^{\Omega}\{Z_T < Z_t - a\}$。

第二,远期汇率正常波动。结构性存款的状态收益是 R_2,状态概率是 $p_2 = P_t^{\Omega}\{Z_t - a \leqslant Z_T \leqslant Z_t + b\}$。

第三,远期汇率大涨。结构性存款的状态收益是 R_3,状态概率是 $p_3 = P_t^{\Omega}\{Z_T > Z_t + b\}$。

从投资者视角来看,该结构性存款的预期支付:

$$E_T = R_1 \cdot p_1 + R_2 \cdot p_2 + R_3 \cdot p_3 \tag{20-13}$$

表 20-1 该结构性存款的状态

状 态 情 景	状 态 概 率	状态收益
远期汇率大跌	$p_1 = P_t^{\Omega}\{Z_T < Z_t - a\}$	R_1
远期汇率正常波动	$p_2 = P_t^{\Omega}\{Z_t - a \leqslant Z_T \leqslant Z_t + b\}$	R_2
远期汇率大涨	$p_3 = P_t^{\Omega}\{Z_T > Z_t + b\}$	R_3

2. 状态概率

第一,远期汇率大涨的状态概率。将式(20-7)代入 $p_3 = P_t^{\Omega}\{Z_T > Z_t + b\}$,有:

$$p_3 = P_t^{\Omega}\left\{Z_t \cdot \exp\left[\left(\mu - \dfrac{\sigma^2}{2}\right)\Delta T + \sigma \Delta W_T^{\Omega}\right] > Z_t + b\right\}$$

$$= P_t^\Omega \left\{ -\frac{\Delta W_T^\Omega}{\sqrt{\Delta T}} \leqslant \frac{\ln\left(\frac{Z_t}{Z_t+b}\right) + \left(\mu - \frac{\sigma^2}{2}\right)\Delta T}{\sigma\sqrt{\Delta T}} \right\}$$

$$= N(d_{2,b}) \tag{20-14}$$

其中,$d_{2,b} = \dfrac{\ln\left(\frac{Z_t}{Z_t+b}\right) + \left(\mu - \frac{\sigma^2}{2}\right)\Delta T}{\sigma\sqrt{\Delta T}}$。

第二,远期汇率大跌的状态概率。由于 $p_1 = P_t^\Omega\{Z_T < Z_t - a\} = 1 - P_t^\Omega\{Z_T \geqslant Z_t - a\}$,故而:

$$p_1 = 1 - N(d_{2,a}) \tag{20-15}$$

其中,$d_{2,a} = \dfrac{\ln\left(\frac{Z_t}{Z_t-a}\right) + \left(\mu - \frac{\sigma^2}{2}\right)\Delta T}{\sigma\sqrt{\Delta T}}$。

第三,远期汇率正常波动的状态概率。由于 $p_2 = P_t^\Omega\{Z_t - a \leqslant Z_T \leqslant Z_t + b\} = P_t^\Omega\{Z_T \geqslant Z_t - a\} - P_t^\Omega\{Z_T > Z_t + b\}$,故而:

$$p_2 = N(d_{2,a}) - N(d_{2,b}) \tag{20-16}$$

3. 预期支付

将前述状态概率的显示解分别代入 $E_T = R_1 \cdot p_1 + R_2 \cdot p_2 + R_3 \cdot p_3$ 得:

$$E_T = R_1 \cdot [1 - N(d_{2,a})] + R_2 \cdot [N(d_{2,a}) - N(d_{2,b})] + R_3 \cdot N(d_{2,b})$$
$$= R_1 + (R_2 - R_1)N(d_{2,a}) + (R_3 - R_2)N(d_{2,b}) \tag{20-17}$$

由此可见,该结构性存款可分解为一份固定收益产品和两份看涨型数字期权的组合,其中 $(R_2 - R_1)N(d_{2,a})$ 的状态收益是 $(R_2 - R_1)$,状态概率是 $N(d_{2,a})$;$(R_3 - R_2)N(d_{2,b})$ 的状态收益是 $(R_3 - R_2)$,状态概率是 $N(d_{2,b})$,且 $d_{2,a}$ 和 $d_{2,b}$ 的表现形式如下。

第一,当挂钩标的是直接标价汇率时,有 $d_{2,a} = \dfrac{\ln\left(\frac{Z_t}{Z_t-a}\right) + \left(r_h - r_f - \frac{\sigma^2}{2}\right)\Delta T}{\sigma\sqrt{\Delta T}}$,

$d_{2,b} = \dfrac{\ln\left(\frac{Z_t}{Z_t+b}\right) + \left(r_h - r_f - \frac{\sigma^2}{2}\right)\Delta T}{\sigma\sqrt{\Delta T}}$。

第二,当挂钩标的是套算汇率时,有 $d_{2,a} = \dfrac{\ln\left(\frac{Z_t}{Z_t-a}\right) + \left[r_{f2} - r_{f1} + \frac{1}{2}(\sigma_2^2 - \sigma_1^2)\right]\Delta T}{(\sigma_1 - \sigma_2)\sqrt{\Delta T}}$,

$d_{2,b} = \dfrac{\ln\left(\frac{Z_t}{Z_t+b}\right) + \left[r_{f2} - r_{f1} + \frac{1}{2}(\sigma_2^2 - \sigma_1^2)\right]\Delta T}{(\sigma_1 - \sigma_2)\sqrt{\Delta T}}$。

四、内嵌价差期权设计

(一) 支付结构

若结构性存款内嵌牛市价差期权,其支付结构通常是:在未来 T 时点,若远期汇率低于 $Z_t - a$,发行人"承诺"支付低收益 R_1;若远期汇率高于 $Z_t + b$,发行人"承诺"支付较高收益 R_2;若远期汇率介于 $Z_t - a$ 和 $Z_t + b$ 之间,发行人"承诺"将远期汇率上涨的成分 $R_1 + \dfrac{R_2 - R_1}{a+b}[Z_T - (Z_t - a)]$ 支付给投资者,这里未考虑参与分配问题(见图 20-3)。

对内嵌牛市价差期权的结构性存款而言,其状态支付和状态概率相依于远期汇率的表现。

第一,远期汇率大跌。结构性存款的状态收益是 R_1,状态概率是 $P_t^\Omega\{Z_T < Z_t - a\}$。

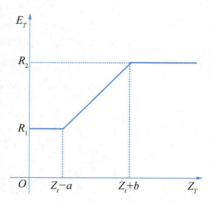

图 20-3 内嵌牛市价差期权的支付结构

第二,远期汇率大涨。结构性存款的状态收益是 R_2,状态概率是 $P_t^\Omega\{Z_T > Z_t + b\}$。

第三,远期汇率正常波动。结构性存款的状态收益是 $R_1 + \dfrac{R_2 - R_1}{a+b}[Z_T - (Z_t - a)]$,状态概率是 $P_t^\Omega\{Z_t - a \leqslant Z_T \leqslant Z_t + b\}$。

(二) 预期收益

从投资者的视角来看,该结构性存款的预期支付:

$$E_T = R_1 \cdot P_t^\Omega\{Z_T < Z_t - a\} + R_2 \cdot P_t^\Omega\{Z_T > Z_t + b\}$$
$$+ E_t^\Omega\left\{R_1 + \frac{R_2 - R_1}{a+b}[Z_T - (Z_t - a)] \,\Big|\, Z_t - a \leqslant Z_T \leqslant Z_t + b\right\} \quad (20\text{-}18)$$

与式(20-14)同理,有 $P_t^\Omega\{Z_T > Z_t + b\} = N(d_{2,b})$,$P_t^\Omega\{Z_T > Z_t - a\} = N(d_{2,a})$,故 $P_t^\Omega\{Z_T < Z_t - a\} = 1 - N(d_{2,a})$,将其代入上式得:

$$E_T = R_1 \cdot [1 - N(d_{2,a})] + R_2 \cdot N(d_{2,b})$$
$$+ \left[R_1 - \frac{R_2 - R_1}{a+b}(Z_t - a)\right] \cdot P_t^\Omega\{Z_t - a \leqslant Z_T \leqslant Z_t + b\}$$
$$+ \frac{R_2 - R_1}{a+b} \cdot E_t^\Omega[Z_T \mid Z_t - a \leqslant Z_T \leqslant Z_t + b] \quad (20\text{-}19)$$

由附录 20-2 知:

$$E_t^\Omega[Z_T \mid Z_t - a \leqslant Z_T \leqslant Z_t + b] = Z_t e^{\mu \Delta T}[N(d_{1,a}) - N(d_{1,b})] \quad (20\text{-}20)$$

式(20-16)揭示,$P_t^\Omega\{Z_t - a \leqslant Z_T \leqslant Z_t + b\} = N(d_{2,a}) - N(d_{2,b})$,将其与式(20-20)代入式(20-19)有:

$$E_T = R_1 \cdot [1 - N(d_{2,a})] + R_2 \cdot N(d_{2,b})$$

$$+ \left[R_1 - \frac{R_2 - R_1}{a+b}(Z_t - a)\right][N(d_{2,a}) - N(d_{2,b})]$$

$$+ \frac{R_2 - R_1}{a+b} Z_t e^{\mu \Delta T}[N(d_{1,a}) - N(d_{1,b})]$$

$$= R_1 + (R_2 - R_1) \cdot N(d_{2,b}) - \frac{R_2 - R_1}{a+b}(Z_t - a)[N(d_{2,a}) - N(d_{2,b})]$$

$$+ \frac{R_2 - R_1}{a+b} Z_t e^{\mu \Delta T}[N(d_{1,a}) - N(d_{1,b})]$$

$$= R_1 + (R_2 - R_1) \cdot N(d_{2,b})$$

$$+ \frac{R_2 - R_1}{a+b}[Z_t e^{\mu \Delta T} N(d_{1,a}) - (Z_t - a) N(d_{2,a})]$$

$$- \frac{R_2 - R_1}{a+b}[Z_t e^{\mu \Delta T} N(d_{1,b}) - (Z_t - a) N(d_{2,b})] \tag{20-21}$$

第一,当结构性存款的挂钩标的是直接标价汇率时,有 $\mu = r_h - r_f$, $\sigma = \sigma$。而且, $d_{2,a} = \dfrac{\ln\left(\dfrac{Z_t}{Z_t - a}\right) + \left(r_h - r_f - \dfrac{\sigma^2}{2}\right)\Delta T}{\sigma \sqrt{\Delta T}}$, $d_{1,a} = d_{2,a} + \sigma \sqrt{\Delta T}$; $d_{2,b} = \dfrac{\ln\left(\dfrac{Z_t}{Z_t + b}\right) + \left(r_h - r_f - \dfrac{\sigma^2}{2}\right)\Delta T}{\sigma \sqrt{\Delta T}}$, $d_{1,b} = d_{2,b} + \sigma \sqrt{\Delta T}$。

第二,当结构性存款的挂钩标的是套算汇率时,有 $\mu = r_{f2} - r_{f1} + \sigma_2^2 - \sigma_1 \sigma_2$, $\sigma = \sigma_1 - \sigma_2$。而且, $d_{2,a} = \dfrac{\ln\left(\dfrac{Z_t}{Z_t - a}\right) + \left[r_{f2} - r_{f1} + \dfrac{1}{2}(\sigma_2^2 - \sigma_1^2)\right]\Delta T}{(\sigma_1 - \sigma_2)\sqrt{\Delta T}}$, $d_{1,a} = d_{2,a} + (\sigma_1 - \sigma_2)\sqrt{\Delta T}$; $d_{2,b} = \dfrac{\ln\left(\dfrac{Z_t}{Z_t + b}\right) + \left[r_{f2} - r_{f1} + \dfrac{1}{2}(\sigma_2^2 - \sigma_1^2)\right]\Delta T}{(\sigma_1 - \sigma_2)\sqrt{\Delta T}}$, $d_{1,b} = d_{2,b} + (\sigma_1 - \sigma_2)\sqrt{\Delta T}$。

五、相关风险管理

第一,通常不能用场内衍生工具做风险对冲。本章研究的是内嵌看涨数字期权和牛市价差期权的结构性存款,对发行人而言,相当其卖给投资者一份固定收益产品和一份(或一组)看涨期权的组合,发行人对挂钩标的——汇率是看跌的。如果未来挂钩标的不跌反涨,发行人可能承担误判的后果。理论上,发行人可以通过买入以该汇率为标的的期货或期权对冲前述风险。然而,在现实场景中,标准化的汇率期货或外汇期权产品并非普遍。而且,《金融机构衍生产品交易业务管理暂行办法》(银监会 2004 年第 1 号)规定"银行业金融机构从事与外汇、商品、能源和股权有关的衍生产品交易以及场内衍生产品交易,应当具有中国银监会批准的衍生产品交易业务资格"。《中国银保监会办公厅关于进一步规范商业银行结构性存款业务的通知》（银保监办发〔2019〕204号）规定"商业银行发行结构性存款应当具备普通类衍生产品交易业务资格，结构性存款挂钩的衍生产品交易应当严格遵守《银行业金融机构衍生产品交易业务管理暂行办法》《商业银行资本管理办法（试行）》《商业银行杠杆率管理办法（修订）》《商业银行流动性风险管理办法》关于衍生产品交易的相关规定"。对我国银行业金融机构而言，仅少数机构拥有海外衍生品的交易资格，通常不能或不便用场内外汇期权等做风险对冲（当然，不排除用场外外汇期权等做对冲风险）。

第二，对称性发行看涨或看跌的同类产品。当发行人对挂钩标的的未来表现未有明确的趋势判断时，可同时对称发行两款分别看涨或看跌的同类产品，这是现实场景中的普遍现象。譬如，银行在发行一款内嵌看涨期权的结构性存款时，同时发行一款挂钩相同标的、内嵌看跌期权的结构性存款，进行所谓的"资产池"操作。特别地，当发行人对挂钩标的的未来表现未有明确的趋势判断时，可对前述两款结构性存款挂钩标的的看涨区间和看跌区间作对称性设计。尽管监管导向不允许"资产池"操作，但并不禁止同时发行看涨和看跌的同类产品。只要发行人对每款产品做单独投资、单独核算，就能达到对冲汇率风险的目的，且合乎监管要求。

第三，对收益支付作浮动区间设计。结构性存款通常投资于外汇存款，基本能确保"保本"，但浮动收益状态相依于远期汇率的表现。当发行人对挂钩标的的远期表现未有明确的趋势判断，且不对之进行额外的风险对冲管理时，可对结构性存款的收益支付进行浮动区间设计，从而将远期汇率的波动风险尽可能地转移给投资者。

第四，产品价值的敏感性分析意义有限。对发行人而言，就挂钩标的的价格变动或其他参数变动对理财产品价值的影响进行所谓敏感性分析的意义有限，这是投资者更为关心的问题。对发行人而言，求理财产品的Delta等风险管理参数的目的在某种程度上是为风险对冲等策略设计服务，若其未有前述动作，则求解相关风险管理参数的意义有限。

思考与练习

1. 直接标价汇率和套算汇率的动态随机运动规律分别是什么？两者有何区别？
2. 在购买内嵌三层看涨数字期权的结构性存款时，投资者看重的是什么？

研究与探索

1. 本章研究了内嵌三层看涨数字期权的结构性存款。与之相对，内嵌三层看跌数字期权的结构性存款的支付结构是：在未来T时点，若远期汇率低于Z_t-a，发行人"承诺"支付高收益R_3；若远期汇率高于Z_t+b，发行人"承诺"支付低收益R_1；若远期汇率介于Z_t-a和Z_t+b之间，发行人"承诺"支付中等收益R_2，这里$a>0,b>0$（见图20-4）。使用本章相似的技术和原理,对内嵌三层看跌数字期权的结构性存款的状态支付进行分类,并显示推导其状态概率和未来预期支付的定价公式。

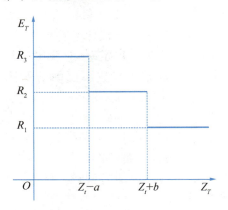

图 20-4　内嵌三层看跌数字期权的支付结构

2. 本章研究了内嵌牛市价差期权的结构性存款。与之相对,内嵌熊市价差期权的结构性存款的支付结构是:在未来 T 时点,若远期汇率低于 Z_t-a,发行人"承诺"支付高收益 R_2;若远期汇率高于 Z_t+b,发行人"承诺"支付低收益 R_1;若远期汇率介于 Z_t-a 和 Z_t+b 之间,发行人"承诺"将远期汇率的下跌成分 $R_2+\dfrac{R_2-R_1}{a+b}[(Z_t-a)-Z_T]$ 支付给投资者(见图 20-5)。使用本章相似的技术和原理,对内嵌熊市价差期权结构性存款的状态支付进行分类,并显示推导其状态概率和未来预期支付的定价公式。

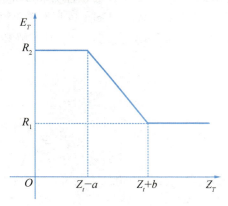

图 20-5　内嵌熊市价差期权的支付结构

本 章 附 录

附录 20-1:证明 $Z_T=Z_t \cdot \exp\left\{\left(\mu+\dfrac{\sigma^2}{2}\right)\Delta T+\sigma\Delta W_T^R\right\}$。

证明(简略): 将 $\mathrm{d}W_t^\Omega = \mathrm{d}W_t^R + \sigma\mathrm{d}t$ 代入 $\mathrm{d}Z_t = \mu Z_t\mathrm{d}t + \sigma Z_t\mathrm{d}W_t^\Omega$, 有

$$\mathrm{d}Z_t = (\mu + \sigma^2)Z_t\mathrm{d}t + \sigma Z_t\mathrm{d}W_t^R \tag{20-22}$$

不妨令 $f = \ln(Z_t)$, 对其进行伊藤展开得:

$$\begin{aligned}
\mathrm{d}f &= \frac{\partial f}{\partial Z_t}\mathrm{d}Z_t + \frac{1}{2}\frac{\partial^2 f}{\partial Z_t^2}(\mathrm{d}Z_t)^2 \\
&= \frac{1}{Z_t}[(\mu+\sigma^2)Z_t\mathrm{d}t + \sigma Z_t\mathrm{d}W_t^R] - \frac{1}{2}\frac{1}{Z_t^2}(\sigma^2 Z_t^2\mathrm{d}t) \\
&= \left(\mu + \frac{\sigma^2}{2}\right)\mathrm{d}t + \sigma\mathrm{d}W_t^R
\end{aligned} \tag{20-23}$$

对上式在 t 至 T 上离散展开得:

$$\ln(Z_T) = \ln(Z_t) + \left(\mu + \frac{\sigma^2}{2}\right)\Delta T + \sigma\Delta W_T^R \tag{20-24}$$

对上式两边分别求指数得:

$$Z_T = Z_t \cdot \exp\left\{\left(\mu + \frac{\sigma^2}{2}\right)\Delta T + \sigma\Delta W_T^R\right\} \tag{20-25}$$

附录 20-2: 证明 $E_t^\Omega\{Z_T \mid Z_t - a \leqslant Z_T \leqslant Z_t + b\} = Z_t e^{\mu\Delta T}[N(d_{1,a}) - N(d_{1,b})]$。

证明: 为简洁计, 不妨令 $B = E_t^\Omega[Z_T \mid Z_t - a \leqslant Z_T \leqslant Z_t + b]$, 将 $Z_T = Z_t \cdot \exp\left\{\left(\mu - \frac{\sigma^2}{2}\right)\Delta T + \sigma\Delta W_T^\Omega\right\}$①代入, 有:

$$\begin{aligned}
B &= E_t^\Omega\left\{Z_t \cdot \exp\left[\left(\mu - \frac{\sigma^2}{2}\right)\Delta T + \sigma\Delta W_T^\Omega\right] \,\Big|\, Z_t - a \leqslant Z_T \leqslant Z_t + b\right\} \\
&= Z_t e^{\mu\Delta T} \cdot E_t^\Omega\left[\exp\left(-\frac{\sigma^2}{2}\Delta T + \sigma\Delta W_T^\Omega\right) \,\Big|\, Z_t - a \leqslant Z_T \leqslant Z_t + b\right]
\end{aligned} \tag{20-26}$$

不妨令 $\xi_T = \exp\left\{-\frac{\sigma^2}{2}\Delta T + \sigma\Delta W_T^\Omega\right\}$, $I_A = \{Z_t - a \leqslant Z_T \leqslant Z_t + b\}$, 则上式转换为:

$$B = Z_t e^{\mu\Delta T} \cdot E_t^\Omega[\xi_T I_A] \tag{20-27}$$

由引理 20-2 知, $E_t^\Omega[\xi_T I_A] = E_t^R[I_A]$, 故而:

$$\begin{aligned}
B &= Z_t e^{\mu\Delta T} \cdot P_t^R\{Z_t - a \leqslant Z_T \leqslant Z_t + b\} \\
&= Z_t e^{\mu\Delta T} \cdot P_t^R\{Z_T \geqslant Z_t - a\} - Z_t e^{\mu\Delta T} \cdot P_t^R\{Z_T > Z_t + b\}
\end{aligned} \tag{20-28}$$

由引理 20-1 知, 在 R 测度下, $Z_T = Z_t \cdot \exp\left\{\left(\mu + \frac{\sigma^2}{2}\right)\Delta T + \sigma\Delta W_T^R\right\}$, 进而有:

$$B = Z_t e^{\mu\Delta T} \cdot P_t^R\left\{Z_t \cdot \exp\left[\left(\mu + \frac{\sigma^2}{2}\right)\Delta T + \sigma\Delta W_T^R\right] \geqslant Z_t - a\right\}$$

---

① 见式(20-7)。

$$-Z_t \mathrm{e}^{\mu \Delta T} \cdot P_t^R \left\{ Z_t \cdot \exp\left[\left(\mu + \frac{\sigma^2}{2}\right) \Delta T + \sigma \Delta W_T^R\right] > Z_t + b \right\}$$

$$= Z_t \mathrm{e}^{\mu \Delta T} \cdot P_t^R \left\{ -\frac{\Delta W_T^R}{\sqrt{\Delta T}} \leqslant \frac{\ln\left(\dfrac{Z_t}{Z_t - a}\right) + \left(\mu + \dfrac{\sigma^2}{2}\right) \Delta T}{\sigma \sqrt{\Delta T}} \right\}$$

$$- Z_t \mathrm{e}^{\mu \Delta T} \cdot P_t^R \left\{ -\frac{\Delta W_T^R}{\sqrt{\Delta T}} \leqslant \frac{\ln\left(\dfrac{Z_t}{Z_t + b}\right) + \left(\mu + \dfrac{\sigma^2}{2}\right) \Delta T}{\sigma \sqrt{\Delta T}} \right\}$$

$$= Z_t \mathrm{e}^{\mu \Delta T} \cdot P_t^R \left\{ -\frac{\Delta W_T^R}{\sqrt{\Delta T}} \leqslant d_{1,a} \right\} - Z_t \mathrm{e}^{\mu \Delta T} \cdot P_t^R \left\{ -\frac{\Delta W_T^R}{\sqrt{\Delta T}} \leqslant d_{1,b} \right\}$$

$$= Z_t \mathrm{e}^{\mu \Delta T} \left[N(d_{1,a}) - N(d_{1,b}) \right] \tag{20-29}$$

这里令 $d_{1,a} = \dfrac{\ln\left(\dfrac{Z_t}{Z_t - a}\right) + \left(\mu + \dfrac{\sigma^2}{2}\right) \Delta T}{\sigma \sqrt{\Delta T}}$, $d_{1,b} = \dfrac{\ln\left(\dfrac{Z_t}{Z_t + b}\right) + \left(\mu + \dfrac{\sigma^2}{2}\right) \Delta T}{\sigma \sqrt{\Delta T}}$。

第二十一章

内嵌自动赎回结构的结构化产品*

在产品计划期内,内嵌自动赎回结构的结构化产品通常设置多个离散的观察时点,在每个观察时点,若挂钩标的价格(或指数)触及向上敲出障碍价格,则理财产品自动赎回与清算,且发行人支付较高收益;若挂钩标的均未触及向上敲出障碍价格,则发行人支付较低收益。该结构化产品的状态收益是给定的,但状态概率相依于挂钩标的的未来表现,本章对其状态情景进行了完备的空间划分,并对其状态概率进行了解析解和数值解的推演。基于该结构化产品的两种结构拆解思路,还讨论了发行人的风险对冲策略,以及其他相关的技术问题。

一、产品结构

假设理财产品的挂钩标的是某股票指数,在风险中性测度下,当前时点的股票指数服从如下的几何布朗运动:

$$\mathrm{d}S_t = rS_t\mathrm{d}t + \sigma S_t \mathrm{d}W_t^\Omega \tag{21-1}$$

性质 1-5 给出了 T 时点股票指数的动态随机运动规律:

$$S_T = S_t \cdot \exp\left\{\left(r - \frac{1}{2}\sigma^2\right)\Delta T + \sigma \Delta W_T^\Omega\right\} \tag{21-2}$$

假设理财产品有 n 个月,且每月定期观察一次,不妨以 $t_i(i=1, 2, \cdots, n)$ 表示第 i 个观察时点,且相邻观察时点的时间间隔约 1 个月。

在 $t_i(i=1, 2, \cdots, n)$ 时点,若股票指数 S_{t_i} 大于或等于敲出障碍价格 B[①],其中 $B \geqslant S_t$,则理财产品触发自动赎回与清算机制,且发行人"承诺"支付较高收益 R_2。在理财产品计划期内,若 n 个观察时点的股票指数均小于敲出障碍价格 B,则发行人"承诺"支付较低收益 R_1,其中 $R_2 > R_1$,其状态情景见表 21-1 的总结。

---

① 即触及向上敲出障碍价格。

表 21-1 理财产品的状态情景

状态	状态情景	理财时间	状态概率	状态收益
状态 1	在 t_1 观察时点触及敲出障碍价格	Δt_1	p_1	R_2
状态 2	在 t_2 观察时点触及敲出障碍价格	Δt_2	p_2	R_2
状态 3	在 t_3 观察时点触及敲出障碍价格	Δt_3	p_3	R_2
…	…	…	…	…
状态 i	在 t_i 观察时点触及敲出障碍价格	Δt_i	p_i	R_2
…	…	…	…	…
状态 n	在 t_n 观察时点触及敲出障碍价格	Δt_n	p_n	R_2
状态 $n+1$	各观察时点均未触及敲出障碍价格	Δt_n	p_{n+1}	R_1

注：$\Delta t_i = t_i - t$，其中 $i = 1, 2, \cdots, n$。

二、投资者视角的估值

（一）理财产品的解析解

理财产品的当前价值由本金现值（假设本金能够预期收回）和内嵌期权的价值构成，且其价值变动主要由内嵌期权主导。基于表 21-1 的状态划分可知，1 个单位理财产品的当前价值：

$$F_t = \sum_{i=1}^{n} p_i \frac{1+R_2}{(1+r)^{i/12}} + p_{n+1} \frac{1+R_1}{(1+r)^{n/12}} \tag{21-3}$$

为了估计理财产品内嵌期权的价值，需要根据其挂钩标的的随机运动状态估计各观察时点的状态概率。

1. 状态 1 的状态概率

结合式(21-2)知，状态 1 的状态概率：

$$\begin{aligned}
p_1 &= P_t^{\Omega} \{ S_{t_1} \geqslant B \} \\
&= P_t^{\Omega} \left\{ S_t \cdot \exp\left[\left(r - \frac{1}{2}\sigma^2 \right) \Delta t_1 + \sigma \Delta W_{t_1}^{\Omega} \right] \geqslant B \right\} \\
&= P_t^{\Omega} \left\{ \frac{\Delta W_{t_1}^{\Omega}}{\sqrt{\Delta t_1}} \geqslant \frac{\ln\left(\frac{B}{S_t}\right) - \left(r - \frac{1}{2}\sigma^2 \right) \Delta t_1}{\sigma \sqrt{\Delta t_1}} \right\} \\
&= P_t^{\Omega} \left\{ -\frac{\Delta W_{t_1}^{\Omega}}{\sqrt{\Delta t_1}} \leqslant \frac{\ln\left(\frac{S_t}{B}\right) + \left(r - \frac{1}{2}\sigma^2 \right) \Delta t_1}{\sigma \sqrt{\Delta t_1}} \right\}
\end{aligned} \tag{21-4}$$

其中，$\Delta W_{t_1}^\Omega = W_{t_1}^\Omega - W_t^\Omega \sim N(0, \Delta t_1)$，且 $\Delta t_1 = t_1 - t$。令 $d_{2,1} = \dfrac{\ln\left(\dfrac{S_t}{B}\right) + \left(r - \dfrac{1}{2}\sigma^2\right)\Delta t_1}{\sigma\sqrt{\Delta t_1}}$，则有：

$$p_1 = P_t^\Omega\{S_{t_1} \geq B\} = N(d_{2,1}) \tag{21-5}$$

2. 状态 2 的状态概率

$$p_2 = P_t^\Omega\{S_{t_1} < B, S_{t_2} \geq B\} \tag{21-6}$$

由附录 21-1 知，$P(CD) = P(D) - P(\overline{C}D)$。令 $C = \{S_{t_1} < B\}$，$D = \{S_{t_2} \geq B\}$，则有：

$$p_2 = P_t^\Omega\{S_{t_2} \geq B\} - P_t^\Omega\{S_{t_1} \geq B, S_{t_2} \geq B\} \tag{21-7}$$

与式(21-5)同理，$P_t^\Omega\{S_{t_2} \geq B\} = N(d_{2,2})$，其中 $d_{2,2} = \dfrac{\ln\left(\dfrac{S_t}{B}\right) + \left(r - \dfrac{1}{2}\sigma^2\right)\Delta t_2}{\sigma\sqrt{\Delta t_2}}$；由式(21-4)的推导过程知，$t_1$ 观察时点的敲出事件 $\{S_{t_1} \geq B\}$ 与事件 $\left\{-\dfrac{\Delta W_{t_1}^\Omega}{\sqrt{\Delta t_1}} \leq d_{2,1}\right\}$ 相互等价，故 t_2 观察时点的敲出事件 $\{S_{t_2} \geq B\}$ 与事件 $\left\{-\dfrac{\Delta W_{t_2}^\Omega}{\sqrt{\Delta t_2}} \leq d_{2,2}\right\}$ 相互等价，进而有：

$$\begin{aligned} p_2 &= N(d_{2,2}) - P_t^\Omega\{S_{t_1} \geq B, S_{t_2} \geq B\} \\ &= N(d_{2,2}) - P_t^\Omega\left\{-\dfrac{\Delta W_{t_1}^\Omega}{\sqrt{\Delta t_1}} \leq d_{2,1}, -\dfrac{\Delta W_{t_2}^\Omega}{\sqrt{\Delta t_2}} \leq d_{2,2}\right\} \\ &= N(d_{2,2}) - N(d_{2,1}, d_{2,2}; \rho_{12}) \end{aligned} \tag{21-8}$$

其中，$N(d_{2,1}, d_{2,2}; \rho_{12})$ 表示相关系数 ρ_{12} 的二维标准正态随机变量在空间 $\Omega = \{(x, y) \mid x \leq d_{2,1}, y \leq d_{2,2}\}$ 的概率，且 $\rho_{12} = \sqrt{\dfrac{\Delta t_1}{\Delta t_2}}$（证明见附录 21-2）。上式推导过程表明：

$$P_t^\Omega\{S_{t_1} \geq B, S_{t_2} \geq B\} = N(d_{2,1}, d_{2,2}; \rho_{12}) \tag{21-9}$$

3. 状态 3 的状态概率

$$\begin{aligned} p_3 &= P_t^\Omega\{S_{t_1} < B, S_{t_2} < B, S_{t_3} \geq B\} \\ &= N(d_{2,3}) - N(d_{2,1}, d_{2,3}; \rho_{13}) - N(d_{2,2}, d_{2,3}; \rho_{23}) \\ &\quad + N(d_{2,1}, d_{2,2}, d_{2,3}; \rho_{12}, \rho_{13}, \rho_{23}) \end{aligned} \tag{21-10}$$

其中，$d_{2,3} = \dfrac{\ln\left(\dfrac{S_t}{B}\right) + \left(r - \dfrac{1}{2}\sigma^2\right)\Delta t_3}{\sigma\sqrt{\Delta t_3}}$，$\rho_{13} = \sqrt{\dfrac{\Delta t_1}{\Delta t_3}}$，$\rho_{23} = \sqrt{\dfrac{\Delta t_2}{\Delta t_3}}$（证明见附录 21-3）。

4. 状态 n 和状态 $n+1$ 的状态概率

同理,可求出状态 n 和状态 $n+1$ 的状态概率分别是(求解过程略):

$$p_n = P_t^{\Omega}\{S_{t_1} < B, S_{t_2} < B, \cdots, S_{t_{n-1}} < B, S_{t_n} \geqslant B\} \qquad (21-11)$$

$$p_{n+1} = P_t^{\Omega}\{S_{t_1} < B, S_{t_2} < B, \cdots, S_{t_{n-1}} < B, S_{t_n} < B\} \qquad (21-12)$$

(二) 理财产品的数值解

假设当前时点的股票指数是 S_t,且相邻时间间隔为 Δt,则第 $t+\Delta t$ 时点的股票指数是:

$$S_{t+\Delta t} = S_t \cdot \exp\left\{\left(r - \frac{1}{2}\sigma^2\right)\Delta t + \sigma \Delta W_{t+\Delta t}^{\Omega}\right\} \qquad (21-13)$$

其中,$\Delta W_{t+\Delta t}^{\Omega} \sim N(0, \Delta t)$。不妨令 $\Delta W_{t+\Delta t}^{\Omega} = \varepsilon\sqrt{\Delta t}$,其中 ε 是标准正态随机变量,则第 $t+\Delta t$ 时点的股票指数:

$$S_{t+\Delta t} = S_t \cdot \exp\left\{\left(r - \frac{1}{2}\sigma^2\right)\Delta t + \sigma\sqrt{\Delta t}\,\varepsilon\right\} \qquad (21-14)$$

在理财产品计划期内,可按照上式模拟 N 条股票指数的动态演化路径。对状态 i ($i=1,2,\cdots,n$) 而言,若满足其状态情景的模拟路径有 N_i 条,则其状态概率:

$$\widehat{p}_i = N_i / N \qquad (21-15)$$

其中,模拟路径总数 $N = \sum_{i=1}^{n+1} N_i$。表 21-2 给出了各状态情景的状态概率的估值示意。

表 21-2 状态概率的模拟估计

状态	状态概率	状态情景	路径数量	状态概率的估值
状态 1	p_1	$\{S_{t_1} \geqslant B\}$	N_1	$\widehat{p}_1 = N_1/N$
状态 2	p_2	$\{S_{t_1} < B, S_{t_2} \geqslant B\}$	N_2	$\widehat{p}_2 = N_2/N$
状态 3	p_3	$\{S_{t_1} < B, S_{t_2} < B, S_{t_3} \geqslant B\}$	N_3	$\widehat{p}_3 = N_3/N$
...	...	...	...	...
状态 i	p_i	$\{S_{t_1} < B, S_{t_2} < B, \cdots, S_{t_{i-1}} < B, S_{t_i} \geqslant B\}$	N_i	$\widehat{p}_i = N_i/N$
...	...	...	...	...
状态 n	p_n	$\{S_{t_1} < B, S_{t_2} < B, \cdots, S_{t_{n-1}} < B, S_{t_n} \geqslant B\}$	N_n	$\widehat{p}_n = N_n/N$
状态 $n+1$	p_{n+1}	$\{S_{t_1} < B, S_{t_2} < B, \cdots, S_{t_{n-1}} < B, S_{t_n} < B\}$	N_{n+1}	$\widehat{p}_{n+1} = N_{n+1}/N$

注:$N = \sum_{i=1}^{n+1} N_i$。

三、发行人的风险管理

(一) 总体对冲

1. 产品结构拆解

从投资者视角来看,其从发行人处购买了一份固定收益产品和 n 个执行价格均为 B、到期时间分别是 Δt_1, Δt_2, $\cdots$, Δt_n(即到期时间分别是 1 个月、2 个月……n 个月)的看涨型数字期权[①]。

从发行人的视角来看,其卖给投资者一份固定收益产品和 n 个执行价格均为 B、到期时间不等的看涨型数字期权的组合。发行人是系列看涨期权的空头,其对理财产品的挂钩标的是看跌的。

2. 对冲策略设计

基于对冲挂钩标的未来不跌反涨的风险考虑,发行人需要买入 k 个执行价格为 B(或执行价格与 B 相当)的看涨期权,从而构建对冲组合 $V_t = -F_t + kC_t$,其中套保对象是理财产品 F_t,对冲工具是看涨期权 C_t,反向对冲要求 $k > 0$。对冲组合的价值变动:

$$\mathrm{d}V_t = -\mathrm{d}F_t + k \cdot \mathrm{d}C_t \tag{21-16}$$

当理财产品的挂钩标的与对冲工具的标的相同时,风险免疫状态下的最优对冲比率:

$$k^* = \frac{\partial F_t / \partial S_t}{\partial C_t / \partial S_t} = \frac{Delta_t^F}{Delta_t^C} \tag{21-17}$$

其中,$Delta_t^F = \frac{\partial F_t}{\partial S_t}$,$Delta_t^C = \frac{\partial C_t}{\partial S_t}$,分别表示理财产品和看涨期权的 Delta。

(二) 阶段性对冲

1. 产品结构拆解

从发行人视角来看,由于理财产品内嵌了自动赎回机制,可将其视为卖出一份固定收益产品和阶段性地卖出 n 个月度看涨型数字期权。在当前时点 t,发行人卖出了一份看涨型数字期权,其在其他观察时点的动态调整过程如下。

第一,在 t_1 观察时点,若股票指数触及敲出障碍价格,则触发自动赎回与清算机制;若股票指数未触及敲出障碍价格,则理财计划延续,且发行人再次卖出一个月度到期的看涨型数字期权。

第二,在 t_2 观察时点,若股票指数触及敲出障碍价格,则触发自动赎回与清算机制;若股票指数未触及敲出障碍价格,则发行人再次卖出一份月度到期的看涨型数字期权。

第三,如此循环操作,直接 t_n 观察时点,若股票指数触及敲出障碍价格,则理财产品自然到期且正常清算;若股票指数未触及敲出障碍价格,则发行人"承诺"支付保底收益。

2. 对冲策略设计

对发行人而言,可采取阶段性的风险对冲策略。在当前时点,买进 k_1 个单位月度到

[①] 准确地说,是有条件的看涨期权或系列看涨期权的组合,具体阐释略。

期的欧式看涨期权 C_t,则对冲组合价值 $V_t = -F_t + k_1 C_t$,其中 $k_1^* = \dfrac{Delta_t^F}{Delta_t^C}$,其在其他观察时点的动态调整过程如下。

第一,在 t_1 观察时点,若股票指数触及敲出障碍价格,则触发自动赎回与清算机制;若股票指数未触及敲出障碍价格,则发行人动态调整月度到期的欧式看涨期权的对冲比率,且构造对冲组合 $V_{t_1} = -F_{1t} + k_2 C_t$,其中 $k_2^* = \dfrac{Delta_t^{F1}}{Delta_t^C}$。注意,若理财产品在 t_1 观察时点未触发自动赎回,则发行人损失掉当前时点的期权费,理财产品的价值由 F_t 变为 F_{1t}。

第二,在 t_2 观察时点,若股票指数触及敲出障碍价格,则触发自动赎回与清算机制;若股票指数未触及敲出障碍价格,则发行人调整月度到期的欧式看涨期权的对冲比率,且构造对冲组合 $V_{t_2} = -F_{2t} + k_3 C_t$,其中 $k_3^* = \dfrac{Delta_t^{F2}}{Delta_t^C}$。同理,发行人损失了当前时点和 t_1 观察时点的期权费,理财产品价值变为 F_{2t}。

第三,如此循环操作,可阶段性地对冲挂钩标的可能的上涨风险,或从挂钩标的上涨中获得收益并确保承诺或预期支付。

(三) 两种策略的倾向性

风险对冲策略设计至少应遵循以下普适性原则:第一,对冲工具的标的与套保对象的标的相同或尽可能相似;第二,对冲工具的到期时间与套保对象的计划到期时间尽可能匹配。

在总体对冲策略设计中,套保对象是 n 个执行价格相同,但到期时间不等的看涨型数字期权的组合,这给发行人选择对冲工具的合适到期时间提出了挑战。

在阶段性对冲策略设计中,发行人在当前时点和各观察时点(不含最后观察时点)卖出一份月度到期的看涨型数字期权,按照时间匹配原则,其可买入适当份额月度到期的欧式看涨期权①对冲有关风险。从这个意义上审视,阶段性对冲策略有更大的操作弹性。

从理财产品月度观察是否敲出的结构设计推断"发行人倾向于选择阶段性风险对冲策略"。

(四) 其他相关技术问题

第一,当理财产品未有解析解或有复杂解析解时,如何估计其 Delta。在此情形下,可基于 Delta 定义用数值解近似估计理财产品的 Delta。不妨将理财产品价值视为挂钩标的价格的函数,即 $F_t = f(S_t)$,当挂钩标的的当前价格发生 ΔS 单位的微小变动时(如 $\Delta S = \pm 1\% S_t$),按下式近似估计其 Delta:

$$Delta_t^F = \frac{f(S_t + \Delta S) - f(S_t - \Delta S)}{2\Delta S} \tag{21-18}$$

第二,风险对冲兼顾盈利增厚。从发行人视角来看,其卖出了系列看涨型数字期权,

---

① 如普通期权。

其对挂钩标的之未来表现是看跌的。在未来特定时点或时期，若挂钩标的不跌反涨，则发行人有损失风险，故其买入看涨期权对冲前述风险；若挂钩标的真的跌了，则其损失掉对冲工具的期权费。如果发行人在构建风险对冲策略——买入 k_1 个单位看涨期权的同时，买入 k_2 个单位的看跌期权，则能从挂钩标的的未来下跌中增厚盈利。①

第三，对称性趋势设计。如何设计或甄选看涨期权和看跌期权的执行价格呢？现实中的流行做法是对称性设计。譬如，若理财产品的敲出障碍价格是在挂钩标的的当前价格的基础上上涨 3%，则对冲工具的执行价格是在挂钩标的的当前价格的基础上上涨 3%，但作为盈利增厚的看跌期权的执行价格是在挂钩标的的当前价格的基础上下跌 3%。这种对称性设计思想源于以下朴素想法：发行人对挂钩标的的未来表现未有明确的倾向性或趋势性判断。

四、典型案例

（一）招行"焦点联动系列"

招行曾发行一款"焦点联动系列"之股票指数表现联动的非保本理财计划（沪深 300 看涨自动赎回结构），产品代码是 119322，登记编码是 C1030819000529②。该理财计划的挂钩标的是沪深 300 指数（000300.SH），内嵌了多个向上敲出的看涨期权，且敲出障碍价格为挂钩标的的期初指数的 103%，产品计划期是 8 个月，大约每月观察一次。

表 21-3　状态情景及其状态收益

状　态	状　态　情　景	理财天数	"承诺"收益率	等价收益率
状态 1	在第 1 个观察日发生触发事件	38	7.35%	0.7652%
状态 2	在第 2 个观察日发生触发事件	66	7.35%	1.3290%
状态 3	在第 3 个观察日发生触发事件	101	7.35%	2.0338%
状态 4	在第 4 个观察日发生触发事件	129	7.35%	2.5977%
状态 5	在第 5 个观察日发生触发事件	157	7.35%	3.1615%
状态 6	在第 6 个观察日发生触发事件	192	7.35%	3.8663%
状态 7	在第 7 个观察日发生触发事件	220	7.35%	4.4301%
状态 8	在第 8 个观察日发生触发事件	248	7.35%	4.9940%
状态 9	任意观察日均未发生触发事件	248	0.50%	0.3397%

注：等价收益率="承诺"收益率×理财天数÷365。

---

① 请思考如何设计 k_1 和 k_2。
② 在全国银行业理财信息登记系统的登记编码。

在第 i ($i=1$—7) 个观察时点，若挂钩标的价格大于或等于障碍价格，则理财计划自动清算和提前终止；在第八个观察时点，若挂钩标的价格大于或等于敲出障碍价格，则理财计划自然到期且终止。具体而言：在理财产品计划期内的八个观察时点，只要挂钩标的的价格触及敲出障碍价格，均触发自动清算程序①，且发行人"承诺"支付 7.35% 的高收益；在理财计划存续期内的各观察时点，若挂钩标的价格均未触及敲出障碍价格，则理财计划自然到期，发行人"承诺"支付 0.50% 的低收益。关于理财产品在不同状态下的"承诺"收益率及其等价收益率见表 21-3 的测算。

（二）招银理财"招睿自动触发策略"

招银理财曾发行"招睿沪深 300 自动触发策略——一年尊享 1 号固定收益类理财计划"，产品代码是 125003，登记编码是 Z7001622A000025。理财计划份额面值 1 元，发行规模下限 0.5 亿元，上限 1 亿元，合格投资者的认购起点是 40 万元，投资者人数不超过 200 人、私募发行、封闭式运作。

理财计划为固定收益类产品，主要投资于固定收益类资产和挂钩沪深 300 指数 (000300.SH) 的期权等场外衍生品，其中固定收益类资产的配置比例不低于 90%，衍生金融工具的配置比例介于 0—10%②。发行人声称业绩比较基准基于以下依据测算：第一，将 95% 的募集资金投资于固定收益类资产，5% 的募集资金投资于挂钩沪深 300 指数的自动触发期权；第二，参考了期权模型估值，考虑了产品期限、标的波动率、产品费用、税费等因素，以及产品的投资策略。

理财计划的成立日是 2022 年 5 月 20 日，预计到期日是 2023 年 5 月 20 日，基本按月定期观察是否敲出和自动赎回，其中障碍价格是挂钩标的期初价格的 101.00%。理财计划的收益特征为非保本浮动收益，年化业绩比较基准是 0.5%—6.0%。业绩比较基准分档如下：第一，若在第 i ($i=1$—10) 个观察日发生触发事件，理财计划将于发生触发事件的观察日对应的提前结束日③终止，业绩比较基准是 6.0%；第二，若任意一个观察日 i ($i=1$—10) 均未发生触发事件，则理财计划自然到期，且业绩比较基准为 0.5%。④

思 考 与 练 习

1. 若理财产品的挂钩标的服从式(21-1)的几何布朗运动，且 t_2 观察时点的状态概率是

$$p_2 = P_t^\Omega \{S_{t_1} > B, S_{t_2} \leqslant B\} \tag{21-19}$$

其中，$B < S_t$。试显示求解该状态概率，并推测其设计意图。

2. 若理财产品的挂钩标的服从式(21-1)的几何布朗运动，如何用蒙特卡洛模拟方式估计式(21-19)的状态概率？

---

① 相当于投资者行使了自动赎回权。
② 期权以期权费计。
③ 一般较前者滞后两天。
④ 作者推测前两个月是空窗期。

研究与探索

1. 使用本章相似的技术和原理,对招行"焦点联动系列"之股票指数表现联动的非保本理财计划的状态情景进行适当划分①,且在几何布朗运动状态下推演其显示解。根据该理财计划挂钩标的之历史表现②对其状态概率和预期收益进行事前估计,并基于挂钩标的在计划投资期内的实际走势,观测该理财计划的事后表现。

2. 令"招睿自动触发策略"理财计划发行日的挂钩标的指数是 S_t,且服从如下几何布朗运动:

$$\frac{\mathrm{d}S_t}{S_t} = \mu \mathrm{d}t + \sigma \mathrm{d}W_t \tag{21-20}$$

其中,μ 和 σ 分别表示挂钩标的收益率的瞬时期望及其标准差。试用蒙特卡洛模拟方法估计该理财计划的状态概率及其预期收益,并讨论 μ 和 σ 的不同情境设定 $\left(\text{特别是} \mu > \frac{\sigma^2}{2} \text{ 或 } \mu < \frac{\sigma^2}{2}\right)$ 对理财计划预期收益的敏感性影响。若将理财计划视为一份固定收益产品和 10 个看涨期权的组合,发行人应如何设计风险对冲策略。

本章附录

附录 21-1:证明 $P(CD) = P(D) - P(\bar{C}D)$。

证明:$P(CD) = P[(\Omega - \bar{C})D] = P(D - \bar{C}D)$,其中 Ω 表示整个样本空间。由于 $\bar{C}D \subset D$,故 $P(D - \bar{C}D) = P(D) - P(\bar{C}D)$,进而有 $P(CD) = P(D) - P(\bar{C}D)$。

附录 21-2:证明 $\rho_{12} = \sqrt{\frac{\Delta t_1}{\Delta t_2}}$。

证明:ρ_{12} 是二维标准正态随机变量 $-\frac{\Delta W_{t_1}^{\Omega}}{\sqrt{\Delta t_1}}$ 和 $-\frac{\Delta W_{t_2}^{\Omega}}{\sqrt{\Delta t_2}}$ 的相关系数,即

$$\rho_{12} = \mathrm{Cov}\left(-\frac{\Delta W_{t_1}^{\Omega}}{\sqrt{\Delta t_1}}, -\frac{\Delta W_{t_2}^{\Omega}}{\sqrt{\Delta t_2}}\right)$$

$$= \frac{1}{\sqrt{\Delta t_1}\sqrt{\Delta t_2}} \mathrm{Cov}(\Delta W_{t_1}^{\Omega}, \Delta W_{t_2}^{\Omega})$$

$$= \frac{1}{\sqrt{\Delta t_1}\sqrt{\Delta t_2}} \mathrm{Cov}[\Delta W_{t_1}^{\Omega}, \Delta W_{t_1}^{\Omega} + (W_{t_2}^{\Omega} - W_{t_1}^{\Omega})]$$

---

① 用符号表示各情景下的状态概率和状态收益。
② 或理财计划发行前之特定时段内的表现。

$$= \frac{1}{\sqrt{\Delta t_1}\sqrt{\Delta t_2}}[\text{Cov}(\Delta W_{t_1}^\Omega, \Delta W_{t_1}^\Omega) + \text{Cov}(\Delta W_{t_1}^\Omega, W_{t_2}^\Omega - W_{t_1}^\Omega)]$$

$$= \frac{1}{\sqrt{\Delta t_1}\sqrt{\Delta t_2}}[D(\Delta W_{t_1}^\Omega) + 0]$$

$$= \frac{1}{\sqrt{\Delta t_1}\sqrt{\Delta t_2}}\Delta t_1$$

$$= \sqrt{\frac{\Delta t_1}{\Delta t_2}} \tag{21-21}$$

这里，$\text{Cov}(\Delta W_{t_1}^\Omega, W_{t_2}^\Omega - W_{t_1}^\Omega) = \text{Cov}(W_{t_1}^\Omega - W_t^\Omega, W_{t_2}^\Omega - W_{t_1}^\Omega) = 0$，因两个时间不重叠的维纳过程增量相互独立。

附录 21-3：求解状态 3 的状态概率。

第一，证明 $P(CDE) = P(E) - P(\bar{C}E) - P(\bar{D}E) + P(\bar{C}\bar{D}E)$。

证明：
$$P(CDE) = P[(\Omega - \bar{C})DE] = P(DE - \bar{C}DE)$$
$$= P(DE) - P(D\bar{C}E) \tag{21-22}$$

由附录 21-1 知，$P(DE) = P(E) - P(\bar{D}E)$，$P(D\bar{C}E) = P[D(\bar{C}E)] = P(\bar{C}E) - P(\bar{D}\bar{C}E)$，将其分别代入式(21-22)，有：

$$P(CDE) = P(E) - P(\bar{C}E) - P(\bar{D}E) + P(\bar{C}\bar{D}E) \tag{21-23}$$

第二，状态 3 的状态概率。状态 3 表示挂钩标的在 t_1 和 t_2 观察时点均未触及向上敲出障碍价格，在 t_3 观察时点触及向上敲出障碍价格，即其状态概率：

$$p_3 = P_t^\Omega\{S_{t_1} < B, S_{t_2} < B, S_{t_3} \geq B\} \tag{21-24}$$

令 $C = \{S_{t_1} < B\}$，$D = \{S_{t_2} < B\}$，$E = \{S_{t_3} \geq B\}$，应用式(21-23)得：

$$p_3 = P_t^\Omega\{S_{t_3} \geq B\} - P_t^\Omega\{S_{t_1} \geq B, S_{t_3} \geq B\}$$
$$- P_t^\Omega\{S_{t_2} \geq B, S_{t_3} \geq B\} + P_t^\Omega\{S_{t_1} \geq B, S_{t_2} \geq B, S_{t_3} \geq B\} \tag{21-25}$$

与式(21-5)同理：

$$P_t^\Omega\{S_{t_3} \geq B\} = N(d_{2,3}) \tag{21-26}$$

与式(21-9)同理：

$$P_t^\Omega\{S_{t_1} \geq B, S_{t_3} \geq B\} = N(d_{2,1}, d_{2,3}; \rho_{13}) \tag{21-27}$$

$$P_t^\Omega\{S_{t_2} \geq B, S_{t_3} \geq B\} = N(d_{2,2}, d_{2,3}; \rho_{23}) \tag{21-28}$$

基于事件等价性知：

$$P_t^\Omega\{S_{t_1} \geq B, S_{t_2} \geq B, S_{t_3} \geq B\}$$

$$= P_t^{\Omega} \left\{ -\frac{\Delta W_{t_1}^{\Omega}}{\sqrt{\Delta t_1}} \leqslant d_{2,1}, -\frac{\Delta W_{t_2}^{\Omega}}{\sqrt{\Delta t_2}} \leqslant d_{2,2}, -\frac{\Delta W_{t_3}^{\Omega}}{\sqrt{\Delta t_3}} \leqslant d_{2,3} \right\}$$

$$= N(d_{2,1}, d_{2,2}, d_{2,3}; \rho_{12}, \rho_{13}, \rho_{23}) \tag{21-29}$$

将式(21-26)—(21-29)代入式(21-25)知,状态 3 的状态概率:

$$\begin{aligned} p_3 =\ & N(d_{2,3}) - N(d_{2,1}, d_{2,3}; \rho_{13}) - N(d_{2,2}, d_{2,3}; \rho_{23}) \\ & + N(d_{2,1}, d_{2,2}, d_{2,3}; \rho_{12}, \rho_{13}, \rho_{23}) \end{aligned} \tag{21-30}$$

第二十二章

内嵌向下敲出结构的结构化产品 **

内嵌向下敲出结构的结构化产品(含结构性存款)的预期支付状态相依于:挂钩标的价格在观察窗口内是否触及向下敲出障碍价格[①],以及到期时点挂钩标的的具体表现。在观察窗口内,该结构化产品有三种状态:第一,只要挂钩标的的价格触及向下敲出障碍价格,则看跌期权敲出或失效,发行人"承诺"支付较高的固定收益(即敲出收益率);第二,若挂钩标的的价格未曾触及向下敲出障碍价格,且到期时点的标的价格大于或等于执行价格,则支付保底收益;第三,若挂钩标的的价格未曾触及向下敲出障碍价格,且到期时点的标的价格小于执行价格,则看跌期权生效,发行人将挂钩标的之下跌成分全部或部分地支付给投资者。

本章在阐释挂钩标的的动态随机运动规律及其最小值分布的基础上,对内嵌向下敲出障碍结构的结构化产品的状态情景进行了完备划分,且对各情景下的状态概率和状态收益进行了定价推演,给出了结构化产品未来预期支付的定价解析。特别说明的是,本章力图将相关结构设计抽象为一般性问题,该定价方法不仅适用于挂钩汇率的结构性存款,也适用于挂钩商品或股票的结构化产品,其"兼容"特质使之能方便地迁移或应用至其他相关产品或现实问题。

一、挂钩标的的随机运动规律

不妨令挂钩标的的当前价格为 Z_t,且服从如下几何布朗运动:

$$\frac{dZ_t}{Z_t} = \mu dt + \sigma dW_t^\Omega \tag{22-1}$$

则其动态随机运动规律是:

$$Z_T = Z_t \cdot \exp\left\{\left(\mu - \frac{\sigma^2}{2}\right)\Delta T + \sigma \Delta W_T^\Omega\right\} \tag{22-2}$$

记 $R_T = \ln\left(\frac{Z_T}{Z_t}\right)$,其相当于挂钩标的的收益率(或相对变化程度),则有:

---

① 其是路径相依的。

$$R_T = \left(\mu - \frac{\sigma^2}{2}\right)\Delta T + \sigma \Delta W_T^\Omega \tag{22-3}$$

即在风险中性测度 Ω 下,有 $R_T = \mu_z \Delta T + \sigma_z \Delta W_T^\Omega$,其中 $\mu_z = \mu - \frac{\sigma_z^2}{2}$, $\sigma_z = \sigma$。由引理 20-1 知,在 R 测度(风险中性测度的等价鞅测度)下,有 $R_T = \mu_z \Delta T + \sigma_z \Delta W_T^R$,其中,$\mu_z = \mu + \frac{\sigma_z^2}{2}$, $\sigma_z = \sigma$。

(一) 挂钩直接标价汇率

当 Z_t 表示直接标价汇率时,其随机过程是[①]:

$$\frac{\mathrm{d}Z_t}{Z_t} = (r_h - r_f)\mathrm{d}t + \sigma \mathrm{d}W_t^\Omega \tag{22-4}$$

与式(22-1)比较,有 $\mu = r_h - r_f$。在风险中性测度下,有 $R_T = \mu_z \Delta T + \sigma_z \Delta W_T^\Omega$,其中,$\mu_z = \mu - \frac{\sigma_z^2}{2} = (r_h - r_f) - \frac{\sigma_z^2}{2}$, $\sigma_z = \sigma$;在 R 测度下,有 $R_T = \mu_z \Delta T + \sigma_z \Delta W_T^R$,其中 $\mu_z = \mu + \frac{\sigma_z^2}{2} = (r_h - r_f) + \frac{\sigma_z^2}{2}$, $\sigma_z = \sigma$。

(二) 挂钩套算汇率

当 Z_t 表示套算汇率时,其随机过程是[②]:

$$\frac{\mathrm{d}Z_t}{Z_t} = (r_{f2} - r_{f1} + \sigma_2^2 - \sigma_1\sigma_2)\mathrm{d}t + (\sigma_1 - \sigma_2)\mathrm{d}W_t^\Omega \tag{22-5}$$

与式(22-1)比较,有 $\mu = r_{f2} - r_{f1} + \sigma_2^2 - \sigma_1\sigma_2$, $\sigma = \sigma_1 - \sigma_2$。在风险中性测度下,有 $R_T = \mu_z \Delta T + \sigma_z \Delta W_T^\Omega$,其中,$\mu_z = (r_{f2} - r_{f1} + \sigma_2^2 - \sigma_1\sigma_2) - \frac{\sigma_z^2}{2}$, $\sigma_z = \sigma_1 - \sigma_2$;在 R 测度下,有 $R_T = \mu_z \Delta T + \sigma_z \Delta W_T^R$,其中,$\mu_z = (r_{f2} - r_{f1} + \sigma_2^2 - \sigma_1\sigma_2) + \frac{\sigma_z^2}{2}$, $\sigma_z = \sigma_1 - \sigma_2$。

(三) 挂钩股票或商品

当挂钩标的是股票或商品时,通常设其服从如下的几何布朗运动:

$$\frac{\mathrm{d}Z_t}{Z_t} = r\mathrm{d}t + \sigma \mathrm{d}W_t^\Omega \tag{22-6}$$

与式(22-1)比较,有 $\mu = r$, $\sigma = \sigma$。在风险中性测度下,有 $R_T = \mu_z \Delta T + \sigma_z \Delta W_T^\Omega$,其中,$\mu_z = r - \frac{\sigma_z^2}{2}$, $\sigma_z = \sigma$;在 R 测度下,有 $R_T = \mu_z \Delta T + \sigma_z \Delta W_T^R$,其中,$\mu_z = r + \frac{\sigma_z^2}{2}$, $\sigma_z = \sigma$。

由此可见,在风险中性测度下,以上三种情景均有 $R_T = \mu_z \Delta T + \sigma_z \Delta W_T^\Omega$;在 R 测度

---

① 见式(20-1)
② 见式(20-5)

下,以上三种情景均有 $R_T = \mu_z \Delta T + \sigma_z \Delta W_T^R$,关于 μ_z 和 σ_z 在三种情景下的表现形式见表 22-1 的总结。

表 22-1　$R_T = \mu_z \Delta T + \sigma_z \Delta W_T$ 的表现形式

挂钩标的	μ	Ω 测度		R 测度	
		μ_z	σ_z	μ_z	σ_z
股票或商品	r	$\mu - \dfrac{\sigma_z^2}{2}$	σ	$\mu + \dfrac{\sigma_z^2}{2}$	σ
直接标价汇率	$r_h - r_f$	$\mu - \dfrac{\sigma_z^2}{2}$	σ	$\mu + \dfrac{\sigma_z^2}{2}$	σ
套算汇率	$r_{f2} - r_{f1} + \sigma_2^2 - \sigma_1 \sigma_2$	$\mu - \dfrac{\sigma_z^2}{2}$	$\sigma_1 - \sigma_2$	$\mu + \dfrac{\sigma_z^2}{2}$	$\sigma_1 - \sigma_2$

(四) 挂钩标的最小值及其概率分布

1. 挂钩标的最小值

假设当前时点和结构化产品的计划到期时点①分别是 t 和 T,且将 t 至 T 期间挂钩标的价格的最小值记为 $\underline{Z}$,即 $\underline{Z} = \min\limits_{u \in [t, T]} Z_u$。

2. 挂钩标的的最小收益率

令 $m_t^T = \min\limits_{u \in [t, T]} R_u$,其中 $R_u = \ln\left(\dfrac{Z_u}{Z_t}\right)$,$m_t^T$ 刻画了任意时点的远期价格相对于当前价格的最小变化。

$$m_t^T = \min\limits_{u \in [t, T]} \ln\left(\dfrac{Z_u}{Z_t}\right) = \ln\left(\dfrac{\min\limits_{u \in [t, T]} Z_u}{Z_t}\right) = \ln\left(\dfrac{\underline{Z}}{Z_t}\right) \tag{22-7}$$

3. R_T 和 m_t^T 的联合概率(陈松男,2002)

$$P_t^\Omega \{R_T > a, m_t^T > b\} = N\left(\dfrac{-a + \mu_z \Delta T}{\sigma_z \sqrt{\Delta T}}\right) - \exp\left\{\dfrac{2\mu_z}{\sigma_z^2} b\right\} \cdot N\left(\dfrac{-a + 2b + \mu_z \Delta T}{\sigma_z \sqrt{\Delta T}}\right) \tag{22-8}$$

当 $a = b$ 时,有:

$$P_t^\Omega \{R_T > b, m_t^T > b\} = N\left(\dfrac{-b + \mu_z \Delta T}{\sigma_z \sqrt{\Delta T}}\right) - \exp\left\{\dfrac{2\mu_z}{\sigma_z^2} b\right\} \cdot N\left(\dfrac{b + \mu_z \Delta T}{\sigma_z \sqrt{\Delta T}}\right) \tag{22-9}$$

由于 $R_T \geqslant m_t^T$,故 $P_t^\Omega \{R_T > b, m_t^T > b\} = P_t^\Omega \{m_t^T > b\}$,进而有:

---

① 或期末观察时点。

$$P_t^{\Omega}\{m_t^T > b\} = N\left(\frac{-b + \mu_z \Delta T}{\sigma_z \sqrt{\Delta T}}\right) - \exp\left\{\frac{2\mu_z}{\sigma_z^2} b\right\} \cdot N\left(\frac{b + \mu_z \Delta T}{\sigma_z \sqrt{\Delta T}}\right) \quad (22\text{-}10)$$

二、产品结构及预期支付

（一）支付结构

假设结构化产品内嵌看跌期权的执行价格是 K，向下敲出障碍价格是 B_1，且 $B_1 < K$。

在观察窗口内[①]，只要挂钩标的价格触及向下敲出障碍价格 B_1，则看跌期权敲出或提前失效，发行人"承诺"支付 R_2 的敲出收益率；若挂钩标的的价格未曾触及向下敲出障碍价格，且 T 时点的标的价格大于或等于执行价格 K，则支付较低的保底收益 R_1；若挂钩标的的价格未曾触及向下敲出障碍价格，且 T 时点的标的价格小于执行价格，则看跌期权生效，发行人"承诺"将挂钩标的的下跌成分部分地支付给投资者（见图22-1）。该支付比例 θ 为参与比率，通常 $\theta \in (0, 1)$。

由此可见，内嵌向下敲出结构的结构化产品的状态情景有三种（见表22-2）。

第一，看跌期权未敲出、未生效，其状态概率 $p_1 = P_t^{\Omega}\{Z_T \geqslant K, \underline{Z} > B_1\}$，状态收益是 R_1。

第二，看跌期权敲出（或失效），其状态概率 $p_2 = P_t^{\Omega}\{\underline{Z} \leqslant B_1\}$，状态收益是 R_2。

第三，看跌期权未敲出、生效，其状态概率 $p_3 = P_t^{\Omega}\{Z_T < K, \underline{Z} > B_1\}$，状态收益 $R_1 + \theta\left(\frac{K - Z_T}{Z_t}\right)$，其相依于挂钩标的的随机运动。

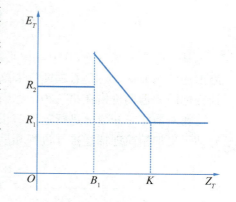

图 22-1 支付结构示意

注：看跌期权是否敲出是针对理财产品计划投资期内的任意时点而非到期时点观察，其中 K 和 B_1 分别表示看跌期权的执行价格和向下敲出障碍价格。

表 22-2 内嵌向下敲出结构的结构化产品的状态情景

状 态 情 景	状 态 概 率	状 态 收 益
未敲出、未生效	$p_1 = P_t^{\Omega}\{Z_T \geqslant K, \underline{Z} > B_1\}$	R_1
敲出	$p_2 = P_t^{\Omega}\{\underline{Z} \leqslant B_1\}$	R_2
未敲出、生效	$p_3 = P_t^{\Omega}\{Z_T < K, \underline{Z} > B_1\}$	$R_1 + \theta\left(\frac{K - Z_T}{Z_t}\right)$

注：此状态情景划分是完备空间的划分，稍后证明 $p_1 + p_2 + p_3 = 1$。

---

① 通常是计划到期前。

(二) 预期支付

从投资者视角来看，该型结构化产品在 T 时点的预期支付：

$$E_T = R_1 p_1 + R_2 p_2 + E_t^\Omega \left[R_1 + \theta\left(\frac{K - Z_T}{Z_t}\right) \middle| Z_T < K, \underline{Z} > B_1 \right]$$

$$= R_1 p_1 + R_2 p_2 + \left(R_1 + \frac{\theta K}{Z_t}\right) P_t^\Omega \{Z_T < K, \underline{Z} > B_1\}$$

$$- \frac{\theta}{Z_t} E_t^\Omega [Z_T \mid Z_T < K, \underline{Z} > B_1]$$

$$= R_1 p_1 + R_2 p_2 + \left(R_1 + \frac{\theta K}{Z_t}\right) p_3 - \frac{\theta}{Z_t} E_t^\Omega [Z_T \mid Z_T < K, \underline{Z} > B_1] \quad (22-11)$$

其有四个未知成分，其中，p_1 是看跌期权未敲出、未生效的状态概率，p_2 是看跌期权敲出的状态概率，p_3 是看跌期权未敲出、生效的状态概率，$E_t^\Omega [Z_T \mid Z_T < K, \underline{Z} > B_1]$ 是挂钩标的的远期价格在第三种状态（看跌期权未敲出、生效）下的条件期望。

在对前述未知成分进行定价解析前，不妨定义如下符号及其缩写式（见表 22-3），这有助于更加精简地描述推导过程和呈现结果。

表 22-3 符号定义及其关系

$d_1 = \dfrac{\ln(Z_t/K) + (\mu + \sigma_z^2/2)\Delta T}{\sigma_z \sqrt{\Delta T}}$	$d_2 = \dfrac{\ln(Z_t/K) + (\mu - \sigma_z^2/2)\Delta T}{\sigma_z \sqrt{\Delta T}}$	$d_1 = d_2 + \sigma_z \sqrt{\Delta T}$
$d_3 = \dfrac{\ln(Z_t/B_1) + (\mu + \sigma_z^2/2)\Delta T}{\sigma_z \sqrt{\Delta T}}$	$d_4 = \dfrac{\ln(Z_t/B_1) + (\mu - \sigma_z^2/2)\Delta T}{\sigma_z \sqrt{\Delta T}}$	$d_3 = d_4 + \sigma_z \sqrt{\Delta T}$
$d_5 = \dfrac{\ln(B_1/Z_t) + (\mu + \sigma_z^2/2)\Delta T}{\sigma_z \sqrt{\Delta T}}$	$d_6 = \dfrac{\ln(B_1/Z_t) + (\mu - \sigma_z^2/2)\Delta T}{\sigma_z \sqrt{\Delta T}}$	$d_5 = d_6 + \sigma_z \sqrt{\Delta T}$
$d_7 = \dfrac{\ln(B_1^2/KZ_t) + (\mu + \sigma_z^2/2)\Delta T}{\sigma_z \sqrt{\Delta T}}$	$d_8 = \dfrac{\ln(B_1^2/KZ_t) + (\mu - \sigma_z^2/2)\Delta T}{\sigma_z \sqrt{\Delta T}}$	$d_7 = d_8 + \sigma_z \sqrt{\Delta T}$

（三）状态概率

1. 未敲出、未生效的状态概率

$$p_1 = P_t^\Omega \{Z_T \geqslant K, \underline{Z} > B_1\}$$

$$= P_t^\Omega \left\{ \ln\left(\frac{Z_T}{Z_t}\right) \geqslant \ln\left(\frac{K}{Z_t}\right), \ln\left(\frac{\underline{Z}}{Z_t}\right) > \ln\left(\frac{B_1}{Z_t}\right) \right\}$$

$$= P_t^\Omega \left\{ R_T \geqslant \ln\left(\frac{K}{Z_t}\right), m_t^T > \ln\left(\frac{B_1}{Z_t}\right) \right\} \quad (22-12)$$

令 $a = \ln\left(\dfrac{K}{Z_t}\right)$，$b = \ln\left(\dfrac{B_1}{Z_t}\right)$，结合式（22-8）知：

$$p_1 = P_t^\Omega \{R_T > a, m_t^T > b\}$$

$$= N\left(\frac{-a + \mu_z \Delta T}{\sigma_z \sqrt{\Delta T}}\right) - \exp\left\{\frac{2\mu_z}{\sigma_z^2}b\right\} N\left(\frac{-a + 2b + \mu_z \Delta T}{\sigma_z \sqrt{\Delta T}}\right)$$

$$= N(d_2) - (B_1/Z_t)^{(2\mu/\sigma_z^2 - 1)} N(d_8) \tag{22-13}$$

详细推导过程见附录 22-1。

2. 敲出的状态概率

当 $K = B_1$ 时,有:

$$d_2 = \frac{\ln(Z_t/K) + (\mu - \sigma_z^2/2)\Delta T}{\sigma_z \sqrt{\Delta T}} = \frac{\ln(Z_t/B_1) + (\mu - \sigma_z^2/2)\Delta T}{\sigma_z \sqrt{\Delta T}} = d_4 \tag{22-14}$$

$$d_8 = \frac{\ln(B_1^2/KZ_t) + (\mu - \sigma_z^2/2)\Delta T}{\sigma_z \sqrt{\Delta T}} = \frac{\ln(B_1/Z_t) + (\mu - \sigma_z^2/2)\Delta T}{\sigma_z \sqrt{\Delta T}} = d_6 \tag{22-15}$$

在式(22-12)和(22-13)中,若将 K 替换为 B_1,d_2 替换为 d_4,d_8 替换为 d_6 时(即当 $K = B_1$ 时,有 $d_2 = d_4$,$d_8 = d_6$),则有:

$$P_t^{\Omega}\{Z_T \geqslant B_1, \underline{Z} > B_1\} = N(d_4) - (B_1/Z_t)^{(2\mu/\sigma_z^2 - 1)} N(d_6) \tag{22-16}$$

由于 $P_t^{\Omega}\{Z_T \geqslant B_1, \underline{Z} > B_1\} = P_t^{\Omega}\{\underline{Z} > B_1\}$,故看跌期权敲出的状态概率 $p_2 = P_t^{\Omega}\{\underline{Z} \leqslant B_1\}$:

$$p_2 = 1 - P_t^{\Omega}\{\underline{Z} > B_1\}$$
$$= 1 - P_t^{\Omega}\{Z_T \geqslant B_1, \underline{Z} > B_1\}$$
$$= 1 - N(d_4) + (B_1/Z_t)^{(2\mu/\sigma_z^2 - 1)} N(d_6) \tag{22-17}$$

3. 未敲出、生效的状态概率

未敲出、生效的状态概率 $p_3 = P_t^{\Omega}\{Z_T < K, \underline{Z} > B_1\}$,由 $\underline{Z} > B_1$ 知,$Z_T > B_1$;又由于 $Z_T < K$,故 $B_1 < Z_T < K$,进而有 $p_3 = P_t^{\Omega}\{B_1 < Z_T < K, \underline{Z} > B_1\}$。由于 $\{B_1 < Z_T < K\} = \{Z_T > B_1\} - \{Z_T \geqslant K\}$,故而:

$$p_3 = P_t^{\Omega}\{Z_T > B_1, \underline{Z} > B_1\} - P_t^{\Omega}\{Z_T \geqslant K, \underline{Z} > B_1\}$$
$$= P_t^{\Omega}\{\underline{Z} > B_1\} - P_t^{\Omega}\{Z_T \geqslant K, \underline{Z} > B_1\}$$
$$= [1 - P_t^{\Omega}\{\underline{Z} \leqslant B_1\}] - P_t^{\Omega}\{Z_T \geqslant K, \underline{Z} > B_1\}$$
$$= 1 - p_2 - p_1 \tag{22-18}$$

(四) 远期价格

由附录 22-2 知,挂钩标的远期价格的条件期望:

$$E_t^{\Omega}[Z_T \mid Z_T < K, \underline{Z} > B_1]$$
$$= Z_t e^{\mu \Delta T} \{[N(d_3) - N(d_1)] - (B_1/Z_t)^{(2\mu/\sigma_z^2 + 1)}[N(d_5) - N(d_7)]\} \tag{22-19}$$

三、模型估计

第一,估计挂钩标的的特征参数。当结构化产品的挂钩标的是直接标价汇率时,有

$\mu=r_h-r_f$，$\sigma_z=\sigma$，这里 r_h 和 r_f 分别表示本国和外国的无风险利率，σ 是直接标价汇率变化的瞬时波动性；当结构化产品的挂钩标的是套算汇率时，有 $\mu=r_{f2}-r_{f1}+\sigma_2^2-\sigma_1\sigma_2$，$\sigma_z=\sigma_1-\sigma_2$，这里 r_{f1} 和 r_{f2} 分别表示两个外国的无风险利率，σ_1 和 σ_2 分别表示两个外国货币兑本币汇率变化的瞬时波动性；当结构化产品的挂钩标的是股票或商品时，有 $\mu=r$，$\sigma_z=\sigma$，这里 r 表示无风险利率，σ 表示股票或商品收益率的瞬时波动性。

第二，明确结构化产品的有关要素。根据结构化产品的募集说明书等，明确看跌期权的执行价格 K、向下敲出障碍价格 B_1、保底收益率 R_1、敲出收益率 R_2 和参与比率 θ。

第三，估计结构化产品的状态概率，以及挂钩标的远期价格的条件期望。首先，将前述有关参数分别代入表 22-3 中的计算公式，获得 d_1—d_8 的估值。然后，基于式(22-13)估计看跌期权未敲出、未生效的状态概率，基于式(22-17)估计看跌期权敲出的状态概率，基于式(22-18)估计看跌期权未敲出、生效的状态概率，基于式(22-19)估计挂钩标的远期价格在第三种状态(看跌期权未敲出、生效)下的条件期望。

第四，估计 T 时点的预期支付。将第三步的估值结果分别代入式(22-11)，即得 T 时点预期支付的估值。

四、典型案例

中国银行曾发行一款英镑看跌鲨鱼鳍结构的结构性存款，产品名称是个人客户人民币结构性存款 20288，产品代码是 GRSDR20288。以下信息不做雕琢地摘自该产品的说明书。

客户以人民币认购，产品收益的起算日[①]是 2020 年 8 月 28 日，期末观察日是 2020 年 12 月 2 日，预期到期日是 2020 年 12 月 4 日。挂钩标的是英镑兑美元的即期汇率，报价见北京时间下午 2 点彭博"BFIX GBPUSD"版面公布的英镑兑美元中间价，四舍五入至小数点后四位。

预期支付结构如下：若观察期内挂钩标的曾经低于观察水平 2[②]，则支付 4% 的年化收益率；若观察期内挂钩标的始终高于或等于观察水平 2，且挂钩标的的期末价格高于或等于观察水平 1[③]，则支付 0.3% 的保底收益；若观察期内挂钩标的始终高于或等于观察水平 2，且挂钩标的的期末价格小于观察水平 1，则支付 0.3%＋(102.00%－期末价格÷期初价格)×参与率，其中参与率为 100%，观察水平 1 是期初价格的 102.00%，观察水平 2 是期初价格的 96.00%。该行测算，预期年化收益率的波动区间是 0.30%—6.30%[④]。

研 究 与 探 索

由案例产品的结构设计知，向下敲出看跌期权的障碍价格是期初观察日即期汇率的

[①] 或期初基准日。
[②] 即向下敲出障碍价格，作者注。
[③] 即执行价格，作者注。
[④] 本产品无认购费、销售服务费、管理费等。

96.00%,执行价格是期初观察日即期汇率的102.00%,参与率是100%。该结构性存款的收益支付结构如下。

第一,在观察窗口内,只要挂钩标的的远期汇率低于向下敲出障碍价格,则看跌期权敲出,发行人"承诺"支付4%的敲出收益率。

第二,在观察窗口内,若挂钩标的的远期汇率未曾触及向下敲出障碍价格,且产品到期时点的远期汇率高于或等于执行价格,发行人"承诺"支付0.3%的保底收益。

第三,在观察窗口内,若挂钩标的的远期汇率未曾触及向下敲出障碍价格,且产品到期时点的远期汇率低于执行价格,则获得浮动收益=0.3%+(102.00%−期末价格÷期初价格)。

1. 结合本章知识,试写出案例产品挂钩标的的动态随机运动规律,简要说明各参数的含义及其估计方法。然后,对案例产品的状态情景进行完备划分,并用符号表示各情景下的状态概率和状态收益,以及计划到期时的预期支付。

2. 查找案例产品挂钩标的的历史数据,估计案例产品的状态概率和预期收益,并讨论英国无风险利率和英镑兑美元汇率波动对产品预期收益的敏感性影响。

3. 发行人声称募集资金按照基础存款与衍生交易相分离的原则管理,试推断发行人的资产配置行为及其对产品预期收益的影响。

本 章 附 录

附录 22-1:证明 $p_1 = P_t^{\Omega}\{Z_T \geq K, \underline{Z} > B_1\} = N(d_2) - (B_1/Z_t)^{(2\mu/\sigma_z^2 - 1)} \cdot N(d_8)$。

证明:由于令 $a = \ln\left(\dfrac{K}{Z_t}\right)$,$b = \ln\left(\dfrac{B_1}{Z_t}\right)$,故有:

$$N\left(\frac{-a + \mu_z \Delta T}{\sigma_z \sqrt{\Delta T}}\right) = N\left[\frac{\ln(Z_t/K) + (\mu - \sigma_z^2/2)\Delta T}{\sigma_z \sqrt{\Delta T}}\right] = N(d_2) \quad (22\text{-}20)$$

$$N\left(\frac{-a + 2b + \mu_z \Delta T}{\sigma_z \sqrt{\Delta T}}\right) = N\left[\frac{\ln(B_1^2/KZ_t) + (\mu - \sigma_z^2/2)\Delta T}{\sigma_z \sqrt{\Delta T}}\right] = N(d_8) \quad (22\text{-}21)$$

$$\exp\left\{\frac{2\mu_z}{\sigma_z^2}b\right\} = \exp\left\{\frac{2(\mu - \sigma_z^2/2)}{\sigma_z^2}\ln\left(\frac{B_1}{Z_t}\right)\right\} = (B_1/Z_t)^{(2\mu/\sigma_z^2 - 1)} \quad (22\text{-}22)$$

其中,$d_2 = \dfrac{\ln(Z_t/K) + (\mu - \sigma_z^2/2)\Delta T}{\sigma_z \sqrt{\Delta T}}$,$d_8 = \dfrac{\ln(B_1^2/KZ_t) + (\mu - \sigma_z^2/2)\Delta T}{\sigma_z \sqrt{\Delta T}}$。结合式(22-20)—(22-22)知:

$$\begin{aligned} p_1 &= N\left(\frac{-a + \mu_z \Delta T}{\sigma_z \sqrt{\Delta T}}\right) - \exp\left\{\frac{2\mu_z}{\sigma_z^2}b\right\} N\left(\frac{-a + 2b + \mu_z \Delta T}{\sigma_z \sqrt{\Delta T}}\right) \\ &= N(d_2) - (B_1/Z_t)^{(2\mu/\sigma_z^2 - 1)} N(d_8) \end{aligned} \quad (22\text{-}23)$$

附录 22-2： 证明 $E_t^{\Omega}[Z_T \mid Z_T < K, \underline{Z} > B_1] = Z_t e^{\mu \Delta T} \{[N(d_3) - N(d_1)] - (B_1/Z_t)^{(2\mu/\sigma_z^2 + 1)}[N(d_5) - N(d_7)]\}$。

证明：为简洁计，令 $G = E_t^{\Omega}[Z_T \mid Z_T < K, \underline{Z} > B_1]$，且 $G_1 = P_t^R\{Z_T \geqslant K, \underline{Z} > B_1\}$，$G_2 = P_t^R\{Z_T > B_1, \underline{Z} > B_1\}$。

第一，求 G_1。由 $G_1 = P_t^R\{Z_T \geqslant K, \underline{Z} > B_1\}$ 知：

$$G_1 = P_t^R\left\{\ln\left(\frac{Z_T}{Z_t}\right) \geqslant \ln\left(\frac{K}{Z_t}\right), \ln\left(\frac{\underline{Z}}{Z_t}\right) > \ln\left(\frac{B_1}{Z_t}\right)\right\}$$

$$= P_t^R\left\{R_T \geqslant \ln\left(\frac{K}{Z_t}\right), m_t^T > \ln\left(\frac{B_1}{Z_t}\right)\right\} \quad (22\text{-}24)$$

令 $a = \ln\left(\frac{K}{Z_t}\right)$，$b = \ln\left(\frac{B_1}{Z_t}\right)$，由式(22-8)知：

$$G_1 = P_t^R\{R_T > a, m_t^T > b\}$$

$$= N\left(\frac{-a + \mu_z \Delta T}{\sigma_z \sqrt{\Delta T}}\right) - \exp\left\{\frac{2\mu_z}{\sigma_z^2}b\right\} \cdot N\left(\frac{-a + 2b + \mu_z \Delta T}{\sigma_z \sqrt{\Delta T}}\right) \quad (22\text{-}25)$$

在 R 测度下，有 $\mu_z = \mu + \frac{\sigma_z^2}{2}$，对上式各成分化简有：

$$N\left(\frac{-a + \mu_z \Delta T}{\sigma_z \sqrt{\Delta T}}\right) = N\left[\frac{\ln(Z_t/K) + (\mu + \sigma_z^2/2)\Delta T}{\sigma_z \sqrt{\Delta T}}\right] = N(d_1) \quad (22\text{-}26)$$

$$N\left(\frac{-a + 2b + \mu_z \Delta T}{\sigma_z \sqrt{\Delta T}}\right) = N\left[\frac{\ln(B_1^2/KZ_t) + (\mu + \sigma_z^2/2)\Delta T}{\sigma_z \sqrt{\Delta T}}\right] = N(d_7) \quad (22\text{-}27)$$

$$\exp\left\{\frac{2\mu_z}{\sigma_z^2}b\right\} = \exp\left\{\frac{2(\mu + \sigma_z^2/2)}{\sigma_z^2}\ln\left(\frac{B_1}{Z_t}\right)\right\} = (B_1/Z_t)^{(2\mu/\sigma_z^2 + 1)} \quad (22\text{-}28)$$

其中，$d_1 = \dfrac{\ln(Z_t/K) + (\mu + \sigma_z^2/2)\Delta T}{\sigma_z \sqrt{\Delta T}}$，$d_7 = \dfrac{\ln(B_1^2/KZ_t) + (\mu + \sigma_z^2/2)\Delta T}{\sigma_z \sqrt{\Delta T}}$。将式(22-26)—(22-28)分别代入式(22-25)得：

$$G_1 = N(d_1) - (B_1/Z_t)^{(2\mu/\sigma_z^2 + 1)} N(d_7) \quad (22\text{-}29)$$

第二，求 G_2。当 $K = B_1$ 时，有：

$$d_1 = \frac{\ln(Z_t/K) + (\mu + \sigma_z^2/2)\Delta T}{\sigma_z \sqrt{\Delta T}} = \frac{\ln(Z_t/B_1) + (\mu + \sigma_z^2/2)\Delta T}{\sigma_z \sqrt{\Delta T}} = d_3 \quad (22\text{-}30)$$

$$d_7 = \frac{\ln(B_1^2/KZ_t) + (\mu + \sigma_z^2/2)\Delta T}{\sigma_z \sqrt{\Delta T}} = \frac{\ln(B_1/Z_t) + (\mu + \sigma_z^2/2)\Delta T}{\sigma_z \sqrt{\Delta T}} = d_5 \quad (22\text{-}31)$$

当 $K = B_1$ 时，由 G_1 知(将 d_1 和 d_7 分别替换为 d_3 和 d_5)：

$$G_2 = P_t^R\{Z_T > B_1, \underline{Z} > B_1\} = N(d_3) - (B_1/Z_t)^{(2\mu/\sigma_z^2 + 1)} N(d_5) \quad (22\text{-}32)$$

第三,求 G。当 $\dfrac{\mathrm{d}Z_t}{Z_t}=\mu\mathrm{d}t+\sigma_z\mathrm{d}W_t^\Omega$ 时,有 $Z_T=Z_t\cdot\exp\left\{\left(\mu-\dfrac{\sigma_z^2}{2}\right)\Delta T+\sigma_z\Delta W_T^\Omega\right\}$,将其代入 $G=E_t^\Omega[Z_T|Z_T<K,\underline{Z}>B_1]$ 有:

$$\begin{aligned}G&=E_t^\Omega\left\{Z_t\cdot\exp\left[\left(\mu-\dfrac{\sigma_z^2}{2}\right)\Delta T+\sigma_z\Delta W_T^\Omega\right]\bigg|Z_T<K,\underline{Z}>B_1\right\}\\&=Z_t\mathrm{e}^{\mu\Delta T}\cdot E_t^\Omega\left[\exp\left(-\dfrac{\sigma_z^2}{2}\Delta T+\sigma_z\Delta W_T^\Omega\right)\bigg|Z_T<K,\underline{Z}>B_1\right]\end{aligned} \quad (22\text{-}33)$$

不妨令 $\xi_T=\exp\left\{-\dfrac{\sigma_z^2}{2}\Delta T+\sigma_z\Delta W_T^\Omega\right\}$,$I_A=\{Z_T<K,\underline{Z}>B_1\}$,则上式简化为:

$$G=Z_t\mathrm{e}^{\mu\Delta T}\cdot E_t^\Omega[\xi_T I_A] \quad (22\text{-}34)$$

由引理 20-2 知,$E_t^\Omega[\xi_T I_A]=E_t^R[I_A]$,故有:

$$\begin{aligned}G&=Z_t\mathrm{e}^{\mu\Delta T}\cdot E_t^R[I_A]\\&=Z_t\mathrm{e}^{\mu\Delta T}\cdot P_t^R\{Z_T<K,\underline{Z}>B_1\}\end{aligned} \quad (22\text{-}35)$$

由于 $Z_T\geqslant\underline{Z}>B_1$,且 $Z_T<K$,故 $B_1<Z_T<K$,从而有:

$$\begin{aligned}G&=Z_t\mathrm{e}^{\mu\Delta T}\cdot P_t^R\{B_1<Z_T<K,\underline{Z}>B_1\}\\&=Z_t\mathrm{e}^{\mu\Delta T}\cdot\{P_t^R[Z_T>B_1,\underline{Z}>B_1]-P_t^R[Z_T\geqslant K,\underline{Z}>B_1]\}\\&=Z_t\mathrm{e}^{\mu\Delta T}\cdot\{G_2-G_1\}\end{aligned} \quad (22\text{-}36)$$

这里,$\{B_1<Z_T<K\}=\{Z_T>B_1\}-\{Z_T\geqslant K\}$。将式(22-29)和式(22-32)代入式(22-36)有:

$$\begin{aligned}G&=Z_t\mathrm{e}^{\mu\Delta T}[N(d_3)-(B_1/Z_t)^{(2\mu/\sigma_z^2+1)}N(d_5)]\\&\quad-Z_t\mathrm{e}^{\mu\Delta T}[N(d_1)-(B_1/Z_t)^{(2\mu/\sigma_z^2+1)}N(d_7)]\\&=Z_t\mathrm{e}^{\mu\Delta T}\{[N(d_3)-N(d_1)]-(B_1/Z_t)^{(2\mu/\sigma_z^2+1)}[N(d_5)-N(d_7)]\}\end{aligned} \quad (22\text{-}37)$$

第二十三章

内嵌向上敲出结构的结构化产品 **

内嵌向上敲出结构的结构化产品(含结构性存款)的状态支付相依于:挂钩标的价格在观察窗口内是否触及向上敲出障碍价格,以及到期时点挂钩标的的具体表现。在观察窗口内,该结构化产品有三种状态:第一,只要挂钩标的的价格触及向上敲出障碍价格,则看涨期权敲出或失效,发行人支付敲出收益率;第二,若挂钩标的的价格未曾触及向上敲出障碍价格,且到期时点的挂钩标的的价格小于或等于执行价格,则支付保底收益率(保底收益率低于敲出收益率);第三,若挂钩标的的价格未曾触及向上敲出障碍价格,且到期时点的挂钩标的的价格大于执行价格,则看涨期权生效,发行人将挂钩标的的之上涨成分全部或部分地支付给投资者。

本章对内嵌向上敲出结构的结构化产品的状态情景进行了完备划分,且对各情景下的状态概率和状态收益进行了定价推演,给出了其未来预期支付的定价解析。同时,提供了两个相关的典型案例:内嵌向上敲出结构的银行结构性存款和内嵌双边敲出结构的证券公司收益凭证[①]。

一、挂钩标的的随机运动规律

(一) 挂钩标的的随机过程

当挂钩标的 Z_t 表示直接标价汇率时,其随机过程是:

$$\frac{\mathrm{d}Z_t}{Z_t} = (r_h - r_f)\mathrm{d}t + \sigma \mathrm{d}W_t^\Omega \tag{23-1}$$

当 Z_t 表示套算汇率时,其随机过程是:

$$\frac{\mathrm{d}Z_t}{Z_t} = (r_{f2} - r_{f1} + \sigma_2^2 - \sigma_1\sigma_2)\mathrm{d}t + (\sigma_1 - \sigma_2)\mathrm{d}W_t^\Omega \tag{23-2}$$

当 Z_t 是股票或商品时,通常设其服从如下的几何布朗运动:

$$\frac{\mathrm{d}Z_t}{Z_t} = r\mathrm{d}t + \sigma \mathrm{d}W_t^\Omega \tag{23-3}$$

---

① 本章方法不仅适用于挂钩汇率的结构性存款,也适用于挂钩股票或商品的结构化产品。

前述随机过程中有关参数的含义同第二十二章。记 $R_T = \ln\left(\dfrac{Z_T}{Z_t}\right)$ 为挂钩标的的收益率（或相对变化程度），则在风险中性测度下，前述三种情形均有 $R_T = \mu_z \Delta T + \sigma_z \Delta W_T^\Omega$，且 μ_z 和 σ_z 的具体形态见表 23-1 的总结[①]。

表 23-1　R_T 在 Ω 测度下的参数形态

挂钩标的	μ	μ_z	σ_z
股票或商品	r	$\mu - \sigma_z^2/2$	σ
直接标价汇率	$r_h - r_f$	$\mu - \sigma_z^2/2$	σ
套算汇率	$r_{f2} - r_{f1} + \sigma_2^2 - \sigma_1\sigma_2$	$\mu - \sigma_z^2/2$	$\sigma_1 - \sigma_2$

在 R 测度下，前述三种情形均有 $R_T = \mu_z \Delta T + \sigma_z \Delta W_T^R$，且 μ_z 和 σ_z 的具体形态如表 23-2 所示[②]。

表 23-2　R_T 在 R 测度下的参数形态

挂钩标的	μ	μ_z	σ_z
股票或商品	r	$\mu + \sigma_z^2/2$	σ
直接标价汇率	$r_h - r_f$	$\mu + \sigma_z^2/2$	σ
套算汇率	$r_{f2} - r_{f1} - \sigma_1\sigma_2$	$\mu + \sigma_z^2/2$	$\sigma_1 - \sigma_2$

（二）挂钩标的最大值及其概率分布

1. 挂钩标的的最大值

假设当前时点和结构化产品的计划到期时点[③]分别是 t 和 T，且将 t 至 T 期间挂钩标的最大价格记为 $\overline{Z}$，即 $\overline{Z} = \max\limits_{u \in [t, T]} Z_u$。

2. 挂钩标的的最大收益率

令挂钩标的的最大收益率 $M_t^T = \max\limits_{u \in [t, T]} R_u$，这里 $R_u = \ln\left(\dfrac{Z_u}{Z_t}\right)$，则：

$$M_t^T = \max_{u \in [t, T]} \ln\left(\dfrac{Z_u}{Z_t}\right) = \ln\left(\dfrac{\max\limits_{u \in [t, T]} Z_u}{Z_t}\right) = \ln\left(\dfrac{\overline{Z}}{Z_t}\right) \tag{23-4}$$

[①] 原理与第二十二章相同。
[②] 原理与第二十二章相同。
[③] 或期末观察时点。

3. R_T 和 M_t^T 的联合概率(陈松男,2002)

$$P_t^\Omega\{R_T \leqslant a, M_t^T \leqslant b\} = N\left(\frac{a - \mu_z \Delta T}{\sigma_z \sqrt{\Delta T}}\right) - \exp\left\{\frac{2\mu_z}{\sigma_z^2}b\right\} \cdot N\left(\frac{a - 2b - \mu_z \Delta T}{\sigma_z \sqrt{\Delta T}}\right) \tag{23-5}$$

当 $a = b$ 时,有:

$$P_t^\Omega\{R_T \leqslant b, M_t^T \leqslant b\} = N\left(\frac{b - \mu_z \Delta T}{\sigma_z \sqrt{\Delta T}}\right) - \exp\left\{\frac{2\mu_z}{\sigma_z^2}b\right\} \cdot N\left(\frac{-b - \mu_z \Delta T}{\sigma_z \sqrt{\Delta T}}\right) \tag{23-6}$$

由于 $R_T \leqslant M_t^T$,故 $P_t^\Omega\{R_T \leqslant b, M_t^T \leqslant b\} = P_t^\Omega\{M_t^T \leqslant b\}$,进而有:

$$P_t^\Omega\{M_t^T \leqslant b\} = N\left(\frac{b - \mu_z \Delta T}{\sigma_z \sqrt{\Delta T}}\right) - \exp\left\{\frac{2\mu_z}{\sigma_z^2}b\right\} \cdot N\left(\frac{-b - \mu_z \Delta T}{\sigma_z \sqrt{\Delta T}}\right) \tag{23-7}$$

二、产品结构及预期支付

(一) 支付结构

假设结构化产品内嵌的看涨期权的执行价格是 K,向上敲出障碍价格是 B_2,且 $B_2 > K$[①]。

在观察窗口内,只要挂钩标的价格大于或等于向上敲出障碍价格 B_2,则看涨期权敲出或失效,发行人支付 R_2 的敲出收益率;若挂钩标的价格未曾触及向上敲出障碍价格,且 T 时点的标的价格小于或等于执行价格 K,则支付保底收益率 R_1,其中 $R_1 < R_2$;若挂钩标的价格未曾触及向上敲出障碍价格,且 T 时点的标的价格大于执行价格,则看涨期权生效,发行人将挂钩标的之上涨成分部分地支付给投资者,该支付比例 θ 为参与比率,其中 $\theta \in (0, 1)$(见图 23-1)。

由此可见,内嵌向上敲出结构的结构化产品的状态情景有三种(见表 23-3)。

第一,看涨期权未敲出、未生效,其状态概率 $p_1 = P_t^\Omega\{Z_T \leqslant K, \bar{Z} < B_2\}$,状态收益是 R_1。

第二,看涨期权敲出(或失效),其状态概率 $p_2 = P_t^\Omega\{\bar{Z} \geqslant B_2\}$,状态收益是 R_2。

第三,看涨期权未敲出、生效,其状态概率 $p_3 = P_t^\Omega\{Z_T > K, \bar{Z} < B_2\}$,状态收益是 $R_1 + \theta\left(\frac{Z_T - K}{Z_t}\right)$,

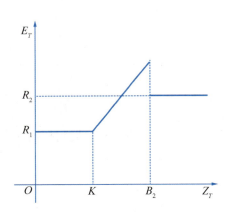

图 23-1 支付结构示意

注:看涨期权是否敲出是针对理财产品计划投资期内的任意时点而非到期时点观察,其中,K 和 B_2 分别表示看涨期权的执行价格和向上敲出障碍价格。

---

① 本书令向下敲出障碍价格是 B_1,以示区别。

其中 θ 是参与比率。在三种状态中,只有看涨期权未敲出、生效的状态支付相依于挂钩标的的随机运动。

表 23-3 内嵌向上敲出结构的结构化产品的状态情景

状 态 情 景	状 态 概 率	状 态 收 益
未敲出、未生效	$p_1 = P_t^\Omega \{Z_T \leqslant K, \overline{Z} < B_2\}$	R_1
敲出	$p_2 = P_t^\Omega \{\overline{Z} \geqslant B_2\}$	R_2
未敲出、生效	$p_3 = P_t^\Omega \{Z_T > K, \overline{Z} < B_2\}$	$R_1 + \theta\left(\dfrac{Z_T - K}{Z_t}\right)$

注:此状态情景划分是完备空间的划分,稍后证明 $p_1 + p_2 + p_3 = 1$。

(二) 预期支付

从投资者视角来看,结构化产品在 T 时点的预期支付:

$$\begin{aligned}
E_T &= R_1 p_1 + R_2 p_2 + E_t^\Omega \left[R_1 + \theta\left(\frac{Z_T - K}{Z_t}\right) \,\middle|\, Z_T > K, \overline{Z} < B_2\right] \\
&= R_1 p_1 + R_2 p_2 + \left(R_1 - \frac{\theta K}{Z_t}\right) P_t^\Omega \{Z_T > K, \overline{Z} < B_2\} \\
&\quad + \frac{\theta}{Z_t} E_t^\Omega [Z_T \mid Z_T > K, \overline{Z} < B_2] \\
&= R_1 p_1 + R_2 p_2 + \left(R_1 - \frac{\theta K}{Z_t}\right) p_3 + \frac{\theta}{Z_t} E_t^\Omega [Z_T \mid Z_T > K, \overline{Z} < B_2]
\end{aligned} \tag{23-8}$$

其有四个未知成分,其中,p_1 是看涨期权未敲出、未生效的状态概率,p_2 是看涨期权敲出的状态概率,p_3 是看涨期权未敲出、生效的状态概率,$E_t^\Omega[Z_T \mid Z_T > K, \overline{Z} < B_2]$ 是挂钩标的在第三种状态(看涨期权未敲出、生效)下的远期价格的条件期望。

在对前述未知成分进行定价解析前,定义如下符号及其缩写式(见表 23-4),这有助于更加简洁地描述推导过程和呈现结果。

表 23-4 符号定义及其关系

$d_1 = \dfrac{\ln(Z_t/K) + (\mu + \sigma_z^2/2)\Delta T}{\sigma_z \sqrt{\Delta T}}$	$d_2 = \dfrac{\ln(Z_t/K) + (\mu - \sigma_z^2/2)\Delta T}{\sigma_z \sqrt{\Delta T}}$	$d_1 = d_2 + \sigma_z \sqrt{\Delta T}$
$d_3 = \dfrac{\ln(Z_t/B_2) + (\mu + \sigma_z^2/2)\Delta T}{\sigma_z \sqrt{\Delta T}}$	$d_4 = \dfrac{\ln(Z_t/B_2) + (\mu - \sigma_z^2/2)\Delta T}{\sigma_z \sqrt{\Delta T}}$	$d_3 = d_4 + \sigma_z \sqrt{\Delta T}$
$d_5 = \dfrac{\ln(B_2/Z_t) + (\mu + \sigma_z^2/2)\Delta T}{\sigma_z \sqrt{\Delta T}}$	$d_6 = \dfrac{\ln(B_2/Z_t) + (\mu - \sigma_z^2/2)\Delta T}{\sigma_z \sqrt{\Delta T}}$	$d_5 = d_6 + \sigma_z \sqrt{\Delta T}$
$d_7 = \dfrac{\ln(B_2^2/KZ_t) + (\mu + \sigma_z^2/2)\Delta T}{\sigma_z \sqrt{\Delta T}}$	$d_8 = \dfrac{\ln(B_2^2/KZ_t) + (\mu - \sigma_z^2/2)\Delta T}{\sigma_z \sqrt{\Delta T}}$	$d_7 = d_8 + \sigma_z \sqrt{\Delta T}$

注:B_2 表示向上敲出障碍价格。

(三) 状态概率

1. 未敲出、未生效的状态概率

$$p_1 = P_t^\Omega \{Z_T \leqslant K, \overline{Z} < B_2\}$$
$$= P_t^\Omega \left\{\ln\left(\frac{Z_T}{Z_t}\right) \leqslant \ln\left(\frac{K}{Z_t}\right), \ln\left(\frac{\overline{Z}}{Z_t}\right) < \ln\left(\frac{B_2}{Z_t}\right)\right\}$$
$$= P_t^\Omega \left\{R_T \leqslant \ln\left(\frac{K}{Z_t}\right), M_t^T < \ln\left(\frac{B_2}{Z_t}\right)\right\} \tag{23-9}$$

令 $a = \ln\left(\frac{K}{Z_t}\right)$, $b = \ln\left(\frac{B_2}{Z_t}\right)$, 结合式(23-5)知:

$$p_1 = P_t^\Omega \{R_T \leqslant a, M_t^T < b\}$$
$$= N\left(\frac{a - \mu_z \Delta T}{\sigma_z \sqrt{\Delta T}}\right) - \exp\left\{\frac{2\mu_z}{\sigma_z^2}b\right\} \cdot N\left(\frac{a - 2b - \mu_z \Delta T}{\sigma_z \sqrt{\Delta T}}\right)$$
$$= N(-d_2) - (B_2/Z_t)^{(2\mu/\sigma_z^2 - 1)} N(-d_8) \tag{23-10}$$

详细推导过程见附录 23-1。

2. 敲出的状态概率

当 $K = B_2$ 时, 有:

$$d_2 = \frac{\ln(Z_t/B_2) + (\mu - \sigma_z^2/2)\Delta T}{\sigma_z \sqrt{\Delta T}} = d_4 \tag{23-11}$$

$$d_8 = \frac{\ln(B_2/Z_t) + (\mu - \sigma_z^2/2)\Delta T}{\sigma_z \sqrt{\Delta T}} = d_6 \tag{23-12}$$

在式(23-9)和(23-10)中, 将 K 替换为 B_2, d_2 替换为 d_4, d_8 替换为 d_6 (即当 $K = B_2$ 时, 有 $d_2 = d_4$, $d_8 = d_6$), 则有:

$$P_t^\Omega \{Z_T \leqslant B_2, \overline{Z} < B_2\} = N(-d_4) - (B_2/Z_t)^{(2\mu/\sigma_z^2 - 1)} N(-d_6) \tag{23-13}$$

由于 $P_t^\Omega \{Z_T \leqslant B_2, \overline{Z} < B_2\} = P_t^\Omega \{\overline{Z} < B_2\}$, 故看涨期权敲出的状态概率 $p_2 = P_t^\Omega \{\overline{Z} \geqslant B_2\}$:

$$p_2 = 1 - P_t^\Omega \{\overline{Z} < B_2\}$$
$$= 1 - P_t^\Omega \{Z_T \leqslant B_2, \overline{Z} < B_2\}$$
$$= N(d_4) + (B_2/Z_t)^{(2\mu/\sigma_z^2 - 1)} N(-d_6) \tag{23-14}$$

3. 未敲出、生效的状态概率

$$p_3 = 1 - p_2 - p_1 \tag{23-15}$$

证明见附录 23-2。

(四) 远期价格

由附录 23-3 知，挂钩标的远期价格的条件期望：

$$E_t^{\Omega}[Z_T \mid Z_T > K, \overline{Z} < B_2]$$
$$= Z_t e^{\mu \Delta T} \{[N(d_1) - N(d_3)] - (B_2/Z_t)^{(2\mu/\sigma_z^2+1)}[N(d_7) - N(d_5)]\} \quad (23-16)$$

三、模型估计

第一，估计挂钩标的的特征参数。当结构化产品的挂钩标的是直接标价汇率时，有 $\mu = r_h - r_f$，$\sigma_z = \sigma$，这里 r_h 和 r_f 分别表示本国和外国的无风险利率，σ 是直接标价汇率变化的瞬时波动性；当结构化产品的挂钩标的是套算汇率时，有 $\mu = r_{f2} - r_{f1} + \sigma_2^2 - \sigma_1 \sigma_2$，$\sigma_z = \sigma_1 - \sigma_2$，这里 r_{f1} 和 r_{f2} 分别表示两个外国的无风险利率，σ_1 和 σ_2 分别表示两个外国货币兑本币汇率变化的瞬时波动性；当结构化产品的挂钩标的是股票或商品时，有 $\mu = r$，$\sigma = \sigma$，这里 r 表示无风险利率，σ 表示股票或商品收益率的瞬时波动性。

第二，明确结构化产品的有关要素。根据结构化产品的募集说明书等，明确看涨期权的执行价格 K、向上敲出障碍价格 B_2、保底收益率 R_1、敲出收益率 R_2，以及参与比率 θ。

第三，估计结构化产品的状态概率，以及挂钩标的的远期价格的条件期望。首先，将前述有关参数分别代入表 23-4 中的计算公式，获得 d_1—d_8 的估值。然后，基于式(23-10)估计看涨期权未敲出、未生效的状态概率，基于式(23-14)估计看涨期权敲出的状态概率，基于式(23-15)估计看涨期权未敲出、生效的状态概率，基于式(23-16)估计挂钩标的的远期价格在第三种状态下的条件期望。

第四，估计 T 时点的预期支付。将第三步的估值结果分别代入式(23-8)，即得 T 时点预期支付的估值。

四、典型案例

(一) 内嵌向上敲出结构的银行结构性存款

1. 案例摘要

交通银行 2022 年发行了一款"稳添慧"结构性存款协议，产品名称是"稳添慧结构性存款股指看涨 36 天"，内嵌了看涨鲨鱼鳍结构设计。产品成立日（或期初观察日）是 2022 年 5 月 19 日，计划到期日是 2022 年 6 月 24 日，计划期限是 36 天。挂钩标的是中证 500 指数(000905.SH)，观察期是 2022 年 5 月 19 日至 2022 年 6 月 21 日，设置了两个观察价格：挂钩标的的期初价格的 100.00% 和挂钩标的的期初价格的 106.00%，两者分别相当于内嵌看涨期权的执行价格和向上敲出障碍价格，参与率是 80.00%，发行人"承诺"的最低收益率是 1.35%，敲出收益率是 4.00%。

银行向投资者提供本金保障，并根据产品协议的相关约定，向投资者支付应得收益。其预期支付结构如下。

第一，在观察期内，只要挂钩标的的收盘价与期初收盘价的比值曾大于 106.00%，发行人就支付敲出收益率。

第二，在观察期内，若挂钩标的的收盘价与期初收盘价的比值未曾大于 106.00%，且挂钩标的的期末收盘价与期初收盘价的比值小于 100%，发行人支付最低收益率。

第三,在观察期内,若挂钩标的收盘价与期初收盘价的比值未曾大于 106.00%,且挂钩标的的期末收盘价与期初收盘价的比值大于或等于 100%,投资者获得浮动收益=最低收益率+参与率×$\left(\dfrac{期末收盘价}{期初收盘价}-100\%\right)$。

2. 结构抽象

假设当前时点和理财产品的计划到期时点分别是 t 和 T,且挂钩标的 Z_t 在风险中性测度下服从几何布朗运动 $\mathrm{d}Z_t = rZ_t\mathrm{d}t + \sigma Z_t\mathrm{d}W_t^\Omega$,则挂钩标的的收益率 $R_T = \mu_z\Delta T + \sigma_z\Delta W_T^\Omega$,其中,$\mu_z = r - \dfrac{\sigma^2}{2}$,$\sigma_z = \sigma$。

结构性存款的向上敲出障碍价格和执行价格分别是 B_2 和 K,其中 $B_2 = 1.06Z_t$ 和 $K_2 = Z_t$,且支付结构如下。

第一,在任意观察日 $u \in [t, T]$,若 $Z_u > B_2$,则看涨期权敲出,发行人支付敲出收益率 $R_2 = 4\%$。

第二,在任意观察日 $u \in [t, T]$,有 $Z_u \leqslant B_2$,且到期时点的挂钩标的的 $Z_T < Z_t$,则发行人支付最低收益率 $R_1 = 1.35\%$。

第三,在任意观察日 $u \in [t, T]$,有 $Z_u \leqslant B_2$,且到期时点的挂钩标的的 $Z_T \geqslant Z_t$,则发行人"承诺"支付 $1.35\% + 80\% \times \left(\dfrac{Z_T}{Z_t} - 100\%\right)$,其中执行价格 $K = 100\%Z_t$。在此状态下,发行人的支付由两部分构成:一是保底收益($R_1 = 1.35\%$),二是挂钩标的的上涨成分的 80%(结构示意与图 23-1 相同)。

(二)内嵌双边敲出结构的证券公司收益凭证

1. 案例摘要

华泰证券 2019 年发行了"聚益"第 19633 号本金保障型收益凭证,产品代码是 SFP883。收益凭证的面值 1 元,发行价格 1 元,认购金额 5 万元,认购期是 2019 年 4 月 16 日,最高发行规模 1 亿元。产品期限是 35 天,期初观察日是 2019 年 4 月 17 日,期末观察日是 2019 年 5 月 21 日。

收益凭证的挂钩标的是中证 500 指数(000905.SH),且内嵌双边敲出障碍结构设计,其中高障碍价格是挂钩标的的期初价格的 112%,低障碍价格是挂钩标的的期初价格的 91%;高行权价格是挂钩标的的期初价格的 102%,低行权价格是挂钩标的的期初价格的 98%。到期终止收益率的支付结构如下。

第一,在任意观察日,若中证 500 指数的收盘价格大于期初价格的 112%,或小于期初价格的 91%,则到期终止收益率为 4%。

第二,在全部观察日,若中证 500 指数的收盘价格均未大于期初价格的 112%、未小于期初价格的 91%,且期末价格大于期初价格,则到期终止收益率=$2\% + 60\% \times \max(0, 期末价格/期初价格-102\%)$。

第三,在全部观察日,若中证 500 指数的收盘价格均未大于期初价格的 112%、未小于期初价格的 91%,且期末价格小于或等于期初价格,则到期终止收益率=$2\% + 60\% \times \max(0, 98\% - 期末价格/期初价格)$。

2. 结构抽象

第一,挂钩标的。假设当前时点和理财产品的计划到期时点分别是 t 和 T,且挂钩标的 Z_t 在风险中性测度下服从几何布朗运动 $dZ_t = rZ_t dt + \sigma Z_t dW_t^\Omega$,则挂钩标的的收益率 $R_T = \mu_z \Delta T + \sigma_z \Delta W_T^\Omega$,其中,$\mu_z = r - \dfrac{\sigma^2}{2}$,$\sigma_z = \sigma$。

第二,有关参数。收益凭证的向下敲出障碍价格和执行价格分别是 B_1 和 K_1,其中 $B_1 = 0.91 Z_t$ 和 $K_1 = 0.98 Z_t$;向上敲出障碍价格和执行价格分别是 B_2 和 K_2,其中 $B_2 = 1.12 Z_t$ 和 $K_2 = 1.02 Z_t$,保底收益率 $R_1 = 2\%$,敲出收益率 $R_2 = 4\%$。

第三,支付结构。到期支付的结构如下。

(1) 在任意观察日 $u \in [t, T]$,若 $Z_u > B_2$ 或 $Z_u < B_1$,则内嵌期权敲出,且发行人支付 $R_2 = 4\%$ 的固定收益。

(2) 在任意观察日 $u \in [t, T]$,若 $Z_u \leqslant B_2$,$Z_u \geqslant B_1$,且到期时点的挂钩标的价格 $Z_T > Z_t$ 时,发行人"承诺"支付 $= 2\% + 60\% \times \max\left(0, \dfrac{Z_T}{Z_t} - 102\%\right) = 2\% + \max\left(0, 60\% \times \dfrac{Z_T - K_2}{Z_t}\right)$。在此状态下,发行人支付 2% 的保底收益,且将挂钩标的上涨成分的 60% 支付给投资者。

(3) 在任意观察日 $u \in [t, T]$,若 $Z_u \leqslant B_2$,$Z_u \geqslant B_1$,且到期时点的挂钩标的价格 $Z_T \leqslant Z_t$ 时,发行人"承诺"支付 $= 2\% + 60\% \times \max\left(0, 98\% - \dfrac{Z_T}{Z_t}\right) = 2\% + \max\left(0, 60\% \times \dfrac{K_1 - Z_T}{Z_t}\right)$。在此状态下,发行人支付保底收益,且将挂钩标的下跌成分的 60% 支付给投资者(见图 23-2)①。

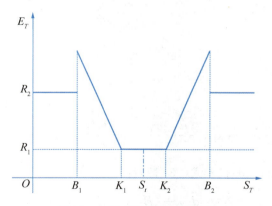

图 23-2 收益凭证的支付结构

注:$B_1 = 0.91 Z_t$,$K_1 = 0.98 Z_t$,$B_2 = 1.12 Z_t$,$K_2 = 1.02 Z_t$,$R_1 = 2\%$,$R_2 = 4\%$。

---

① 该产品还隐含:在任意观察日 $u \in [t, T]$,若 $Z_u \leqslant B_2$,$Z_u \geqslant B_1$,且到期时点的挂钩标的的 $Z_T \in (K_1, K_2)$ 时,发行人支付保底收益率 2%。

研究与探索

1. 交通银行"稳添慧"结构性存款协议内嵌了向上敲出结构设计,查找其挂钩标的历史数据,使用本章方法对其状态概率和状态收益,以及预期支付进行估计。

2. 华泰证券"聚益"本金保障型收益凭证内嵌了双边敲出结构设计,查找其挂钩标的历史数据,使用本章和第二十二章的方法对其状态概率和状态收益,以及预期支付进行近似估计,并推断发行人可能的运作模式和风险管控方式,特别思考其与单边敲出型障碍结构设计的差异性。

本章附录

附录 23-1:证明 $p_1 = N(-d_2) - (B_2/Z_t)^{(2\mu/\sigma_z^2-1)} N(-d_8)$。

证明:正文揭示看涨期权未敲出、未生效的状态概率是:

$$p_1 = N\left(\frac{a-\mu_z\Delta T}{\sigma_z\sqrt{\Delta T}}\right) - \exp\left\{\frac{2\mu_z}{\sigma_z^2}b\right\} \cdot N\left(\frac{a-2b-\mu_z\Delta T}{\sigma_z\sqrt{\Delta T}}\right) \tag{23-17}$$

其中,$a = \ln\left(\frac{K}{Z_t}\right)$,$b = \ln\left(\frac{B_2}{Z_t}\right)$。由于风险中性测度下,$\mu_z = \mu - \sigma_z^2/2$,故可对上式各成分化简得:

$$N\left(\frac{a-\mu_z\Delta T}{\sigma_z\sqrt{\Delta T}}\right) = N\left[-\frac{\ln(Z_t/K)+(\mu-\sigma_z^2/2)\Delta T}{\sigma_z\sqrt{\Delta T}}\right] = N(-d_2) \tag{23-18}$$

$$N\left(\frac{a-2b-\mu_z\Delta T}{\sigma_z\sqrt{\Delta T}}\right) = N\left[-\frac{\ln(B_2^2/KZ_t)+(\mu-\sigma_z^2/2)\Delta T}{\sigma_z\sqrt{\Delta T}}\right] = N(-d_8) \tag{23-19}$$

$$\exp\left\{\frac{2\mu_z}{\sigma_z^2}b\right\} = \exp\left\{\frac{2(\mu-\sigma_z^2/2)}{\sigma_z^2}\ln\left(\frac{B_2}{Z_t}\right)\right\} = (B_2/Z_t)^{(2\mu/\sigma_z^2-1)} \tag{23-20}$$

将式(23-18)—(23-20)代入式(23-17)得:

$$p_1 = N(-d_2) - (B_2/Z_t)^{(2\mu/\sigma_z^2-1)} N(-d_8) \tag{23-21}$$

附录 23-2:证明 $p_3 = 1 - p_1 - p_2$。

证明:未敲出、生效的状态概率 $p_3 = P_t^{\Omega}\{Z_T > K, \bar{Z} < B_2\}$,由于 $Z_T \leq \bar{Z} < B_2$,且 $Z_T > K$,故 $K < Z_T < B_2$,进而有

$$p_3 = P_t^{\Omega}\{K < Z_T < B_2, \bar{Z} < B_2\} \tag{23-22}$$

由于 $\{K < Z_T < B_2\} = \{Z_T < B_2\} - \{Z_T \leqslant K\}$，故而：

$$\begin{aligned}
p_3 &= P_t^\Omega\{Z_T < B_2, \overline{Z} < B_2\} - P_t^\Omega\{Z_T \leqslant K, \overline{Z} < B_2\} \\
&= P_t^\Omega\{\overline{Z} < B_2\} - P_t^\Omega\{Z_T \leqslant K, \overline{Z} < B_2\} \\
&= [1 - P_t^\Omega(\overline{Z} \geqslant B_2)] - P_t^\Omega\{Z_T \leqslant K, \overline{Z} < B_2\} \\
&= 1 - p_2 - p_1
\end{aligned} \qquad (23\text{-}23)$$

这里，$P_t^\Omega\{\overline{Z} \geqslant B_2\}$ 是看涨期权敲出的状态概率，$P_t^\Omega\{Z_T \leqslant K, \overline{Z} < B_2\}$ 是看涨期权未敲出、未生效的状态概率。

附录 23-3：证明 $E_t^\Omega[Z_T \mid Z_T > K, \overline{Z} < B_2] = Z_t \mathrm{e}^{\mu \Delta T}\{[N(d_1) - N(d_3)] - (B_2/Z_t)^{(2\mu/\sigma_z^2+1)}[N(d_7) - N(d_5)]\}$。

证明：为表述简洁计，不妨令 $G = E_t^\Omega[Z_T \mid Z_T > K, \overline{Z} < B_2]$。

第一，求 $P_t^R\{Z_T \leqslant K, \overline{Z} < B_2\}$。

$$\begin{aligned}
P_t^R\{Z_T \leqslant K, \overline{Z} < B_2\} &= P_t^R\left\{\ln\left(\frac{Z_T}{Z_t}\right) \leqslant \ln\left(\frac{K}{Z_t}\right), \ln\left(\frac{\overline{Z}}{Z_t}\right) < \ln\left(\frac{B_2}{Z_t}\right)\right\} \\
&= P_t^R\left\{R_T \leqslant \ln\left(\frac{K}{Z_t}\right), M_t^T < \ln\left(\frac{B_2}{Z_t}\right)\right\}
\end{aligned} \qquad (23\text{-}24)$$

令 $a = \ln\left(\frac{K}{Z_t}\right)$，$b = \ln\left(\frac{B_2}{Z_t}\right)$，由式(23-5)知：

$$\begin{aligned}
P_t^R\{Z_T \leqslant K, \overline{Z} < B_2\} &= P_t^R\{R_T \leqslant a, M_t^T < b\} \\
&= N\left(\frac{a - \mu_z \Delta T}{\sigma_z \sqrt{\Delta T}}\right) - \exp\left\{\frac{2\mu_z}{\sigma_z^2}b\right\} \cdot N\left(\frac{a - 2b - \mu_z \Delta T}{\sigma_z \sqrt{\Delta T}}\right)
\end{aligned} \qquad (23\text{-}25)$$

由于在 R 测度下，有 $\mu_z = \mu + \dfrac{\sigma_z^2}{2}$，故对上式各成分化简得：

$$\begin{aligned}
N\left(\frac{a - \mu_z \Delta T}{\sigma_z \sqrt{\Delta T}}\right) &= N\left[\frac{\ln(K/Z_t) - (\mu + \sigma_z^2/2)\Delta T}{\sigma_z \sqrt{\Delta T}}\right] \\
&= N\left[-\frac{\ln(Z_t/K) + (\mu + \sigma_z^2/2)\Delta T}{\sigma_z \sqrt{\Delta T}}\right] \\
&= N(-d_1)
\end{aligned} \qquad (23\text{-}26)$$

$$\begin{aligned}
N\left(\frac{a - 2b - \mu_z \Delta T}{\sigma_z \sqrt{\Delta T}}\right) &= N\left[\frac{\ln(KZ_t/B_2^2) - (\mu + \sigma_z^2/2)\Delta T}{\sigma_z \sqrt{\Delta T}}\right] \\
&= N\left[-\frac{\ln(B_2^2/KZ_t) + (\mu + \sigma_z^2/2)\Delta T}{\sigma_z \sqrt{\Delta T}}\right] \\
&= N(-d_7)
\end{aligned} \qquad (23\text{-}27)$$

$$\exp\left\{\frac{2\mu_z}{\sigma_z^2}b\right\} = \exp\left\{\frac{2(\mu + \sigma_z^2/2)}{\sigma_z^2}\ln\left(\frac{B_2}{Z_t}\right)\right\} = (B_2/Z_t)^{(2\mu/\sigma_z^2+1)} \qquad (23\text{-}28)$$

将式(23-26)—(23-28)分别代入式(23-25)知：

$$P_t^R\{Z_T \leqslant K, \bar{Z} < B_2\} = N(-d_1) - (B_2/Z_t)^{(2\mu/\sigma_z^2+1)} N(-d_7) \quad (23-29)$$

第二，求 $P_t^R\{Z_T < B_2, \bar{Z} < B_2\}$。显然，当 $K = B_2$ 时，有：

$$d_1 = \frac{\ln(Z_t/K) + (\mu + \sigma_z^2/2)\Delta T}{\sigma_z\sqrt{\Delta T}} = \frac{\ln(Z_t/B_2) + (\mu + \sigma_z^2/2)\Delta T}{\sigma_z\sqrt{\Delta T}} = d_3 \quad (23-30)$$

$$d_7 = \frac{\ln(B_2^2/KZ_t) + (\mu + \sigma_z^2/2)\Delta T}{\sigma_z\sqrt{\Delta T}} = \frac{\ln(B_2/Z_t) + (\mu + \sigma_z^2/2)\Delta T}{\sigma_z\sqrt{\Delta T}} = d_5 \quad (23-31)$$

当 $K = B_2$ 时，式(23-29)将变为：

$$P_t^R\{Z_T < B_2, \bar{Z} < B_2\} = N(-d_3) - (B_2/Z_t)^{(2\mu/\sigma_z^2+1)} N(-d_5) \quad (23-32)$$

第三，求 G。当 $\frac{\mathrm{d}Z_t}{Z_t} = \mu \mathrm{d}t + \sigma_z \mathrm{d}W_t^\Omega$ 时，有 $Z_T = Z_t \cdot \exp\left\{\left(\mu - \frac{\sigma_z^2}{2}\right)\Delta T + \sigma_z \Delta W_T^\Omega\right\}$，将其代入 $G = E_t^\Omega[Z_T | Z_T > K, \bar{Z} < B_2]$ 有：

$$G = E_t^\Omega\left\{Z_t \cdot \exp\left[\left(\mu - \frac{\sigma_z^2}{2}\right)\Delta T + \sigma_z \Delta W_T^\Omega\right] \bigg| Z_T > K, \bar{Z} < B_2\right\}$$

$$= Z_t e^{\mu \Delta T} \cdot E_t^\Omega\left[\exp\left(-\frac{\sigma_z^2}{2}\Delta T + \sigma_z \Delta W_T^\Omega\right) \bigg| Z_T > K, \bar{Z} < B_2\right] \quad (23-33)$$

不妨令 $\xi_T = \exp\left\{-\frac{\sigma_z^2}{2}\Delta T + \sigma_z \Delta W_T^\Omega\right\}$，$I_A = \{Z_T > K, \bar{Z} < B_2\}$，则上式简化为：

$$E_t^\Omega[Z_T | Z_T > K, \bar{Z} < B_2] = Z_t e^{\mu \Delta T} \cdot E_t^\Omega[\xi_T I_A] \quad (23-34)$$

由引理 20-2 知，$E_t^\Omega[\xi_T I_A] = E_t^R[I_A]$，故而 $G = Z_t e^{\mu \Delta T} \cdot E_t^R[I_A]$，且：

$$G = Z_t e^{\mu \Delta T} \cdot P_t^R\{Z_T > K, \bar{Z} < B_2\} \quad (23-35)$$

由于 $Z_T \leqslant \bar{Z} < B_2$，且 $Z_T > K$，故 $K < Z_T < B_2$，从而有：

$$G = Z_t e^{\mu \Delta T} \cdot P_t^R\{K < Z_T < B_2, \bar{Z} < B_2\}$$
$$= Z_t e^{\mu \Delta T} \cdot \{P_t^R[Z_T < B_2, \bar{Z} < B_2] - P_t^R[Z_T \leqslant K, \bar{Z} < B_2]\} \quad (23-36)$$

因为 $\{K < Z_T < B_2\} = \{Z_T < B_2\} - \{Z_T \leqslant K\}$。将式(23-29)和式(23-32)分别代入式(23-36)，有：

$$G = Z_t e^{\mu \Delta T} \cdot \{[N(-d_3) - (B_2/Z_t)^{(2\mu/\sigma_z^2+1)} N(-d_5)] - [N(-d_1) - (B_2/Z_t)^{(2\mu/\sigma_z^2+1)} N(-d_7)]\}$$

$$= Z_t e^{\mu \Delta T} \{[N(-d_3) - N(-d_1)] - (B_2/Z_t)^{(2\mu/\sigma_z^2+1)} [N(-d_5) - N(-d_7)]\}$$

$$= Z_t e^{\mu \Delta T} \{[N(d_1) - N(d_3)] - (B_2/Z_t)^{(2\mu/\sigma_z^2+1)} [N(d_7) - N(d_5)]\} \quad (23-37)$$

第二十四章

雪 球 产 品

常见的雪球产品形式主要有银行理财产品、证券公司收益凭证、信托投资公司的信托产品，以及私募的证券投资基金，机构之间相互模仿发行，曾经风靡一时。雪球产品具有复杂的结构化设计特点，常见特征有：设置极低的敲入观察边界，且每日观察是否敲入，但每月定期观察是否敲出；若敲出，则触发自动赎回与清算机制，且发行人支付超高收益；若曾经敲入，则可能进入延长期进行固收增强投资，投资者可能承担本金亏损甚至巨亏[1]。投资者购买雪球产品，相当于卖给发行人一个内嵌敲入结构的看跌期权。发行人对挂钩标的倾向于看跌，其通常在固定收益产品和看跌期权等衍生工具之间进行资产配置。本章阐释了雪球产品的结构设计特征特别是收益支付结构，推演了雪球产品投资者的收益状态，推断了发行人的策略实施情况及其潜在收益来源，以及可能的风险管理策略。

一、经典结构设计

（一）自动敲入和观察敲出

某证券公司挂钩中证 500 指数的雪球产品内嵌了自动敲入和观察敲出结构，其计划投资期 1 年，其中前 2 个月是空窗期，从第三个月开始，每月定期观察是否敲出，但每日观察是否敲入，且无固收增强设计[2]。

令挂钩标的的期初价格是 S_0，则其向上敲出障碍价格 $B_2=1.03S_0$，向下敲入障碍价格 $B_1=0.8S_0$，敲出收益率是 20%。该理财产品的状态情景有三种（见图 24-1）。

第一，敲出状态。敲出状态包含了两种情况：一是挂钩标的在敲出前未曾敲入（未敲入、敲出）；二是挂钩标的在敲出前曾经敲入（敲入、敲出）。在任一观察时点，若挂钩标的的价格触及敲出障碍价格[3]，则理财计划触发自动赎回与清算机制，发行人"承诺"按照实际投资期限支付高息票利率（或称敲出收益率，有时取不同值）。由于敲出障碍价格逼近挂钩标的的当前价格，挂钩标的在前几个月触及敲出障碍价格的理论概率通常较高。为了防止理财计划较快触发自动赎回与清算机制，雪球产品一般设置 2—3 个月的空窗期。

---

[1] 若未敲入、未敲出，也可能获得超高收益。
[2] 说明书极为简洁。
[3] 挂钩标的的价格大于或等于敲出障碍价格。

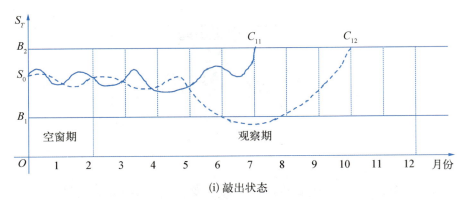

(i) 敲出状态

注：挂钩标的状态空间 C_{11} 和 C_{12} 均表示敲出，其中 C_{11} 表示未敲入、敲出，C_{12} 表示曾敲入、敲出，两种状态均按照实际投资期限支付高息票利率。

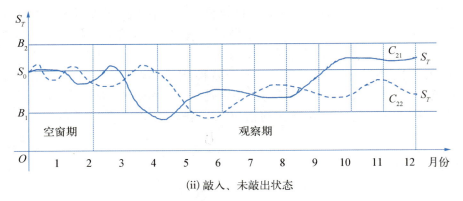

(ii) 敲入、未敲出状态

注：挂钩标的状态空间 C_{21} 和 C_{22} 均表示曾敲入但未敲出，其中 C_{21} 的挂钩标的期末价格处于期初价格和敲出障碍价格之间，其状态支付为零；C_{22} 的挂钩标的期末价格小于期初价格，其状态支付＝（期末价格/期初价格－1）。

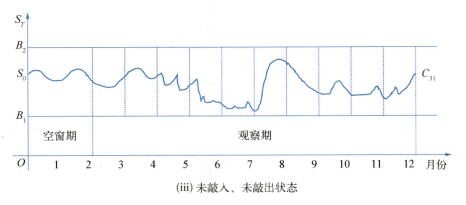

(iii) 未敲入、未敲出状态

图 24-1 雪球产品的状态示意

第二,敲入、未敲出状态。在观察窗口内,若挂钩标的价格曾小于或等于敲入障碍价格,但在敲出观察时点未触及敲出障碍价格,雪球产品的最终支付状态相依于挂钩标的的期末表现。当挂钩标的的期末价格小于期初价格时,状态支付是(期末价格/期初价格−1);当挂钩标的期末价格处于期初价格和敲出障碍价格之间时,状态支付为零。进而言之,该状态下的支付约相当于 min(期末价格/期初价格−1, 0)。

第三,未敲入、未敲出状态。在观察窗口内,若挂钩标的未曾触及敲入障碍价格,且敲出观察时点未触及向上敲出障碍价格,则理财计划自然到期,且发行人按照实际投资期限支付高息票收益。

(二)双层敲入和指数增强

华润深国投信托投资公司曾发行一款信托类的"非保本雪球+指数增强"产品,其挂钩标的是中证500指数,产品期限是2+1年,其中前两年封闭运作,满足条件提前清算和自动赎回,第三年是指数增强投资阶段。该产品有2个月的空窗期,22个月的观察期,以及1年的指数增强期。从第三个月起,每月观察一次是否敲出,且向上敲出障碍价格与挂钩标的期初价格同;每日观察是否敲入,且敲入障碍价格具有双层结构,其中第3—12个月的敲入障碍价格是挂钩标的期初价格的70%;第13—24个月的向下敲入障碍价格是挂钩标的期初价格的75%。该理财产品的状态情景如下(见图24-2)。

第一,敲出状态。在22个观察时点,只要挂钩标的价格触及敲出障碍价格,理财产品即自动赎回与清算,且其状态支付是高息票收益率。

第二,敲入、未敲出状态。若挂钩标的价格曾向下触及敲入障碍价格,但在敲出观察日均未触及敲出障碍价格,则转为每月定期开放的股指增强策略产品。在指数增强投资阶段,雪球产品的最终收益由固定收益成分和浮动收益成分构成,且浮动收益成分取决于挂钩标的的最终表现。

第三,未敲入、未敲出状态。在理财计划存续期内,若挂钩标的未敲入、未敲出,则理财计划在两年末到期,且支付高息票利率(或与敲出收益率有关)。

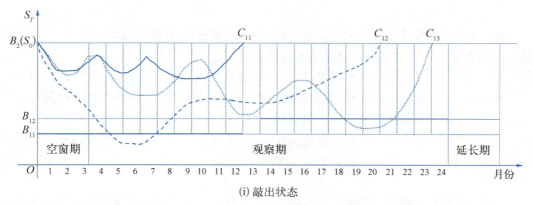

(i) 敲出状态

注:B_{11} 和 B_{12} 是双层敲出障碍价格,且 $B_{11}<B_{12}$;B_2 是向上敲出障碍价格,且与挂钩标的的期初价格同;挂钩标的状态空间 C_{11}、C_{12} 和 C_{13} 均表示敲出,其中 C_{11} 表示未敲入和敲出,C_{12} 和 C_{13} 表示曾敲入且敲出,三种状态均支付高息票利率。

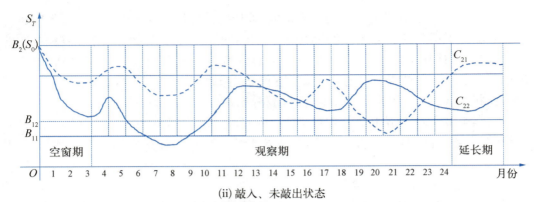

(ii) 敲入、未敲出状态

注：B_{11} 和 B_{12} 是双层敲出障碍价格，且 $B_{11}<B_{12}$；B_2 是向上敲出障碍价格，且与挂钩标的的期初价格同；挂钩标的的状态空间 C_{21} 和 C_{22} 均表示曾敲入、未敲出，在两年后，结构化产品转为每月定期开放的股指增强策略产品，最终收益由固定收益成分和浮动收益成分构成，且浮动收益取决于挂钩标的的最终表现。

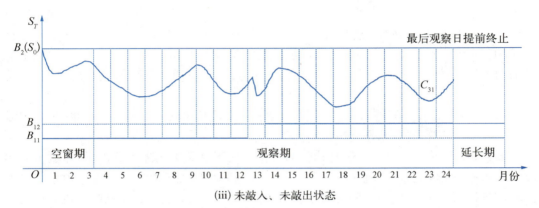

(iii) 未敲入、未敲出状态

注：B_{11} 和 B_{12} 是双层敲出障碍价格，且 $B_{11}<B_{12}$；B_2 是向上敲出障碍价格，且与挂钩标的的期初价格同；挂钩标的的状态空间 C_{31} 表示未敲入、未敲出。

图 24-2 "非保本雪球+指数增强"产品的状态示意

（三）结构设计的基本特征

第一，产品阶段设计。通常带有空窗期、观察期和延长期（或固收增强期）的阶段性设计。空窗期 2—3 个月，部分雪球产品未有延长期。

第二，敲出敲入观察。定期观察敲出，每日观察敲入。在观察期内，雪球产品设置定期观察时点[①]，在特定观察时点，若挂钩标的价格触及敲出价格，将触发自动赎回与清算机制。同时，每日观察挂钩标的的价格是否触及敲入价格。

第三，障碍价格设计。在向上敲出和向下敲入结构设计中，敲出障碍价格通常是当前价格或在当前价格基础上的微涨，敲入障碍价格则相对当前价格大跌，且下跌幅度高达 20%—30%。

第四，收益支付特征。若敲出，"承诺"支付超高收益；未敲入、未敲出也有可能获得超

---

① 通常按月设置。

高收益;若曾敲入,则期末支付相依于挂钩标的的随机运动状态,且可能承担本金亏损,甚至巨额亏损。

二、收益来源与支付状态

（一）投资者的收益状态

投资者的最终收益取决于雪球产品是否敲入或敲出,以及挂钩标的的最终表现[①],具体如下。

第一,是否敲入或敲出。在特定观察时点,若挂钩标的价格触及向上敲出障碍价格,则雪球产品触发自动赎回与清算机制,且发行人支付高息票收益;在观察窗口内,若挂钩标的未敲入、未敲出,则理财产品自然到期与清算,且发行人支付高息票收益。

第二,相依于挂钩标的最终表现。若挂钩标的价格曾敲入且未敲出,其最终支付状态相依于挂钩标的的最终表现。若挂钩标的的期末价格低于期初价格,则投资者承担本金损失;若挂钩标的的期末价格高于期初价格,本金或有保障但近乎零收益。

从投资者视角审视,雪球产品似有以下特点。

第一,具有小涨止盈属性。在特定观察时点,只要挂钩标的的价格触及向上敲出障碍价格,则雪球产品自动赎回,且锁定高息票收益。投资者似乎对雪球产品挂钩标的的上涨持及时止盈的态度,而非持续追踪其上涨趋势。投资者似乎认为挂钩标的的未来难有持续性上涨趋势。

第二,提供了风险缓冲。只要雪球产品的挂钩标的的不大跌,即挂钩标的的不曾触及向下敲入障碍价格,投资者就能获得高息票收益。而且,远低于当前价格的敲入障碍价格似能给投资者提供风险缓冲或安全垫。

第三,卖出大跌"保险"。投资者卖给发行人一份带触发条件的看跌期权,可将其视为附生效条件的"保险"。只要雪球产品的挂钩标的未大跌至敲入障碍价格,"保险"就不会生效,此时投资者不仅获得高息票收益,也不用向发行人"理赔"。然而,如果雪球产品的挂钩标的大跌,并向下突破敲入障碍价格,且其到期价格未回升至期初水平,则"保险"生效,投资者需承担挂钩标的的下跌幅度的本金损失。

（二）发行人的收益来源

第一,发行人的潜在收益来源于挂钩标的的敲出时的小幅上涨吗？通常,雪球产品定期观察是否敲出,且敲出障碍价格与挂钩标的的当前价格相同或在当前价格基础上微涨或小幅上涨。设雪球产品按月定期观察是否敲出,且向上敲出障碍价格是在挂钩标的的当前价格基础上小涨3%,同时设置两个月的空窗期,从第三个月开始定期观察是否敲出。在雪球产品发行后,假设发行人将所募资金全部配置于挂钩标的。在第三个月的敲出观察时点上,若挂钩标的的价格大于或等于敲出障碍价格,则发行人的年化收益率不低于3%×4=12%;在第四个月的观察时点上,若挂钩标的的价格大于或等于敲出障碍价格,则发行人的年化收益率不低于3%×3=9%;以此类推,雪球产品越晚敲出,发行人的年化收益倾向于越低。从前述情景假设及其推演过程可见：即便雪球产品较早敲出,发行人的收益

[①] 或计划到期时的挂钩标的的表现。

来源也可能不足以支撑动辄20%—30%的高息票支付。而且,前述推断建立在两个较为宽松的假设之上:一是敲出障碍价格在挂钩标的当前价格基础上小幅上涨;二是全部资金配置于挂钩标的现货。

第二,发行人的潜在收益来自于挂钩标的的"低买高卖"吗?在雪球产品发行后,发行人将部分所募资金用于购买挂钩标的现货。若挂钩标的资产价格不断下跌,发行人在产品敲入前逐步买入现货、提高仓位,在产品敲入后全仓买入现货;若标的价格不断上涨,发行人逐步卖出现货、降低仓位,且在产品敲出时清仓现货。通过在"下跌周期不断买入、上涨周期不断卖出"挂钩标的,发行人能够赚取标的资产价格的波动收益。作者认为这种构想难有操作性。由于向上敲出障碍价格在挂钩标的当前价格基础上微涨或小涨,挂钩标的通常比较容易在较早时点触及敲出障碍边界,从而引发自动赎回与清算机制,发行人即便在期初建仓现货、在敲出时点卖出现货,其潜在收益也难以支撑敲出情形下的高息票支付。特别在下跌周期中,逐步买入现货只能降低相对建仓成本,并不能改变现货亏损的本质。

第三,发行人收益大概率来源于买入看跌期权。雪球产品赋予发行人买入一种附触发条件的看跌期权。在雪球产品发行后,发行人将所募资金在固定收益和衍生品之间配置,其中部分资金用于持有看跌期权。若挂钩标的的未来大跌且触及敲入障碍价格,则发行人对看跌期权行权,且能获得超高收益。当然,该情景要求市场存在执行价格与敲入障碍价格相当的看跌期权(或动态调整看跌期权合约,且其执行价格逐步向下调整)。

三、估值与风险管理

(一)估值方法

雪球产品拥有时点观察的敲出结构和连续观察的敲入结构,且特定情境下的状态支付同时相依于是否敲出或敲入等,对其状态情景和预期支付进行有意义的理论刻画并非易事(对其敲出状态或敲入状态的状态概率进行理论解析是可能的,有关细节略)。

对雪球产品而言,蒙特卡洛模拟方法更为直观和有效,能够较为便捷地刻画雪球产品的状态概率和状态收益。

(二)风险管理

发行人采取何种风险管理策略取决于其资金配置行为。不妨设发行人将雪球产品所募资金在固定收益产品和看跌期权之间配置,简要审视其如何管理资产配置的风险。

第一,用挂钩标的的现货对冲看跌期权的风险。发行人向投资者购买了带触发条件的看跌期权,其是看跌期权的多头,对挂钩标的的未来走势持看跌甚至大跌的趋势判断。若未来标的真的大跌且触及敲入障碍边界,则通过行权获得丰厚收益。但是,若未来标的不跌甚至反涨,则发行人损失掉看跌期权的期权费,且"无利可图",发行人需要买入挂钩标的的现货对冲前述风险。发行人可构建挂钩标的的现货和看跌期权的组合,通过Delta对冲方式管理挂钩标的的未来走势的预期不一致风险。

第二,挂钩标的与看跌期权标的非一致性。在现实场景中,雪球产品偏好的挂钩标的普遍是中证500指数。中证500指数综合反映了A股市场一批中小市值公司的股票价格表现,具有"天然"的高波动特点。理论上,当挂钩标的价格服从几何布朗运动且 $r<\frac{\sigma^2}{2}$ 时,挂钩标的价格将呈指数向下的趋势运动,且波动性越高,指数下跌的趋势越明显,从而越容易发生敲入事件,这与发行人的预期一致。然而,交易所市场并没有以中证500指数(或中证500指数基金)为标的看跌期权,发行人或不得不买入其他标的的看跌期权,从而出现挂钩标的与看跌期权标的不一致的情况[①]。

(三) 相关技术问题

第一,Delta 对冲的结构突变问题。雪球产品含有多个离散的敲出结构和连续的敲入结构,其 Delta 或非挂钩标的的资产价格变化的连续函数。特别在敲入障碍价格附近,雪球产品的 Delta 可能发生较大的结构变动,这大大增加了 Delta 对冲的管理难度。当挂钩标的价格尚未触及敲入障碍边界时,雪球产品的 Delta 形态与普通期权相似,发行人通过不断"低买高卖"标的现货实现动态 Delta 对冲。然而,在敲入障碍价格附近,特别当挂钩标的价格向下突破敲入障碍价格时,雪球产品的 Delta 大概率跃升,发行人需要买卖较多的挂钩标的的现货,以实现 Delta 中性目标。

第二,用股指期货锁定看跌趋势收益。当发行人对挂钩标的的未来趋势持看跌态度时,既可以买入看跌期权锁定下跌收益,也可以卖空期货锁定下跌收益。正如前文阐释的那样,当雪球产品的挂钩标的是中证500指数时,场内未有以其为标的看跌期权,但存在以其为标的的股指期货。作为替代性操作,发行人可以通过卖空中证500股指期货的方式锁定下跌收益。然而,与期权的单向对冲不同,期货是双向对冲工具,当通过构建现货和期货组合的方式管理风险时,组合风险可能被对冲掉了,但组合收益难以保证,如何兑现非敲入情景下可能的高息票支付是发行人不得不考虑的问题。

四、典型案例

下面以招银理财"招越臻选"雪球系列1号理财计划(产品代码:95001,产品登记编码:Z7001622A000018)为例,从其产品说明书中摘取部分重要的原始信息。

(一) 理财计划要素

1. 产品条款

本理财计划私募发行,但开放运作。发行对象是合格计划投资者,且不得超过200人。发行规模下限3亿元,上限15亿元,投资者首次认购单笔最低金额为1 006万元,其中认购费6万元,净认购金额1 000万元。理财计划成立日是2022年4月28日,理财计划预计到期日是2026年4月28日。在理财计划存续期内,管理人有权根据本《产品说明书》约定事由宣布提前或延期终止理财计划。

理财计划为商品及金融衍生品类产品,主要投资于挂钩中证500指数的期权或收益互换等场外衍生品。业绩比较基准是5%/年[②]。理财计划募集资金不低于80%投资于证

[①] 特别指出的是,没有相关场内期权,并不表示未有挂钩中证500指数(或指数基金)的场外期权。

[②] 测算依据是:按100%投资于挂钩中证500指数的自动触发期权为例,结合产品投资策略,参考了期权模型估值,考虑了产品期限、标的波动率、产品费用等因素。相关费用包括0.60%的认购费,0.30%/年的投资管理费,0.02%/年的托管费。

券市场柜台交易的期权合约、收益互换等场外衍生品(简称标的场外衍生品),理财产品管理人有权对回收资金进行活期存款等流动性管理工具投资①。

2. 投资要素

挂钩标的是中证 500 指数,理财计划起始日是 2022 年 4 月 29 日,期末观察日是 2024 年 4 月 15 日,观察期自起始日起至期末观察日,延长期自期末敲出提前终止日下一交易日起至理财产品预计到期日止。敲入观察日是理财产品观察期内的每个交易日,敲入价格是挂钩标的期初价格的 70%,敲入事件是指在任意敲入观察日,标的指数收盘价格小于敲入价格。从理财计划发行后的第三个月开始,基本上按月定期观测 22 次是否敲出,敲出价格是挂钩标的期初价格的 100%,敲出事件是指在任一敲出观察日 $i(i=1,2,\cdots,22)$ 标的指数的收盘价格大于或等于敲出价格。

(二) 可能状态收益

1. 三种状态

第一,在某一月度观察日,若标的收盘价高于敲出价格,则交易提前结束,客户获得年化票息。

第二,在存续期内任意交易日和观察日,若标的收盘价均未碰触敲入和敲出界限,则合约到期自动结束,客户依然获得年化票息。

第三,在存续期的任意交易日,标的收盘价曾经跌破敲入界限,且到期前所有观察日均未发生敲出事件,若到期标的价格低于期初价格,则客户承担与期初名义本金对应市值的标的下跌造成的全部损失。

2. 投资收益的计算规则

第一,发生敲出事件的收益。首个发生敲出事件的敲出提前终止日即为产品提前终止日,假设对应的敲出收益率为 A,则提前终止份额价值=份额面值×(1+A×产品实际计息天数÷365)。

第二,期末敲出提前终止日的收益。若观察期内未发生敲出事件,且观察期内未发生敲入事件,则期末敲出提前终止日为提前终止日。期末敲出提前终止份额价值=份额面值×(1+期末观察日对应的敲出收益率×产品实际计息天数÷365)。若观察期内未发生敲出事件,但曾经发生敲入事件,则产品继续存续并进入延长期,此时理财产品净值可能出现较大幅度的回撤。期末敲出提前终止日的份额价值=份额面值×(期末观察日当日收盘价格÷期初价格)。

第三,若观察期内未发生敲出事件,且观察期内曾经发生敲入事件,则产品继续存续,进入延长期。在延长期内,理财计划转为相同挂钩标的"固定增强结构"。投资者若不参与"固定增强结构",可于首个赎回期(2024 年 4 月 18 日至 2024 年 4 月 23 日)或开放期(首个开放日是 2024 年 4 月 24 日)部分或全部赎回理财计划。固定增强起息日是 2024 年 4 月 15 日,固定增强收益率为 $X\%$/年,其中 $0 \leqslant X \leqslant 20$,管理人有权根据市场情况对固定增强收益率进行调整。投资者赎回时或产品终止时的份额价值=提前赎回或持有到期的份额面值×[(该赎回期开放日或产品终止时标的指数收盘价格÷期初价格)+固定

---

① 不少理财产品(甚至非同类理财产品)的投资范围和投资比例具有较高的相似性,不能不信,也不可全信。

增强收益率×固定增强计息天数÷365]。

3. 情景假设

以下是根据场外衍生品合约，分析标的场外衍生品的未来可能收益（未考虑节假日及费用）。假设起始日为2021年1月1日，标的指数在起始日的收盘价格为4 000（即期初价格）。敲入价格为2 800（当前价格的70%），敲出价格为4 000（当前价格的100%），且前2个月不进行敲出观察。观察期为2021年1月1日至2023年1月1日，首个敲出观察日为2021年4月1日，对应的敲出提前终止日为2021年4月3日；期末观察日为2023年1月1日，对应的提前终止日为2023年1月3日，共22个敲出观察日。延长期为2023年1月4日至2025年1月1日。

第一，假设2021年4月1日的标的指数收盘价格为4 240（当前价格的106%），首次达到收盘价大于对应敲出价格4 000（当前价格的100%），即该敲出观察日发生敲出事件，则理财产品于对应的敲出提前终止日提前终止。假设对应的敲出收益率为20%/年，提前终止份额价值＝份额面值×（1＋20%×产品实际计息天数÷365）。

第二，假设前21个敲出观察日均未发生敲出事件，期末观察日标的指数的收盘价格为4 240（当前价格的106%），大于对应的敲出价格4 000（当前价格的100%），即期末观察日发生敲出事件，则理财产品于期末敲出提前终止日提前终止。假设对应的敲出收益率为6%/年，观察期期末提前终止份额价值＝份额面值×（1＋6%×产品实际计息天数÷365）。

第三，假设观察期未发生敲出事件且产品存续至期末观察日，期末观察日标的指数的收盘价格为3 400（当前价格的85%），且存在一个敲入观察日标的指数的收盘价低于敲入价格2 800（当前价格的70%），则产品进入延长期。假设延长期固定增强收益率为2%/年。

在进入延长期后，若投资者于某开放期内赎回理财计划或持有至理财计划预计到期日，当期开放日或理财计划预计到期日标的指数收盘价为4 080（当前价格的102%）时，则份额价值＝份额面值×（4 080÷4 000＋2%×固定增强计息天数÷365）；若当期开放日或理财计划预计到期日标的指数收盘价为2 400（当前价格的60%），则份额价值＝份额面值×（2 400÷4 000＋2%×固定增强计息天数÷365）。

思考与练习

1. 简述雪球产品的基本特征。
2. 简述雪球产品投资者的收益状态。
3. 简要推断雪球产品发行人的潜在收益来源。
4. 为何雪球产品的挂钩标的普遍是中证500指数，而非沪深300指数？

研究与探索

1. 根据"招越臻选"雪球系列1号理财计划的产品说明，概况其结构设计特点，并对其状态情景进行适当划分,推测发行人的产品设计意图和投资者的趋势判断。

2. 推测"招越臻选"雪球系列 1 号理财计划发行人可能的策略实施场景,以及常规情景和极端情景下的风险管理或对冲策略。对雪球产品而言,如何对之进行 Delta 对冲设计,以及缓解挂钩标的价格逼近敲出障碍价格时的 Delta 跳跃问题?

3. 基于"招越臻选"雪球系列 1 号理财计划发行前之挂钩标的指数的长期时间序列数据,对其进行适当的计量建模(如 GARCH 模型),预测其条件波动性,并将其划分为低波动区间、正常波动区间和高波动区间。在真实风险测度下,当挂钩标的指数服从几何布朗运动时,模拟挂钩标的指数取不同经验波动时对雪球产品敲出状态(特别是早期敲出)和敲入状态的可能影响[①]。

4. 结合本书第二十二章和第二十三章的基础知识和定价技巧,试对雪球产品的状态概率进行显示的定价解析。

---

① 或审视挂钩标的的高低波动和正常波动对雪球产品敲出状态和敲入状态的可能影响。

参 考 文 献

［1］彼得罗·韦罗内西.固定收益证券［M］.潘席龙,等译.北京：机械工业出版社,2019.

［2］陈松男.金融工程学［M］,上海：复旦大学出版社,2002.

［3］陈松男.结构式金融产品设计与应用：案例分析（一）［M］.北京：机械工业出版社,2014.

［4］陈松男.结构式金融产品设计与应用：案例分析（二）［M］.北京：机械工业出版社,2014.

［5］陈松男.信用挂钩产品设计与应用：案例分析［M］.北京：机械工业出版社,2014.

［6］芒克.固定收益建模［M］.陈代云,译.上海：格致出版社,2014.

［7］许友传.工业部门的信用风险及其前瞻性拨备要求——基于杠杆与融资成本的视角［J］.财经研究,2017(7).

［8］许友传.银行信用评级的信息质量及其次级债事前约束［J］.金融研究,2017(7).

［9］许友传,杨骏.中国银行次级债发行时的"风险定价"与市场约束臆想［J］.金融研究2012(5).

［10］张金清.金融风险管理实务［M］.上海：复旦大学出版社,2017.

［11］Babbel, D. F., C. Merrill, W. Panning. Default Risk and the Effective Duration of Bonds［J］. Financial Analysts Journal, 1997, 53(1): 35-44.

［12］Back, K. A Course in Derivative Securities Introduction to Theory and Computation［M］. Berlin: Springer-Verlag Press, 2010.

［13］Beaglehole, D. R., M. S. Tenney. General Solutions of Some Interest Rate-Contingent Claim Pricing Equations［J］. Journal of Fixed Income, 2009, 1(2): 69-83.

［14］Björk, T., B. J. Christensen. Interest Rate Dynamics and Consistent Forward Rate Curves［J］. Mathematical Finance, 2010, 9(4): 323-348.

［15］Black, F. The Pricing of Commodity Contracts［J］. Journal of Financial Economics, 1976, 3: 167-179

［16］Black, F., E. Derman, W. Toy. A One-Factor Model of Interest Rates and Its Application to Treasury Bond Options［J］. Financial Analysts Journal, 1990, 46(1): 33-39.

[17] Black, F., J. C. Cox. Valuing Corporate Securities: Some Effects of Bond Indenture Provisions[J]. The Journal of Finance, 1976, 31(2): 351-367.

[18] Black, F., M. Scholes. The Pricing of Options and Corporate Liabilities[J]. Journal of Political Economy, 1973, 81(3): 637-654.

[19] Brennan, M. J., E. S. Schwartz. A Continuous Time Approach to the Pricing of Bonds[J]. Journal of Banking and Finance, 1979, 3(2): 133-155.

[20] Brown, R. H., S. M. Schaefer. The Term Structure of Real Interest Rates and the Cox, Ingersoll, and Ross Model[J]. Journal of Financial Economics, 1994, 35(1): 3-42.

[21] Buser, S. A., P. H. Hendershott, A. B. Sanders. Determinants of the Value of Call Options on Default-free Bonds[J]. Journal of Business, 1990, 63(1): S33-S50.

[22] Campbell, J. Y. A Defense of Traditional Hypotheses About the Term Structure of Interest Rates[J]. The Journal of Finance, 1986, 41(1): 183-193.

[23] Chib, S., B. Ergashev. Analysis of Multifactor Affine Yield Curve Models[J]. Journal of the American Statistical Association, 2009, 104(488): 1324-1337.

[24] Christoffersen, P., C. Dorion, K. Jacobs, L. Karoui. Nonlinear Kalman Filtering in Affine Term Structure Models[J]. Management Science, 2014, 60(9): 2248-2268.

[25] Collin-Dufresne, P., R. S. Goldstein, C. S. Jones. Identification of Maximal Affine Term Structure Models[J]. The Journal of Finance, 2008, 63(2): 743-795.

[26] Cox, J. C., J. E. Ingersoll, S. A. Ross. Duration and the Measurement of Basis Risk[J]. Journal of Business, 1979, 52(1): 51-61.

[27] Cox, J. C., J. E. Ingersoll, S. A. Ross. A Re-examination of Traditional Hypotheses About the Term Structure of Interest Rates[J]. Journal of Finance, 1981, 36(4): 769-799.

[28] Cox, J. C., J. E. Ingersoll, S. A. Ross. A Theory of the Term Structure of Interest Rates[J]. Econometrica, 1985, 53(2): 385-407.

[29] Cox, J. C., S. A. Ross, M. Rubinstein. Option Pricing: A Simplified Approach. Journal of Financial Economics, 1979, 7(3): 229-263.

[30] Culbertson, J. M. The Term Structure of Interest Rates[J]. The Quarterly Journal of Economics, 1957, 71(4): 485-517.

[31] Dai, Q., K. J. Singleton. Specification Analysis of Affine Term Structure Models[J]. The Journal of Finance, 2000, 55(5): 1943-1978.

[32] Diebold, F. X., C. Li. Forecasting the Term Structure of Government Bond Yields[J]. Journal of Econometrics, 2006, 130(2): 337-364.

[33] Diebold, F. X., C. Li, V. Z. Yue. Global Yield Curve Dynamics and Interactions: A Dynamic Nelson-Siegel Approach[J]. Journal of Econometrics, 2008, 146(2):

351-363.

[34] Diebold, F. X., M. Piazzesi, G. D. Rudebusch. Modeling Bond Yields in Finance and Macroeconomics[J]. American Economic Review, 2005, 95(2): 415-420.

[35] Duan, J. C. Maximum Likelihood Estimation Using Price Data of the Derivative Contract[J]. Mathematical Finance, 1994, 4: 155-167.

[36] Duffie, D., K. J. Singleton. An Econometric Model of the Term Structure of Interest-Rate Swap Yields[J]. The Journal of Finance, 1997, 52(4): 1287-1321.

[37] Duffie, D., K. J. Singleton. Modeling Term Structures of Defaultable Bonds[J]. The Review of Financial Studies, 1999, 12(4): 687-720.

[38] Duffie, D., R. Kan. A Yield-Factor Model of Interest Rates[J]. Mathematical Finance, 1996, 6(4): 379-406.

[39] Eraker, B. Affine General Equilibrium Models[J]. Management Science, 2008, 54(12): 2068-2080.

[40] Flesaker, B. Testing the Heath-Jarrow-Morton/Ho-Lee Model of Interest Rate Contingent Claims Pricing[J]. Journal of Financial and Quantitative Analysis, 1993, 28(4): 483-495.

[41] Geske, R. The Valuation of Corporate Liabilities as Compound Options[J]. The Journal of Financial and Quantitative Analysis, 1977, 12(4): 541-552.

[42] Gibbons, M. R., K. Ramaswamy. A Test of the Cox, Ingersoll, and Ross Model of the Term Structure[J]. Review of Financial Studies, 1993, 6(3): 619-658.

[43] Gultekin, N. B., R. J. Rogalski. Alternative Duration Specifications and the Measure-ment of Basis Risk: Empirical Tests[J]. The Journal of Business, 1984, 57(2): 241-264.

[44] Heath, D., R. Jarrow, A. Morton. Contingent Claim Valuation with a Random Evolution of Interest Rates[J]. Review of Futures Markets, 1990, 9(1): 54-76.

[45] Heath, D., R. Jarrow, A. Morton. Bond Pricing and the Term Structure of Interest Rates: A New Methodology for Contingent Claims Valuation[J]. Econometrica, 1992, 60(1): 77-105.

[46] Ho, T. S. Y. Key Rate Durations: A Measure of Interest Rate Risks[J]. The Journal of Fixed Income, 1992, 2(2): 29-44.

[47] Ho, T. S. Y., S. B. Lee. Term Structure Movements and Pricing Interest Rate Contingent Claims[J]. The Journal of Finance, 1986, 41(5): 1011-1029.

[48] Hull, J., A. White. The Impact of Default Risk on the Prices of Options and Other Derivative Securities[J]. Journal of Banking & Finance, 1995, 19(2): 299-322.

[49] Hull, J. C. Options, Futures, and Other Derivatives(Fifth Ed.)[M]. New Jersey: Prentice-Hall, 2003.

[50] Hull, J., A. White. Pricing Interest-Rate-Derivative Securities[J]. Review of

Financial Studies, 1990, 3(4): 573-592.

[51] Hull, J., A. White. One-Factor Interest-Rate Models and the Valuation of Interest-Rate Derivative Securities[J]. Journal of Financial and Quantitative Analysis, 1993, 28(2): 235-254.

[52] Hull, J., A. White. Numerical Procedures for Implementing Term Structure Models I: Single-Factor Models[J]. Journal of Derivatives, 1994, 2(2): 37-48.

[53] Jarrow, R. A. The Term Structure of Interest Rates[J]. Annual Review of Financial Economics, 2009, 1: 69-96.

[54] Jarrow, R. A., S. M. Turnbull. Pricing Derivatives on Financial Securities Subject to Credit Risk[J]. The Journal of Finance, 1995, 50(1): 53-85.

[55] Johnson, E. C. Duration: A Pedagogical Tool for Interest Rate Risk Analysis[J]. Journal of Financial Education, 2005, 31: 34-48.

[56] Kladivko, K., T. Rusy. Maximum Likelihood Estimation of the Hull-White Model [J]. Journal of Empirical Finance, 2023, 70: 227-247.

[57] Leland, H. E. Corporate Debt Value, Bond Covenants, and Optimal Capital Structure[J]. The Journal of Finance, 1994, 49(4): 1213-1252.

[58] Li, D. X. Constructing a Credit Curve[J]. Risk, 1998, 11: 40-44.

[59] Longstaff, F. A. The Valuation of Options on Coupon Bonds[J]. Journal of Banking and Finance, 1993, 17(1): 27-42.

[60] Longstaff, F. A., E. S. Schwartz. Interest Rate Volatility and the Term Structure: A Two-Factor General Equilibrium Model[J]. The Journal of Finance, 1992, 47(4): 1259-1282.

[61] Longstaff, F. A., E. S. Schwartz. Interest Rate Volatility and Bond Prices[J]. Financial Analysts Journal, 1993, 49(4): 70-74.

[62] Longstaff, F. A., E. S. Schwartz. A Simple Approach to Valuing Risky Fixed and Floating Rate Debt[J]. The Journal of Finance, 1995, 50(3): 789-819.

[63] Longstaff, F. A., P. Santa-Clara, E. S. Schwartz. The Relative Valuation of Caps and Swaptions: Theory and Empirical Evidence[J]. The Journal of Finance, 2001, 56(6): 2067-2109.

[64] Marcozzi, M. D. On the Valuation of Interest Rate Products Under Multi-Factor HJM Term-Structures[J]. Applied Numerical Mathematics, 2009, 59(12): 2873-2890.

[65] Marcus, A., I. Shaked. The Valuation of FDIC Deposit Insurance Using Option-Pricing Estimates[J]. Journal of Money, Credit and Banking, 1984, 16(4): 446-460.

[66] McCulloch, J. H. Measuring the Term Structure of Interest Rates[J]. Journal of Business, 1971, 44(1): 19-31.

[67] Merton, R. C. Theory of Rational Option Pricing[J]. The Bell Journal of

Economics and Management Science, 1973, 41(1): 141-183.

[68] Merton, R. C. A Dynamic General Equilibrium Model of the Asset Market and Its Application to the Pricing of the Capital Structure of the Firm[Z]. Working Paper, No. 497-70, MIT, 1970.

[69] Merton, R. C. On the Pricing of Corporate Debt: The Risk Structure of Interest Rates[J]. The Journal of Finance, 1973, 29(2): 449-470.

[70] Merton, R. C. Theory of Rational Option Pricing[J]. The Bell Journal of Economics and Management Science, 1974, 4(1): 141-183.

[71] Merton, R. C. Option Pricing When Underlying Stock Returns are Discontinuous[J]. Journal of Financial Economics, 1976, 3(1-2): 125-144.

[72] Mumtaz, H., P. Surico. Time-Varying Yield Curve Dynamics and Monetary Policy[J]. Journal of Applied Econometrics, 2009, 24(6): 895-913.

[73] Munk, C. Fixed Income Analysis: Securities, Pricing, and Risk Management[M]. Lecture Notes, University of Southern Denmark, 2004.

[74] Nelson, C. R., A. F. Siegel. Parsimonious Modeling of Yield Curves[J]. Journal of Business, 1987, 60(4): 473-489.

[75] Rendleman, J. R., B. J. Bartter. Two State Option Pricing[J]. The Journal of Finance, 1979, 34(5): 1093-1110.

[76] Rendleman, J. R., B. J. Bartter. The Pricing of Options on Debt Securities[J]. The Journal of Financial and Quantitative Analysis, 1980, 15(1): 11-24.

[77] Ronn, E. I., A. K. Verma. Pricing Risk-Adjusted Deposit Insurance: An Option-Based Model[J]. The Journal of Finance, 1986, 41(4): 871-895.

[78] Ross, S. A. A Simple Approach to the Valuation of Risky Streams[J]. Journal of Business, 1978, 51(3): 453-475.

[79] Shea, G. S. Interest Rate Term Structure Estimation with Exponential Splines: A Note[J]. The Journal of Finance, 1985, 40(1): 319-325.

[80] Shimko, D. C., N. Tejima, D. V. Deventer. The Pricing of Risky Debt When Interest Rates Are Stochastic[J]. Journal of Fixed Income, 1993, 3(2): 58-65.

[81] Shreve, S. E. Stochastic Calculus for Finance II: Continuous-Time Models[M]. Berlin: Springer-Verlag Press, 2003.

[82] Siegel, A. F., C. R. Nelson. Long-Term Behavior of Yield Curves[J]. The Journal of Financial and Quantitative Analysis, 1988, 23(1): 105-110.

[83] Svensson, L. E. O. Estimating and Interpreting Forward Interest Rates: Sweden 1992-1994[Z]. Working Paper, No. WP/94/114, IMF, 1994.

[84] Turnbull, A. M., F. Milne. A Simple Approach to Interest-Rate Option Pricing[J]. The Review of Financial Studies, 1991, 41(1): 87-120.

[85] Vasicek, O. A, H. G. Fong. Term Structure Modeling Using Exponential Splines[J]. The Journal of Finance, 1982, 37(2): 339-348.

[86] Vasicek, O. An Equilibrium Characterization of the Term Structure[J]. Journal of Financial Economics, 1977, 5(2): 177-188.

[87] Wei, J. Z. A Simple Approach to Bond Option Pricing[J]. Journal of Futures Markets, 1997, 17(2): 131-160.

[88] Wu, J., W. Yu, T. Nguyen. External Extendible Options with Modifiable Underlying Assets[J]. Bankers, Markets and Investors, 2012, 116, 40-51.

[89] Yan, H. Dynamic Models of the Term Structure[J]. Financial Analysts Journal, 2001, 57(4): 60-76.

图书在版编目(CIP)数据

固定收益证券的技术分析/许友传编著.--上海:复旦大学出版社,2024.9.--(金融专业学位研究生核心课程系列教材).--ISBN 978-7-309-17606-3

Ⅰ.F830.91

中国国家版本馆 CIP 数据核字第 2024AE4466 号

固定收益证券的技术分析
GUDING SHOUYI ZHENGQUAN DE JISHU FENXI
许友传　编著
责任编辑/王雅楠

复旦大学出版社有限公司出版发行
上海市国权路 579 号　邮编：200433
网址：fupnet@fudanpress.com　http://www.fudanpress.com
门市零售：86-21-65102580　团体订购：86-21-65104505
出版部电话：86-21-65642845
常熟市华顺印刷有限公司

开本 787 毫米×1092 毫米　1/16　印张 17.25　字数 399 千字
2024 年 9 月第 1 版第 1 次印刷

ISBN 978-7-309-17606-3/F·3061
定价：68.00 元

如有印装质量问题,请向复旦大学出版社有限公司出版部调换。
版权所有　侵权必究